我的父亲

邓小平

★

「文革」岁月

邓榕 著

生活・讀書・新知 三联书店

Simplified Chinese Copyright © 2013 by SDX Joint Publishing Company.
All Rights Reserved.
本作品中文简体版权由生活·读书·新知三联书店所有。
未经许可,不得翻印。

图书在版编目(CIP)数据

我的父亲邓小平:"文革"岁月 / 邓榕著. —北京:
生活·读书·新知三联书店, 2013.1 (2025.1 重印)
ISBN 978-7-108-04322-1

Ⅰ.①我… Ⅱ.①邓… Ⅲ.①邓小平(1904~1997)-生平事迹 Ⅳ.① A762

中国版本图书馆 CIP 数据核字(2012)第 301905 号

责任编辑	唐明星
装帧设计	朴 实
责任印制	董 欢
出版发行	生活·讀書·新知 三联书店
	北京市东城区美术馆东街 22 号 100010
经 销	新华书店
印 刷	北京隆昌伟业印刷有限公司
版 次	2013 年 1 月北京第 1 版
	2025 年 1 月北京第 9 次印刷
开 本	720 毫米×1020 毫米 1/16 印张 31.75
字 数	390 千字 图片 132 幅
印 数	65,001-70,000 册
定 价	59.00 元

目 录

序 ··· 1

第 1 章　多事的 1966 年 ·· 3
第 2 章　祸起萧墙 ·· 13
第 3 章　炮打司令部 ·· 22
第 4 章　批判刘、邓 ·· 28
第 5 章　向"走资本主义道路的当权派"发起总攻 ············ 36
第 6 章　打倒刘、邓、陶 ·· 44
第 7 章　秋日的悲凉 ·· 53
第 8 章　狂涛中的一叶孤舟 ······································ 59
第 9 章　"邓小平专案组"成立记 ······························ 68
第 10 章　八届扩大的十二中全会 ································ 75
第 11 章　恐怖的五月 ··· 81
第 12 章　天降横祸 ·· 87
第 13 章　"邓小平专案组"舞台演逻始末 ····················· 95
第 14 章　"九大"与"继续革命" ····························· 101
第 15 章　战备疏散 ·· 109
第 16 章　孤独的南行座机 ·· 116
第 17 章　初到江西 ·· 122
第 18 章　劳动生活 ·· 129

第19章	回家啦！	137
第20章	飞飞回来啦	143
第21章	不变中的变数	150
第22章	庐山会议风波	157
第23章	不安定的"平静日子"	162
第24章	朴方的遭遇	173
第25章	皇天不负有心人	181
第26章	峰回路转	192
第27章	江南春来早	198
第28章	对极左做法的纠正	210
第29章	解除禁锢上井冈	219
第30章	故地重游	226
第31章	再见了，步校	233
第32章	复出工作	245
第33章	坚持"文革"路线的党的十大	255
第34章	进入军委、政治局	265
第35章	出席联大特别会议的风波	273
第36章	一场恶战	282
第37章	四届人大"组阁"斗争	292
第38章	意味深长的四届人大	301
第39章	全面整顿的序幕	310
第40章	整顿铁路的较量	318
第41章	毛泽东批评"四人帮"	326
第42章	全面整顿	337
第43章	全面整顿三个文件	348
第44章	伟大成就	359
第45章	"评《水浒》"与最后的周恩来	370
第46章	恶人先告状	377

第 47 章	艰难时日	386
第 48 章	悲壮的殉难	400
第 49 章	"批邓、反击右倾翻案风"	411
第 50 章	伟大的四五运动	421
第 51 章	"两个决议"和邓小平的再次被打倒	434
第 52 章	波澜不惊	445
第 53 章	天怒人怨	455
第 54 章	一代伟人毛泽东的逝世	468
第 55 章	彻底粉碎"四人帮"	477
第 56 章	光辉的复出	486
第 57 章	结束语	492

鸣　谢 …………………………………………………… 498

序

1999年8月22日,
是父亲九十五岁诞辰纪念日。
父亲八十岁生日时,
我送给他一篇《在江西的日子里》,以为贺礼。
十五年后的今年今天,
我写此文以寄托缅怀之思。

十年"文革",是中国现代历史上的一场浩劫。其影响之深,涉及之广,破坏之大,史无前例。凡经历过"文革"的人,无不怀有刻骨铭心的记忆。时光流逝,岁月如梭,回首往事,诸事淡薄,唯有心中的感知,仍旧萦绕于怀,不能磨灭。

父亲是"文革"十年所涉及的重要人物,写"文革",不能不写邓小平。而"文革"十年又是父亲人生中跌宕起伏的重要一页,写邓小平,也不能不写"文革"。写下父亲的"文革"经历,既是对他不平凡人生的回顾,也是对那蹉跎岁月的回顾。

我所写的,不能称作父亲的传记,也不是我个人的回忆录。一

1984年8月22日,我在《人民日报》上发表文章,回忆父亲在江西的经历。父亲读了我送给他的文章后批语:"看了,写得真实"。

时茫然,不知归类,在此权称"感情流水账"吧。

愿人们随着这感情的流水,回溯往事,在对"文革"的回顾中,感悟一二。

第1章
多事的1966年

1966年5月16日，中共中央政治局扩大会议通过《中国共产党中央委员会通知》，即《五一六通知》。以此为标志，爆发了一场史无前例的"无产阶级文化大革命"。

"文革"的爆发，并不偶然，它是党内"左"倾错误发展到极端的一个必然的产物。

建国以后，经过七年多成功的社会主义改造和建设实践，在国际国内诸多因素影响下，我们党内开始滋长一种集胜利、自信与头脑发热并存的喜悦与骄傲。对现实和成就的过高估计，对及早进入共产主义的急切，使得不切实际的想法滋生膨胀，违反经济规律的冒进措施大行其道。经过几次反复，"左"的理论逐步升级，最后终于在党内占了上风。

与此同时，在党内民主日益削弱的基础上，个人崇拜和专断发展，党内生活已不正常。对国际国内形势，特别是对阶级斗争形势的错误估计，使此时已树立绝对权威的毛泽东，对不同意见日渐不满和不容，开始在政策上和组织上，并最终下决心在人事上，采取非常举措，排除一切阻力和障碍，以确保他认定正确的革命路线畅通无阻，顺利进行。

1966年的开年，似乎与往年没有什么不同。一样的三九严寒，一样的北风凛冽。冬日的阳光照耀大地，给万物带来生机和活力。

在经历了三年困难时期后，由于从中央到地方的多方努力，经济

1964年夏天在北戴河。这是"文革"前我们的最后一张全家福（从左至右：妈妈、飞飞、毛毛、爸爸、朴方、邓楠、邓林）。

形势大大好转，自然灾害及其他原因带来的巨大困难得到克服。人们心中那沉重的负担已经减轻，紧锁的眉头也开始舒解。党中央正在放眼未来，开会讨论第三个五年计划。虽然还是食有定量，物资不足，毕竟人们已可以基本吃饱肚子，可以以较为轻松的心情生活和工作。人们以善良的心，期盼着在新的一年里，日子过得更平静，生活过得更有意义，社会主义祖国建设得更好。

但是，事物的发展，常常超出人们的预料，更常常有悖于人们善良和单纯的愿望。

人们没有注意到，在上一年——也就是1965年年末，发生了几件意想不到的事件。

11月10日，上海《文汇报》发表了一篇姚文元[1]的文章《评新编历史剧〈海瑞罢官〉》。文章批判了撰写戏剧《海瑞罢官》的历史学家吴晗[2]，并借此批判所谓彭德怀[3]的"翻案风"。这篇文章是由江青[4]和张春桥[5]秘密策划，姚文元执笔写成的。

1965年2月，江青到上海，在上海市委第一书记柯庆施支持下，与张春桥共同策划，由姚文元捉刀写成上述批判文章。文章报经毛泽东前后三遍审阅，而后批准发表。这篇文章具有极强的政治批判目的，对未来"文革"运动的爆发产生了重大影响。该文章的策划出笼，经过了一个长期而又缜密的过程，并且是在对中央政治局全体成员严格保密的情况下进行的。

这篇批判文章于上海发表后，在北京主持工作的中央领导因不明就里，并未引起太大注意。对于该文，中央书记处采取了慎重和保留的态度。父亲作为总书记，对批判吴晗很不赞同，当彭真[6]对他说吴晗心里有负担时，他说："马连良[7]演的那个海瑞的戏我看过，没什么错误嘛。有些人总想踩着别人的肩膀往上爬，对别人一知半解，抓着一点辫子就批半天，好自己出名，我最看不起这种人。你告诉教授，没有什么了不起，我们照样打牌嘛。政治和学术一定要分开，混淆在

---

[1] 姚文元，当时在中共上海市委政策研究室工作。

[2] 吴晗，著名历史学家，时任北京市副市长。

[3] 彭德怀，中华人民共和国元帅，曾任中共中央政治局委员、国务院副总理兼国防部长。1959年庐山会议上毛泽东错误地发动了对彭德怀的批判。1962年彭德怀向中央递交了长篇申诉书，毛泽东认为这是搞翻案活动，不能给他平反。"文革"结束后，1978年中共十一届三中全会为他平反昭雪，恢复名誉。

[4] 江青，毛泽东的妻子。名义上任中共中央宣传部电影处处长，实际上经常称病没做工作。

[5] 张春桥，时任中共上海市委书记处书记。

[6] 彭真，时任中共中央政治局委员、中央书记处书记、中共北京市委第一书记兼北京市市长。

[7] 马连良，著名京剧演员。

1964年夏天在北戴河。父母亲在"文革"前最后的合影。

一起是最危险的,会堵塞言路。"父亲照常和吴晗打桥牌,并对吴晗说:"教授,别这么长吁短叹,凡事都要乐观。怕什么,天还能掉下来吗?我今年六十一岁了,从我参加革命到现在,经历了那么多的风浪都熬过来了。我的经验无非两条,第一不怕,第二乐观,向远看,向前看,一切都好办了。有我们给你往前顶,你可以放心了吧!"父亲不赞成这种批判,他劝慰吴晗,想保吴晗,却没料到,事态的发展很快脱离了正常轨道。中央书记处在了解到姚文元文章发表的背景后,不得已让北京各报进行了转载。表面上看来,这只是一件不经意的事情,但是,却正是这件事情,引起了毛泽东的不满,并进而演变成为掀起一场政治大风暴的导火线。

也是在这一年的11月,中共中央书记处候补书记、中央办公厅主任杨尚昆被免职,"罪名"是"背着中央私设窃听器"。杨家与我们家一向交往甚密,当毛泽东作出处理杨尚昆的决定时,父亲却认为杨尚昆没有什么大不了的问题。后来在被迫"检讨"时,父亲曾说过,他曾长期不认识这是一种"特务"行为,作为总书记,他对此事处得"既不及时,又不认真"。这个"检讨",说明了他对批判杨尚昆的不赞成和不以为然。杨尚昆从中央降调广东工作,父母亲还专门安排他在北京上学的女儿妞妞在我们家住了一段时间。

如果说,批判杨尚昆还可以算作一个相对独立的事件的话,那么,在此以后发生的事情,意义就不同寻常了。

是年12月,中共中央副主席、主持军队工作的中央军委副主席林彪怀着不可告人的目的,诬告中共中央书记处书记、解放军总参谋长罗瑞卿有篡军企图。毛泽东听信了林彪的诬告,在上海亲自主持召开中央政治局常委扩大会议,对罗瑞卿进行背对背的揭发和批判。

据我的母亲回忆,那次在上海,会议的气氛非常而又紧张,所有与会者均没有了往日的和谐与谈笑,会议文件连秘书都不能看。母亲觉得一定发生了什么事情,但不敢问。父亲也是什么都不说,整日沉着脸,少有的严肃。12月10日,中央用专机把罗瑞卿夫妇接到上海后,毛泽东派周恩来和邓小平找罗瑞卿谈话。那天,父亲叫母亲,说:"今天我们去看罗瑞卿。你也去,看看郝治平,劝劝她。"在汽车上,母亲看见父亲和周恩来都沉着脸不说话,她虽不明就里,但心中甚感紧张。到了罗瑞卿被隔离的地方,周恩来、邓小平与罗瑞卿在楼下谈话,母亲与郝治平上楼。母亲对郝治平只说了一句:"你放宽心些。"便控制不住地哽咽起来。后来批邓时,造反派曾抓住此事,说邓小平包庇罗瑞卿,说卓琳与郝治平抱头痛哭。

父亲说过,他对林彪向无好感,因此,对林彪的恶意诬陷根本就不相信。对于批判罗瑞卿,父亲是消极和抵触的。后来在"文革"中"检讨"此事时,他说:"对于这个斗争的严重性质一直没有理解",坦言"实际上是在开脱罗瑞卿"。此后军队在北京开会批判罗瑞卿

1965年,父亲和他的外甥小胖子。

1965年夏天,当时还是一片"升平景象",父亲只有高兴时才照相。瞧他抱着外甥女小兵有多高兴。

时,毛泽东指定邓小平等主持会议。父亲的态度仍然消极。他后来说:"我是被指定为主持者之一,但我在开始后即到西北三线去考察了,而交由彭真一人去主持,这也表明我对这个斗争是不积极、不热情的。"批判罗瑞卿,是林彪一手制造的。父亲对林彪的这一恶行,反感而厌恶。

他同情罗瑞卿，却又无回天之力，到外地视察工作，是他当时唯一能够采取的回避方式。

批杨批罗，已使党内相当多的高级干部感到震惊和不解。但此时，他们还不知道，一场更大的更具灾难性的批判，已在酝酿和准备了，而且事发之紧之急，让人不容思索也不容回避。

1966年一开年，一系列事情、事件，目不暇接地连续发生了。

1月，林彪召开全军政治工作会议，大讲"突出政治"，为觊觎权力做理论准备。

2月，江青在林彪支持下，于上海召开"部队文艺工作座谈会"。3月，该座谈会《纪要》经毛泽东亲自修改并批发全国，为借用军队力量进行"文化大革命"奠定了基础。

3月，罗瑞卿被撤销职务，后被投入监狱。

同月，河北省邢台地区发生强烈地震，三十余万人受灾。

同月，毛泽东多次同康生[1]、江青等人谈话，说如果中央机关做坏事，就要号召地方造反。并说，要支持左派，建立队伍，进行"文化大革命"。

从三十多年后的今天回看，恐怕任何一个人，仅从以上这一简单的时间表，就可以充分地感觉到那已经十分浓烈的火药味道。可是，在当时，绝大多数党内领导干部，却都还没有从中品味出暴雨欲来前那满天狂风的气息。就是对一些事情不甚赞同或心存疑虑，也绝对想象不出今后事态的发展，竟然会演进到那样一种疯狂、混乱而最终无法控制的局面。

作为中共中央政治局常委、中央委员会总书记的邓小平，与当时几乎所有党的高级领导人一样，对于此前发生的一些事件，虽有不同意见和看法，却没有引起更高的警觉，而对于今后将要面对的局面，

---

[1] 康生，时任中共中央政治局候补委员、中央书记处书记。

更没有做好足以应付的思想准备。

4月8日，康生打电话叫邓小平即刻回京。其时，邓小平与李富春[1]、薄一波[2]率国务院各部委领导干部正在西北视察工作，一路之上，他们讨论和思索的都是如何发展西北经济和建设三线这些问题。接到电话，紧急从延安坐专机直飞北京后，邓小平才知道，彭真又出问题了。

事情的起因，是彭真不同意上海《文汇报》姚文元等人对吴晗进行的政治性批判。吴晗是著名的历史学家，又是北京市副市长，作为中共北京市委第一书记和市长的彭真，当然要查问，发表姚文元的文章为什么不向北京打招呼。江青、康生、张春桥等背着中央，到上海向毛泽东恶意告状，说这是"查到主席头上了"，从而引发了毛泽东的怒气，决定批判彭真。

4月9日到12日，中央书记处在北京接连几天开会。康生在会上传达了毛泽东在上海对彭真的批评，说彭主持所拟《关于当前学术讨论的汇报提纲》（二月提纲）混淆阶级界限，不分是非，是错误的。陆定一[3]主持的中共中央宣传部是"阎王殿"，并指责北京市委和中宣部包庇坏人（指吴晗）。

当时，谁也没有想到，毛泽东的怒气远远不止于此。4月16日到22日，毛泽东在杭州亲自主持召开政治局常委扩大会，对彭真所谓的"反党罪行"进行了批判。

批判罗瑞卿，父亲不能接受。批判彭真，父亲同样不能接受。父亲与彭、罗不但在工作上相处甚密，私交亦很好。对于批判他们，父亲从内心里到行动上，都是相当抵制的。但是，这次的批判显然来势

---

[1] 李富春，时任中共中央政治局委员、中央书记处书记、国务院副总理兼国家计委主任。

[2] 薄一波，时任中共中央政治局候补委员、国务院副总理兼国家经委主任。

[3] 陆定一，时任中共中央政治局候补委员、中央书记处书记、中央宣传部部长。

1966年3月,父亲到西北视察工作。这是他在宁夏,是"文革"爆发前最后的照片之一。

更凶,毛泽东的怒气显然已经不可遏制。在当时那种党内民主生活极端不正常的情况下,像父亲这样党的高级干部,即便有不同意见,也不可能公开提出。后来,他在回忆时说:"彭真的问题本来不大。我没有附和,送了半筐橘子给彭真,表明态度。"不附和,送橘子,以当时的形势,父亲只能用这种方式表示他的态度。他说过:"在那个条件下,真实情况是难以反对。"

5月4日至26日,中共中央政治局扩大会议在京召开。会议按照毛泽东的部署进行,将彭真、罗瑞卿、陆定一、杨尚昆联在一起,批判他们的"反党活动"和"他们之间的不正常关系"。会上,林彪骇人听闻地大讲政变问题,危言耸听地说党中央内部有人要搞政变。会议通过了陈伯达[1]等人起草经毛泽东多次修改的《五一六通知》。

《通知》提出彻底批判学术界、教育界、新闻界、文艺界、出版界的资产阶级反动思想,夺取在这些文化领域中的领导权,同时批判混

---

[1] 陈伯达,时任中共中央政治局候补委员、中央政治研究室主任、《红旗》杂志社总编辑、毛泽东的秘书。

进党里、政府里、军队里和文化领域里的资产阶级代表人物,清洗这些人物。《通知》还富有预示性地警告:混进党里、政府里、军队里和各种文化界的资产阶级代表人物,是一批反革命的修正主义分子,一旦时机成熟,他们就会要夺取政权,由无产阶级专政变为资产阶级专政。这些人物,有些已被我们识破了,有些则还没有被识破,有些正在受到我们信用,被培养为我们的接班人,例如赫鲁晓夫[1]那样的人物,他们现正睡在我们的身旁,各级党委必须充分注意这一点。

《五一六通知》,以振聋发聩的严词厉语宣告,一场旷世政治大风暴,即将来临。

在完成以上一系列政治和舆论准备之后,声势浩大的、以政治批判和政治动乱为基本要素的"无产阶级文化大革命",正式拉开了帷幕。

---

[1] 赫鲁晓夫,曾任苏共中央主席团委员和中央书记。斯大林去世后,于1953年9月当选为苏共中央第一书记,1958年3月,又兼任苏联部长会议主席。苏共二十大上反对斯大林,在当时给国际共产主义运动带来了一定的消极影响。

第2章
祸起萧墙

毛泽东不在北京，奉命主持召开中共中央政治局扩大会议的，是党的中央委员会副主席、国家主席、毛泽东的接班人——刘少奇。

刘少奇没有想到，毛泽东所做的一切，以及他的许许多多的不满和怒气，绝不仅仅是简单地、就事论事地针对彭、罗、陆、杨的。

1958年"大跃进"失败以后，特别是在60年代对"左"的冒进进行了卓有成效的调整以后，毛泽东对在中央一线主持工作的、和他的想法不相协调的刘少奇和邓小平已开始不满。当然，对居于首位的刘少奇，怒气就更多。此时的毛泽东，为了维护他的"无产阶级专政条件下继续革命"的理论，为了防止在中国产生"修正主义"和发生"资本主义复辟"，已作出决定，由竭尽能事表示"忠于"他的林彪，代替刘少奇作为党的接班人。这一点，刘少奇没有觉察，邓小平没有觉察，党的高级干部们也都没有觉察。

对于今后将要发生的各种迅雷不及掩耳的事件，对于毛泽东超越常规常理的一系列想法做法，刘少奇、邓小平和各级干部们先是未能察觉，察觉后又不能理解，这种政治上的"迟钝"，注定了他们将从一开始的"跟不上形势"，到必然地犯"错误"，到更进一步地被"革命"的狂流所淹没和击倒。

5月25日，也就是批判彭、罗、陆、杨的政治局扩大会议结束的前一天，北京大学哲学系党总支书记聂元梓等七人，在康生的授意和策划下，贴出一张大字报，攻击北大校党委和北京市委。这就是那张臭名昭著的"文化大革命"的"第一张马列主义大字报"。

此大字报一经贴出，整个北大即刻哗然。二姐邓楠那时在北大上学，看到大字报后，马上打电话给妈妈询问大字报的事情。妈妈当时就说："聂元梓这个人不好，在延安时就表现不好。不过你不要对别人讲啊！"妈妈的态度，是代表爸爸的。显然，对这张突如其来的"大字报"，父亲是持反对意见的。

风暴既来，便无人可挡。当日，北京大学内各种意见的大字报已逾千张。北京震动了，给校领导提意见及各种形式的造反，立即像狂风一样吹遍了北京的大中学校。6月1日以后，大字报更是像雪片一样在北京的校园中纷纷飞落。一股强烈的躁动的气氛，像瘟疫一样不可抗阻地流动着，北京大中学校顿时全面陷入混乱局面。造反行动不断扩大升级，一些学校出现了批判揪斗校长、老师，甚至体罚打人现象。

5月28日，根据毛泽东的部署，由陈伯达任组长，康生任顾问，江青、张春桥等任副组长，姚文元等任组员的中央文化革命小组——即中央文革——宣告成立。此前一直在暗地里策划活动，而日后则要登台扮演重要角色的陈伯达、康生、江青、张春桥、姚文元等，正式披挂上阵，粉墨登场。

毛泽东一向信奉"不破不立"基本原则，他的立意是"天下大乱达到天下大治"。此时的他，身在外地，遥看着北京这一番大破大乱的局势的发展，当觉甚合其意。

而在北京主持工作的刘少奇、周恩来和邓小平，面对眼前这突如其来的混乱，则陷入极其为难的境地。

5月29日，刘少奇、周恩来和邓小平三位负责中央日常工作的政治局常委，召集中央有关部门开会研究运动问题，决定由陈伯达率工作组去人民日报社，由张承先率工作组去北京大学。周恩来将会议决定电话报告在杭州的毛泽东，并取得同意。30日，刘少奇、周恩来、邓小平三人联名向毛泽东正式发电报进行请示，毛泽东当夜批示："同意这样做。"

正当中央一线领导忙于部署领导运动事宜时，形势发生了突然变化。6月1日，毛泽东作出支持聂元梓大字报的批示，指示新华社全文播发，在全国各报刊发表，并说"北京大学这个反动堡垒，从此可以开始打破"。

6月1日，《人民日报》发表题为《横扫一切牛鬼蛇神》的社论，号召群众起来"横扫盘踞在思想文化阵地上的大量牛鬼蛇神"，"把所谓资产阶级的'专家'、'学者'、'权威'、'祖师爷'打得落花流水，使他们威风扫地"。这篇社论是由陈伯达主持连夜起草的，发表前没有报告中央。当晚，中央人民广播电台广播了聂元梓等七人的大字报。

一天之内，风云突变，刘少奇、周恩来和邓小平完全没有思想准备，甚感惊愕。此后几日，《人民日报》连续发表大量煽动性的社论、报道和文章，形势急转直下，运动迅速席卷全国。

刘少奇于6月3日紧急召集有关部委负责人参加的政治局常委扩大会议，讨论如何应付局势。在大部分人一致的认识下，会议制定了内外有别、注意保密、大字报不要上街、不要搞示威游行、不要串连、不要搞大规模声讨会、不要包围"黑帮"住宅、不准打人污蔑人等八条规定；决定派出工作组以控制首都大专院校近于瘫痪的局面；并决定，哪里出事，哪里派人去，派工作组要快，要像派消防队救火一样的快。邓小平在会上说，中央的八条传达要快，开个十万人大会，一竿子插到底。

会后，北京市委根据会议精神，向一些大中学校派出工作组。由于有人背后支持造反运动，工作组进校后，不但未能阻止混乱的发展，事态反而变得越来越难以驾驭。刘少奇、周恩来、邓小平等频繁开会，研究处理运动中出现的种种问题。

1966年秋，刘少奇、周恩来、邓小平在一起。

毛泽东不在北京，许多重大政策定不下来，刘少奇、周恩来和邓小平于6月9日赴杭州，向毛泽东汇报情况。10日至12日，毛泽东主持召开两次会议，讨论"文化大革命"问题。会上漫谈，议论内容涉及"文革"的方方面面。会上谈到运动可能要进行半年时间，但并未对当前运动应该怎样进行提出具体意见。关于派工作组问题，毛泽东只是在议论中表示：派工作组太快了不好，没有准备，不如让它乱一下，混战一场，情况清楚了再派。

从杭州回京后，由于周恩来要出国访问，指导运动的责任落在刘少奇、邓小平身上。从6月4日起，北京新市委仿效向北京大学派工作组的经验，向部分北京大专院校和中学派出工作组。

刘少奇和邓小平想通过派工作组进校，达到保持党对运动领导的目的，同时制止混乱恢复秩序。他们对工作组的工作既支持又关心，还分别直接接见工作组人员了解情况和指导工作。

邓小平在7月5日接见驻北京师大女附中工作组。在谈话中，针对学生批判老师"资产阶级学术权威"的问题，邓小平说："如果（老师）

真有学问，还要团结他们。女附中数学、物理都不错。好的学校热火朝天，名气大，有一套。如果没有好教师，也就教不出好学生。要善于分析。工作组要教育、帮助学生提高水平。打人没有？打人是没有本事的，是没理的。斗争要讲道理，批判要做好准备，事实要核对清楚，要充分讲道理。有些人是真黑帮，有些不是黑帮。讲错了话都是坏人，那就没有好人了。材料不够，不要轻易开斗争会。不要搞变相肉刑，戴高帽子也不好。有些搞错了，将来赔礼都赔不完。政治问题要用政治方法解决。（党的）总支中总有些好的嘛，校长、副校长总有些好的嘛。把党都搞垮了怎么行？把团搞垮了怎么行？如运动把共产党、共青团都打倒，是胜利了吗？总是共产党领导的无产阶级专政国家嘛。教师大多数是好的。说老师都坏，我不同意。"

详细抄录这篇讲话，是为了说明两点。一是可以看出，邓小平在思想上和原则上都不认同"造反"的理论；二是可以看出，到了这时，他对毛泽东发动这场政治运动的意图依然毫无意会，更不要说在思想上和行动上紧跟。作为中央一线领导人，他和刘少奇一样，于不自觉之间，在运动的问题上，已经落伍，已经跟不上，已经远远脱离毛泽东的步伐了。

6月14日，刘少奇、邓小平召集中央政治局常委扩大会议，传达杭州会议精神。此后，他们多次开会听取运动情况汇报和研究运动中出现的问题。6月21日，刘、邓再次召集中央政治局常委扩大会议研究运动问题。邓小平在会上就工作组的工作方法等问题提出意见。会议精神贯彻下去后，学校和社会上的混乱状况有所好转，无政府主义现象得到遏制。6月28日，刘少奇、邓小平召集政治局常委扩大会议，提出运动要有步骤，要制定一些便于掌握的具体政策。

在毫无思想准备的情况下，面对突如其来的运动狂潮，刘少奇、邓小平的做法，是他们所应该作出的正常的决定，也是正确的决定。他们和绝大多数干部一样，希望学校恢复正常，希望学生回去上课，希望首都恢复平静。

他们没有想到，他们的做法，从根本上与毛泽东的想法背道而驰。而且在暗处，中央文革一班人马，正在鼓足了劲头，精神抖擞地策动和支持学生的造反行动。对于江青等人来说，只有动乱的局面，才是他们显示身手的大好舞台。

这场"文革"运动，从根本上来讲，是自上而下的和人为发动的，加之林彪、江青等"文革"势力利用青年学生的革命热情和天真幼稚，大行挑动和蛊惑，因此，中央派出的工作组进校以后，不但没能扭转混乱的局面，反而从一开始便遭到部分"革命群众"的激烈反对甚至轰赶。

由于对工作组进校的态度不同，各院校群众组织迅速分成"保守派"和"造反派"两大基本阵营。这种局面的形成，实际代表了以刘少奇、邓小平为首的一线中央负责人，与以林彪、江青等为首的"文革"势力之间的对立的形成。

7月份，因事态紧急，中央于13、19、22日连续三次开会讨论工作组问题。陈伯达代表中央文革，说工作组压制民主，给群众泼冷水，要求撤出工作组。刘少奇愤而驳斥，并与康生发生争执。素以沉稳著称的邓小平忍无可忍，一下子站了起来，指着陈伯达说，你们说我们怕群众，你们到前边试试！并明确表态："撤工作组我不赞成！"在会议上，中央一线领导和中央文革，从思想到言词均已针锋相对，斗争已趋白热化。

混乱就这样持续了一个多月。一些学校中出现了红卫兵组织，批判校领导、揪斗"黑帮"和"牛鬼蛇神"的行动不断升级，发生了体罚和打人。反工作组和保工作组的斗争更趋激烈，派性和派别组织由此产生。各大中学校均已停课，大小辩论会昼夜不断。中央文革人马频频到各校煽风点火，鼓吹造反。刘少奇、周恩来、邓小平等中央领导人也被迫到学校与学生对话进行说服。记得有一次，父亲到一个大

中央文革小组副组长江青到北京大学鼓动学生造反。

学参加辩论会，回答学生质问，在场的还有其他中央领导及江青等中央文革小组成员。操场上人群拥挤，口号震天，群情激昂。在强烈刺眼的灯光照射下，江青那"向红卫兵小将学习！向红卫兵小将致敬！"的尖声叫喊，陈伯达那没人听得懂的福建话和王力[1]的从旁翻译，显得那样地得意、狂妄和不可一世。而刘少奇、周恩来、邓小平等一线中央领导的那些说明和劝说，则显得那样地无奈和无力。这些参加了一辈子人民革命的老革命家，面对这样一种扭曲变形了的群众"革命造反"场面，彻底地茫然了。

毛泽东是"文化大革命"的发动者，是造反运动的支持者。在北京"天下大乱"的时候，他在杭州，在波光粼粼的西子湖畔，发表了与北京的一线领导截然不同的观点。6月21日，他说，文化革命是一个政治斗争、阶级斗争。他说，现在不派工作组去学校，让他们大乱一场。

---

[1] 王力，时任中央文化革命小组组员。

7月8日，他给江青写信说，天下大乱，达到天下大治。过七八年又来一次。现在的任务是要在全党全国基本上打倒右派。

这是自运动以来，毛泽东发出的又一次"战斗"号令。

7月18日，毛泽东在武汉豪迈从容地畅游长江后，回到了北京。

他托词休息不见闻讯赶来的刘少奇，却在当日听取了中央文革的汇报。

从第二天开始至23日，刘少奇根据毛泽东的意见，主持召开"文化大革命汇报会"。会上仍是分歧很大，中央文革猛烈攻击中央一线领导派工作组是镇压群众。会议期间，毛泽东发表了意见。他说，回到北京后感到很难过，冷冷清清，甚至有人镇压学生运动，这是方向错误，赶快扭转。24日，毛泽东召集中央常委和中央文革小组成员开会，批评刘少奇、邓小平，说工作组起坏作用，阻碍运动，明确指示立即撤出工作组。

毛泽东为工作组定了性，派工作组的刘少奇、邓小平，在此问题上，自然而然地"犯了错误"。

7月29日，北京市委在人民大会堂召开万人大会，宣布撤销工作组。

刘少奇、周恩来、邓小平在会上作了检查性的讲话。邓小平说："必须说明，以新市委名义向各大中学校派出工作组，这是根据中央的意见办的。""有的同志说，老革命碰到新问题，的确是这样。"周恩来说："工作组绝大多数的同志是好的，老革命遇到新问题嘛。"刘少奇说："至于怎样进行无产阶级文化大革命，你们不大清楚，不大知道，你们问我们，我老实回答你们，我也不晓得。我想党中央许多其他同志、工作组的成员也不晓得。"

刘少奇、周恩来、邓小平的讲话，是检查，是承担，更是肺腑之言。

作为学校的红卫兵代表，我也参加了那次大会。我今天仍然清楚地记得，望着那空旷的主席台，万人大会堂内鸦雀无声。我们这些"保工作组派"，一边听着，一边流下了眼泪，在内心深处体会着父辈们言语之下的抵触和无奈。我也清楚地记得,大会结束时,毛泽东令人意外地出现在大会堂的主席台上。他以无人企及的巨人风采向全体与会者频频挥手致意。会场立时沸腾,红卫兵小将们因震惊兴奋而激动欢呼,一个个热泪洒面。为了看到毛主席,后面的人不顾一切地站到椅子上和桌子上,尽情地高呼"毛主席万岁!"会议由开始时那极端的压抑和沉闷,一下子变成了欢腾的海洋。

此次大会后,由毛泽东发起的"文化大革命"运动,从此消除了阻碍,名正言顺地进入了"造反有理"的新阶段。

第3章
炮打司令部

8月1日至12日，中共八届十一中全会召开。

在全会初期召开的政治局常委扩大会上，毛泽东对派工作组提出了更加严厉的指责，说"是镇压，是恐怖，这个恐怖来自中央"，并明有所指地说："牛鬼蛇神，在座的就有。"毛泽东还用典型的"文革"方式写下了那张著名的"我的大字报"——《炮打司令部》，其中指责从中央到地方的某些领导同志站在反动的资产阶级立场，实行资产阶级专政。大字报虽未点名，但其矛头所指昭然若揭。

会议从此开始了对刘少奇、邓小平"错误"的揭发和批判。各路"文革"大员，从派工作组镇压学生运动起头，倒溯1962年以来中央一线工作的种种"错误"，一一尽数，罪责刘、邓。其间毛泽东讲话，指责刘、邓镇压学生运动，是方向问题，是路线问题，是错误路线。会议批判所得结论，是在毛泽东为首的党中央之外，另有一个以刘少奇为首的资产阶级司令部。

全会的最后，根据毛泽东提议，临时增加一项议程，改选了中央政治局及政治局常委。刘少奇由原来的第二位降到第八位。邓小平虽由原来的第七位变为第六位，但实际地位下降。而林彪则扶摇直上，排位升至第二，成为唯一的党中央的副主席，并且取代刘少奇，站到了接班人的位置上。

1966年"文革"开始时,我们姐妹三人在家中身着红卫兵装,完全是一派沉醉在"革命"气氛中的样子。

原来在中央一线主持工作的刘少奇和邓小平,此次会议后,实际上退出了中央的领导工作。

在会上接受批判的同时,父亲有时还必须要到一些学校去参加运动、参加群众集会和回答问题。以前,对于"文革",他曾说是"老革命遇见新问题"而表示不理解。在受到批判后,他的不理解就更深了。他虽沉默,虽无语,但对于运动,特别对于中央文革一班人马的猖狂和造反派的愚妄,心存厌恶。有时,在群众场合,他还不顾所处逆境,为自己,甚至为他人,申明正义。8月2日,他被通知到人民大学参加师生员工大会,有学生递条子问关于"二月兵变"的事情。明知此事是有人蓄意造谣加罪贺龙元帅的一个阴谋,明知在场的有陈伯达等中央文革诸大员,他还是直言回答:"已经查过了,没有这回事。"并说:"告诉你们,我们的军队彭真调不动,我也调不动!"从这仅有的几句辩词中,完全可以体会到他当时心中的愤懑。他想为他的老同志老战友辩解,但这时的他,已是人微言轻,有口难辩了。

1966年"文革"开始时,穿军装不只是一种时尚,更是一种对"革命"的态度。一向不趋潮流的妈妈,也穿着军装在家里照了相。

十一中全会结束后,毛泽东决定,由林彪主持召开一次政治局常委扩大会。会议原定继续批判刘少奇,但林彪、江青等人认为,刘少奇已实际打倒,目前的主要危险和最大障碍是邓小平,于是将会议批判的矛头指向邓小平。他们不但刻意组织人员批邓,林彪还亲自出马,将邓的问题说成是敌我矛盾。

父亲在会上受到不公正的甚至是诬蔑性的批判,心里一定是不平静的。回家后他虽什么也没说,却夜不能寐。母亲看见他卧室的灯深夜不熄,便去问他:"三点多了,怎么还没睡?"父亲告诉母亲:"今天晚上开会已经从批刘少奇转向给我提意见了。"母亲问:"谁批你?"父亲只说了一句:"军队的人。"父亲不再多言,母亲也不敢多问,只安慰地说:"快睡觉吧,不然明天开会起不来了。"父亲知道,这次批判后,他的"错误"的性质,不再只是派工作组"镇压"群众,而是连历史在内新账旧账一起算了。

会后,父亲被迫停止了工作。他将一部分原来由他分管的中联部、中调部等工作交代给康生,说:"我的工作交给你,我不能工作了。"

父亲为人，本来就沉默少言。运动爆发以后，开始是由于处理运动突发事件而忙碌不堪，后来则因"犯了错误"停止了工作，话就更少了。此时，父亲参加的会议和活动越来越少，在家里也只是看一些送来的文件。

中央的工作虽不管了，但对于家里的孩子们，父亲却管得很严。

我们几个孩子，在各自的大中学校里参加运动，一直都很少回家。批判工作组以后，我们虽然知道在此问题上父亲犯了"错误"，但对于他所面对的真实处境并不了解，仍各自忙于运动。

8月初，一些中学红卫兵贴出"老子英雄儿好汉，老子反动儿混蛋——基本如此"的对联，立即掀起了一场关于"血统论"的大辩论。我所在的红卫兵组织持支持对联的立场，但大姐邓林所在的中央美术学院红卫兵组织则持反对态度。记得那时各红卫兵组织为辩论对联，昼夜奔忙于各学校的辩论会场。刚刚吵吵闹闹地在音乐学院辩论完毕，各路队伍又转移到美术学院。由于观点不同，我和大姐两人几乎对立起来。那时夜已很深，我用美院辩论会现场外的公用电话给妈妈打电话，征求她的意见。记得当时妈妈很急地说："对联是错的！你不要和姐姐辩论，赶快回家！"妈妈的口气很重，一再重复："这是爸爸说的！"当时，我很不高兴地遵从了父母亲的决定，事后明白过来以后，才万幸听从了他们的训示。

8月18日，林彪在"庆祝文化大革命大会"上号召红卫

林彪、江青在天安门城楼上。

毛泽东在天安门城楼上向红卫兵队伍招手致意。

兵"大破一切剥削阶级的旧思想、旧文化、旧风俗、旧习惯"。从20日开始，北京首先发起一场规模空前的红卫兵"破四旧"运动，并迅速波及全国。红卫兵小将们走出学校，"杀向社会"，整个社会顿时为"红色恐怖"所笼罩。这场为害至深的"革命"运动，由副统帅林彪亲自号召发起，在中央文革的直接怂恿煽动下愈演愈烈，发展到大抄家、大揪斗、大破坏，以至打死人。无数年轻幼稚的红卫兵小将"为了捍卫毛主席革命路线"，盲目而又狂热地卷入了这场疯狂的"革命"行动。我的父母亲此时已感到事态的失控，他们把在中学的我和弟弟叫回来，关在家里，不许出去，明确告诉我们不许参加任何抄家揪斗行动。那时，我们几个兄弟姐妹对父亲的不利状况已有所察觉，便都听话地闭门不出，有的学织毛衣，有的学装收音机，有的整日在家抄写毛主席语录。家中的平静，使我们远离了外界的狂躁。直到现在，念及于此，我们仍十分感激父母亲在关键时刻对我们的严格和管束。

"文化大革命"这个规模空前的群众运动，在整个社会上已经闹得天翻地覆，去掉刘、邓的阻力后，运动便以更加猛烈的势头向前发展。

8月18日，毛泽东身着军装，佩戴红卫兵袖章，在天安门接见百万红卫兵。至11月底，毛泽东在京共八次接见红卫兵一千一百多万人次。在毛泽东的亲自支持下，红卫兵运动更加如火如荼，迅猛发展。

疯狂的"破四旧"运动余音未了，又开始了全国范围的"革命大串联"。在毛泽东的号召下，红卫兵小将身着时兴的旧军装，乘着免费的火车汽车，开始了数以千万人次计的全国范围"大串联"。运动的狂飙开始冲击社会的各个角落，造反的烈焰燃遍神州大地。

造反运动从学校波及全社会，造成了社会秩序的破坏，对工农业及各行业产生了巨大的冲击，引起了广大干部群众的不满和抵制，社会的混乱和矛盾进一步加深。同时，由于各红卫兵组织的认识和观点不同，产生了严重的派别分化。各派各组织之间不断进行激烈的辩论和明争暗斗。运动至此，中国这片广袤的大地，沸沸腾腾，真正达到了革命预言家"天下大乱"的"理想"境界。

第4章
批判刘、邓

尽管造反已"当然有理",尽管"革命"已成为"真理"的标准,但自"文革"爆发以来,对运动的阻力一直存在。

在运动一步步扩大和深入的同时,更多的人在更多的问题上对运动的方向、方式乃至立论提出了疑问。这场运动,虽由毛泽东亲自发动,虽有林彪、江青两大势力鼎力支持,但是,种种阻抗和抵制还是顽强,新的混乱不断发生。

这一切,究其根本,是由发起"文革"这一错误事物的立意自身造成的。但毛泽东却认为,阻力的产生,根子还在刘、邓,认定党内有一小撮以刘、邓为首的走资本主义道路的当权派。他认为,在一个时期内,这条资本主义路线差不多取得了统治的地位,并且直到现在,在党内还有市场。为了保证"文革"顺利进行,一定要彻底扫除一切前进道路上的障碍。

10月9日开始至28日,毛泽东召开中央工作会议,再次批判以刘、邓为代表的"资产阶级反动路线"。

尽管这次会议由毛泽东亲自召开,但在一开始,参加会议的中央及各地的一些同志,还是表现出了他们的"迟滞",表现出"很不理解"和跟不上形势。正如毛泽东所批评的那样,"头一阶段的发言不那么正常"。

聂元梓在向北京高等院校的学生作演讲。

1966年11月8日,聂元梓等人在北京大学贴出大字报,诬蔑邓小平是"党内走资本主义道路的当权派"。

不久,"文革"大员们出马了。中央文革组长陈伯达发言,讲了洋洋六大条,在历数"文革"丰功伟绩之后,即点名批判刘、邓,说:"刘、邓的错误路线有它的社会基础,这个社会基础主要是资产阶级。错误路线在党内有一定市场,因为党内有一小撮走资本主义道路的当权派,还有相当一批世界观没有改造或没有改造好的糊涂人。"地位显赫的林彪在结论性的讲话中,除极力宣扬"文革"的必要性和重大意义外,指名攻击刘、邓执行了一条"压制群众,反对革命的路线",并说"在一个短时期内,刘、邓的这条路线是取得了一个差不多统治的地位"。康生等"文革"诸将也纷纷发言,一片批判叫嚣之声,使会上充满了火药气味。

会上,邓在二野时的老部下、公安部长谢富治一马当先跳出来,首先批邓。他说:"邓在人们的印象中,是一个三十年'一贯正确'的形象,在党内有很大影响,这次批判资产阶级反动路线的阻力之所以如此大,同这种影响不无关系。"陈伯达重点批邓,说邓是错误路线的急先锋,并从60年代起,对邓旧账新账一起算。林彪发言,信口雌黄地说邓曾经与四野争功,并阴险地诬蔑邓在历史上(指红七军时期)是逃兵,妄图给邓加上有历史问题的罪名。25日,毛泽东在听取会议汇报时，也表示了对邓的不满。毛泽东说，邓耳聋，一开会就在离他很远的地方坐着；说邓从来不找他，从1959年以来，六年不向他汇报工作。

会议快结束的时候，也就是25日，毛泽东作了正式讲话。他说，这次会议，"就是要总结一下经验，做政治思想工作"，解决"思想不通"的问题。他讲了发动"文革"的原因，是他以前过于信任人，在中央搞了一线、二线后，出了相当多的独立王国，他的意见在北京不能实行，推行不了。对于运动本身，毛泽东则不无兴奋地说："时间很短，来势很猛。我也没有料到，（北大的）一张大字报一广播，就全国轰动了"，"红卫兵一冲，把你们冲得不亦乐乎"，"文化大革命这个火是我放起来的"！

虽然为了去除阻力，毛泽东再次批判刘、邓，但此时，他认为中央的问题已经解决，刘、邓及许多干部的问题仍然是人民内部矛盾。他说要允许人家犯错误，说刘、邓二人是搞公开的，要准许他们革命。还对与会者说："我是不要打倒你们的，我看红卫兵也不一定要打倒你们。你们过不了关，我也着急呀。时间太短，可以原谅，不是存心要犯路线错误，有的人讲，是糊里糊涂犯的。也不能完全怪刘少奇同志、邓小平同志，他们两个同志犯错误也有原因。"他还预言，"这个运动才五个月，可能要搞两个五个月，或者还要多一点时间。"就是说，这次运动，搞个一年或一年多就可以完成使命，圆满结束。对此，毛泽东似乎相当自信。不幸的是，事实最终证明，他错了。

在23日的全体会议上，刘少奇、邓小平作了检查。

刘少奇的检查，是经毛泽东审阅而后讲的。刘少奇检讨了自己在"文革"五十天以及历史上的"错误"，没有诿过，敢于负责。但在当时的形势下，即便他作出违心的自责，也已于事无补。

邓小平的检查也是违心的。他在检讨自己"错误"的同时，为了不想让这场批判祸及他人，极力担当地说："在这场文化大革命中代表资产阶级反动路线的，在中央领导同志中，在全党范围内，就是少奇同志和我两人。""必须讲清楚，工作组的绝大多数是好同志，在这段工作中所犯的错误除了个别人外，主要责任不应由他们来负担，而应由我和少奇同志来负担。"

邓小平的检讨，也曾送毛泽东审阅。22日，毛泽东作了批示："小平同志：可以照此去讲。但在……第一行'补过自新'之后，是否加几句积极的话，例如说，在自己积极努力和同志们积极帮助之下，我相信错误会得到及时纠正，请同志们给我以时间，我会站起来的。干了半辈子革命，跌了跤子，难道就一蹶不振了吗？"

大家都知道，"文革"以来，毛泽东对刘、邓的气是很大的。不过，看了他的批示，不管是谁，心里都会感到安慰。记得那句"干了半辈子革命，跌了跤子，难道就一蹶不振了吗"，曾给我们全家以多么大的宽慰。

到了此时，我们都知道父亲犯了"错误"，也关心父亲的政治命运。那个时候，二姐邓楠正在外地串联，妈妈让她赶紧回来。回来后，邓楠经常晚上偷偷跑到妈妈卧室，钻到被窝里，和妈妈两人用被子紧紧地蒙着头说悄悄话。妈妈给她讲父亲的历史，讲"文革"爆发以前父亲在中央的工作，讲父亲与彭真、罗瑞卿的关系……妈妈是要告诉儿女们，父亲是清白的，没有问题。父亲从来不谈自己，我们虽然爱父亲，但并不知道他的历史，也不知道在历史上、在工作中，还有这么多的故事。听了妈妈的讲述，我们像妈妈一样坚信，我们的父亲没有问题。我们甚至还都简单地认为，毛主席是对事不对人，只是要批判"文革"中的"错误"，处分也最多是降级降职，而没有估计到父亲会被完全打倒。

会也开过了，检讨也作过了，我们想法单纯地期盼着一个了结。彭、罗、陆、杨事件的出现，"文革"混乱局面的形成，虽然足以使人感到事态的严重和心理上的惶惶然，但包括父亲在内，全党，或者说绝大部分党的高级干部，对以后将要发生的一系列爆炸式的连锁反应，仍

1960年毛泽东和邓小平在一起。

然没有——也不可能有——足以应付的思想准备。

会议结束了,但批判并没有像我们所期盼的那样结束。

11月2日,中共中央组织部内,突然贴出一大批批判刘、邓的大字报。11月8日,聂元梓也在北大贴出了《邓小平是党内走资本主义道路的当权派》的大字报,给邓所列罪名,有大反个人崇拜,公开"鼓吹"在农村恢复单干,反对"文化革命",是彭真的后台之一,等等。听到风声后,我们心中不无紧张。两个姐姐和我,三人骑着自行车,穿梭于各单位和学校,到处去看大字报。我们想看看,大字报中究竟说了什么,我们的父亲究竟有什么问题。看来看去,除了"文革"中所犯"错误"外，其他的"问题"似乎都还不那么严重，最多是对毛主席的"革命"路线理解不深、跟得不紧。特别让人感到放心的是，父亲没有"历史问题"。但是，大字报语言恶毒，上纲很高，看后仍让人毛骨悚然。批判还没有结束，这一点，已经再明白不过了。唯一让我们心觉安慰的，是在这样挖空心思、刨根寻底的揭批中，没有能够置父亲于死地的大问题。

秋来了，天渐渐凉了。风扫寰宇，落叶纷飞，天地间一片肃杀。

到了此时，父亲和刘少奇一样，已完全不参加工作和任何会议，只是整日在家看一些送来的文件。当然，这些文件无论从数量上还是从内容上来说，都已不能和往日相比。对于自己的政治命运，父亲只能采取等待的态度。

父亲"犯错误"，我们这些孩子都很不理解。一次，大姐邓林问父亲："我们应该怎样认识运动？"此时，父亲能回答什么呢？他只说了一句："你们自己考虑。"父亲"犯错误"，我们也跟着"犯了错误"，分别在各自的学校作检查和受批判，有的还被关了起来，限制了人身自由。批判能不能结束，何时结束，进一步将发展到何等程度，我们心中全然无数。

毛泽东批了刘少奇和邓小平，但到了这时，他还没有下定决心将刘少奇和邓小平像彭、罗、陆、杨一样地彻底打倒。而且，对刘、邓两人，他正在考虑着进行有区别的处理。

对于刘少奇，毛泽东既已改选林彪作为接班人，那么原定为接班人的刘少奇，是肯定要去掉的，只是处理到一个什么程度的问题。

对于邓小平，毛泽东原来是很赏识的，一直想委以重任。但"大跃进"失败以后，邓小平与其他中央领导人一样逐渐与"左"的做法疏离，使毛泽东对于包括邓小平在内的中央一线领导开始产生不满。这种不满日益加深，并随着事态的发展而演变成为进行人事更替的决心。"文革"初期，在毛泽东决定确立林彪为接班人的时候，他还没想彻底去

1966年12月25日,在张春桥的指使下,清华大学红卫兵头目蒯大富率领红卫兵在天安门前游行,喊出了"打倒刘少奇"、"打倒邓小平"的口号。

掉邓小平,他曾希望继续用邓,并希望邓能配合他在人事上的新选择。为此,毛泽东曾找邓谈了一次话。父亲后来回忆:"'文革'开始的时候,主席找我谈话,要我跟林彪搞好关系,我答应了。但与林彪谈了一次就谈崩了。"

和林彪谈崩了,就注定了林彪在其上升的道路上,绝不容邓。林彪深知,毛泽东对邓小平的不满与对刘少奇的不满是不同的,不仅程度不同,而且性质也不同。这种不同,对于如何处理邓,是相当重要的。去掉刘之后,邓就成为林彪最大的心头之患。工于心计的林彪知道,要除掉邓,还需竭尽一切之能事,不断加紧加重对邓的攻击和批判。12月6日,在一次会议上,林彪讲话,说刘、邓不仅是五十天的问题,而是十年、二十年的问题,把刘、邓的问题大大升级。

与此同时,看到毛泽东虽然批判了刘、邓,但尚未有进一步彻底打倒的准备,陈伯达、康生及江青等中央文革大员,便联合林彪集团,谋于密室,企图掀起一场更大的波澜,誓欲置刘、邓于死地而后快。

12月18日，江青公开鼓动打倒刘少奇。

同日，张春桥把清华大学造反派头头蒯大富叫到中南海密谈，布置进一步打倒刘、邓的具体措施。

12月25日，也就是在1966年快要结束的最后几天，清华大学五千名师生冒着严寒示威游行到天安门，召开了一场彻底打倒刘、邓的誓师大会。

12月27日，北京高校造反派在工人体育场召开"彻底批判刘、邓资产阶级反动路线大会"，聂元梓等造反派头头用激烈恶毒的语言对刘、邓进行诬蔑和攻击。

由此，各地造反派纷起呼应，在全国范围内掀起了一场更加声势浩大的打倒刘、邓的新狂潮。

1966年，一个奇特而又非同寻常的年头。

这一年，将作为极其特殊的一页，以突如其来地开始了一场"伟大"的、"史无前例"的、自上而下发动起来的"革命造反"大运动而载入史册。

这一年，崇尚不断革命理想的毛泽东，以其无边的想象力和实践精神，让全世界都睁大了眼睛，见识到了"群众革命"的强大威力。

革命尚未有穷期。在这一年的最后几天，毛泽东像先哲一样预言，下一年——也就是1967年——将是全国全面开展阶级斗争的一年。

这预言，像一个巨大的符咒，笼罩在辽阔神州大地之上。

"文革"大员在天安门城楼上，左起：张春桥、叶群、姚文元、李作鹏、邱会作。

第5章
向"走资本主义道路的当权派"发起总攻

1967年1月1日,党报党刊发表题为《把无产阶级文化大革命进行到底》的社论,号召向"党内一小撮走资本主义道路的当权派"和社会上的"牛鬼蛇神"展开总攻击。

在"总攻击"的号召下,更多的、从中央到地方各部门的领导干部被批判和打倒。1月11日,中共中央政治局会议决定取消刘少奇、邓小平、陶铸[1]、陈云[2]、贺龙[3]出席政治局会议的资格。中央政治局常委陶铸被中央文革诬为"最大的保皇派",贺龙元帅被林彪点名说成是"大土匪",湖北省委第一书记王任重、上海市委第一书记陈丕显、吉林省委第一书记赵林、福建省委第一书记叶飞、江苏省委第一书记江渭清、山东省委第一书记谭启龙、安徽省委第一书记李葆华、浙江省委第一书记江华、江西省委书记方志纯、解放军总政治部副主任刘志坚等省级和军队领导纷纷倒台。在疯狂残酷的批斗中,云南省委第一书记阎红彦、山西省委第一书记卫恒被迫害致死,煤炭工业部部长张霖之被毒打致死,海军东海舰队司令员陶勇也不

---

[1] 陶铸,时任中共中央政治局常委、中央书记处常务书记。

[2] 陈云,时任中共中央政治局常委、国务院副总理。

[3] 贺龙,中华人民共和国元帅,时任中共中央政治局委员、国务院副总理、中央军委副主席。

明不白地死去。

新中国成立后建立的各级政权"一朝覆亡",各级领导陆续被打倒,真正是一个疯狂的年月。

但是,仅仅打倒各地党政领导,还不能满足林彪一伙和中央文革的野心。在中央文革张春桥、姚文元的策划下,从1月份开始,造反派在上海夺取了市的党政大权。由此开始,在毛泽东的肯定下,又展开了一场全国范围的全面夺权运动。以"文革"造反派为主组成的"革命委员会",取代了党和政府的机构及组织。

对于夺权运动,毛泽东不仅赞成支持,而且把它作为实现其继续革命理想的一项重要措施。他的理想,就是要通过这场"人类从未经历过的最伟大的革命变革",打破由"走资本主义道路的当权派"掌权的旧世界,建立一个全新的、革命化的新世界。而这个理想世界的具体形式,就是建立像巴黎公社那样的、由无产阶级革命派掌握的、全新的"革命"政权——革命委员会。

毛泽东说,"文化大革命"要由"天下大乱"达到"天下大治"。革命委员会的建立,是否就是他心中所期望的那种"大治"?如果是的,那么,就事与愿违了。在"大治"之下,掩盖不住的事实,是继续的大乱,是那业已失控的、不可收拾的、更加严重的大乱。

造反派冲击学校,冲击地方党政机关,进而冲击军队,大规模混乱事件接连发生。1月底,新疆石河子发生造反派冲击军事单位造成流血事件,成都发生军队与造反派对立的"镇反"事件,西宁发生军队被迫反击造反派冲击开枪死人事件,武汉发生因造反派冲击报社和军队引发的军队"抓人"事件,广东、内蒙古、安徽、河南、湖南、福建、西藏等地,各类事件也都遥相呼应似的接连发生。

"文革"开始以后,先是发生批斗抄家的疯狂行动,继而大批干部被迫害打倒,直至爆发大规模武斗流血事件。这一切一切,使许许多多的人,从刚开始的惶惑,变成不安,变成抵触,变成了愤怒。

2月，以陈毅[1]、叶剑英[2]、徐向前[3]、聂荣臻[4]、李富春、李先念[5]、谭震林[6]以及余秋里[7]、谷牧[8]等老干部为一方，与以康生、陈伯达、江青、张春桥、姚文元为代表的中央文革，展开了短兵相接的斗争。

这一批功勋显赫、为革命出生入死、为社会主义建设呕心沥血的老同志，在政治局会议上、在军委会议上控诉"文革"中发生的暴行和非法行动，怒斥中央文革的阴谋和倒行逆施，其言语之激烈、情绪之激昂、怒气之喷薄，真可谓正气凛然、痛快淋漓。

但不幸的是，这些正气之声，不但未能唤醒毛泽东，反而让他认为由他亲自发动的这一场革命运动遭遇到了前所未有的干扰和阻力。他严厉地批评了这次被冠以"二月逆流"的抗争，同时下定决心排除一切阻力，继续深入开展这场"史无前例"的、却又总是不为人们所理解的"革命"运动。

在3月召开的中央工作会议上，毛泽东再次批判了刘、邓。并在此时成立了专门用以调查"罪行"的"刘少奇专案组"。

在批判加剧的情况下，对于刘、邓，特别是对刘少奇的公开点名，也成为必然。

4月1日，《人民日报》、《红旗》杂志发表戚本禹[9]批判刘少奇

---

[1] 陈毅，中华人民共和国元帅，时任中共中央政治局委员、国务院副总理、中央军委副主席。
[2] 叶剑英，中华人民共和国元帅，时任中共中央政治局委员、中央书记处书记、中央军委副主席。
[3] 徐向前，中华人民共和国元帅，时任中共中央政治局委员、中央军委副主席。
[4] 聂荣臻，中华人民共和国元帅，时任中共中央政治局委员、中央军委副主席。
[5] 李先念，时任中共中央政治局委员、国务院副总理。
[6] 谭震林，时任中共中央政治局委员、国务院副总理。
[7] 余秋里，时任国家计委第一副主任兼秘书长。
[8] 谷牧，时任国家建委主任。
[9] 戚本禹，时任中央文化革命小组组员。

的文章《爱国主义还是卖国主义》。其中除用"党内最大的走资本主义道路的当权派"代替刘少奇的名字以外，给邓小平也冠以"党内另一个最大的走资本主义道路的当权派"的名号进行公开批判。

公开批判，虽然没有指名道姓地点名，但人所共知，这就是打倒。

在那个非常时期，批斗，是不需要请示的，揪出来就可以斗，谁揪出来谁就可以斗，什么时候揪出来什么时候就可以斗。打倒，也不需要批准，只要上面——当然是指林、江等文革大员——有人暗示，或者造反派认为应该，就可以把人揪出来。批斗会一开，口号一喊，就算是罢了官，也就算是打倒了。不过，如要打倒党和国家的高级或最高领导，还得有一个"正式"的"程序"，那就是报刊公开点名批判。点名也分不同形式，一种是公开指名道姓的点名，另一种是不点姓名而冠以一个特定的名号以进行点名。在那时候，点名，的确是件大事，点不点名，点谁的名，什么时候点名，怎样点名，还是一种"待遇"呢。

党的最高报刊点名，意味着对刘、邓这两个"党内最大的走资本主义道路的当权派"的批判将大大升级。

4月3日，父亲提笔给毛泽东写了一封信。信中写道："从1月12日起我一直想见见你，向你求教，只是觉得在群众激烈批判我们的反动路线及其恶果的时候求见主席是否适当，所以一直在犹豫着。近日看了戚本禹同志的文章，觉得我所犯错误的性质似已确定。在这种情况下，我求见主席当面聆听教益的心情是很迫切的。如果主席认为适当，请随时通知我去。"

给毛泽东的信送走了，却一直没有回音。没有回音，只有等待，在不测的险境中无助地等待。

4月6日，造反派冲进刘少奇家，批斗了这位由全国人民代表大会正式选举产生的中华人民共和国主席。次日，刘少奇在中南海贴出答辩的大字报，几小时便被撕毁。同月10日，清华大学造反派召开号称三十万人的大会批斗刘少奇的夫人王光美。

汪东兴与毛泽东在中南海。"文革"中,父亲根据毛泽东的交代,通过汪东兴同中央保持联系。

对刘少奇的批判已变得疯狂,父亲和我们一家人做好了思想准备,以应付更加严酷的局面。

到了5月,一天,中央办公厅主任汪东兴来到我们家,找父亲谈话。汪东兴对邓小平说,主席最近刚回到北京,让汪东兴来看看邓小平。毛泽东让汪东兴向邓小平转达他的三个意思:第一,要忍,不要着急;第二,刘、邓可以分开;第三,如果有事可以给他(毛泽东)写信。听完汪东兴转达毛泽东的意思后,邓小平表示,大字报中提出的许多问题与事实不符,他要求见主席当面谈谈。汪东兴把邓小平的要求转报了毛泽东。

不久之后,一天深夜,院子里黑漆漆的,我们全家人早已熟睡。也不知是几点钟,突然我们孩子们住的西屋里电话铃不断地响了起来。

我懵懵地跑去接电话，只听总机说，一组（毛泽东处）秘书要找秘书王瑞林讲话，可王不在办公室值班，让找一下王来接电话。其实，王秘书就住在离我们家不远的地方，只是家中没有电话。把王秘书叫来不久以后，毛泽东的秘书徐业夫来到我们那个在中南海怀仁堂边上的家中。

王秘书带着徐业夫到父亲的卧室把他叫起来，告诉说主席要找他谈话，父亲赶紧起身。徐业夫没有让带警卫员，接着父亲一个人走了。父亲走后，母亲很紧张。要知道，自"文革"后开始批刘、邓以来，毛泽东一直未找邓谈过话呀。

天快亮了，父亲才从主席处回来。父亲告诉母亲，主席主要问他30年代离开红七军到上海向中央汇报工作这一段的历史情况，他向主席详细讲了。主席批评了他派工作组的错误。父亲说他向主席表示接受批评。父亲问主席，以后如有事情向主席汇报找谁？主席说，可以找汪东兴，也可以给他本人直接写信。看到主席态度缓和，批评得并不严厉，使人感到相当大的安慰。

在林彪、江青等人的挑动和支持下，对刘少奇的狂暴批判不断加剧升级，至9月，大报小报批刘文章达一百五十余篇。7月初，中南海外"揪刘"造反派迫刘写出检查。同月13日，建工学院造反派在中南海西门外安营扎寨，成立了正式的"揪刘火线"。在中央文革的策动支持下，"揪刘火线"迅速扩大。一时间，旗帜标语如潮如海，营寨席棚连绵不断，高音喇叭

1966年，批判邓小平后，社会上很乱，父母亲不让我们出去，我们姐妹就在家中自寻其乐照相玩。此照片可称为"乐在眉头，愁在心头"。

震天刺耳,数万人围困了党中央、国务院所在地——中南海。造反派就地轮番揪斗各部各省的"黑帮"和"走资派",并在中央文革大员的支持下轮番冲击中南海各个大门。

批判刘少奇可谓声势浩大、如火如荼,但对于邓小平的批判,则显得相对温和。其中的原由,一是因为刘少奇是第一号"最大的走资派",首先要打倒的就是他,当然声势不同。二是因为,到了此时,在毛泽东的心中,仍然将刘、邓的处理加以区别。

对于毛泽东来说,他的"无产阶级震怒",最主要的是对着他原本选定的接班人刘少奇而发的。对于邓小平,虽然他的不满从60年代以后逐渐增加,但"气"远不如对刘的那样大。同时,纵观毛泽东前后讲话和做法,可以证明,对于邓,他始终心存一份赏识。刘、邓在"文革"中犯"错误"以后,毛泽东批刘也批邓,但批判的矛头,始终主要对着刘。邓小平后来对此曾说过:"谁不听他(指毛)的话,他就想整一下,但是整到什么程度,他还是有考虑的。"

当时的中央文革成员王力回忆,在邓被打倒以后的1967年7月16日,毛泽东曾单独与他谈过一段耐人寻味的话。毛泽东说:"林彪要是身体不行了,我还是要邓出来。邓至少是常委。"从这个谈话看,毛泽东在批判和处理上区别刘、邓还有更深层次的原因,那就是留着邓,到了需要的时候,也许还可一用。

对于毛泽东的想法和这一番用心,父亲不可能知道。受到批判后,特别是在被取消出席中央政治局会议资格后,他整日在家,既没有工作,也没有人找他谈话。那时我们这些孩子还和他住在一起,并且还可以随便出入中南海,因此,通过我们,他对外面大批判及大混乱的情况还可以有一个基本的了解。像中南海中其他受到批判的高级领导人一样,他也被要求看中南海内造反派贴出的大字报。但他没有像刘少奇一样被要求向造反群众写检查,也没有像刘少奇一样被造反派批斗和冲击,只有一次在外出看大字报的时候,被中南海的"革命群众"围攻过一次。当时一定是有人进行了疏解，因而没有受到进一步的批斗。

面对一浪高过一浪的批判，面对报刊的点名，面对对他的种种攻击、诬蔑，甚至造谣中伤，父亲看着，听着，承受着，忍耐着，心中怎能平静？但是，也许因为作为一个彻底的革命者，他已炼就无畏无惧；也许因为在他六十多年的人生历程中，早已有过不寻常的坎坷磨砺，所以面对非常局面，面对不公正的待遇，面对不可预想的未来，他虽不可能心中无思无虑，却仍可以沉默待之。从每日的起居和活动，我们看不到父亲有什么变化，表面上看情绪也没有明显的起伏，依然是那样的沉默，依然是那样的无言。

当时，我们还都是十多岁的孩子，我们惶惑，我们不理解，我们愤怒，我们觉得委屈。但从父亲身上，我们能够或多或少、似懂非懂地获得一点保持镇定的力量。我们家的孩子，无论儿子还是女儿，都爱我们的爸爸，深信我们的爸爸绝不是反党反社会主义的"黑帮"分子。中南海里的造反派让我们揭发批判我们的父亲，不写不行，写又不能无中生有，于是我们姐妹三人聚在一起，好歹拼凑了一些，写成贴出，任凭造反派说我们不肯揭发或是避重就轻。

在我们家的外面，整个中南海内大字报和标语铺天盖地。在中南海的外面，"揪刘火线"已扩大到刘、邓一起揪，更是形势危急。我们这一家人，父亲、母亲、祖母和子女们，像大海狂涛中的一叶孤舟，在狂风巨浪的冲击下，只能更加紧紧地聚在一起，用信任和亲情来相互安慰和支持，以获得心灵上的镇定。

批判的前景如何，父亲和我们全家都不可能预测。但是，批刘升级的前车之鉴，使我们对事态可能向进一步恶化的方向发展做好了思想准备。

第6章
打倒刘、邓、陶

运动已经进行了一年多的时间,毛泽东在发起运动,推动运动发展,支持"左"派造反,批判和消除一切阻碍运动发展的"反动"势力,建立新生的"革命"政权等诸多方面,都已取得了超出他预计的成绩和结果。如果这些,就是发动这场"革命"运动的目的的话,他应该感到满意了。他的目标,不就是要保证中国不变成修正主义,要保持永远革命的精神,要用革命的手段来确保革命路线的进行,并用革命的手段进行组织、人事乃至政权上的更替和换代吗?

但是,正像毛泽东自己常说的那样,事物往往总是走向自己的反面。运动发动了起来,而且不断地加速,行进得越来越快,就像一列全力向前的重载列车,其来势之猛,惯性之大,任何力量均已不能阻挡。就连毛泽东,这个运动的发起者,也已不可能控制其节奏和走向。更何况,这是一场由错误的思想、错误的估计所引发的错误的运动。由其错误的性质所注定,它将只能在一条畸形扭曲的道路上艰难行进。这是不以人的意志为转移的。

对于刘、邓的批判,毛泽东曾想不同于彭、罗、陆、杨。但林彪和中央文革一班人马对此却不满足。他们认为,必须进行声势浩大的批斗,以群众运动的巨大声势,造成彻底打倒的不可挽回之势,以敦促毛泽东快下决心。他们加紧部署正式批斗刘、邓的步骤。

7月15日，中央办公厅向中央文革报送一份关于批斗刘少奇的请示。中央文革小组组长陈伯达用笔将"少奇"二字勾掉，在后面加上"邓、陶夫妇"。

7月18日，江青、康生、陈伯达等策划组织召开了"批斗刘少奇"大会，对刘进行批斗、抄家并从此剥夺了刘少奇的人身自由。

江青在大会上高呼口号。

刘少奇被抄家后，我们家的老公务员吴洪俊偷偷把母亲叫到屋后走道说，今天抄了刘家了，拉了一车东西走，听说明天要抄你们了，赶快收收东西吧！

7月19日，中南海的造反派把父母亲两人叫到旁边的怀仁堂，说有事情要问。父母亲被带走后，造反派来到家中，开始抄家。

他们首先到父亲的办公室、会客室，然后到父母亲住的房间，翻来翻去，却什么也没有搜查出来。父亲办公的习惯是，开会不做记录，平时不写笔记，发言讲话不写讲稿，最多一个纸条记几个数字，但凡落笔都在文件上。处理文件都是当日事当日毕，看完批完就让秘书拿走，办公室内不留文件。他的办公室内确实干净简单，除了书籍以外，几乎什么也没有。造反派搜了半天，一点"稻草"都没捞着，便气鼓鼓地说："一点笔记都没有，这个总书记，也不知道是怎么当的！"造反派们不甘心无功而返，就转到我们孩子们住的房间，一间一间仔细搜过，结果也是一无所获。那天飞飞在家,造反派问他在干什么,他说在看《西游记》，其实在他的口袋里装着父亲平时打桥牌用的扑克牌。幸好造反派没有搜身，不然就会找到这唯一的罪证：邓小平的扑克牌——记得我们在看大字报时，造反派给父亲列的一大"罪名"就是"爱打桥牌、爱玩"。

抄了半天的家，什么也没搜出来，造反派就责令我们交出家里的存款存折。他们原以为我们家多么富有，万万没有想到，因为我们家人口多、负担重，所以非但没有一分钱的存款，反倒还欠着公家二百元钱。他们本想借抄家大肆宣传邓小平的腐化生活，结果却大失所望而去。

现在的人可能不理解，当时那种抄家能给人带来多么大的心理恐慌。一个人本来没事，或因一次抄家，给造反派找到"罪证"，就会引来杀身之祸。对于已经在"文革"中司空见惯的抄家行动，我们虽未参加过，也未亲眼看见过，但却早就耳熟能详。在刘家被抄以后，我们也不得不做好准备，把家里彻底检查一遍。在那个非常时刻，人们内心的恐慌是无边无际的，有事的、没事的都要一查再查，防备不测。

我们家本来十分简朴，没有什么奢侈用品，只有母亲去苏联时苏联人送的几瓶香水。记得两个姐姐和我，在厕所里，把那几瓶从未拆封的香水打开，一股脑地倒进洗脸盆中，边倒边开开龙头用水冲。也不知道起了什么化学反应，香水和水一掺和，便咕嘟嘟地冒起阵阵白泡。现在想来实在可笑，而且十分愚蠢——我们倒掉了香水，却没有丢掉香水瓶子。如果造反派真搜到了并做起文章，有香水没用还好，有香水还全用光了，那岂不真正是"资产阶级生活方式"啦？幸亏抄家时造反派忽略了那几个无辜的香水瓶子。这是事后想起来的一桩可笑而又可叹之事。真正可惜的，是我们把一些可能被造反派当做罪证的照片都给烧了，其中有我们家和彭真、罗瑞卿、杨尚昆等家的合影，还有妈妈年轻时在北京大学上学期间的生活照片。这些照片，都被我们付之一炬，再也无法找回了。

这次抄家后，父亲算是"正式"被打倒了。7月29日，中南海一些"革命群众"以开支部会的名义，批斗了父亲，限他三天内交出"请罪书"，宣布从即日起限制邓夫妇的行动自由。面对诽谤和批斗，父亲忍无可忍，提笔给汪东兴写信："今日上午支部会议的情况料已知道。另，外语学院也要我在30日以前写出交待，支部限期是三天。对此类事情应如何处理，理应请示主席和中央。电话不便打，我写一封信求见主席,请代为转呈。"在给毛泽东的信中,父亲写道:"5月见主席时,主席曾面示有事可找你,并嘱如要见主席可直接写信。我再次写信求见主席,实在感到非常抱歉。今(29)日上午,我们几个单位的支部开会,当面对我的错误和罪行进行了揭露

1965年刘少奇在中南海,两年后被剥夺人身自由。

和斗争,在会上勒令我在三天内交出我的请罪书,彻底交待反党、反社会主义、反毛泽东思想、反主席的罪行,同时对我的生活行动方面也做了一些处理。我目前确实心中惶惶无主,不知如何是好,所以我十分恳切地希望能够面向主席请教。我自觉这个请求是不一定恰当的,但我别无办法,只能向主席倾吐我的心情。如果主席太忙,是否要别的同志找我一谈。"

毛泽东没有再见邓小平。打倒邓小平已成不可逆转之势。

8月1日,父亲的秘书王瑞林和警卫员张宝忠被调走了。中办派来了一个新"秘书",而这个新"秘书"上任后的第一件事,便是把母亲叫到他的办公室。屋里的墙上贴着"坦白从宽,抗拒从严"的标语,新"秘书"声色俱厉地让母亲揭发父亲。母亲从容地说:"小平同志从来不把工作上和组织上的事对家里人讲,我什么也不知道。至于文件,每天看完后,该处理的当天都处理了,其他的都送中办机要处了,要什么,你们自己去翻吧!"眼看着捞不到什么东西,对母亲的"审讯"便如此了了。

家抄完了,下一步,该是批斗会了。

8月5日，为庆祝毛泽东《炮打司令部》的大字报发表一周年，谢富治和戚本禹到"揪刘火线"进行煽动，建议造反派在天安门广场召开百万人的声讨批判大会。同一时间，在党中央和国务院所在地中南海，分别在住地组织对刘少奇、邓小平、陶铸夫妇进行批斗。

被批斗的陶铸。

三十多年后的今天，我仍十分清晰地记得当时的情景。造反派事先通知要进行批斗，我们全家已有准备。妈妈叫我们在家的孩子们，不管发生什么情况，无论如何不要出来。

中南海的造反派冲进家后，从屋里把父母亲押出来，由造反派团团围在院子中间。一些造反派上前将父母的头强行按下，让他们弯腰、低头认罪。一阵震耳欲聋的"打倒"口号声后，造反派们气势汹汹连喊带叫地批判了一通，然后便七嘴八舌乱糟糟地进行质问。我清楚地记得，一个从上海调来的中办秘书局的女造反派喊叫的声音特别尖锐特别刺耳。母亲的眼镜让造反派给拿掉了，她低着头想看一下父亲都看不清。父亲耳聋，又弯着腰，根本听不清那些吼叫，因此也无从回答。他刚刚辩解了几句，话还未说完，便被粗暴地打断。造反派说他态度不好负隅顽抗，接着便又是一阵乱批乱吼。造反派还在院内架上喇叭，把同时在天安门广场进行的批判大会实况放给他们听。

妈妈不让我们出来，我和两个姐姐在屋里，紧紧地拉上窗帘。姐姐们听着批斗的吼叫，心都提到了嗓子眼儿上，她们怎么也不忍去看父母亲被斗的惨状。而我则站在桌子上，从窗帘缝中一直看着。我说，我要看，要看到底，而且我要把这一切永远地记在心里！

批斗结束后，母亲扶着父亲走回屋里，看到父亲脸色苍白，赶紧倒水让他喝，再扶着他躺下休息。这一天，就这样在吵闹混乱之中结束了。

事后我们听说，这次批斗刘、邓、陶，对邓，还是最"文明"的。对于刘和陶，则残酷得多，特别对刘少奇，进行了残酷的人身摧残。

批斗抄家后，父亲算是真正意义上的被彻底打倒了。

在中南海我们的家中，父母亲已处于软禁状态。我们几个孩子还可以住在家里，但不准到父母亲住的北房。不过，院子里没有进驻造反派，所以我们还是经常悄悄地去父母亲那里。受到批斗以后，父亲沉默、无言、没有笑容，但也没有显露出过分的激动和绝望。在父亲镇定情绪的影响下，我们全家人的心情也并没有低落不堪，只是更少出去，尽量多地呆在家里。要知道，"文革"中，在社会上，在我们所认识的人中，境遇比我们糟、情况比我们惨的，实在太多了。见怪不怪，相比起来，我们没有什么好抱怨的。

在这期间，在我们最困难的时候，有一些事，让我们全家人永远难忘。

我们的家在怀仁堂旁边，一个小胡同，从南到北前后四个院子。一院李富春，二院谭震林，三院邓小平，四院陈毅。原本，四个副总理，四户人家，大人们既是老战友又是老同志，关系亲密。小孩子们更是从小一起长大，像兄弟姐妹一样相处甚欢。"文革"以后，到处标语口号一片混乱，每家每人都忙于应付运动，自顾不暇。父亲被打倒后，我们更是不愿出门，不愿见人。有一天，我和大姐邓林从家里出去，走到胡同口，看见陈毅伯伯带着警卫员，正从外面走来。看他严肃地沉着脸，就知道一定是刚刚被迫看过大字报。许久未见，陈伯伯人瘦了，我们从小就熟悉的那副动人的笑容也消失了，只是他的腰板，还是挺得那样的直。我们知道，在"二月逆流"中，陈伯伯也挨了批判。为了不再连累他，我们自动躲着靠在一边。不想他一眼看见了我们，脸色一变，眉头一扬，老远的几步就跨了过来。他叫着我们的名字，并突然弯下腰来，像是鞠了一个躬似的，然后问道："都好吗？"我们一下子愣住了，当反应过来，知道他是在问候谁时，心头一热，忍不住眼泪就要夺眶而出。我们赶紧回答："都好。"陈伯伯连声说："那就好，那就好！"说完，他又沉下了脸，缓缓向巷子的深处走去。当时，我们曾为此激动了好几天，却无论如何没有想到，这竟然是和陈伯伯最后的见面。

还有一次，公务员老吴回来，把一包香烟交给母亲。他说，在胡同里，碰见李富春的警卫员小孔，小孔看见周围没人，悄悄塞给他一包烟，小声说："这是富春同志给小平同志的。"老吴看着小孔走后，半天才回过神来，赶快回家。父母亲看着这包香烟，许久没有说话。他们心里明白，在这艰难时刻，他们的老同志老战友，惦记着他们呢。

一年多前，邓小平送橘子给彭真。一年多后，李富春送香烟给邓小平。世事变迁，怎不令人感慨。

这种状况又维持了一个多月。9月13日，公务员老吴突然急匆匆地来告诉我们，刘家的孩子们被撵出家、撵出中南海了！刘家三个念中学的大一点的孩子，一人只让带一个铺盖卷、一辆自行车，给强行送到各自学校去了。小的一个上小学的，交给带她的阿姨也被强行撵出家门。老吴焦急地告诉我们，你们也要有准备呀。

这时，在家的只有邓楠和我。我们跟妈妈商量，无论如何不能像刘家的孩子那样被撵走，要走，也要有个去处。我们家还有一个老奶奶，即使我们能去学校，奶奶怎么办？奶奶解放后一直住在我们家十几年了，这么大年纪，总不能让她无家可归吧？刘家的孩子比我们家的小，就这么让人赶走，太惨了。我们不能像他们一样，我们的命运绝不能任人摆布。商量定了以后，我们也是铁了心了。

不久，造反派和中办的人真的来了，凶神恶煞地命令我们回学校去，命令我的奶奶回老家去，而且两小时之内必须"滚出中南海"！父母亲被软禁不能出来，我们姐妹二人对着造反派申辩起来，说要走可以，但必须给我们找一个住的地方，我们坚决不去学校住，奶奶也不能回

离开中南海前的飞飞,刚满十六岁,一副孩子的模样。

老家乡下,那里根本没有亲人了,难道要她去死吗?除非你们用绳子把我们绑走,否则我们决不走!造反派吼,我们也吼;造反派凶,我们也不示弱。我们横下心来跟他们大声喊着,控制不住的眼泪一串串地顺着脸颊往下流。那些造反派见我们这个样子,没办法只好暂且走了。他们走后,我们放声大哭了一场。自从父亲被批判以来,一直到今天,所有的委屈,所有的愤怒,和即将与父母亲分离的悲伤,像洪水一样再也禁制不住,一股脑地倾泻出来。

知道逃脱不了被赶走的命运,我们把大姐从学校叫回来,赶紧一起收拾东西。我们在西屋忙着收拾,妈妈在北屋也忙着找。我们在屋子拐角的地方偷偷"交接",妈妈找到一件,交给我们一件,她和父亲是想让我们把能带走的东西全都带走。

最终,我们胜利了。过了几天,造反派通知我们,给我们在中南海外面找了两间房子,但要在两小时内立即从这里"滚出去"。

临走的时候,我们分别悄悄地走到父母亲住的北屋和他们告别。妈妈趁我们去时,从她的屋里赶紧再拿出一些东西交给我们。妈妈的眼里含着泪水，从她手中接过东西时，我感到她的手烫烫的。爸爸正好在房后的走廊里，我走过去匆匆地亲了他一下，又匆匆地走了。爸爸是最爱我们这些孩子的，我不敢再多看他一眼。我知道，虽然他从来坚强，从来遇险不惊，从来喜怒不形于色，但是，与朝夕相处的儿女们分别，也许从此再也不能相见，对于他来说，这是最大的伤害。政治上的遭遇再险恶也打不倒他，亲人的生离死别，却是他最难于接受的。

第7章
秋日的悲凉

1967年9月的那个秋日，我们离别了父母亲，离开了居住了十年的中南海的家。

从那个时候起，父母亲开始了他们与外界完全隔离的囚禁生活。而我们这些孩子，也开始了与从前迥异的人生道路。我们清楚地知道，我们的面前没有平坦的大路，我们将要面对的，是在中南海——那个往日的避风港——以外的漠漠人世。艰难的人生磨练，将时刻伴随着我们，无处可躲，无处可藏。

在此后的两年中，两个最大的"走资派"刘少奇和邓小平，一直在中南海各自的家中被囚禁。由于毛泽东对于刘、邓的处理有区别，因此刘、邓的处境也大不相同。

刘少奇被囚禁在中南海的家中，其夫人王光美被关进监狱，身边的工作人员换成监管人员。刘少奇——这位迄今为止尚由宪法承认的中华人民共和国主席，重病在身，受尽折磨，最后遭到遣送，惨死于河南开封。

而邓小平，虽也遭囚禁，但始终没有把他和我们的母亲分开。要知道，在艰难的时刻，能与亲人在一起是最重要的。只要能够两人在一起，即便被打倒被批判得再凶再狠，总可以从相互支持中获得安慰。

父亲的秘书早被调走，换了一个不知可以冠以什么头衔的人，实

1965年在全国人大三届一次会议上再次当选为中华人民共和国主席的刘少奇。

际在此尽看管之责。家中原来工作人员就不多,警卫员和司机调走了,但厨师杨维义和公务员吴洪俊保留了下来。他们两人在我们家都已工作了十多年,虽然对"走资派"也得批判、也得划清界限,但对我们这一家人还是相当有感情的。有他们在,一是父母亲的生活还有人照料,二是院子里总不至于显得那样的孤寂。特别要提的是老吴,他来自我们家乡四川,本来没有文化,也不懂政治,但在这场"革命"运动中,即便是他,也学会了很多的政治。有的时候,他还能把听来的或认为重要的事情，趁人看不见的时候，在后过道里偷偷地告诉母亲，使得处于完全禁闭状态的父母亲，可以得到仅有的一点消息。

在囚禁之中，父亲面对的是对自己的狂躁批判，有时还被迫根据一些造反派组织的要求为他人写证明材料。要为某人写证明材料，就说明这个人正在受到审查和批判。看到自己的同志和战友受到不公正待遇，父亲愤然而无奈，他只有用坦荡的直言为同志的清白作出证明。卫生部三个造反派组织要求父亲交待如何重用被打倒的卫生部长钱信忠，父亲于1967年11月3日写出说明："钱信忠同二野的工作历史关系是很久的。我们，主要是我，对他是信任的。我和其他一些负责同志长期认为，他在主持卫生工作方面是较有能力的。他的外科手术在当时条件下是难得的。他的工作，特别是战场救护工作是努力的。所以我过去对他的总的看法是小毛病很多，但大的方面还好，对战争是有功绩的。钱信忠当卫生部长是总理提出来商量的，我是赞成的，对钱信忠任卫生部长事，我同安子文[1]没有什么密谋。"父亲用这个证明材料，表达了对受迫害同志的同情和支持。

在那个年代，凡是被批判被打倒的人，都会被强制参加惩罚性的劳动改造，有些造反派甚至用强劳动来达到迫害和折磨人的目的。父母亲被关在我们自己家的院子里，要劳动改造，却没有什么可干的活。一开始让他们自己做饭，不过没做两天就不让他们做了。可能造反派突然想起，不能让这个大"走资派"接近刀子之类的利器吧。于是改为勒令母亲每天扫院子。刚开始是母亲一个人扫，后来父亲自动拿起笤帚，跟母亲一起扫。两年之中，无论刮风下雨，无论天寒天热，他们每天都扫，一笤帚一笤帚仔细地扫、认真地扫。在单调孤寂的囚禁生活中，这仅有的一点劳动，竟成为他们的一种需要，成为生活的一项重要内容。不过，扫院子再怎样用心，也只有那么多的工作量，除

---

[1]　安子文，曾任中央组织部部长。

此之外，父母亲就只有坐在屋子里，看书、看报、听广播，或者静坐沉默。

为了节省，两年之中，他们没有添置任何衣物。父亲有一件羊绒开司米毛衣，还是刚刚解放上海时，在上海做地下工作的刘晓[1]给他买的。穿了二十年，肘部已经磨破，怎么办呢？母亲会织补毛衣，她找了一些颜色差不多的毛线，把粗线破开，变成像开司米那样细细的线，然后用针穿上线，用织毛衣那样的方法进行织补。那么大的一片破洞，经她一补，竟然和原物所差无几，不知道的话，一眼都看不出来。还有那些破损的边角，母亲也都细心地一一补好。这件又破又旧的灰毛衣，就这样经母亲的巧手织补一新。后来很长一段时间内，父亲一直穿着它，有新毛衣也不肯换。这当然不只是为了节省，要知道，这件毛衣上的一针一线，都记述着那被囚禁的日日夜夜。

到了晚上，院子寂静漆黑。空荡荡的房间里，只点一盏昏暗的小灯。父亲无言无语，闷坐抽烟。母亲先是看着他抽，后来也跟着抽了起来。为了节省，她只捡父亲抽剩下的半截烟抽。父亲知道母亲心脏不好，劝她不要抽，说："现在你的烟瘾比我还大，将来怎么办？"母亲说："我抽烟，是因为想孩子们。只要能见到他们，我马上就不抽了。"

这种囚禁的生活虽然难过，但可庆幸的是，他们总算没有像别的"走资派"那样受到残酷的人身迫害和摧残。

父亲没有受到其他"走资派"所受的迫害和虐待，并不是什么侥幸。还是前面所提到的那个原因，这是毛泽东的意思，也可以说是毛泽东的一种政治安排。

对于邓小平，毛泽东在对其批判打倒的同时，在政治上是有所保留的，在人身上也是保护的。对邓小平的监管，毛泽东只让他所信任的汪东兴来管，从来没有让林彪和中央文革插手。到了1967年11月

---

[1] 刘晓，曾任外交部副部长。

5日，在与中央文革成员谈关于党的九大和整党问题时，毛泽东虽然仍把邓小平与刘少奇联系起来，错误地批道："刘、邓互相合作，'八大'决议不通过大会主席团，也不征求我的意见就通过了。刚通过，我就反对。六三年搞了个十条，才隔三个月，他们又开会搞后十条，也不征求我的意见，我也没到会。邓小平要批，请军委准备一篇文章。"但同时，他又说："我的意见还要把他同刘少奇区别一下，怎样把刘、邓拆开来。"

把刘、邓拆开来，话只是一句，但含义很深。明面上，是对刘、邓个人生死前途的决定，而在深层次上，涉及的问题则是既多又复杂。

毛泽东树立林彪为接班人，公开场合都是由林彪亦步亦趋紧随其后，但在私下里，在私人之间，毛泽东却似乎从未与林彪"亲密无间"，这是为什么？明知道林彪不容邓小平，而毛泽东却偏偏保留邓小平，这又是为什么？把刘、邓拆开，难道仅仅因为邓的"问题"没有刘的大？难道在那个时候，在那个林彪最"红"的时候，毛泽东就想到了什么，或者已经在准备着什么？毛泽东之心，实如大海之深，深不可测啊。

按照毛泽东的预言，1967年，将是全国全面展开阶级斗争的一年。这一年中发生的事情，的确是又多又快又混乱。

继"一月夺权"和"二月逆流"之后，3月，掀起全国范围"抓叛徒"的风潮，无数无辜者被诬蔑和定罪。4月，报刊上对刘、邓，特别对刘少奇的批判大大升级。6月，打、砸、抢、抄、抓的歪风泛滥全国，中央不得不发出进行纠正的通知。7月，林彪提出抓"军内一小撮"，一大批军队干部被打倒。同月，江青提出"文攻武卫"，致使全国各地武斗急剧升级，大规模流血事件频频发生。8月，在中央文革煽动下，发生了造反派火烧英国驻华代办处等一系列涉外事件。

到了这时，全国上下，包括军队的各级干部大批倒台，党和政府机构陷于瘫痪，各派造反组织相互争斗，大规模流血武斗不断爆发，工农业生产被严重破坏，生产持续下降，全国陷入大动乱和全面内战的混乱局面。

毛泽东从7月到9月，视察了华北、中南和华东地区。巡视之后，他非但丝毫没有感觉到事态的严重，反而发表谈话说："全国无产阶级文化大革命的形势大好，不是小好。整个形势比以往任何时候都好。""有些地方前一段好像很乱，其实那是乱了敌人，锻炼了群众。"

毛泽东从他的眼中，看到了他的预言的实现，看到了真正的"天下大乱"。天下大乱，既然要乱，就要彻底地乱，翻天覆地地乱。

毛泽东曾经自我剖析："在我身上，有些虎气，是为主，也有些猴气，是为次。"虎气，是王者之气，是霸道之气；猴气，是斗争之气，是造反之气。集此二气于一身的毛泽东，极其典型地融合了因二气而造就的双重性格。他既是主宰者，又是造反者。他以主宰者的身份，发动了造反运动；又以造反者的身份，达到了新的主宰境界。环顾古今中外，毛泽东，只有毛泽东，可以以这样不同寻常的性格和方式，去造就和追寻他那不断"革命"的理想。

毛泽东是一个伟人，是一个永远的强者。他的所想所为，不可以常人而论之。也许，这就是他的理想与现实之间常常会出现巨大的差距的原因之一。

第8章
狂涛中的一叶孤舟

在为"文革"所冲击的芸芸众生中,我们家的命运,并不是最悲惨的。父母亲姑且不论,因为他们是政治人物,是政治舞台上的主角,政治上的浮沉本就是他们的"宿命"。但是,对于我们,这几个十几二十岁的孩子来说,从极其单纯的学生生活,一下子落入被批斗被污辱的万丈深渊,的确是艰难的人生体验。

从中南海被撵出来后,中办在宣武门外一个叫方壶斋的胡同里给我们找了一个住处。那是一个院子,除了一些简陋的平房外,还有一栋据说是日伪时期建的小楼。在一楼的最里面,给了我们两间房子。院子里住的都是在中南海工作的工人,还有个别中办内部"犯错误"干部的家属。我们搬来以后,奶奶和我的弟弟飞飞住一间,我们姐妹三个还有一个在北京上学的表姐住一间。这个楼房已很破旧,木板地一走上人就咯吱咯吱地响。我们的住房和隔壁只一板相隔,那边的人咳嗽一下都清晰可闻。楼外院子中间有一个水龙头可以打水,厕所则在院外的街上。我们在走道里支上新买来的炉子,用冒着烟的木屑引着了煤火,奶奶为我们做了在这个新家中的第一顿饭。

把家安顿好后,我们感到十分庆幸。庆幸我们没有像刘少奇家的孩子一样被赶到学校,庆幸我们还有一个可以安身的地方,庆幸我们还有一个可以回的家。这个家虽然简陋,但它是来之不易的,是经过斗争得来的。当一切安顿下来，夜深人静之时，我们挤在木板搭的床上，久久不能安睡。我们想念我们的父亲，想念我们的母亲。我们知道，此夜此时，他们一定也不能入睡，一定也在想念着我们。

中南海不管怎么样，仍是一个"世外桃源"。到了方壶斋，则就真正到了社会上了。

院子里住的都是中办的职工和他们的家属，可能上面有交待，因此对我们都还不错。看我们刚来，还来问我们缺什么少什么，或给我们送点葱送点酱什么的。从中南海的家乍来这里，我们觉得破旧而简陋，但这些工人和他们的家人，则从来就住在这里，从来就过着这样的生活，从来也没有觉得不好。到这里来后，我们才知道，什么叫做老百姓的生活。那时候工人的工资极少，最低的一个月只有二十几元，多的也不过四十来元，还要养活老少三代一家子人。一些工人家属靠糊纸盒子或火柴盒挣钱补贴家用。有的工人家中连个正式的床都没有，两个长条凳搭个大木板，一家子人就睡在上面。吃饭也就是棒子面窝头加咸菜，带肉的炸酱面就是好东西了。衣服都是带补丁的，特别是那些小孩，能遮着盖着不冻着就不错了。看了这些，我们还有什么可抱怨的，还有什么不满足的呢。

我们学着过院子里普通工人家庭一样的生活。我们到院子里打水，到街上上公共厕所，拿粮票到粮店买粮，凭本到煤厂买煤，过年过节的时候排队买木耳黄花和五香大料，一周一次四五点钟起大早去菜市场排队买豆腐。副食店里有大腔骨卖，院子里一招呼，赶紧拿着家伙和大家结伴而去。很快地，我们就学会了这种生活、熟悉了这种生活。人就是这样，只要是心里头没有自己跟自己过不去，就什么日子都能过，什么环境都能适应。况且，工人们就是这么过来着，比起他们来，我们还算"富裕"的呢。

这时，表面上，父母亲的工资仍然照发，不过钱由"组织"代管，发不到他们手里，要用得一次一次地申请。我们这些在外面的家人，因无任何生活来源，中办规定，每个孩子每月发给二十五元生活费用，奶奶每月只有二十元钱，都从父母工资中扣除。每月的"月例"，中办指定专人送到中南海西门，由我们去领。在中南海里面，妈妈知道我们在外度日不易，总是找借口多要一点钱送给我们。她一会儿说冬天到了该买棉衣了，一会儿说被子没带够要买被子了，一会儿说男孩子能吃粮票不够了，每月总是想尽办法，变着法子，不管钱还是粮票，能多加一点算一点。在中南海外面，二姐邓楠和我每月按时去西门门口领钱领粮票。有的时候，我们还能看到夹在钱中妈妈手写的单子和纸条。拿着纸条，看着妈妈那熟悉而又秀丽的字迹，就好像触摸到她那温暖的双手，令我们激动而更加想念不已。时间长一点，我们的胆子也大了一点，开始以各种借口多要一点钱，还特别利用这个机会要一些家中书房的书。一开始，对方态度不好，不搭理我们，姐姐和我就在中南海西门外大声地争喊，闹着不走，弄得对方无可奈何。由于我们不惧怕，敢和他们斗，妈妈在内，我们在外，相互配合，我们除了能够多领到一点钱粮之外，还从家里拿出来了许多的书。就是这些书，伴随着我们度过了以后无数个艰难孤独的日日夜夜。两年之中，在中南海的大墙内外，父母亲和我们，就是通过这种唯一而又间接的方式，保持着仅有的一点联系。

这里，要特别提一下我的奶奶。

奶奶名叫夏伯根，是父亲的继母，是我两个姑姑的母亲。她是四川嘉陵江上一位老船工的女儿，嫁给我的爷爷做续弦后，成为家庭成员中唯一的劳动力和生活支柱。在我们家乡，奶奶是方圆几十里地有名的能干人，她会做饭，会做农活，会做衣服，会养猪养鸡。爷爷早亡，留下孤儿寡母的一大家人，全靠她一人撑持。在国民党统治下，顶着"共产党家属"的罪名，她藏匿过父亲他们寄回家乡的革命书籍，保护过华蓥山共产党游击队的伤员，支持女儿参加当地地下党的活动。她心里认定一条，就是共产党好。1949年，四川刚一解放，奶奶把门一

奶奶是我们家的"功臣",被赶出中南海后成了我们几个孩子精神和生活上的支柱。

锁，拿着个小包袱卷儿就从家乡来到重庆，从此成为我们家庭中的一个重要成员。奶奶来后，真是帮了妈妈大忙。由于工作忙，妈妈把家中的小事杂事全交给奶奶来管。我和弟弟飞飞都是奶奶带大的，后来我的两个姑姑的四个孩子也都是由奶奶带大的。奶奶不仅带我们长大，还给我们做饭做鞋做衣服。奶奶一双小脚，没有文化，大字不识一个，可是特别聪明，她会用心算算术，还每天听广播听新闻，国内国际大事儿差不多全都知道。我们长大一点儿后，她就教我们缝衣边儿钉纽扣儿，教我们腌萝卜做咸菜，教我们好多好多的生活常识。潜移默化，日积月累，我们从奶奶那里学到的东西，真是说之不完道之不尽。奶奶带大了这么多的孩子，操持了这么多的家务，爸爸妈妈总是说，奶奶是我们家的"大功臣"。

这次从中南海出来，父母亲不在身边了，但不幸中的万幸，是我们还有奶奶。奶奶原本就是劳动家庭出身，原本就在困难中度过了大半生，她什么都经历过，什么也不怕，什么也难不倒她。她虽不懂政治，但受到这么大的变动和冲击却没有慌乱。在方壶斋，街道上组织斗争她，她忍受着谩骂和侮辱，却一点儿都不怕。她凭着一股子硬气劲儿，心中只有一个念头："我倒要看看怎么个结束！"有了她，我们这些孩子，特别是我和飞飞，就有了生活的依靠。有了她，我们才可能比较快和比较容易地渡过难关。我们周围也有许许多多被赶出家门的"黑帮子女"，其中很多人和我们一样，没有生活技能和生活经验，不会生火，不会做饭，不会管理钱物。有的人吃了上顿没下顿，有的人衣裳破了不会补，有的人住的小屋又破又脏又乱。而我们，则有奶奶，有这最后的依靠。其实，奶奶不仅仅是我们的生活依靠，而且还是最为可贵的精神支柱。设想一下，如果没有奶奶，我们怎能如此顺利地适应生活？可能连"滚出中南海"后的第一顿饭都不知怎样着落。奶奶不仅照顾我们这一家人的生活，还特别富于同情心。罗瑞卿家的玉田、朵朵和点点，乌兰夫家的其其格几个女孩儿，也都和奶奶特别地亲。她们都是被赶出来没有家的孩子，偶尔来我们家或住我们家时，都是奶奶给她们做饭吃。在这些"没爹没妈"的孩子心中，奶奶，是大家的奶奶。

到方壶斋后，我们尽管仍可从父母那里领来一些生活费用，但由于不知道这种状况能够维持多久，不知以后还会遇到什么困难，因此，我们必须尽量节俭度日。奶奶特别会做饭，也特别会节省。炒菜虽然没肉少油，但放点儿她自己做的豆瓣辣酱，就香味四溢。买来腔骨，炖一大锅，可以做菜，可以煮面，也可以做汤。炸一碗酱，肉少点，酱多点，再买点切面（粮店里卖的新鲜面条），放点自制辣椒油，炸酱面的味道就自然不同。飞飞十六岁，在蹿个儿，正是能吃的时候。奶奶心疼小孙子，有时想给他做点肉菜，可飞飞不吃，说就爱吃炸酱面，有一段时间甚至故意天天吃、顿顿吃，足足吃了一个礼拜。

奶奶、飞飞和我在家里住着，过得总算安稳。而哥哥姐姐们却还得回所在的大学接受批判和管制，日子可就没那么好过了。

大姐邓林被中央美术学院造反派关起来。院内院外只要一有事件发生，也不管与她有关无关，都要把她拉出来斗一番，斗别人时，也要让她"陪斗"。大姐是个老实的人，对造反派的审讯和谩骂，她不会回嘴，不会争吵，只坚持一条，就是不管问什么，不知道的就是不知道。造反派让她"劳动改造"，美院所有的女厕所都让她一个人打扫。她每天兢兢业业，把厕所打扫得干干净净。她特别想家，担心在家的奶奶和弟妹。每次我去看她，她都问个不停，总想多说一会儿话，舍不得让我走。哥哥朴方在学校被造反派限制了自由，不能回家。他想念亲人，就和同在北大上学的妹妹邓楠约好，每个星期悄悄地在未名湖见面。未名湖畔，兄妹两人趁着晚上天黑看不见人，避开造反派的监视，畅开胸怀，相互交换消息和想法。哥哥对历史和政治知道得多，对形势也比较敏感，他给妹妹讲了好多对局势的分析。而妹妹则可以出学校可以回家，外面的消息多一些，也趁此时全数告诉哥哥。已经记不清楚在未名湖畔共有多少次见面了，只记得从小到大，兄妹之间，从未如此深地在思想上相互沟通过。

邓楠在学校虽也受到批判，但造反派允许她周末回家。她数学好，又会算计，所以我们那个在方壶斋的家，就由她全权管钱管家。可以说，在那两年中，对家里和弟妹操心最多的就数她了。每次从学校回家，她总要买点东西带回来。想买点水果带给弟妹，又嫌贵买不起。平时香蕉三毛二分钱一斤，偶尔可以碰到一毛二分一斤的处理品，便高兴极了，有点儿烂也没关系，赶紧买点给大家"解解馋"。有一次她看到卖旧木板子，就买了几大块，走了好远的路，累得呼哧呼哧地扛回家来。别看木板旧，买回来还真有用，后来哥哥拿这些木板，为家里做了一个小碗架。

有奶奶管理日常生活，姐姐管理钱物，我和飞飞虽已十六七岁，却还不用为生计操心，整日在家就是看书。那时候外面乱得厉害，我们一搬到这儿来，远远近近都知道邓小平的"狗崽子"住在这里，我们出门在外，不是挨骂就是挨石头，最轻也是为人指点数落。由于厌恶世事，我们没事儿就呆在家里，不愿出去。这倒也好，呆在家里静下心来正好可以看书，只要能找到的能借到的，不管什么都看。那一阵子，真是读了不少的书。学校不上课，我们自己从书本上学。飞飞"文革"开始时上初中二年级，他偏科数理化，这时正好把初中课程自修完成，而后又开始看高中的书。他还十分爱学下围棋，经常把塑料棋盘放在床上，抱本棋谱，一边看一边摆一边学，偶有心得，还会小小地自鸣得意一下。我呢，则是喜文不喜理，文学的、历史的、政治的，有什么看什么，让自己全身心地投入知识的瀚海。真是"躲进小楼成一统，管它冬夏与春秋"。在方壶斋这个小天地里，有奶奶的照顾，有哥哥姐姐们的关爱，再穷再苦我们都不怕。我们唯一的心愿，只是想过一种安定的生活。

可是，在大"革命"的狂涛中，哪有什么世外桃源？一些造反派听说邓小平的"黑"家属住在这里，便纷纷不请自来。造反派来了，还能干什么？不是批判就是抄家。他们要打倒邓小平，找不着邓小平本人，正好拿他的子女出气。他们来了，不管什么时候，不管白天还是黑夜，随时随地想来就来。他们来了，来了就是一顿喊口号和大批判，让我们这些"狗崽子"站在那儿低着头听。他们来了，来了就对年近七十的奶奶辱骂和吼叫，还动手推搡。他们来了，来了就是抄家，翻箱倒柜，随手把东西扔得一地都是，再踏上一只脚，以示"造反精神"。他们来了，来了就贴上满墙的标语和大字报，还打碎了玻璃，然后喊着口号扬长而去。一开始，造反派一来，我们常常会气得控制不住自己，甚至和他们争辩。有一次，看着他们的狂妄和野蛮，飞飞气得直发抖，让他们把扔到地下的东西拣起来。"黑帮"的"狗崽子"居然胆敢对抗！几个戴红袖箍的大汉一下子冲上来就要打飞飞，飞飞也涨红了脸要和他们拼。我看着着急，立刻抱紧了飞飞，大声哭叫起来。造反派看见外面有邻居围观，口中骂骂咧咧，总算没有出手。事后想起来，真是万幸避免了一场灾难，不然飞飞会被他们活活打死的。"文革"中，人命本来就不算什么，更何况我们这些"黑帮子女"。后来，抄家的多了，我们也习惯了，不跟他们争也不跟他们吵了。抄家的走后，看着满屋的散乱狼藉，看着铺天盖地的大字报标语，我们一件一件地收，一件一件地拣，把标语、大字报一张一张地往下撕，心里充满了悲伤，充满了凄凉，充满了对造反派的仇恨。

我们在家里面对的是随时会来的抄家，哥哥姐姐们在学校里面对的则是造反派无休无止无穷无尽让他们进行的揭发和检查。我们是全国第二号"最大的走资派"的家人，是最黑最黑的"黑帮子女"，是让人随便可批随时可骂的人下之人。在我们身上，没有人道可言，没有公理可讲，批判、抄家和责骂是家常便饭。这一切，我们都无言地忍受了。但是，我们没有想到，更大的不幸还在后面等着我们呢。

1967年的秋天，同往年一样地来了，又同往年一样地走了。春去秋来，秋去冬来，大自然的脚步总是这样的按部就班。自然界有其固定的法则，而且这种法则是不以人的意志为转移的。自然界都有规律规则，怎么我们身边的这一个人类社会，却没有规律规则，没有应该遵循、哪怕是必须遵循的规则呢？人类社会，难道就应该这样的随意和无序吗？难道就应该这样充满混乱和纷争吗？为什么好端端的太平日子不过，偏有人喜欢无穷无尽的斗争和动乱？为什么人的命运，在动乱的洪流中显得这样的脆弱和无价值？为什么人类一直信奉和大讲特讲的正义、人道、公平和尊严，瞬间即可被打得粉碎？为什么人类社会为自己所定下的信条和公理，竟会是这样的苍白和无力？

在方壶斋黑暗的小屋里，冬日的阳光顺着近在咫尺的高高的后墙透进一线光亮，呼啸的北风打着尖哨声从破旧的木窗中吹进。我们穿着厚厚的棉衣棉裤棉鞋，紧紧地围坐在小煤炉旁。我看书，飞飞学做无线电，奶奶戴着老花镜，一针一针地缝着补着。炉中的煤球烧得红红的，炉子上坐着的水壶在静谧中轻轻地发出嗞嗞的声音。这个小煤炉，以它能发出的最大的热量，给我们带来这漠漠人世间仅有的温暖。

1967年就这样过去了，1968年也就这样地来临了。

冬天，是漫长的。冬天，是寒冷的。天寒天冷，人的心更冷。人们盼望冬天快快过去，盼着春天早点来临。

春来了，不慌不忙地姗姗而来了。那是早春，那是北方的早春。凛冽的北风虽已过去，但草还没绿，芽还未发，天地之间仍是一片萧索，料峭的春寒，依旧浸人心底。

第9章
"邓小平专案组"成立记

1968年3月5日,周恩来、陈伯达、康生、江青、姚文元、杨成武[1]、谢富治、叶群[2]、吴法宪[3]、汪东兴等十人,给毛泽东和林彪打了一份报告,说有许多揭发邓小平的材料没处存放,建议在"贺龙专案组"内设一分组,收存有关邓小平"问题"的材料。毛泽东批示:可以。林彪圈阅表示同意。

这应该算是"邓小平专案组"的正式成立。

"刘少奇专案组"早在一年前就成立了,"邓小平专案组"在此时成立,说明在新的形势下,毛泽东同意加紧对邓小平进行更深入的审查。

5月16日,"邓小平专案组"在人民大会堂开会,主管专案工作的中央文革大员康生和林彪死党黄永胜[4]、吴法宪等到会。主要讲话的是康生。他说,邓的问题不能直接提审,但要注意内查外调找证据。他说,邓的历史问题一直没搞清,在红七军临阵脱逃,延安整风时在反王明问题上消极,和彭德怀关系好,在太行山实行王明路线,1962年在莫斯科鼓吹"三和一少"。总的说,历史上搞王明路线,组织上搞

---

[1] 杨成武,时任解放军代总参谋长。
[2] 叶群,林彪妻子。时任全军文革小组成员、副组长,林彪办公室主任,中央军委办事组成员。
[3] 吴法宪,时任解放军副总参谋长兼空军司令员。
[4] 黄永胜,时任解放军总参谋长。

招降纳叛,军事上搞篡军反党。康生的讲话,算是给"邓专案组"支了招儿和定了调。此后,他们把"邓专案组"扩编,充实到九人。

事情也真是奇怪,邓小平是党内第二号最大的"走资派",可他的"专案组"却设在"贺龙专案组"之内。"文革"之中,这类无法解释的事情实在太多了。

成立"邓小平专案组",邓小平本人却不知道。5月21日,他写信给汪东兴,要求见主席,如果见不到主席,亦希望见见汪东兴。汪东兴将邓小平来信报毛泽东,毛泽东指示:在23日中央文革碰头会上读一下邓来信,议一下,征求大家的意见是否与邓谈话。毛泽东让征求"大家"的意见,林彪和中央文革这些"大家"根本不可能同意与邓小平谈话。邓小平的要求被拒绝了。不过,在邓小平已经被彻底打倒的情况下,毛泽东还要让"大家"议一下邓的来信,说明毛泽东还没有忘记邓,还在某种程度上关注着邓。对于林彪、江青等人来说,这可不是什么好事情。

是的,直到此时,毛泽东还一直试图在批判的同时将刘、邓有所区别,这是他在深思熟虑之后的一个并非无意的安排。但是,他的这个安排,却让林彪和陈伯达、江青等"文革"大员很不满意,甚至心存忐忑。林彪和中央文革两班人马一齐上阵,责令"专案组"加紧搜罗证据,要将邓的"问题"铁板钉钉。

"邓专案组"立即紧锣密鼓地开始工作。他们用极大的"工作热情"到处搜罗批邓材料,并申请到中央组织部查阅了邓的档案。看了材料以后,他们感到,仅靠揭发的材料,要定罪实在太不够了,但中央又不准直接提审,怎么办呢?于是,他们想出一个点子,让邓自己写一份历史自传。"专案组"要求,自传要从八岁起写至现在,要保证做到:一、详细具体;二、内容准确;三、写清各个历史时期的证人及他们现在的住址;四、材料随写随送;五、限定最迟7月初全部写完。此报告经黄永胜批准后,由中办主任汪东兴转邓。

接到让写自传的指令，父亲并不知道是"专案组"的主意，而以为是中央的要求。他没有任何推诿，极其认真地拿起笔来，伏案书写。

经过了大半年的囚禁，在寂寥独处时，在冷静下来后，对于这场令他倒台的"文革"，对于一切在混乱时来不及细想的问题，他一定进行了很多的思考。从1922年十八岁时投身革命以来整整四十六年，解放前，是敌情危重，戎马倥偬；解放后，又是身居要职，忙于工作。对于自己的一生，对于亲身经历过的大小事件，根本无暇回顾，更不用说思考和总结。如今，有人让他写自传——不论别人出于什么目的，思考之后，他自己也一定愿意写。在冷静之中，他可以通过撰写，细细地回顾、思考和总结自己的一生。

从1968年6月20日起，到7月5日，父亲用十五天时间，撰写了他的自传——《我的自述》。在长达二万六千五百字的《自述》中，父亲回顾了他的出生，他的家庭，他在私塾的发蒙，和他几十年都没有去细想过的父亲；回顾了重庆留法勤工俭学预备班，和出川出洋的经历；回顾了在法国当学生和做苦工的生活；回顾了留法时期革命的起点、革命的生活和革命的同志们；回顾了大革命和上海地下党激昂险峻的斗争生活；回顾了红七军、红八军的建立、战斗、失败和成长；回顾了江西中央苏区的坎坷和长征的历程；回顾了抗日战争战场和一二九师的战友们；回顾了大别山、淮海战役、渡江战役和解放大西南；回顾了十七年建设新中国的努力和十年总书记的工作……

翻开这份《自述》，可以清楚地感到父亲的凝重和认真。在他的回忆中，历史的每一个瞬间，仿佛都在他的脑海里重现重演。他清楚地记述了自己人生道路的每一步脚印，实事求是地回答了别人提出的每一个疑问和责难，对于自己的一生，不论功，只讲过。同时，像当时所有犯有"错误"的人一样，在回顾和"讲过"的同时，不得不再一次被迫违心地作出检讨。

在被迫检讨的同时，父亲以他特有的政治敏感，感觉到了那甚为微妙的毛泽东的"区别"对待。而以几十年的政治阅历，他十分明晰事物所存在的复杂性和反复性。在当时那种危难的政治形势下，他要求的无非是一条，争取留在党内，保住这政治上的最后一道防线。他知道，毛泽东能看到这个《自述》，因此，在最后，他写道："我的最大的希望是能够留在党内，做一个普通党员。我请求在可能的时候分配我一个小小的工作，参加一些力所能及的劳动，给我以补过自新的机会。"

作为一个有四十多年党龄的老共产党员，哪怕在最艰难的时刻，他都不会忘记自己的责任。他从来没有因一时之冤屈而丧失信心，从来没有失去过希望，从来没有放弃一切可以争取的机会。

在父亲伏案撰写《自传》的同时，"邓专案组"也一点儿都没闲着，他们开始起草一份关于邓小平"罪行"的"综合报告"。林彪和中央文革一伙对彻底整倒邓小平可谓是心急如火，"邓专案组"的上司"二办"，也就是由林彪集团控制的"中央专案组第二办公室"，几乎隔几天就来个电话，催问进展情况。以整人为专长的康生，也在人大会堂小会议室，接连召开了几次案情专题研究汇报会议。

在"文革"中，一个人如果仅仅犯了"走资派"错误或"路线"错误，就不容易打倒，或是打倒了也容易"翻案"。一定要有"历史问题"，诸如叛徒、特务等，才算是铁板钉钉的"罪行"，打倒后才可能使其永世不得翻身。但是，邓小平没有被捕过，没有脱过党，弄了半天，也只有"现行"问题。后来回想此事，连父亲自己都感慨地说："我这个人很幸运，打仗没有受过伤，做地下工作没有被捕过。"

没有历史问题，也得找出历史问题，"邓专案组"的任务就是要绞尽脑汁千方百计地去找。6月18日，江青在关于邓小平"罪行"的汇报会上说："邓小平的材料，你们要认真分析，这个人很可能是叛徒。我一直在分析他的材料，和你们一起同他斗争。他的历史问题和现行问题要一起抓。"会后康生把"专案组"组长找去，交给"专案组"由他亲自保存的"批邓小组"编写的十大本材料，还有当年红七军老同志的"交待材料"和照片。

"邓专案组"埋头苦干，历时一个半月，九易其稿，编了一份邓"罪行"的"综合报告"。7月25日，他们全体到人民大会堂东大厅，专门向康生、黄永胜、吴法宪、叶群、李作鹏[1]作详细汇报。康生作了指示，说现在看来材料不少，关键在如何运用，历史部分弱了。吴法宪说邓入党有问题，介绍人都死了，死无对证。

会后黄永胜、吴法宪、李作鹏与"专案组"到京西宾馆四楼，连续作战，仔细从头研究修改。直至第二天拂晓，这份"综合报告"——《党内另一个最大的走资本主义道路的当权派邓小平的主要罪行》终于定稿。全文共七个部分，一万五千余字。

"邓专案组"将这份来之不易的"成果"立即上报"二办"。不到二十四小时，此报告已从康生、黄永胜、叶群、李作鹏、邱会作[2]、张秀川[3]等处传阅一圈。康生批示："争取尽快送呈主席、林副主席和中央、中央文革各同志审阅。打印五十二份。"两天后，康生办公室多次传话给"邓专案组"，说康老对综合报告很满意。

虽说康生对报告表示了"满意"，但"邓专案组"仍觉得"历史问题"分量不足。他们加班加点，寻找"疑点"和"漏洞"，一而再、再而三地认真"研究"后，认为在邓小平长达四十多年的革命历史中，唯一可能进行"突破"的，只有红七军时期所谓"逃兵"问题，有必要就此问题继续深挖，以求把历史问题砸死定罪。

1968年9月11日，"邓专案组"写报告给黄永胜、吴法宪、叶群和李作鹏，为查清历史问题，要求邓"补充交待"一下1930年和

---

[1] 李作鹏，时任解放军副总参谋长兼海军政委。
[2] 邱会作，时任解放军副总参谋长兼总后勤部部长。
[3] 张秀川，时任解放军海军副政治委员。

1931年两次从红七军"开小差"回上海的活动。黄永胜批示请汪东兴帮助,汪则批示让中办副主任王良恩用政治部之名要邓再写。在接到中办通知后,邓再一次就红七军的有关情况,以及他两次从红七军回上海向中央汇报工作的情况,写出详尽并且实事求是的说明。这个说明,又一次使"专案组"希望落空,没有捞到任何稻草。

在写上述报告的同日,"邓专案组"还写了第二个报告,向周恩来提出无理要求,让周总理给他们一些"帮助指导",以查证有关邓小平历史上的几个问题。"报告"中说,邓入党问题交代得有矛盾,一是入党时间不一致,二是对入党介绍人的填写含糊,因此,怀疑邓可能是混进党内的假党员。"邓专案组"还进一步要求周恩来对一些所谓的"疑点"提供线索。诸如他们认为,邓1930年和1931年两次从红七军"临阵逃跑"回上海,根本没有向中央提出汇报工作的要求,而是另有目的;还无中生有地推测:"邓自述中说,1931年在上海,中央派他去安徽芜湖巡视省委工作,去芜后省委被破坏即返沪。我们觉得如安徽省委早被破坏,就有可能是邓小平出卖的嫌疑。"此件先报黄永胜、叶群、吴法宪、李作鹏、康生等人,经以上各大员逐一批示后送周恩来,以迫周回答。对此无理要求,周恩来根本不予置理。此"报告"送到周处后,便石沉大海,杳无音信了。

在周恩来处碰了钉子,"邓专案组"还不甘心,找来找去,最后总算是东拼西凑地从原红七军老同志那里挖了一些"揭发材料",编了一份"专题罪行"上报邀功。

在"邓小平专案组"紧锣密鼓地加紧对邓"罪行"进行调查时,中央专案"一办"、"二办"也加快了工作进度,对所管"黑帮"、"走资派"及有各类"罪行"的人,加紧取证定性。加速专案定性工作的原因,是中央已决定,要召开党的八届十二中全会和党的第九次全国代表大会。

林彪死党黄永胜等召集由其管辖的中央专案第二办公室开会,逐个研究所管十五个对象的定案问题。"邓专案组"送上的邓小平"专题罪行"受到黄永胜的表扬。但吴法宪却不满足,说:"邓小平招降纳叛、包庇坏人的问题也很重要,也要尽快地搞。"

9月22日和24日,中央专案"一办"、"二办"连续在人民大会堂东大厅开会,对"一办"所管十四个、"二办"所管八个重要专案对象,逐个研究定性。其中,将刘少奇定为党内最大的走资本主义道路的当权派,并诬蔑为"叛徒、内奸、工贼"。邓小平的"问题"被认定是"隐藏比较深",将性质定为党内另一个最大的走资本主义道路的当权派。

弄了半天,费尽九牛二虎之力,邓小平的"问题"还是"现行"的。他的"历史问题",实在是"隐藏"得太深啦。

第10章
八届扩大的十二中全会

1968年10月13日至31日，中国共产党八届扩大的十二中全会在北京召开。会议召开的目的，是为召开党的第九次全国代表大会做准备工作。

毛泽东主持了会议，并在开幕式上讲话。讲话中，毛泽东首先提出问题：究竟文化大革命要不要搞？搞的中间是成绩占主要的，还是成绩太少，错误太多？接着，他明确地回答："这次无产阶级文化大革命，对于巩固无产阶级专政，防止资本主义复辟，建设社会主义，是完全必要的，是非常及时的。"毛泽东再一次用他的不可动摇，捍卫着他所发动的"文化大革命"。

在这次会议上，林彪、江青各率其属下"文革"大员，组织围攻参加所谓"二月逆流"的老同志，以"最严重的反党事件"及"资本主义复辟的预演"等罪名，迫使老同志们一次又一次地交待和检讨。这次会议，通过了康生等主持下用伪证写成的《关于叛徒、内奸、工贼刘少奇罪行的审查报告》，宣布把刘少奇永远开除出党，撤销其党内外一切职务。会上，还印发了《党内另一个最大的走资本主义道路的当权派邓小平的主要罪行》，邓小平党内外一切职务实际上被撤销。

这样一个重要会议作出的重大决定，当然是由毛泽东亲定的。但林彪、江青显然不满足，他们在会上会下鼓噪煽动，妄图造成一个声势，

哥哥朴方,小名叫胖子。"文革"开始时是北京大学技术物理系的高材生、团支部书记、中共预备党员。

要求开除邓小平的党籍。对此,毛泽东仍旧没有同意。毛泽东说,邓小平在战争时期是打敌人的,历史上还未发现有什么问题,应与刘少奇区别对待,大家要开除(党籍),我有点保留。

毛泽东有他的顽强,有他那湖南人特有的固执。他一旦下决心作出的决定,任凭何人均不能动摇。这是一个极其鲜明的个性特点。

党的八届十二中全会,是一次在畸形时代召开的畸形会议,是在许多中央委员被打倒和被剥夺了政治权利的极不正常的情况下召开的会议。党的八届中央委员和候补中央委员中,被定为所谓"叛徒"、"特务"、"里通外国"、"反党分子"的,占总数的百分之七十一。在九十七名中央委员中,除去世的十人外,能参加会议的只有四十人。因人数不足党章规定的能够通过任何决议的半数,只好从候补中央委员中补了十人,才算刚过半数。参加此次会议的非正式成员,竟占与会总人数的一半还多,并与正式中央委员一样享有表决权。更为奇怪的是,后来发现参加会议并参加表决的有一人竟然不是共产党员。

"无产阶级文化大革命"爆发到此已两年有余,闹也算闹够了,乱也算乱透了,反也造了,命也革了,权也夺了,下一步该怎么办?恐怕实际上毛泽东自己也不很清楚。开始时,他说"文革"需要一年。后来又说大概要三年,那就是说,到明年夏天差不多了。1969年4月召开了党的第九次全国代表大会。按说,"九大"开过了,党章修改了,人事也确定了,一切都应该按计划完成了。但是,"文化大革命",还是结束不了。

可能在最初的时候,毛泽东是有所设想的。但是,"文革"发展到了此时,早已从毛泽东设计发动的初衷走向了它自己的反面。整个运动,也早已像脱缰的野马肆意狂奔,不可控制。旧的矛盾还未解决,新的

1968年,方壶斋时期的飞飞,已从一个不懂事的大孩子,变成名副其实的小伙子了。

矛盾已经产生。派性、武斗、争权、夺位,不但一样都没有消失,而且还会愈演愈烈,越发不可收拾。

在北京宣武区方壶斋的那两间小屋里,我们兄弟姐妹几人和祖母在一起,相依为命,似乎日子还算过得下去。大姐邓林本来因父亲的"问题"被管制和批判,不能随便回家。这时学校中几个造反派组织之间自己打得不可开交,没人管这批"黑帮"和"牛鬼蛇神"了,她就趁机得便在周末回家。哥哥朴方和二姐邓楠平时住在学校,此时也因学校内造反派之间斗得不亦乐乎而得以"漏网"一下。特别是邓楠,只要是周末,就尽量溜回家来。

1968年3月29日,北大发生了两个造反组织之间的大规模武斗。武斗是半夜开始的,校园内满是拿着棍棒、梭镖、长矛和戴头盔的人。两派均是人多兵众,一时之间杀声震天。大规模武斗之后,造反派组织两败俱伤,损失惨重。但两派均不甘心,仍在秣马厉兵,准备再战。

武斗之后,整个北大充满了恐怖的气氛。邓楠和一些同学在宿舍窗口目睹了这场恐怖事件后,马上收拾东西,凌晨四点,趁天不亮,就从一堵残破的墙洞中逃出校园。回家后,她惦记着在学校受管制的哥哥朴方,就让飞飞马上去北大,把哥哥叫回家来。在这场北大最大规模的武斗中,许多人遭遇不幸。邓楠他们班一个同学在旁观看(不是参加),结果一支当作武器的标枪横空飞来,被扎了个透,人虽没死,但因肝脏破裂而落下终身残疾。

哥哥姐姐们都回家了,在此后一个多月的时间里,我们兄弟姐妹五个和奶奶一家人,算是在方壶斋这个家中真正团聚在了一起。

全家聚在一起,一改只有奶奶、飞飞和我的孤单,家中出现了少有的热闹。奶奶、朴方和飞飞住一屋,我们三个姐妹住一屋,中间隔着一个走廊，门对着门。我一个表姐也在北京上学，她来时，一个大床要睡四个人。我嫌挤，就把两个大木箱拼起来，搬个铺盖，睡到上面，倒也觉优哉游哉。这时抄家的人基本不来了，我们这个小小的角落，好像一时之间竟被造反派遗忘了似的。日子过得虽难，却不寂寞。其实，要说生活并不算苦，真正苦的是人的内心。不过，我们家的人，就是在最困苦的时候，也总是要想着法子在生活中尽量寻找乐趣。在方壶斋的小天地里，我们自寻其乐，没有别的玩儿，我们就把一个小纸盒放在床上，远远地拿跳棋子儿往里投，比赛谁投得准，玩得还挺认真挺高兴的。从父亲那里，要说我们学到什么的话，就是永远保持乐观主义精神。

生活就这样过着，基本安然，只是用煤炉子不小心，发生了两次煤气中毒"事件"。一次是奶奶和飞飞，那次不算重，两人头疼了几天了事。一次是奶奶和我在一屋，睡得正香时，听见奶奶的叫声。因有前车之鉴，我一下子从床上起来，想也没想，把门用力推开，接着就摔倒在地下昏得起不来了。这次煤气中毒中得不轻，要不是奶奶年纪大了睡觉轻又有感觉，我们两人早就一命呜呼了。

这是险事。还有趣事。一次大姐邓林从学校回家，刚要进家门，正好碰见我出来。我神色严肃地把她一把抓住推到墙边，在她耳边悄声说："chao-jia-la！"她一听，以为是"抄家啦"，当时就惊得"魂飞魄散"。其实我说的是"吵架啦"。原来，奶奶想给我们做点好吃的改善一下生

1968年，住在方壶斋时期，我和二姐邓楠在天安门广场合影。那时的典型特点，是胸前佩戴毛主席像章。

1968年,从中南海被"扫地出门"后,没有照相机,我们三姐妹去照相馆,正式地照了张合影。

活,而管家的二姐邓楠却想尽量节俭,以备将来的不时之需,结果争执了起来。奶奶虽没文化,更没读过什么外国名著,但她记性特好,可能是从以前看过的电影中记得的,一气之下,竟张口骂邓楠是"葛朗台"——也就是法国文学巨匠巴尔扎克笔下的"悭吝人"。当时,吵架的两人都哭鼻子,都挺伤心的。事后,我们则为奶奶的"博学"大大地乐呵了一阵子。现在回想起来,那也真是个风声鹤唳的年代,一句"抄家啦",就可以让人着实地心惊胆战一番。

哥哥朴方自父亲被批判以来,一直被关在学校,这次是他最长一段时间住在家里。在家无事,他便拿着锯子刨子做点木工活儿,就是用邓楠买回来的那一些破木板,给飞飞做了个小书架,还给奶奶做了个放碗的架子,但更多的时间是帮助弟弟补习功课。"文革"开始时,飞飞才上初二,运动一来,学也上不成了,闲着没事儿时,飞飞就自己看书学点功课。这阵子哥哥在家,可以每天给他上课,每天给他指导。哥哥爱教,飞飞也爱学。在数理化方面,飞飞的长进可真不小。飞飞日后能够上大学,读硕士、博士,这些补习起到了相当重要的基础作用。哥哥比我和飞飞大六七岁,以前我们小,他在学校又忙,虽然对哥哥相当尊重,但很少跟他说什么或者聊什么。这次在方壶斋大家朝夕相处,就不免把心中不明白的问个清楚。记得有一次我问哥哥:"为什么要打倒爸爸?"哥哥眼睛看着远处,说:"为了给林彪让路。"哥哥对政治一向比较敏感,"文革"刚开始大家都还"革命"热情高涨时,他就预感到有可能发生问题,因此运动中一直保持低调。不过,就是这样,也没有使他逃脱造反派的关押和批斗。而这时,好不容易回家了,好不容易脱离造反派的监视了,长期处于压抑状态的精神顿感放松,有一天吃饭时一高兴,他竟然喝醉了。醉了以后,神也爽了,脸也红了,话也多了。他兴致勃勃地高谈阔论,还流畅地大背了一番《岳阳楼记》。我们看着他喝,看着他说,看着他背,看着他醉,心中只觉怆然。这是酒不醉人人自醉。要知道,我们喝的,是一杯苦酒,是一杯人生的苦酒啊。

这一段时间,我们这一家人,算是暂时得以远避狂涛,于逍遥之中自寻其乐。没有想到,真正让我们心惊胆战的时刻,很快来临了。

第11章
恐怖的五月

5月的一天,我们住的院子里突然开进几辆大卡车,一群拿着棍棒的造反派一下子冲进我们家里,把朴方和邓楠抓了起来,用黑布蒙上眼睛,推着搡着把他们带出屋子,拉上汽车。造反派们气势汹汹地高喊着"打倒邓小平"和"打倒反革命狗崽子"的口号,把汽车发动机轰得山响。当时在家的奶奶、飞飞和我,看着造反派开着汽车绝尘而去,目瞪口呆,半天说不出一句话来。

"文革"中受到批判的朴方,人变得更加深沉了。

自"文革"以来,我们经历过的抄家批斗的场面也不算少了,但这样突如其来地看着哥哥姐姐如此恐怖地被抓走,实在让我们感到毛骨悚然。从心底里泛起的那种不可言状的恐惧,把哭声都堵在了喉头。从此,不但家中再次只剩下我们老少三人,而且完全不知道哥哥姐姐的下落,甚至不知他们的生死,真是让人又悲又急,凄凉和焦虑笼罩着生活。

朴方和邓楠被抓到学校后,先是被关在一个作为武斗基地的宿舍楼里,后来转移到物理大楼。一个里外间,一人关一间,有造反派看着,不许说话。造反派经常分别提审他们,审讯的时候都是用黑布蒙上眼睛,由人推着带到一个审讯室,连喊带骂,趁人不备的时候,冷不丁地不时地用棍子抽打。审讯的内容,还是那一条,让他们揭发邓小平的"问题"。

这个时候,正是"邓小平专案组"成立,并加紧搜集"罪证",编造邓小平"罪行"综合报告之时。林彪、江青等急于要找突破口,他们认为邓小平的子女,特别是几个大的子女一定知道什么,于是指示其爪牙——恶名昭著的北大造反派大头目、"文革"急先锋聂元梓,抓来邓小平的儿女,想从他们口中逼出"证据"。聂元梓秉承其主子的意图,秘密策划,先派人到方壶斋我们的住处"侦察",确认人在家后,派了几辆大卡车拉了一个"红卫兵团"进行"包抄",把朴方和邓楠抓到学校,进行刑讯逼供。

从"文革"开始以来,在近两年的时间中,无论运动怎样凶猛,无论处境怎样险恶,我们邓家的孩子,除了应付性地批判一下自己的父亲外,从没有为了表示与父亲划清界限而"揭发"过父母亲。因为我们坚信,我们的父亲是无罪的。我们爱我们的父亲,并愿与他共渡危难。在我们家,父母亲与孩子们之间的亲情,是无法用语言来形容的。"文革"结束以后,父亲曾对母亲说过:"'文革'中,我们的孩子表现得都很好,为我们也受了不少苦,我们应该对他们好些。"正是这弥足珍贵的人间亲情,使我们一家人在险恶的困境中,获得最后的精神支持。

在北大,在中央文革大员的指示下,造反派竭尽一切卑劣手段,对朴方和邓楠进行威逼、恐吓、殴打和虐待。邓楠后来对我们说:"当时我怕极了。但怕有什么用,只能和他们斗。我就说父亲在家从不谈工作上的事情,说我什么也不知道,总之就是咬紧牙关,什么也不说。"而朴方则对造反派说:"家里的事,只有我一人知道,弟弟妹妹们什么都不知道,要问就问我吧!"

关押中,朴方和邓楠想到了我们几个在外面的兄弟姐妹。一天,趁造反派不注意的时候,朴方偷偷递给邓楠一个纸条,和她对口径。邓楠看到后的第一个想法,就是要尽快通知其他的兄弟姐妹。可关得

第11章 恐怖的五月 83

北京大学校园内张贴的大字报。

这么严，怎么办呢？她急中生智，对造反派说，被抓来时什么也没拿，想叫家里送点女生用的必备生活用品来。造反派这次答应了。正为哥哥姐姐下落不明而心急如焚的我，得到通知后，马上拿着东西赶到北大。

　　北大，北京大学，一个多么有名的高等学府，一个对我们家具有特殊意义的学校。我们的母亲，1936年考入北大物理系。我的哥哥、姐姐受母亲的影响，也都相继考进北大，并且也都选择了物理系。从小学开始，我的梦想，也是将来考进北大，上北大历史系。北大，在我的心目中，是让人充满幻想的神圣殿堂。可这次，当我来到北大时，看到的却是一幅和想象天差地别的景象。校园内大字报铺天盖地，一层加一层，厚厚地糊在墙上，有的已被撕掉，任风吹得翻转，任人踩来踏去，一片零乱狼藉。许多建筑物的门和窗子都钉上了木板和铁条，有的楼门口还设置了路障和掩体，一看就是武斗设防所用。一些武斗队员拿着棍棒，排着并不整齐的队伍匆匆走过，有的人头上还戴着权作"钢盔"的藤条工帽。校园内行人稀少，路人神色严峻，气氛已全然不似"文革"初期看大字报时那样的热闹拥挤，偌大的校园一派残败冷落。

　　我整日在家闭门不出，从来没有见过这样大武斗的阵势，不禁心中紧张。到了物理大楼前，看到的更是一幅森严壁垒的景象。大楼灰黑，楼前无人，底层窗子全用木头钉死，大门用铁条铁板封住，只留一个窄小的进口，门前用沙袋堆的工事垒得高高的。大楼墙上污迹斑斑、伤痕累累，一看就让人想起毛泽东的词句"当年鏖战急，弹洞前村壁"。后来听说物理大楼是聂元梓那派的大本营之一，是他们的武斗基地，所以戒备格外森严。在楼前等了一会儿，邓楠由人带了出来。好在造反派还允许我们单独说话。邓楠先问了一下家中的情况，然后赶紧小声告诉我一些供审问时用的口径，并让我尽快到中央美院去告诉关在那里的大姐，让她一定要沉住气，问什么都说不知道，只要顶住就行。因为大姐平时身体就不好，我们特别担心她想不开，商量着要特别劝慰一下。邓楠还一再嘱咐我们家中的老小，要注意安全保护自己。

　　看着姐姐被凶神恶煞的造反派押着，走进了那个令人恐怖的黑黑的门洞，来时的紧张和恐惧已荡然无存，心中剩下的，只有无限的悲凉。想起身负使命，我赶紧扭过头就走，而且恨不得走得越快越好。我家也没回，先赶到美院，找到大姐。我把她拉到一个僻静的角落，避开造反派的监视，赶紧把二姐的话告诉了她。大姐听完后，为能知道弟妹的情况而深感宽慰。她感情激动地说："你们放心，我什么也不怕，我挺得住！"

　　朴方和邓楠在物理大楼被关两周之后，又被转移。邓楠被关到系里的武斗队。这次分开后，她便不再知道哥哥的下落。在系里，一开始，造反派还是整日提审她，后来看到实在问不出个所以然，便日渐松懈，再后来还允许她自己去食堂打饭了。

春天过去,夏来临了。那是一个酷热的夏。

天气越来越热,热得让人汗流浃背,心情烦躁。北大聂元梓一派抓有邓小平的子女在手,本想利用这个"有利条件"为打倒邓小平立功,以报效其主子中央文革。但几个月过去了,竟然一无所获。邓朴方,是邓小平的长子,一定知道不少情况,一定还有油水可捞。据说聂元梓曾经下令,从邓朴方嘴里,一定要得到些东西。

造反派进一步加紧了对朴方的审讯和残酷的迫害。他们每天提审他,走路、审讯时都用黑布蒙着眼睛。在"文革"刚开始的时候,有一次江青在北大大操场上尖着嗓门进行煽动性的讲话,看着她那个狂妄的样子,朴方当时说了一句:"看你能够猖狂到什么时候!"造反派抓住这一"事件",让朴方交待是不是"谩骂"了江青"同志",以图给他定上"反革命"的罪名,还反反复复不停地逼他揭发"黑帮"父亲邓小平的"问题"和"罪行"。造反派对朴方在政治上加压和审讯,进行打骂和侮辱,还利用一切可能对其身心进行迫害。

他们把朴方不断地易地关押,有很长一段时间,甚至把他关在学校体育馆浴室的洗澡间,里面又阴又湿又不见阳光。在此期间,有一次邓楠去食堂打饭经过体育馆,远远地看见了哥哥。那么热的夏天,朴方却穿着厚厚的破旧的灯心绒外衣。竟然还是抓他来学校时穿的那件衣裳啊!远远望去,在阴影中,只觉得他的脸色异常苍白,身体显得极其虚弱。对于朴方来说,那真是一段艰难时日呀。在关押的地方,三伏的盛夏,朴方也不觉得热,只觉得从心里往外发冷。当时他唯一的寄托,就是可以抽烟。他让看守帮他买两毛多钱一盒的烟,早、午、晚一天只用三根火柴,不停地抽。一天,从刺耳的高音喇叭中,他听见造反派将他和一些根本不认识的人一起定为"反党小集团"。他知道,造反派是绝不会放过他的,他们关押他、审讯他、虐待他,还要把他打成"反党分子"、"反革命",要从他身上彻底地摧毁这最后的政治上的尊严。

人们可能读过季羡林先生写的《牛棚杂忆》。在书中，季先生详尽地描述了"文革"中，北大大造反派聂元梓等人整人害人的罪恶行径。凡读过此书的人，对北大造反派的狠毒，一定有所了解。北京大学，这所中国最著名的学府，竟然变成了法西斯的集中营，变成了血腥暴徒们施虐的场所。在这里，不知有多少人被冤、被屈、被整、被迫害，不知有多少人在武斗、批斗、刑讯中致残、致死。一位教师不堪受侮辱被虐待，自觉生不如死，竟然一次不成二次，二次不成三次，三次不成四次，跳楼、服药、割腕、卧轨、触电什么方法都用过了，反复自杀。一位反对聂元梓的学生，被用钉子钉穿膝盖骨、用竹签刺进十指指甲缝、用钳子钳断手的指骨，还把人装进麻袋中从楼梯上往下踢，被毒刑拷打得奄奄一息。原北大校党委书记、校长陆平被用钢丝缠捆着两只手的大拇指，吊在天花板上逼供刑讯，让其承认是"假党员"、"叛徒"。著名哲学家冯定也被逼得三次自杀。以上这些，仅是例举。"文革"期间，在北大，武斗中打死三人，教职员工和学生被迫害致死六十余人，其中包括著名历史学家翦伯赞、著名物理学家饶毓泰等诸多享有盛誉的一级教授。聂元梓等人在北大犯下的滔天罪行，真是罄竹难书！现在来看，无论从道义角度来讲，还是从法律角度来讲，毫无疑问，聂元梓及其一伙都是恶行累累，罪不容赦。但是，那个年代，却恰恰是由他们所主宰的年代，恰恰是由这些造反派虎狼当道的非常年代。

燕南园萧条了，萧条得生灵涂炭。未名湖污浊了，污浊得沉渣泛起。

1968年的这个夏天，真是异常的热，异常的长，异常得令人难忍难熬。

第12章
天降横祸

8月末的一天,是令我们铭心刻骨的一天。

我接到二姐邓楠从北大打来的电话。她说:"哥哥摔了。学校要把他送回家!"说到这儿,她已泣不成声。她说她尽快回家来和我商量。接完电话后,我们在家的人如五雷轰顶,极度震撼而坐立不安,因为什么也不清楚,只有焦急地等待着二姐回来。

邓楠回来后告诉我们,哥哥因不堪虐待,不愿再受凌辱,趁看押的造反派不注意时跳楼以示最后的抗议。行前,在一封信中,他写道:"我对文化大革命很不理解,特别是对我父亲的问题很不理解。"他写道:"造反派非要我讲,我不能讲,在这种情况下,我实在无路可走了……"朴方摔伤后,北大造反派也慌了。他们把朴方送到一家医院,医生一听是"第二号走资派"的儿子,竟然拒绝治疗。此后一连送了几家医院都不收。真是一个惨无人道的黑暗年代,人的性命,贱如草芥。后来听说聂元梓急了,硬让与她同一派的北医三院收下了事。

北医三院虽然收了人,但只让朴方躺在走廊上,连急诊室都不让进。一夜之后,眼见病情危重,医院决定给朴方做脊椎穿刺,但需要家属签字。北大造反派到关押邓楠的地方,将朴方的情况告诉了邓楠。听到哥哥摔伤和脊椎骨折,邓楠一下子都蒙了。跟着造反派来到医院,在急诊室里,她看到了哥哥。原本好好的一个人,如今却躺在这里,脊椎骨折，发着高烧，生命垂危。邓楠整个大脑一片空白，她流着眼泪，拿起沉重的笔，签了字。造反派连话也不让说，马上又把她带走了。

在非人的摧残、审讯和虐待下，朴方的决心早已在心中下定。困惑和疑虑都已过去，他是理智的。他太理智了，他毫不犹豫，毫不惧怕，非常镇定地做出了选择。一个大学技术物理系四年级的高材生，一个历来严于律己的团支部书记，一个只有二十四岁的中共预备党员，曾经有那么多的信念，曾经有那么多的追求，曾经有那么多的理想，曾经有那么多的期望，而此时，只剩下了一个坚定的决心，一个不可动摇的决心。他非常冷静地走向了自己的选择。摔下来后，朴方昏迷了过去。他记得曾经一度醒来，感到躺在冰冷的地上，但瞬间便又昏迷。再次苏醒时，他已身在医院。看着周围人的冷冷目光，看着头顶上不停晃动着的输液瓶，一切都那样的恍惚，那样的不真实。就这样，在北医三院的急诊室里，朴方时而清醒，时而昏迷，发了三天三夜的高烧。

不知是上苍的刻意安排，还是逃脱不掉的宿命，生命竟然是那样的顽强，竟然可以战胜死神。朴方的性命保住了。生与死，是人世间永恒的话题。生与死，是一场恶战，更是一场搏斗。求生不得，求死也不得，人之于此，心如死灰。清醒的时候，朴方的眼睛直直地望着天花板，心中没有激动，没有悲伤，没有思索，也没有悔恨。造反派的吼叫，医生的问话，都像风吹过耳，听而不闻。

朴方刚摔的时候，第十一、十二胸椎和第一腰椎压缩性骨折，下肢虽不能动，但腹部以上仍有感觉。按任何医疗程序讲，在这种情况下都应马上施行手术，进行清创减压，否则脊椎内的出血会向上逆行，凝结后会加重截瘫病情。如果当时哪怕有一丝一毫的人道主义，如果能够及时进行手术，朴方是不会致残如此的。但在那个年代，在那种政治气氛下，对朴方这样的"反革命黑帮子女"，对"自绝于人民"的"反革命"，送医院没让人死已经算是"宽大"处理了，根本不可能给予什么治疗。就这样，朴方的截瘫平面一天天地上升，由原本的第十一胸椎,演变到第七胸椎水平。也就是说,造成了从胸部以下全部失去知觉,大小便功能丧失,无可挽回的高位截瘫。

大约十天左右,性命好歹保住了,造反派便通知邓楠,说现在危险期已过,他们不管了,要把朴方送回家去。

邓楠听见学校说不管了,要把朴方送回家,连伤心带着急,立即坚决地反对说:"送回家不行!我要求回家和家里面商量一下。"获得造反派准许之后,邓楠赶快坐公共汽车回家来见我们。

奶奶、邓楠和我,坐在方壶斋那不见阳光的小屋里,眼泪不住地往下流。邓楠和我商量,人是北大造反派整的,不能就这样把看护的责任推给我们,更不能让他们把一个连危险期都还没有渡过的病人送回家来。如果真送回家来,仅凭我们几个人和年老的奶奶,怎么照看他,怎么给他看病?不行,我们得想办法,我们得去找人,去找中办!

我和二姐到中南海西门,说我们要找中办的领导,没人理我们。我们说要找平时给我们送生活费的那个工作人员,也不给我们找。没人理睬,怎么办?我们找到一个公用电话,绞尽脑汁地回想原来记得的中办有关单位的电话号码。我们一个一个地拨,一个一个地打,打了一个遍。接电话的,有的说这事不归他们管,有的说你们找北大去,有的二话不说就挂断了电话。最后凭着记忆,我们拨通了中办警卫局值班室的电话。和其他人一样,他们也说不管。我们急了,就在电话中狠狠地说:"人是你们弄成这个样子的,我们孩子之间没有看护的义务,我们父母还在中南海,要送就送到我们父母那里!如果你们敢把人送回家,我们就把他抬到大街上,抬到中南海大门口。我们要对所有的人说,这是邓小平的儿子,让他们弄成这样啦,你们大家看看吧!你们只要敢把人送回来,我们就敢这样做!"

放下电话后,我们仍然情绪激动,甚至激动得手都颤抖。站在中南海外,望着那斑驳剥落的高高红墙,我们两人觉得那样的孤单,那样的无助。这个时候,真是叫天天不应,叫地地不灵。在这漠漠人世上,有谁能够帮助我们啊?

从此,我们明白了一个道理,在这样的时候,在我们真正困难的时候,没有人能够帮助你,也不会有人帮助你,只有自己靠自己。我跟姐姐商定,无论如何也不能让北大把人送回家来,这次就是拼了,也要和他们斗!

我们绝不妥协的坚决态度,终于取得了成果。不知是谁最后作出了决定,北大的造反派放弃了把人送回家的打算,转而把朴方送到北大校医院。

在校医院里,仍然没有给予朴方任何治疗。一开始,造反派还派人看着。一周后,他们不想管了,就把邓楠叫去,说现在他们没有看护的义务了,要让我们家的人自己看护,命令她把弟弟飞飞叫来看护朴方。邓楠和我一商量,一致认为不能让飞飞去。飞飞才十七岁,脾气又倔,万一和造反派冲突起来,会被打死的。我们决定由我们两人去校医院,轮流看护哥哥。

由此,我到北大,和二姐邓楠一起看护伤残的哥哥。那时朴方尿路经常感染,一感染就发高烧,一烧就烧到四十度以上,还经常伴有高烧寒颤,烧得抽搐。由于朴方是胸椎骨折,不能起身,连坐都不行,需要不停地给他翻身,否则很容易长褥疮。截瘫病人,只要一长褥疮,就很不容易治好。我们姐妹二人没有一点医疗常识,只能进行最一般的生活护理,对哥哥的病,看在眼里,急在心里,真是一点办法都没有。在这种情况下,造反派也不放过哥哥和姐姐,经常来病床边批判他们,让他们交待,让他们揭发。哥哥躺在病床上,两眼直直地瞪着,任凭造反派呐喊辱骂,一句话不说。过年过节的时候,大家都在庆祝,医院的病人改善伙食都能吃顿饺子,唯独哥哥,因为是邓小平的"狗崽子",因为是"反革命",连吃饺子的权利都被剥夺了。

我只有在去食堂打饭时才能走出校医院,走出那个令人窒息的地方。每次走到户外,不管是晴空万里,还是阴云密布,我都会挺直了腰,仰起头来，看一看那浩渺无垠的天空。有时，我还可以偷空走到未名湖，在杂乱而浓密的绿荫掩蔽下，踏着落叶铺满的小路，走到湖旁。我紧紧地靠着湖边坐着，看着那水波不兴的湖面，看着水中影影绰绰倒映着的绿树蓝天，让整个心灵浸透在这一泓碧水之中，把所有的喧嚣统统抛在脑后，全心享受这片刻的静谧。

我们憎恨造反派，我们厌恶周围的政治狂潮，我们无意也无力抗争什么，我们仅仅是想寻求心灵上的宁静，仅仅是想躲藏回避。但是，在那个疯狂的岁月，哪里有宁静可寻可觅，哪里又有地方可藏可避？在昊昊苍天之下，人的命运显得这样渺小，这样微不足道。我们受尽心灵上的磨难，自觉时运不济，但在那个年代，命运像我们一样悲惨，甚至比我们的命运更加悲惨的，实在太多了，多得数不胜数。举国上下，在被冠以"革命"名义狂涛的无情冲击下，被打倒监禁的大有人在，被迫害致残致死的大有人在，被迫害得家破人亡的大有人在。那是一个没有秩序、没有公理、没有人道甚至没有人性的疯狂岁月。今天，我们之所以回首往事并将这所有的一切详细记述下来，只有一个愿望：愿所有经历过这个岁月的人铭记这一人间悲剧；愿所有没有经历过这个岁月的人知晓这一人间悲剧；愿苍天有知，永远不要让这一人间悲剧再度重演。

就这样，夏天过去了，秋天又来了。深秋的北京，寒风日劲，天渐渐地冷了。

10月中下旬，召开了前面提到过的八届十二中全会。

对于全会，我们全家人都很关心。不是关心制定了什么新的革命路线，也不是关心进行了什么新的人事变动，我们关心的问题只有一个，就是此次会议会不会对父亲作政治结论。这次如作结论，就是最终定性。是好是坏，对于父亲本人，对于我们全家，都有极其重要的关系。

我们到处打听消息。得知毛泽东仍决定保留父亲的党籍后，我立即跑到中央美院去找大姐。大姐邓林6月份被抓到学院后，一直关在牛棚里，没有人身自由，消息闭塞。我去看她时，造反派一直看着我们，监视着我们，唯恐我们进行"反革命黑串联"。我急于把情况告诉大姐，但碍于看管人员而无法说话。我说我口渴想喝水，那个看着我们的人居然"开恩"去找水了。趁着他离开的一瞬间，我赶快小声地告诉大姐："爸爸没开除党籍！"我看见大姐眼中闪现出兴奋的光芒。这对于我们来说，意义太大了。也就是说，父亲还没有完全被置于死地。其实，对于父亲的政治前途，我们根本没抱幻想和奢望。但我们知道，能保留党籍，对于父亲这样一个为党的事业奋斗了一生的老共产党员来说，太重要了。党籍，在有些人眼中，可能不过是一支政治的风向标；而在忠诚的共产党员心中，则高于生命，重于生命。

十二中全会后，邓小平没有被开除党籍。北大造反派的劲头好像一下子少了一半儿，对邓小平儿女的兴趣也就没那么大了。他们渐渐很少来校医院，而后根本就不来了。只有刚刚进校的军宣队和工宣队偶尔来视察一下。哥哥的病房，居然有幸成为一个被造反派"冷落"的角落。我们竟然还可以在没人的时候，偷着看《红楼梦》，也是一件匪夷所思的事情。

"文革"运动没有停步，事情的发展和变化也没有停止。可能是运动中发生的非常事情太多了，多到毛泽东都有所风闻。在1968年马上就要过去的时候，也就是12月26日，中央发了一个《关于对敌斗争中应注意掌握政策的通知》，其中，毛泽东亲自加上一段话："即使是反革命分子的子女和死不改悔的走资派的子女，也不要称他们为'黑帮子女'，而要说他们是属于多数或大多数可以教育好的那些人中间的一部分（简称'可以教育好的子女'）以示他们与其家庭有所区别。"从这个"一二二六"指示以后，我们的"头衔"改了，不再被人叫作"黑帮子女"，而被称作"可教子女"。还是毛主席说话管用，那些原来对我们声严色厉的造反派，不管情愿也好，不情愿也好，态度只能有所收敛。而我们，不在高压之下，日子可就过得轻松多了。

1968年底,我去陕北插队前,与二姐邓楠在北海公园。

  本来,日子就这样渐渐地过去,渐渐地平静下来。却不料,一场声势浩大的知识青年"上山下乡"运动,又轰轰烈烈地开始了。

  我们家只有我和飞飞在中学,属于要"上山下乡"的范畴。1968年12月,飞飞随他所在的师大一附中的同学,首批被分配到山西插队。飞飞最信任哥哥,他到北大校医院问哥哥:"学校让我们下乡,怎么办,去不去?"哥哥听说他最心疼的小弟弟被分配插队,心里很伤心。他想了想,说:"去下乡,不知以后会怎么样,也许别人能回来,你回不来。不去下乡,政治上会留下个包袱,说你不响应上山下乡号召,以后可能更不好办。"听了此话,飞飞说:"那我就去。"

  飞飞决定走了,眼看行期在即。他才十七岁,去这么远的地方,我们实在不放心。行前,我们为他收拾行装。现买的两个大箱子并排放在地上，一个帆布的，一个木头的，我们什么都往里装。棉被棉衣棉鞋，帽子裤子袜子，他爱做无线电，连同锤子砧子，能装的都往里装。邓楠特别会收拾东西，而且什么都想让飞飞带去。她把箱子塞得满得不能再满了还在不停地塞，恨不得连自己的心都一起塞进去。她还写了一张条子，详细说明什么东西放在什么地方，生怕飞飞到山西后找不到东西。临走前，飞飞去美院看望关在牛棚的大姐。大姐伤心地看着弟弟，她不能给弟弟收拾东西，不能去火车站给弟弟送行，甚至不知今生今世还能不能再见到自己的这个小弟弟。她哭了，她受不了这又一次的生离死别。

走的那天，北京火车站的一号站台上，挤满了要走的学生和送行的人群。在一列长长的插队学生专列旁，到处可以看到拉着就不肯松开的手，到处可以听到说不完讲不尽的嘱咐叮咛，到处可以看到闪动在眼中和流淌在面颊上的泪水。依依不舍和担忧之情弥散在人们的心头。一声汽笛长鸣，车轮发出隆隆巨响，满载插队学生的火车专列开动了。一瞬间，车上车下，车里车外，人们同时爆发出放声的大哭。这震天的哭声，掩盖了火车的轰鸣。

我和二姐来送弟弟，我们看着火车驶出站台，看着火车越走越远，一直消失在看不见的远方，才恋恋不舍地离开了车站。我们谁也没说话，许久之后仍止不住泪水的流淌。哥哥瘫痪在校医院，姐姐被关在牛棚，弟弟远走他乡，父母被监禁音讯全无，在偌大一个天地之间，我们感觉到从未有过的孤独和凄凉。

弟弟走后不久，到了1969年的1月，我也随着所在北京师大女附中的同学，去陕北延安地区插队。在向西行驶的火车上，我度过了十九岁的生日。我们那个在北京方壶斋的家，除了大姐、二姐有时从学校回来一下，就只剩下七十岁的奶奶，靠着每月二十元生活费，一个人艰难度日。

第13章
"邓小平专案组"舞台演逻始末

1968年10月召开的扩大的八届十二中全会上,毛泽东不顾反对,保留了邓小平的党籍,这就更让林彪、江青等人心存揣测和不安。

林彪虽已被毛泽东指定为接班人,但他深知,只要邓小平一天不倒,就威胁尚存。唯有置邓小平于死地,方可解除后顾之忧。林彪、江青等指使"邓专案组"加紧进行工作。

江青、康生多次指示"邓专案组",首要任务是尽快突击攻下邓小平历史上叛变自首的问题。中央专案组第二办公室为加强"邓专案组"的外调力量,从驻京西宾馆的"叶向真(叶剑英的女儿)专案组"抽调人员进行补充。兵强马壮的"邓专案组"加快了活动步伐,四方八面搜罗取证。

赴陕西小组调查邓小平1927年初由党派驻冯玉祥[1]部队时的情况;

赴上海小组调查1928年邓在党中央机关工作,和1930年、1931年两次从广西红七军回上海汇报工作的"临阵脱逃"的情况,并提审有关人员讯问邓留法勤工俭学时期的情况;

---

[1] 冯玉祥,著名国民党爱国进步高级将领。1927年邓小平曾由党派至冯玉祥部队任政治教官。

赴安徽小组查找邓1931年代表中央巡视安徽省委工作时有无"叛变"的线索；

赴江西小组全面调查邓1931年到中央苏区后的活动；

赴广西小组查证邓1929年在左右江革命根据地的活动；

赴湖北小组负责提审邓的弟弟、原武汉市副市长邓垦；

赴四川小组负责审查邓的家世及在家乡的"反革命"活动；

赴天津小组找人调查邓当年在冯玉祥部队的情况；

还派员前往广东、宁夏、湖南、辽宁、江苏等地找邓当年的老部下调查取证。

"专案组"人员"重任在身"，丝毫不敢懈怠。他们快马加鞭，不辞辛苦地到处调查取证，仅赴广西小组的三人，在不到两个月里，就跑了四个地区，二十二个县，提审调查了二百多人。

这是在外地。在北京，"专案组"也没闲着。1969年夏季，冒着炎炎烈日，专案人员整日奔忙，找在京的人证进行调查，滕代远[1]、袁任远[2]、莫文骅[3]等老同志均受到讯问。在调查中，"专案组"人员面对的，时常是一些老同志、老将军。这些身经百战的老共产党员，对于"专案组"用心险恶的查讯，有的本着实事求是的精神予以回答，有的则干脆回避或不予理睬。当"专案组"人员找大将张云逸[4]调查时，就被以"首长身体不好"为名吃了闭门羹。"专案组"人员也是急疯了，竟然在黄永胜和吴法宪的亲自安排下，不知天高地厚地找中华人民共和国元帅、中央军事委员会副主席聂荣臻进行调查。1969年7月20日，在京西宾馆的一个小会议室里，德高望重的聂帅坐在一张藤椅上，对

---

[1] 滕代远，曾任晋冀鲁豫军区副司令员、中共晋冀鲁豫中央局常委，是邓小平的老部下。

[2] 袁任远，参加过邓小平等领导的百色起义，曾任红七军政治部总务科长兼第二纵队政治部主任、前委委员。

[3] 莫文骅，参加过邓小平等领导的百色起义，曾任红七军军部机要参谋。

[4] 张云逸，曾和邓小平一起领导百色起义，创建红七军，任红七军军长。

着"邓专案组"人员的提问，款款而谈。聂帅从青年时代起，从 20 年代初期留法勤工俭学时起，就与邓小平成为战友，相知甚深。让他谈邓小平，他可是知道得太多了。聂帅谈得极富耐心，一谈就谈了差不多四十分钟。他谈的内容，等于把他的老战友的履历，从头至尾地述说了一遍，至于"专案组"人员所要的"罪行"和"问题"，连只言片语也未涉及。最后，聂帅说了一句："我身体不好，今天就谈到这里吧。"之后，在秘书的陪同下，头也不回地走了。"专案组"人员听了半天，居然一无所获，不禁大为懊丧，悻悻然返回了他们在翠微路的办公室。

从 1968 年 6 月起，在一年半的时间里，"邓小平专案组"为搜寻所谓邓"叛变自首"等罪证，先后派出外调小组九十三批，外调人员二百二十三人次，地域涉及十五个省、市、自治区，一百四十多个市、县，行程三十多万公里。仅在北京，就多次往返出入于中组部、中宣部、交通部、公安部、统战部、化工部、一机部、七机部、水产部、解放军总政治部、中央办公厅、中央调查部、中办机要局、对外文委、新华社、人民日报社、北京市革委会、北京卫戍区、全国总工会、全国妇联、民航总局、中科院及其学部、宗教局、中央高级党校、中国历史博物馆、空军司令部、海军司令部、北京农业大学、解放军政治学院、最高人民法院、中国人民银行、马列主义编译局、中国医学科学院、北京二七机车车辆厂、民革中央、秦城监狱等近百家单位。

邓小平革命历程这么长，工作过的地点这么多，涉及的面又这么广，全面调查起来，也真够不容易的。

可以说，"专案组"的工作是相当卖力的。但是，在辛辛苦苦反反复复大量进行调查后，他们在给康生、黄永胜、吴法宪、叶群、李作鹏写的一份报告中，不无遗憾地说："关于邓小平的历史问题，经反复查档、调查，到目前为止，除了入团、转党问题尚未找到直接人证，以及一些执行机会主义路线的问题外，还没有查到有被捕、叛变、通敌等重大问题的线索。"

在被认为最为要害的"历史问题"上,"邓专案组"希望落空。"专案组"没有找到历史问题,只好在"现行问题"上做文章。在以上报告中,他们写道:"邓小平伙同杨尚昆在毛主席身边搞反革命窃听,招降纳叛,包庇坏人、叛徒、特务等两部分罪行,已获得不少证据,准备送呈首长审阅。下一步工作,我们拟重点查其意图搞反革命政变、篡党篡政的阴谋活动,和里通外国的问题。相应地核实其三反罪行。"三天后,康生批示同意,并将此件送周恩来、陈伯达、江青、谢富治等阅。

"专案组"在调查中仅剩的一个历史疑点,也就是邓小平的入党问题,不久也有了了结。在上述报告转到周恩来处时,周恩来在报告的下脚处批示:"邓小平是在留法勤工俭学时入团、转党的,我和李富春、蔡畅[1]同志均知道此事。"完全可以想象得到,在看到周恩来的这一证明时,那些"专案组"人员和他们的上司们,是何等的失望。

不过,"邓专案组"大张旗鼓的调查工作并没有从此偃旗息鼓。从1969年下半年起,在林彪、江青等人的旨意下,"专案组"对邓的"现行问题"抓得更紧了。在秦城监狱,他们提审了彭真、刘澜涛[2]、李楚离[3]等,在小汤山监狱提审了安子文等,在京郊一个部队营区提审了杨尚昆,在总政西单一个小看守所提审了萧华[4],在北京卫戍区监护办公室提审了王从吾[5],在交通干校提审了钱瑛[6],还分别提审了潘汉年[7]、刘晓、廖志高[8]。他们到外交部找过陈毅,向对外文委屈

---

[1] 蔡畅,1919年冬去法国勤工俭学,1922年和邓小平同时宣誓加入社会主义青年团,1923年转入中国共产党。
[2] 刘澜涛,曾任中共中央书记处候补书记、中央监察委员会副书记、中共西北局第一书记。
[3] 李楚离,曾任中央监察委员会委员、中央组织部副部长。
[4] 萧华,曾任中国人民解放军总政治部主任。
[5] 王从吾,曾任中央监察委员会副书记。
[6] 钱瑛,曾任中央监察委员会副书记。
[7] 潘汉年,曾任中共中央华东局社会部部长。
[8] 廖志高,曾任中共中央西南局书记处书记、中共四川省委第一书记。

武[1]、萧三[2]，一机部江泽民[3]，总政军管小组傅钟[4]，中办五七干校曾三[5]、李质忠[6]、邓典桃[7]，中央高级党校范若愚[8]，以及袁任远、张震球[9]、邓存伦[10]等人进行过调查。从现在看来，花了这么多的人力，走了这么多的地方，进行了这么多的调查，费尽心机地网罗罪名，最后落得一个没有结果的结果。这个"邓小平专案组"，真正的可以说是白白地忙活了一场，或者说是忙乎乎地白干了一场，够冤的。

这个命运可悲的"专案组"干得冤，撤得更冤。

到了1970年，先是8月的九届二中全会批判了陈伯达，接着搞专案的大头目康生称病不起，而林彪集团又忙于和毛泽东进行较量。上面的大人物都在忙于他们自己的"大事"，"专案组"的工作顿显松懈，特别是"邓专案组"，到了下半年，简直就被冷落一旁。

总这样不死不活也不是个办法呀。"邓专案组"决定写个报告上去试探一下。1970年11月28日，他们以"贺龙专案组"名义，给康生、黄永胜、吴法宪、叶群写了一份报告，要求到有关部门继续查找邓的"三反罪行"和"招降纳叛"等问题。吴法宪刚刚在九届二中全会上挨了毛泽东的批评，不敢轻举妄动，他将此件批送周恩来和汪东兴。过了几天，"邓专案组"看到了这份转回来的报告。上面白纸黑字，写着周恩来的一段批示："东兴同志，这全部是公开文件，请你考虑是否需

---

[1]　屈武，曾和邓小平一起在莫斯科中山大学学习。

[2]　萧三，曾和邓小平一起在法国勤工俭学。

[3]　江泽民，又名江克明，曾和邓小平一起在法国勤工俭学。

[4]　傅钟，曾和邓小平一起在法国勤工俭学。

[5]　曾三，曾任中共中央办公厅副主任、中央档案馆馆长。

[6]　李质忠，曾任中共中央办公厅机要局局长、中央办公厅副主任。

[7]　邓典桃，曾任中共中央办公厅副主任兼机关事务管理局局长。

[8]　范若愚，曾任中共中央党校副校长。

[9]　张震球，参加过邓小平等领导的百色起义，曾任红七军政治部宣传队队长。

[10]　邓存伦，曾任第二野战军后勤部政治部主任。

全部调阅。我记得在下放邓小平、谭震林时，已将两人从专案组撤销。"看了周恩来的这个批示，"邓专案组"可谓吃惊不小。"邓专案组"在一年多前就撤销了，可"专案组"人员竟然毫不知晓。这都是什么事儿呀！在这种情况下，"邓专案组"向黄永胜和吴法宪等写了最后一份报告，说："如已决定邓小平专案组撤销，我们对邓的审查工作立即结束，是否也就不再送呈邓小平的三反罪行和招降纳叛的线索报告了？"这份最后的报告，竟然半月无人回复。1970年12月24日，吴法宪的秘书来到"邓专案组"，将全体人员召集开会，说："你们送上来的关于邓小平问题的报告，和总理对前一个报告的批文，首长们都看了。首长叫给你们说一下，报告不要再送了，邓小平的案子也不要再搞了。材料暂由你们保存，先等着吧。"

等是不用等了，"专案组"的每一个人都知道，他们的使命结束了。"邓小平专案组"从成立到如今，不过两年半的时间，就这样不明不白地被撤销，不明不白地草草结束了，实在是时运不济，可怜可悲啊。

第14章
"九大"与"继续革命"

1969年4月,在毛泽东亲自主持下,中国共产党第九次全国代表大会在北京召开。

对于毛泽东来说,这次党的代表大会的召开,是维护和坚持他的反修防修的革命路线的一个极其重要的步骤。

此次会议几大成果如下:一、会议从政治上再一次肯定了毛泽东阶级斗争的理论,把阶级斗争正式规定为"我党在整个社会主义历史阶段的基本路线",并以此为据再一次肯定了开展"文化大革命"的"必要性"和"及时性"。二、会议通过修改党章,正式明文确定林彪是毛泽东的亲密战友和接班人。三、大会选举了新一届中央委员会,大批"文革"干将和造反派头头进入中央委员会,从组织上为实行"左"的理论、路线、方针做出保障。

会后,召开九届一中全会,会上选举了党的中央机构。毛泽东为中央委员会主席,林彪为副主席,"文革"先锋江青、张春桥、姚文元、陈伯达、康生、谢富治,及林彪死党黄永胜、李作鹏、邱会作、吴法宪、叶群等林、江两大集团的骨干和亲信,占据了政治局半数以上的席位,在中央领导机构中名正言顺地执掌了大权。

毛泽东此时一定认为,他亲自发动的这场震惊中外的"革命"大运动,在政治上和组织上都得到了一定程度的保障。"文革"的伟大历

毛泽东在"九大"上讲话。

史地位,也应该说基本得到了确立。在此前的八届十二中全会上,他也曾讲过,"到明年夏天差不多了"。

真是差不多了吗?事实,离这个"差不多",实在是相差太远了。

由于自"文革"开始以来即存在着对运动的极大分歧和重重阻力,由于一波未平一波又起的各种新的事件不断发生,由于各地各单位十分严重的派性及武斗远未平息,更由于毛泽东发动"文化大革命"的错误的目标和错误的举措,使诸多问题和诸多矛盾纠合在了一起,好像一个巨大的多头线团,七缠八绕,拆也拆不散,解也解不开,怎能够以一次党代会了之?

毛泽东自己也曾问过,都说要把"文化大革命"进行到底,究竟什么叫"到底"?对于这一问题,别人回答不了,他自己的回答中,也显露了极大的矛盾。他说到1969年夏天就差不多了,但又说"我们这个基础不稳固。据我观察,不讲全体,也不讲绝大多数,恐怕是相当大的一个多数的工厂里头,领导权不在真正的马克思主义者、不在工人群众手里"。他说:"这个革命,还有些事没有做完,现在还要继续做,比如讲斗、批、改。过若干年,也许又要进行革命。"他号召要将巩固无产阶级专政落实到每个工厂、农村、学校。照这样的说法,"文化大革命"不但是必要的,而且还将更加深入地继续进行下去。

毛泽东的思想与现实的极端脱离,他对形势极其错误的估计,以及对林彪、江青集团的重用,导致他最终失去了对运动的驾驭和控制。在以后的"文革"岁月中,他将不得不一次又一次地面对他所没有预见到的、更不愿意看到的混乱局面。

"文化大革命"到此,已经三年了。但是,"文革"的道路,才走了三分之一还不到,这是谁也没有料到的。

"九大"的召开,父亲是从报纸上和新闻中知道的。虽然他再一次被确定为"党内第二号最大的走资本主义道路的当权派",被撤销党内外一切职务,但却没有开除他的党籍。以四十多年的政治经验,他深知这一处理的重要性,也深知其中必有玄奥。应该说,只要没有开除党籍,就留有余地,就存在一线生机。

林彪在"九大"上作政治报告。

"九大"后,也就是

1969年的5月3日,父亲给汪东兴写了一封信。信中对"九大"的召开及各项决议表示拥护,请汪转报主席、副主席和党中央。在信中,他询问,"九大"开过后,不知是否已到处理他问题的时候,并表示完全静候党的决定。他向毛泽东表示,将无保留地接受党对他作出的政治结论和组织处理,并保证永不翻案。信中最后提出,想同汪东兴见一面,谈谈他的感受。

正如他所愿,这封信送到了毛泽东的手中。毛泽东看了,并批转给林彪及在京政治局委员阅。

邓小平的表态,一定在毛泽东心中留下了印象。其一,邓小平是愿意作自我批评的。毛泽东认为这一点很重要,他在以后的讲话中还曾提到此点。其二,证明毛泽东决定不开除邓党籍是正确的。而恰恰是这一决定,为今后留下一个极其重要的政治伏笔。

可能是以上这封信所起的作用,"九大"以后,父亲的处境有所改善。对父母亲最为重要的,就是允许子女进行探望。

那时,我和弟弟已分别到陕西和山西插队。大姐邓林随中央美院全体学生迁到河北宣化接受解放军再教育和劳动。哥哥朴方致残后一直在北大校医院,"一二二六"后身份已从"反革命"变为"可教子女"。"九大"前后,一定是有人作出了决定,落实政策,朴方被送到在骨科方面享有盛誉的积水潭医院进行治疗。在那里,朴方算是解除了监禁,一些北大的同学——那些"同是天涯沦落人"的"反革命"学生——也可以到医院来看他了。二姐邓楠在"一二二六"落实政策后被"接回"系里,在那里等待学校分配。在朴方转到积水潭医院后,有一天,中央文革属下大干将谢静宜[1]突然把邓楠叫去。谢静宜,响当当的"文革"风云人物,这么大的来头,她找邓楠会有什么事呢?原来,谢静宜要

---

[1] 谢静宜,"文革"中曾任清华大学革命委员会副主任、北京市革命委员会副主任、中共北京市委书记。

我穿着件破棉袄,和还未分配工作的二姐邓楠在北海公园。

去积水潭医院看邓朴方,让邓楠"陪同"。"文革"以来,别人对我们这些"黑帮子女"态度不好是正常的,训斥责骂也是正常的,可对我们和和蔼蔼客客气气,倒真成了咄咄怪事。至于"看望"这一类的词,在不明就里时,反倒会让人感到奇怪和不安。不过,总是希望通过谢静宜的这次"看望",使朴方的处境进一步改善,至少不再变坏吧。

这以后不久,邓楠接到军宣队通知,告诉她可以去中南海探望父母。乍一听到允许看望父母,邓楠虽然心中高兴,但却一时不敢相信,她试探性地说:"不是要划清界限吗?我不去。"军宣队的人回答:"是组织上让你去的,以后每个星期都可以去。"邓楠心中的不安和疑惑一扫而光,她坐上公共汽车,心急如火,紧赶慢赶地奔向中南海。

1969年邓楠分配去陕西汉中前,去宣化看大姐邓林,那时邓林随校在一个造纸厂劳动。

在中南海,父母亲接到通知,说孩子们周六下午要来探望,二老十分兴奋。要知道,快两年了呀,快两年没见孩子们了呀。这近两年的时间之中,每一个日日夜夜,他们都在怎么样地思念着孩子们呀。而今天,终于可以见面了。中午,二老连午觉也没睡,吃完饭就坐在那里等。盼呀盼呀,好不容易邓楠来了。这是久别后的重见,一边是女儿亲热地叫爸爸叫妈妈,一边是二老久违了的激动的笑容,一家人完全沉浸在喜悦兴奋之中。妈妈后来说:"两年没见了,看到邓楠完全变成个大姑娘啦。那么苗条,越长越漂亮了!"妈妈看着女儿,真是越看越喜爱。爸爸伤心的时候不说话,高兴的时候也还是老样子,不说话,只是静静地看着那一见面就说不完话的母女二人,静静地笑着。

妈妈原想,让见子女了,一定一来一大群,可只来了一个邓楠。她问:"怎么就你一个人,他们呢?"邓楠告诉妈妈,邓林跟学校去了河北宣化,和同学们一起在那儿劳动。毛毛去陕北延安地区插队了,飞飞也去山西忻县插队了,他们常来信,都挺好的。妈妈问:"胖子呢?"胖子是朴方的小名。邓楠避而不答,说:"哎呀,我的头发脏死了,我

1969年秋天,从北大分配去陕西之前的邓楠,重见父母后,妈妈说,女儿长成个大姑娘了。

要洗头。"于是跑到厕所,开开水龙头就洗起头来。妈妈觉得不对,跟着追到厕所。邓楠越是回避,越是不说,妈妈就越是一个劲地追着问。后来,邓楠才把朴方的情况一五一十全都告诉了父母。听了后,妈妈哭了。她怎么也没想到,自己的孩子会落到这样悲惨的境地。女儿来时的欢愉之情,此时已一扫而光。妈妈的心被刺痛了,她止不住心中的悲痛,一想起就哭,一想起就哭,一直哭了三天三夜。父亲还是无言,只是不停地抽着烟。邓楠走后,父亲劝慰母亲,既已如此,要尽量想办法让儿子得到治疗。

亲人重见,本应是高兴,可是,在那个年代,对于我们来说,高兴和欢愉,往往总是转瞬即逝,并随时会为悲伤和痛苦所掩盖。

得知儿子瘫痪,做父亲的心怎能平静?他给毛泽东写了一封信,提出请组织上帮助安排,以使朴方得到进一步的治疗。毛泽东和周恩来对此信作了批示。中办主任汪东兴与解放军三〇一医院进行联系。三〇一医院隶属解放军总后勤部,总后勤部部长是林彪的大干将邱会作。在林彪当权的情况下,三〇一医院的领导不愿意接收"有问题"的人。

当时,连陈毅元帅得病后,要想送进三〇一医院治病,三〇一医院都不愿意接收。这一次,要送的是"第二号走资派"的儿子,院方当然更不愿意接收了。汪东兴不得不把毛泽东和周恩来的批示拿给他们看了,才把朴方送进了三〇一医院。有林彪把持着军队,中办要想办点事儿都艰难如此。

8月5日,朴方从积水潭医院转院,住进了三〇一医院的外科病房。在积水潭医院的时候,基本没有什么检查和治疗。有一个老教授曾给朴方看过病,但这个教授本人也因为"资产阶级学术权威"的问题正受着冲击,所以根本不可能提出什么治疗方案。朴方患泌尿系感染常发高烧,医院给他打链霉素时没有注意,造成一边耳朵完全失聪,可见"文革"中一些医院的混乱和不负责任。到三〇一医院后,医院让朴方住一个单间,开始时管得很严,不许别人随便到他这里来,后来就慢慢地放松了。在这里,朴方虽然还是频繁发生泌尿系感染,经常发高烧,但医院开始给他进行一些检查治疗,并用针灸给他治疗截瘫。一些医生、护士和病友们也都对他不错。气氛相对轻松,朴方的心情也就大不相同了。

儿子能进三〇一医院,父母亲自然感到由衷的高兴。他们希望儿子得到最好的治疗,想看看还有没有恢复的可能,最起码,也希望他今后能在生活上自理。要知道,朴方才二十五岁,今后的日子还长着呢。

第15章
战备疏散

1969年3月,中国和苏联边界东部地区我黑龙江省的珍宝岛,接连发生两国正规军武装冲突。自1949年两国正式建交以来,中苏两国两党关系发生了大起大落的变化。在经历了一段兄弟般的友好时期后,60年代初期,中苏两党因意识形态分歧进行论战,导致两党关系破裂,进而演变到两国关系的严重倒退。1964年以来,更是频繁发生边境事件。这次的珍宝岛武装冲突则为其中规模最大的一次。

由于对形势过于严重的分析,毛泽东得出一个结论,世界大战不可避免,要准备打仗。由此开始,在全国范围内,各方面进行了大规模的战备工作。

10月17日,林彪在苏州作了《关于加强战备,防止敌人突然袭击的紧急指示》。18日,总参谋长黄永胜等将此作为"林副主席第一号令"下达,解放军陆海空三军进入紧急战备状态。为配合战备需要,中央决定把一些人员从北京疏散到外地。其中包括一些原中央领导,也包括"文革""要犯"。老同志中,朱德[1]、董必武[2]到广东,叶剑

---

[1] 朱德,中华人民共和国元帅,曾任中共中央副主席,中共九届一中全会上当选为中央政治局委员。

[2] 董必武,曾任中华人民共和国副主席,中共九届一中全会上当选为中央政治局委员。

英到湖南,陈云、王震[1]等到江西,聂荣臻、陈毅等到河北。"走资派"中,刘少奇送河南开封,陶铸送安徽合肥,邓小平则被决定送到江西。

据当时的中央办公厅主任汪东兴回忆,在作出这样的决定后,毛泽东曾对他亲自交待,"要把陈云、王震他们放在交通沿线,来去方便。"毛泽东说:"万一打起仗来,要找的时候,我还离不了这些人呢。这些人还用得着,我还要他们呢。"

要准备打仗,中央安排疏散,毛泽东也要到外地去。周恩来报告毛泽东,想让汪东兴留下,帮助做疏散工作。毛泽东批准汪东兴留下十天。这样,和邓小平等谈话的工作,就落到了汪东兴身上。

10月的一天,汪东兴带着中办副主任王良恩到邓小平那里去了一次,一是算对前次邓写信希望见他的回应,二是把准备疏散到江西的安排通知邓小平夫妇。汪东兴告诉邓小平,由于战备需要,中央决定将一些人员疏散到外地,邓夫妇安排去江西,去江西后还准备安排去工厂劳动锻炼。听到疏散的消息,邓小平感到很突然,他想了一下,向汪东兴提出,他的继母夏伯根自从被撵出中南海后,一直住在外面,现在年纪大了,独自一人无人照看,想带她一起去江西。对于这个请求,汪当即表示同意。谈话的最后,邓小平说,以前主席说过,有事情找你,到江西后是不是还可以给你写信?汪东兴也表示可以。

父亲虽然对被疏散感到突然,但汪东兴亲自来谈此事,使人减轻了不安。汪东兴许诺以后有事还可以找他,这一点非常重要。也就是说,即使去到千里之遥的外地,也能够保持和中央的联系。

因为汪东兴即将陪同毛泽东到外地,就把一些工作交待给王良恩办。不久,王良恩一人又到邓处,察看走前事宜。母亲向他提出,家中有许多藏书准备这次带到江西去,想请帮助做几个大木箱子。另外她和父亲多年习惯于睡觉时保持卧室黑暗,想把现在卧室的旧窗帘带

---

[1] 王震,曾任农垦部部长,中共九大上当选为中央委员。

第15章 战备疏散 111

离开北大,是悲是喜?毕业分配前的邓楠,在北京大学"革命委员会"的牌子前。

走。不知什么原因，王良恩对两个要求都不同意。父亲很生气，提出要再见一见汪东兴。不久汪东兴就又来了，不但同意帮助做几个装书用的木箱子，还同意把那副旧窗帘带上。他还对父亲说，你们要带什么都可以，带不走的可以留在这里，这个院子不会动的，以后你们回来还可以住这里。

汪东兴是毛泽东身边的人，是毛泽东最信任的人。"文革"初期毛泽东曾交待邓小平有事找汪东兴，以后也一直让汪东兴直接管邓。这次汪来见邓，不但态度很好，还许诺以后回来还可以住在原处，这些都富有积极的意义。最起码，使邓夫妇明白，疏散离开北京，不单单是对邓一个人的行动。到了江西后，他们还可以去工厂劳动。不管是学习性质的也好，改造性质的也好，总算是结束了北京这种完全隔离的囚禁生活，应该是好事而不是坏事。见了汪东兴之后，父母亲心里安定下来，加紧收拾行装。

在父母亲忙着收拾东西准备去江西的时候，邓楠所在的北京大学因"一号命令"，要把学生疏散到京郊怀柔县。邓楠要走了，父母亲提出要求，希望批准在河北宣化的邓林回京帮助收拾行李。经中办批准后，邓林得以回京见到了两年多未见面的父母亲。不过，这个时候，大家都没有工夫来叙家常，因为去江西的行程已近。

离京前，在母亲的要求下，中办同意她去三〇一医院看望朴方。在医院的外科，还没有走进病房，母亲想到才两年没见，一个以前高高大大爱跑爱跳的儿子，就这样瘫痪了，顿时心如刀割，控制不住地哭了起来。陪同她来的人劝慰她，说这样对孩子也不好。母亲先找了个椅子坐下，等逐渐冷静下来后，才忍住悲伤，擦干眼泪走进病房。见到了儿子，看到儿子住一个单间，病房条件还好，母亲略感心安。不管怎样，在离开北京之前，能看一眼儿子，总是了了一个心愿吧。从医院回家后，母亲把情况告诉了父亲。儿子进了三〇一医院，总会获得更好的治疗，也许还能有一线希望减轻病情，这也是不幸中的万幸了。

行期在即，父母亲忙着收拾行装，无暇他顾。他们更不知道，为了安排好他们的江西之行，他们的老战友周恩来，正亲自进行着详细的部署和周密的安排。

1969年10月18日，周恩来给江西省革委会办公室打电话。周恩来对接电话的江西省革委会核心小组办公室主任程惠远说："中央决定中央的部分首长要到下面去接触接触实际，也适当地参加一些劳动，向群众学习。到江西的有陈云同志，带一个秘书、警卫员和炊事员；还有王震同志夫妇，全家去江西……他们都是六十多岁的人了，劳动也不行……从北方一下子到南方不太习惯，你们要适当注意关心他们的生活。吃饭当然是他们自己花钱，但房费不要太贵了。第二件事大概汪东兴同志已告诉你们了，邓小平夫妇也到你们那里去。毛主席不是在'九大'说过吗，邓小平的问题和别人不同。他下去是劳动锻炼。当然，这些人也不能当全劳力使，也是六十多的人了，身体也不大好，收房费也要照顾一点。黄先[1]同志在家，你可先向他汇报一下。这些同志具体到什么地方去，什么时候去，请黄先同志给汪东兴同志打个电话定下来。我最后还要强调一下，这些首长下去，你们要多帮助，要有人照顾他们。你报告程世清[2]同志之后，马上研究出一个具体意见。"

接到总理的电话后，程惠远片刻不敢耽搁，赶紧连夜驱车三百五十多公里，向在婺源的程世清汇报。程世清，靠着造反夺权起家，"文革"中，也是名声不小的一个人物。尽管程世清是林彪线上的红人，但对于周恩来亲自打电话作的指示，他也不敢怠慢。想了一下后，他对程惠远说："我们坚决拥护中央的这一英明决定，坚决贯彻落实总理指示，欢迎陈云、王震同志及邓小平夫妇来江西蹲点、劳动。他们什

---

[1] 黄先，时任江西省革命委员会副主任。
[2] 程世清，时任江西省革命委员会主任、省军区第一政委。

么时候来都可以，来了之后先安排在滨江招待所，然后将邓小平夫妇安置到赣州去。至于陈云、王震到什么地方，可同他们俩做具体商量后再定。不管他们住在哪儿，我们都负责装上暖气……我们一定保证他们人身安全，不准造反派和红卫兵冲击揪斗他们。但有两个问题要请示一下中央：一、邓小平夫妇来后，他们住在一起是否合适？二、陈云、王震同志来江西，我们想派人去北京接他们是否可以？"

10月19日，周恩来在接江西省革委会电话时，原则同意程世清的安排，但对邓小平的安排，认为去赣州不合适，说："那里离南昌市太远，是山区，交通又不方便，条件很差。他已经是六十几岁的老年人了，得个病怎么办？我的意见应该把他安排在南昌附近，便于照顾。最好让他们夫妇住一栋两层小楼，楼上他们夫妇住，楼下是工作人员住。当然了，最好是独房独院，还能在院里做些活动，又安全，你把我的意见告诉程世清政委。"

总理指示得这么详细，这么具体。江西的人议来议去，左也不成右也不成，干脆，请北京来人，看看再定。

10月21日午饭后，"邓小平专案组"接到他们的上级"二办"通知到中南海西楼会议室开会。会议由中办副主任王良恩主持，参加会的还有王稼祥[1]、谭震林等"专案组"的人员。王良恩说，王稼祥疏散到河南信阳，谭震林到广西桂林，"中央决定将邓小平疏散到江西南昌下放劳动，接触群众，昨天晚上周总理已经亲自打电话给江西关照过了"。并交待"专案组"负责人："你再带上个人。任务有两条，一是安全送到，路上不能出问题；二是会同江西的同志为他们找个合适的住处，有暖气的更好。邓小平年纪大了，住处跟劳动的地方不要距离太远，远了派车不太好，步行太久或坐公共汽车也不大安全。虽然陈云和王震同志也是去江西，但他们和邓小平不一样。他们两个都上

---

[1] 王稼祥，曾任中央书记处书记、外交部副部长、中央对外联络部部长。

了'九大'中央委员，一般来说还不会出什么问题。邓小平没有选上，'文革'前又是挂过像的，是党内第二号走资派，容易被人认出来，发生揪斗现象。清楚了吧？好，你们回去准备一下，明天早上八点钟赶到沙河机场上飞机。"

在中办和江西为邓小平去江西的事情忙着的时候，父母亲和大姐邓林也在抓紧收拾东西。父母亲平时的生活简单，生活用品很好收拾。但既然允许他们带书走，就要尽可能地多带点儿。他们到院子后面的大书房中去挑选，把我们家多年来珍藏的马列主义著作、历史、文学等各类书籍，一本一本挑出来，装进中办帮助做的几个大木箱子里面。他们知道，在今后的岁月里，将由这些书来陪伴那些不眠的日日夜夜。

临行前的头一天，也就是10月21日，父亲给汪东兴写了一封信。信中表示接受中央对于他的处理，重申对中央和主席做出过的保证，以一个普通党员和社会主义公民的身份，尽力工作和劳动，并希望将此信转报主席和党中央。

父亲知道，这次离开北京，虽然算是结束了被囚禁的状态，但在千里之外的江西，与中央和毛泽东的距离就远了。离开北京之前，他写信给汪东兴表明自己的态度，是要通过汪东兴，将信息传递给毛泽东。

正如所愿，此信由汪东兴转呈了毛泽东，而且毛泽东本人看到了。

第16章
孤独的南行座机

1969年10月22日清晨,父母亲早早起来,与奶奶和邓林一起,上了一辆来接他们的吉普车,行李由另外的车拉。那一天,是一个阴天,天虽亮了,但仍感昏暗。阴霾之中的北京,天低低的,云厚厚的,空气中充满了深秋的寒意。

那辆载着父母亲、奶奶和邓林的简陋的吉普车,车窗紧紧地关着,厚厚的窗帘也严严实实地拉着。车子驶出中南海后,颠颠簸簸地在北京转呀转的。在车内,他们什么也看不见,只是凭感觉知道车子有意转来转去地绕了很多的弯。一路上大家无语。走了很长时间,车子终于停了下来。下车一看,是一个不大的军用机场。

到了机场,赶紧忙着往飞机上搬行李。飞机机组只让上了一部分行李,说是因为载重的问题。剩下的行李,主要是那几个大书箱子,不让上飞机,只好留下以后再说。

看着身边忙碌着的人们,邓林不禁怅然。朴方瘫痪在三〇一医院,邓楠被学校疏散到北京郊区,毛毛和飞飞分别在陕北和山西插队,来送父母奶奶远行的,只有她一个人。到了分别的时候,邓林望着父亲、母亲和奶奶三人从一个临时架上的简陋的舷梯上了飞机。奶奶是小脚,年纪又大,上起来特别费力。到了飞机舱口,父亲回首望了一下,似乎是想再看一眼北京。自从1966年被批判起至今三年,他寸步没有离开过中南海，这次赴机场的路上，又被拉得严严的窗帘挡住视线，什么也看不见。此时，他想看一看北京，看一看这个住了近二十年的古城。但在视线之内，除了一个空旷的机场，什么也看不见，他回头即进了舱门。

上午九时零三分，在引擎发出的越来越大的轰鸣声中，飞机开始滑行，加速，并晃动着翅膀飞向天空，飞向那低垂而厚重的云层，渐远渐小，渐小渐远，终为云层所淹没。

这是一架老式的伊尔–14型军用飞机，机号为3287，机长李骏。起飞地点是北京沙河机场，飞行目的地是江西南昌。飞机上的乘客共有五人，除父母亲和奶奶三人外，还有负责押送的"邓小平专案组"组长和一个工作人员。飞机前部靠舱门的地方放了一张铺着褥子的折叠钢丝床，这是怕年迈的奶奶不惯乘机临时放的。妈妈与奶奶就坐在上面。床边临窗处放了一个折叠桌，父亲就坐在桌旁。"邓专案组"两人坐在机舱后部。

在没有隔音设备的机舱中，只有引擎的轰响，始终没有人说话。机组人员拎着暖水瓶，也只是用手拍拍铁皮，用动作问大家是否喝水。回答也只是摇头或摆手而已。

沉默，无语。不沉默又能说什么呢？这次离开北京，究竟是祸多还是福多？虽然是战备转移安置，但是否带有结论性处理的性质？此一南去，什么时候能够再回北京、还能不能够再回北京？在江西的生活，与中南海的囚禁生活不会一样，但又会是什么样子？两年多的囚禁，连中南海外的北京都不知道是什么样子了，千里之外的江西又会是怎样的景象？可以和孩子们往来了，但是天各一方，他们生活得怎么样，能来江西吗？

在飞往江西南昌的飞机上，即使脑海中想到这些问题，也不可能得到答案。"文革"的前景，国家的前途，政局的发展，都没法预料，更不要说个人的命运了。在"文革"运动的政治风云中，决定政治前景的，决定个人命运的，往往是许许多多出人预料的变数。而这些突发的、有时甚至带有闹剧色彩的变数，给个人，给社会，给国家所带来的，是意外，是损失，是政治的大悲剧。

飞机飞行了几个小时之后，缓缓降落在江西南昌向塘机场。

一群接机的人早已在机场等候。父亲下机后，前面所提到的江西省革委会办公室主任程惠远上前与他握手，自我介绍并微笑着说："邓小平同志，毛主席叫你来江西，我们非常欢迎。"

一声久违了的"同志"，一个久违了的微笑，开始了在江西的岁月。

一个三辆车的小车队——是小轿车，不是吉普车——行驶在江西的红土地上。父亲一行三人坐在中间的车上。车窗的窗帘没拉上，坐在车里可以往外看，可以看见外面的世界。这又是一个久违了的感受。

一眼望去，江西那绵延不绝的红色的土地，是那样地熟悉和令人感到亲切。三十多年前，就是在这片土地上，父亲经历了苏维埃的战斗生活，经历了他政治上的第一次坎坷与沉浮，并踏着这片红色的土地，迈向了长征的道路。一晃三十年过去了，真可谓风物依旧"人非昨"。

不久，车到南昌，到了省委第一招待所（当时又被称为滨江招待所）。江西省革委会副主任、江西省军区司令员杨栋梁来见刚刚抵达的邓小平，谈话无非是让他们在江西好好劳动接受改造等等，算是"欢迎"，也算是例行公事。

当邓小平一家三人在招待所安顿之时，随同来赣的"邓专案组"两人，便忙了起来。

根据临行前中办副主任王良恩的交待，"专案组"人员急于为邓一家找一个符合要求的住处和劳动的地方，片刻不敢耽搁。到南昌的当日，他们便和江西的人一起看了几处地方，但均不满意。第二天，他们接连再看，还是没有满意的。第三天，省里的人带他们来到原福州军区南昌陆军步兵学校，看了原步校校长住的小楼，还有一个离步校二三华里的新建县拖拉机修造厂。"专案组"人员认为此处甚好。当晚，他们电话报告北京"二办"。"二办"表示同意并报中办。最后，获得中办认可。

也算是经过一番努力，完成任务后，"专案组"人员来到招待所，与邓小平进行了十多分钟的谈话。他们向邓通告了关于住处和劳动地点的安排情况，并问邓有什么要求，以便回京向中央反映。邓说："我同意中央对我的安排。我到江西来了，但我还会出来工作的，我还能为党工作十年。"这样一个回答，令"专案组"人员十分意外。这样明确的表态，实在不像一个"犯了错误"的被审查对象应作的答问。邓随即又对"专案组"人员说："有一件事，就是我大女儿今年二十八了，为她个人的事我有点担心。"听了邓的回答，"邓专案组"组长说："关于前一个问题，要看你自己了。会不会出来工作，那将由中央作出决定。至于后一个问题嘛，孩子是国家的，你要相信她自己会处理好自己的事，国家也会关心她的。"

这次谈话，是"邓小平专案组"与他们审查的对象第一次面对面的"正式"谈话。"专案组"设立一年多了，他们连与邓小平见面的机会都没有，更别提当面提审取证了。直到这次送邓小平来江西，他们才第一次见到了这个被"审查"的对象，而在完成任务临走之时，才得以与邓进行了"谈话"。这十分钟的谈话，是"邓专案组"与邓的第一次谈话，也是最后一次谈话。这真是一个只有在"文革"这样一个不可以常理论之的时期才会产生的奇谈怪事。

其实，说怪也怪，说不怪也不怪。邓小平的情形，在"文革"中，是绝无仅有的。一方面，毛泽东要批判邓小平，在林彪、江青等人的鼓噪下打倒了邓小平；另一方面，毛泽东又保留了邓小平的党籍，而且自始至终让中办，也就是让汪东兴直接管邓小平的事情，从未让林彪、江青等人插手。可以说，在批判打倒的同时，毛泽东在一定程度上保护了邓小平，包括他的人身安全。现在想起来，如若毛泽东不想保邓小平，如若让林彪、江青等人得到处置邓小平的权力，那邓小平的命运，将会截然不同。

在"文革"中,毛泽东保护,或者说保留了的,不仅仅是邓小平一个人,而是一批老干部,其中的原因是多方面的。

首先,要从毛泽东选择接班人说起。毛泽东选定林彪为接班人,是经过深思熟虑的。战争年代,从井冈山起,林彪就是毛泽东的得意部将。林彪能打仗,有战功,特别是在许多次党内或军内出现矛盾时,能够站在毛泽东的一边,甚至不惜以其少年好胜之势与人争执。解放后,1959年的庐山会议上,林彪极力附和批判彭德怀;60年代,林彪大力号召学习毛泽东思想;1962年的"七千人大会",在中央一线工作的刘少奇、周恩来、邓小平与广大干部致力纠"左",林彪却与众不同地对毛泽东吹捧阿谀。毛泽东是一个伟人,但同时又是一个性情中人,他记怨又记恩,看人和处理问题不免带有感情色彩。毛泽东认为,历史上,林彪是他的人;现实中,林彪不像刘、邓思想那样右,并会高举他的思想旗帜和忠于他的革命路线。在毛泽东觉得"大权旁落"和把阶级斗争扩大到党内之后,毅然决定选林彪为新的接班人,并借助林彪所控制的军队势力发动了"文化大革命"。不过,在毛泽东选择林彪为接班人的同时,他对于林彪也并不是百分之百的满意和放心。特别是在林彪的野心不断膨胀而又有所显露之时,毛泽东更是多了一份警惕之心。

其次,对于江青等"文革"势力,毛泽东的态度则更为微妙。综观"文革"始末,毛泽东为了用"革命"的手段达到"革命"的目的,起用江青、陈伯达、康生、张春桥、姚文元等人作为策划者、发动者和"运动"的基本力量。毛泽东认为,这些人是真正的"左"派,是他的路线和思想的真正卫士。但是,对于这些人在运动中所表现出来的愈来愈明显的猖狂和政治劣根性,毛泽东已有察觉,在使用上也开始有分寸和节制。毛泽东始终没有让他们管理国务院,始终没有让他们管理外交,始终没有让他们接管军队。对于这些人,毛泽东只把他们当作"运动"的急先锋,当作贯彻他的理论、路线的一种保障,而绝没有把他们作为安邦之才和治国之用。在这个问题上，毛泽东保持了应有的清醒。

毛泽东对于他所使用的"文革"两大势力，既倚重，又警惕；既使用，又观察。人无远虑，必有近忧。毛泽东毕竟是一个政治家，在他热情澎湃地致力于运动的时候，他尚能冷静地心存一念，保留了包括邓小平在内的一批老干部。林彪、江青等人是"革命"的力量，但绝不是治国之才，对于这一点，毛泽东心里是清楚的。"革命"是要搞的，但"革命"之外，还有经济建设，还要进入共产主义，还有可能再打大仗，以后的路还长着呢，"革命"事业和建设事业的任务也都还重着呢。这诸多重任，仅靠林彪这个接班人是完不成的，加上江青等人也不可能完成。在毛泽东的心中，有一点是明确的，就是包括周恩来在内的这些老同志，不能全都打倒，还要保留一批人，还用得着这批人。本着此意，在这次战备疏散安置时，毛泽东明确指示，要安排好这批老人。毛泽东特意让周恩来主持疏散安排，他知道，只有周恩来，才能够真心诚意地安排好这一批人。毛泽东对陈云、王震等老同志的安排专门有所交待，说还要他们，说还离不了他们，说还用得着他们，说还要找他们，这些，都是他心中的真实思虑。

这真是一种复杂的政治心态。在为完成不断革命的理想所选择的特殊途径之上，在所用两大派系之间的有分有合与明争暗斗之中，在革命激情高涨之时，毛泽东仍保持了一份冷静与多虑。在"文革""大乱达到大治"乱得太不成样子的时候，他对于运动的狂热和野蛮进行了一些限制，在一定程度上停止了对大批干部的进一步打倒和迫害，并逐步恢复了一些干部的工作。毛泽东的这些尚属清醒的做法，有意无意之间，为未来的中国，在生死存亡的关键时刻，保留了可贵的基础和生命力。

毛泽东对这一批老干部的保留，可算是他晚年政治作为中少有的英明。

第17章
初到江西

江西省新建县望城岗原福州军区南昌陆军步兵学校校长住的小楼。从1969年10月起,父亲在这里度过了三年多的谪居生活。

1969年10月26日下午四时,父亲、母亲和祖母三人,离开滨江招待所,由江西省革委会安排,前往他们在江西的住地。

前面一辆小车,坐着父亲三人等,后面一辆卡车,拉着他们的行李。车子一路飞驰,穿过南昌市区,跨过八一大桥。从车窗望出去,阳光下,赣江之水浩浩汤汤,闪着如练的银光,一路向东,奔流而去。江水湍湍,日夜不息,对于横跨在江面的大桥,对于那两岸的田园丘壑,它是永远的来者,也是永远的去者。江水永远不会停留,也永远不会有所眷恋。看着这江,这河,这生命之水,滔滔而来又滔滔而去,你会感到它在你的心头流淌,让人永远不会忘怀。

过了赣江,西行约十公里,到了南昌市郊新建县望城岗。车子拐上一条沙石马路,路的尽头一个大门,无人而敞开。这就是原福州军区南昌步兵学校。进了校门,一条笔直的沙石大道,路边两排高大的梧桐,树树相连,叶叶相依,茂盛而浓密。绕过为树木所掩映的原步

第17章 初到江西

我们在江西的家——步校小楼的正面。楼上阳台里面是父母亲的卧室,右边一扇窗内是起居室。

步校小楼内楼上的起居室,每天晚饭后,三位老人在此听广播、看报纸、做家务。

校办公大楼,一条红壤夹杂着石子的小路漫坡而上,小丘之上,碧绿高大的冬青环绕而成一排院墙。从外面可以看到里面一座红砖小楼和它灰色的屋顶。

到了,到"家"了。这个陌生的、但让人一眼望去就顿感亲切的"家"。

两扇灰色的木板院门打开,车子进去。这是一个环形的院落,中间一栋两层小楼,楼前四株月桂。进门楼下一个空空的中厅,右边一个门,进去有一间饭厅,一间厨房。上了吱吱作响的木楼梯,楼上一个起居室,两间卧房,一个厕所。向南一个长长的大阳台,站在上面,一眼望去,满目苍绿。从阳台可以通楼上的另一侧,应是同样的布局,但不由他们使用,也就不得去看。

对于这样一个条件不错,地点幽静的住处,第一个感觉,是满意的。

父母亲三人在来人的帮助下,忙着从车上搬下行李,再将东西一件件地搬上楼去。父母亲和奶奶,三人年龄加起来超过一百八十岁,但到新"家"的"兴奋"让他们不顾年龄与身体,挽着袖子,走上走下,努力快干。不知不觉之间,已是夜幕降临,楼里亮起了灯光。在几乎空旷无人的步校校园内,在一片黑暗静寂之中,从这个小楼上发出的灯光,尽管不亮,但却充满了生气,给寂寥沉静的大院带来了一点久违的热闹。

送他们来这里的"邓专案组"人员和江西的其他人,任务算是完成,早就交差了事走了。有两个人留了下来,一个是由江西省革委会派来的叫黄文华的省军区干事,和一个姓贺的小战士。干事是派来负责监管邓小平及其一家从日常生活到去工厂劳动等诸项事宜的。他的工作,总起来说,就是对邓及其一家,既负有监视的任务,又负有保卫的责任;既要向上报告邓一家的有关情况,又要负责传递邓与上面联系的信件和要求。在他住的房间里安有一部电话,可以随时和省革委会保卫组联系。战士小贺,负责买菜等需要外出的杂事,并"兼职"给他的领导——就是那个干事洗衣服打扫卫生。他们二人住在楼里另一侧的楼下,在今后的江西岁月中,成为在这个小楼中居住的另外两名成员。

行李大致搬好,床铺铺好,算是初步告一段落。这时已到了晚上十点钟,大家都已累得筋疲力尽,却还没顾上吃饭。黄文华和小贺到驻在步校的一个炮团食堂买回十几个馒头,又煮了一大碗蛋汤,大家各自吃了。

简简单单地吃了一点东西,算是到新家之后的第一餐饭。之后,已经十分疲倦的父母亲和奶奶关了楼下的灯,上楼歇息。

夜阑人静,万籁无声。在江西步校的这栋小楼中,三位老人睡在略感潮湿的被褥里,度过了他们羁旅生活的第一夜。

当邓小平一家人在江西的住处忙于收拾整理,开始新生活的时候,"邓专案组"人员完成解送任务回京,向上报告如下:"22日送邓小平、卓琳、夏伯根去江西,今日(28日)归来。邓押于南昌西北十三公里处,原步兵学校,现是五七干校,××军××师炮团和原步兵学校留守处住。由省革委会管,派炮团一个

步校小楼中父母亲的卧室,简朴而洁净。每晚睡觉前,父母要在这里看一两个小时的书。

刚到江西来时的父母亲和奶奶。刚刚解除完全监禁的父亲显得苍老而瘦削。

班十二人监管,单住一小楼上,下住一个干事和一战士管他。平日劳动,仍用邓小平名。"

父母亲到步校后不久,江西省革委会主任、省军区政委程世清来看了他们。对于邓小平,程世清倒没有当面严声厉色地训斥,而是大谈"文革"后江西"飞跃的变化"及他在江西的"政绩"。程世清是林彪线上的红人,对于"全国第二号最大的走资派",这样的态度也就算是过得去了。谁想这个当时红极一时的人物,一年之后,却因上了林彪的"贼船"而结束了政治生命。真可谓来也匆匆,去也匆匆。"文革"中,不知有多少这样昙花一现的人物。

程世清走时,随他一起来的江西省革委会副主任兼保卫部长陈昌奉看见门口有站岗的,便指示:"门口不要站岗了,改坐岗。"以后,院外的一个班,只在暗处负责监管,明眼看不见了。陈昌奉在长征路上是毛泽东的警卫员,也是个老红军,一些来江西的老同志的安全工作,主要由他负责。

10月的江西,是秋天,又不似秋天。天还不冷,树还鲜绿,梧桐的阔叶仍然蔽日遮天。父母亲三人住进步校中的小楼后,很快适应了这种新的生活。虽然刚到江西时在机场,父亲偶然地被人称了一回"同志",但他毕竟还是"党内第二号最大的走资派",来江西仍属半软禁和监管性质。除了以后可到工厂劳动之外,不能随意外出,连所住的小院子也不能随便出去。当时,除了院内两名军人外,他们只觉得院外还驻有部队,但并不知其人数。父亲曾向中央保证不与外人来往,其实在这样严密的层层监管之下,即使想要来往也不可能,就连我们这些子女想来探望他们,也必先征得江西省革委会的同意。

虽然这种生活仍是没有自由的生活,但父母亲和奶奶三人已十分满足。比起在北京中南海那种完全的监禁,如今这个步校,这个小院,这栋小楼,气氛已经轻松了许多,生活也自然了许多。他们很快地熟悉着这种新的生活。

收拾好行李后,生活开始按部就班。三位老人就各自的情况做了一些生活分工。父亲虽已六十五岁,但却是唯一的"壮丁",重一些的活儿全由他做,如拖地板、劈木柴、砸煤块等等。妈妈年龄最"小",只有五十三岁,但却患有严重的高血压和心脏病,轻活细活就由她做,如扫地、擦桌、洗衣、缝纫。奶奶虽已年近七十,但她惯于操劳,身体尚好,且最善做饭,因此生火、做饭和与厨房有关的各类事务,均由她全权负责。三个老人,相互体贴,相互照料,以克服一切困难的勇气,以在困境中保持的乐观精神,以顽强的生存能力,以相濡以沫和互敬互爱,把禁闭之中的羁旅生活过得充实而又充满了生命力。

到江西后,可以与儿女通信,母亲给每个孩子写了一封信,告诉他们的情况。我清楚地记得,当我在陕北的黄土高原上收到信,看着妈妈那久违了的隽秀的字迹,体味着字里行间流露出的关切和思念,

刚到江西时,步校小院内杂草丛生。这是楼后的一块空地,能干的奶奶后来在这里种菜又养鸡。

我的泪水不住地流,真想插上翅膀立刻飞到他们身边。

生活安顿下来后,思念四散在各方的儿女,成为父母亲最大的心事。到了此时,父母亲的工资还一直照发,按说是不缺钱的,但父母亲惦念着我们这些孩子,所以过得十分节俭。邓林、邓楠算是大学毕业,有工资,可以自立。朴方病瘫在医院,无任何经济来源。小女儿和小儿子均在农村插队,一般生活所用尚可靠劳动所得维持,但却无力添置衣物,更没有回家的路费。在步校小楼那表面上甚是平静的生活中,父母亲的心头,萦绕着许多不可化解的思念与忧虑。他们和奶奶商议,

奶奶是厨房总管,这是她在厨房门口"工作"时的样子。

要尽量节俭地过日子,不添衣,少吃肉,唯一的奢侈,就是父亲的烟。抽烟,是父亲长年的习惯,也是在寂寞之中的唯一嗜好。但此时,为了节省,他连烟都少抽了,有时一支烟,一次不抽完,留下半截下次再抽。他们省吃俭用,节约每一分钱,三人每月花费才六十元,其余的钱,为了儿女都存了起来。

第18章
劳动生活

生活安顿好之后,父母亲开始到新建县拖拉机修造厂参加劳动。

新建县拖拉机修造厂,离步校只约一公里,是一个修理农机配件的小厂,全厂共有八十来人。北京的人和省里的人来到厂里勘察后,省里通知厂革委会主任兼党支部书记罗朋,邓小平夫妇要来这个厂监督劳动。省里交待,要绝对保证邓夫妇的人身安全,不许发生围观揪斗,有事直接向省革委会保卫组报告。至于称呼,既不能叫同志,也不要直呼其名,就叫老邓。邓年纪大了,活儿也不要太重,派些力所能及的即可。

江西新建县拖拉机修造厂,父母亲从1969年11月起到1973年2月,在这里劳动了三年多的时间。

罗朋,抗日战争时期曾是邓领导下的冀鲁豫军区的一名干部,在太行山曾多次听当时的政委邓小平作过报告,所以,说起邓小平,他一点儿也不陌生。解放后,罗朋曾在北京公安部任副局级干部,1959年反右倾时因"犯错误"被下放到江西,"文革"后辗转到了这个小小的县级厂子。邓小平要到他的这个厂里监督劳动,对于他来说,不只是没想到,简直可以说是惊愕不已。虽然邓小平现在是"第二号最大的走资派",但作为老部下,罗朋对邓还是有感情的。

接到指示后，罗朋在厂里迅速召开支部会，在全厂做了布置，并专门安排了一间小屋，准备给邓夫妇休息。

11月9日清晨，父母亲早早起来，吃过早饭后，一起出发去工厂劳动。为了方便劳动，到江西后，他们让黄干事帮助，每人准备了一套卡其布的深蓝色的中山装，妈妈还用松紧带把袖口缩紧，以便做工时用。今天，他们身着新的自备工装，脚踏草绿色军用胶鞋，从大灰木门上的一扇小门中跨出小院，走上了步校红色的沙石路。听着小沙石踩在脚下咯吱咯吱作响，看着周围满眼的苍翠碧绿，他们的心情是高兴的。出了步校后，他们走在公路上，放眼望去，是田野，是收割后的稻田，矮矮的稻茬在湿润的泥土中直直地立着，等待着翻耕。蓝天、白云、绿树、田野，周围的景物，每一样都是那样的鲜明，那样的可亲可爱。自"文革"爆发以来，这是他们第一次出来，第一次"自由自在"地走着出来，走到"世界"上来，走到大路上来，去劳动，去"上班"，去和世人接触。在禁锢了三年之后，这种感觉，无异于解放，无异于新生。

走了约四十分钟，到了工厂。在一间办公室里，罗朋向他们简单地介绍了一下厂里的情况，然后就到车间。车间负责人姓陶名端缙。像当时不少工厂那样，这里按部队的连、排编制，车间主任就称排长。陶排长厚道直爽，人很和气又很心细。邓小平在他的车间里干活，他很欢迎，是真心诚意的欢迎。陶排长是一个工人，一个小小的县办工厂里普通得不能再普通的工人。工人，就是干活，就是要干好活。他和这个工厂里所有的工人一样，干革命、搞运动是一回事，干活、工作、养家又是一回事，而且是更加重要的一回事。在革命风暴席卷全国的年代，这个工厂里，竟然没有红卫兵组织，也是少有的事。虽然也搞运动，也闹革命，但整个工厂风平浪静，波澜不起，俨然一个小小的世外天地。陶排长心里是坦然的，什么"走资派"，来我这里干活，就和我们一样。厂里的工人们想的也和陶排长是一样的，老邓年纪大了，放把椅子，累了可以坐坐。老卓身体不好，能干多少就干多少吧。

父亲每日劳动的新建县拖拉机修造厂车间外景。

父亲在工厂里的钳工工作台和工具。

安排老邓干什么活呢？这可是费了陶排长的一番心思。一开始，他想让邓干点轻活，就分配他用汽油洗一些零件。但是邓年纪大了手抖，拿不住东西，而且弯腰也困难。洗东西不行，陶排长又想安排邓干点看图纸的轻活儿，结果邓眼睛老花了看不清楚。最后，还是邓自己提出，想干一点出力气的活。陶排长问邓，用锉刀干点钳工锉点零件怎么样？邓立刻表示同意。钳工工作台在车间的一角，上面放着钳工工具。邓看见后很高兴，拿起锉刀便开始干活。陶排长一看，邓完全不像一个新手的样子。他哪里知道，早在四十年前，邓在法国勤工俭学时，就在有名的雷诺汽车厂里干过钳工，虽时隔已久，但对这门手艺并不陌生。当听到陶排长意外的赞叹时，邓笑了笑。邓自己也没有想到，早年在法国一边干革命工作，一边学会的这门手艺，几十年后竟然在江西的这个小工厂中派上了用场。真可谓世事难料呀。

至于老卓的工作，很好安排。她身体不好，可以和女工们一起洗线圈。在电工班，一个叫程红杏的年轻女工，热情地招呼老卓坐下，一边比画着一边告诉她如何拆线圈、如何洗线圈。旁边都是年轻的小姑娘，一个个笑笑的，和她们在一起，真是一种享受，一种幸福。

在邓夫妇来厂之前，根据上面的交待，任何人不经许可，不许与他们接触。初来之时，工人们只能向邓夫妇投以好奇的目光。要知道，

工厂工人们为父母亲特意修出的一条通往步校的小道。

这些大部分来自农村的老实巴交的工人，哪见过来头这么大的人物？什么以前的领导人也好，什么现在的大"走资派"大"黑帮"也好，他们都没见过。几天以后，工人们就习惯了。老邓和老卓，同他们一样，每天都来，每天都在一起，干着一样的活儿。没用多久，大家就都熟悉了。那些什么规定，什么好奇，也都跟着消失了。工厂很快就恢复了往日的平静。而对于邓夫妇来说，每日能和工人们在一起，远离政治的旋涡，没有标语，没有批判，没有口号，也不再孤寂。在"文革"普天之下皆混乱的情况下，在揭发批判满天飞的险境中，人与人之间，能够自然和谐地相处在一起，一起干活，一起说笑，实在是一种可遇而不可求的生活享受。

一开始,父母亲从步校到工厂,从大路走,要绕一个大圈子,步行差不多要四十分钟的时间,中间还要经过一个长途汽车站。这个路线既费时间,又不安全。罗朋、陶排长和黄干事商量了一下,想看看还有没有别的路可走。他们爬上工厂后墙向步校方向望去,两处之间如果能够直走,就近得多了。他们立即动手,在后土墙上开了一个小门,在工厂的后面,沿着荒坡和田埂,铺铺垫垫,修出了一条小路。从这条小路,只用二十来分钟,就可以从步校径直地走到工厂。

从此以后,无论刮风下雨,无论天热天寒,除生病有事外,每日清晨,都可以准时地看到,父母亲二人在前,黄干事在后,通过这条田间小道,到工厂上工。在江西的三年时间内,和工人的接触,劳动的本身,成了父母亲不可缺少的、也可以说是极其重要的生活内容。

父母亲每日上午去工厂劳动,中午回家吃饭,午休以后,下午在家干些家务活儿。他们除了去工厂劳动外,不能外出,因此奶奶和妈妈便张罗着,让黄干事和战士小贺帮助买了一些锅碗瓢盆之类的炊具

步校小楼后面的木板柴房,当年里面堆的都是父亲劈好的柴和砸好的煤。

厨具和柴米油盐之类的生活必需品,以便开炉起火。院子后面,原有一个木头板子搭的仓房,正好放买来的煤和木柴。父亲找了一个大木墩子,用斧子把木头劈砍成小木条木块。再找一个硬地,用锤子把大煤块儿砸碎。他和妈妈一起,再把这些生火用的柴和煤用大竹筐装好,堆放在柴房里。冬天来到的时候,他们已准备好足够的燃料,以备烧火做饭和烧洗澡水的锅炉使用。洗衣服也有分工。妈妈洗平时穿的衣服。洗大的床单、被里的时候,父亲就帮着用清水漂洗,两人再一起拧,一起晾晒。忙忙碌碌,不知不觉,下午的时光就过去了。太阳的余晖把浓密的树影斜斜地投向院内,小鸟儿扑打着翅膀在树梢徘徊。简简单单吃过晚饭后,三位老人洗碗擦桌扫地,把剩下的食物放进一个装着纱窗门的碗柜,把火封好,把灯关上。一切安顿完毕,回到楼上,父亲看报纸看书,妈妈和奶奶在灯下缝缝补补,做针线活儿,每晚八时,准时收听中央人民广播电台的新闻广播。十点钟,大家散伙,准备睡觉。父亲躺下来后,还要看一个来钟头的书,然后关灯。长年以来,父母亲的生活一直规律,在这里,他们仍然保持了这个习惯。

这个在"文革"中被解散的步校,本已空无人用,一片萧索冷落。空荡无人的校舍门窗不全,凡遇风雨,便可听到空洞的门窗撞击之声回响不绝。天黑之后,路灯不开,四周一片漆黑。远远望去,唯有小丘之上的那座小楼,亮着淡淡的灯光。而在这最后的一盏灯光熄灭之后,偌大一个校园便陷入幽暗。月亮升起,一片银光轻轻洒落。无人声,无鸟语,无风鸣。天地之间,显现出一层更深的静寂和空灵。

父母亲和奶奶三人忙着安顿新的生活,一般没有什么事情,黄干事不到他们住的这一边来,战士小贺因为帮助买菜什么的,一天总来几次。平时没事,黄干事和小贺就在小楼门厅里的一个乒乓球台上打球。

邓小平来江西是监督劳动锻炼,不能光劳动而无监督呀。11月23日,秉承上面的旨意,黄干事上楼,让父母亲对到江西一个月来的劳动和学习写出心得体会。父亲听后,只说了一句:"有事我会给毛主席党中央写报告的。"说后再不发一言。黄干事讨了个没趣，讪讪而去。

是啊，转眼间，来江西一个月了，一直忙忙碌碌，安排生活和劳动的事，该给中央写封信了。

11月26日，父亲提笔给汪东兴写信。

他写道："我们10月22日离开北京，当日到南昌，住军区招待所四天，26日移到新居，房子很好。移住后，安排了几天家务，买了些做饭的和日用的家具。11月9日，我和卓琳就开始到工厂劳动。每天上午六时半起床，七时三十五分由家动身，二十几分钟就走到工厂，在厂劳动大约三小时半，十一时半由厂回家，吃午饭后睡睡午觉，起来后读毛选（每天力求读一小时以上）和看报纸，夜间听广播，还参加一些家务劳动，时间也过得很快。我们是自己做饭（主要由我的继母做，我和卓琳帮帮厨）。我们过得非常愉快。"

父亲详尽地把他来到江西后的生活一一写上。信中他说过得非常愉快，是真心话。新的生活，劳动的锻炼，与工人们的接触，无不令人耳目一新，总的来讲，心情是愉快的。

他继续写道："我们是在新建县（南昌市属，距南昌二十余里）县办的一个拖拉机修造厂劳动。这个厂原是县的拖拉机修理站，现扩大为修理兼制造的厂，全厂八十余人，除劳动外，还参加了两次整党会议和一次大干年终四十天的动员大会。厂里职工同志对我们很热情，很照顾，我们参加的劳动也不重，只是卓琳心脏病较前增剧，血压增高到低一百高二百，吃力一点，但她尽力每天上班。"

把生活和劳动的事情写完后，父亲在信中表示，决不辜负主席和党的关怀，决不做不利于党和社会主义祖国的事情，努力保持晚节。

最后，他写道："因为要熟悉一下，所以过了一个月零四天才给你写第一封信，以后当隔一段时间向你作一次报告。如有必要，请将上述情形报主席副主席和党中央。"

虽然到了离京千里之遥的江西，父亲仍像在北京时一样，用通信的方式，保持和中央的一线联系。

随同这一封信，父亲另外写了一封附函。函中提出：来江西时，"因飞机超重，只带了一半东西来，还有一些衣物和书籍没有来，书籍差不多全未来，原说由火车托运，至今未到。如可能，请令有关同志查查，最好能运来，如决定留在北京，也请方便时告诉我们。"

汪东兴收到信后，送周恩来、陈伯达和康生看了。关于未到的行李等事，交中办副主任王良恩办。不久以后，所有的行李和书箱全部运到了江西。

收到行李，父亲就知道，他的信，汪东兴收到了。证明这条信息的渠道还是畅通的。

在别人的帮助下，父母亲把那几个沉甸甸的大书箱搬到楼上，撬开钉子，打开木板盖子，掀开盖在上面的报纸，一本本新旧不一的书呈现在眼前。这是多么珍贵的书呀，这是千里迢迢从北京运来的书呀。有了书，生活的内容，顿时增加了不少的色彩。

我们家的藏书，什么都有。中国历史方面的，有《二十四史》、《资治通鉴》等等；中国文学的，有《红楼梦》、《三国演义》、《水浒》、《西游记》、"三言"、"二拍"、《儒林外史》、《镜花缘》、《西厢记》、《牡丹亭》、《桃花扇》和诗经、唐诗、宋词、元曲，及现代作家鲁迅、巴金、老舍的作品等等；外国文学，有托尔斯泰、果戈理、契诃夫、陀思妥耶夫斯基、巴尔扎克、雨果、罗曼·罗兰、大仲马、莫里哀、萧伯纳、泰戈尔、海明威等等的诸多作品；还有许许多多外国历史、回忆录、传记、哲学等方面的书，当然，还有许多马列主义书籍。这又沉又重的几大木箱子书，真是我们的宝贝啊。在孤寂的年代，靠着读书，可以疏解寂寞，可以充实生活，可以增长知识，可以陶冶情操，可以安静心灵。父母亲都喜欢看书，在闲暇的午后，在万籁俱静的夜晚，书，陪伴着他们共度岁月。

第19章
回家啦！

在陕北的黄土高原上，山山相连。那峰顶连成一片的，就是塬。塬，是山顶上的平原。塬又大又平，大得走一两天都走不到边，平得一点起伏都不见。塬是纯黄土的，塬是贫瘠的。塬上没有石头，没有水。要造房，得用黄土夯。要喝水，得打二十多丈深的井。塬上不爱长树不爱长草，只有在有人家有村落的地方才有树，才有绿的颜色。我插队的富县，就在这黄土高原的黄土塬上。

那是1969年的10月，在一望无际的黄土塬上，天高高的，云白白的。秋来了，天凉了，庄稼也收完了。村村落落打粮分粮，家家户户喜气洋洋。村子里，小毛驴拉着碾子在场上转呀转呀，轧着黄澄澄的糜子谷子。收了的荞麦，用草绳扎起来，一点儿也不重，一个娃子一背就是大大的一捆。富县不富，陕北穷呀。平常晚上"喝汤"（吃晚饭），只有不见米粒儿的小米汤，和带糠渣子的又黑又硬的硬糜子馍。收了庄稼可就好了，可以吃到新鲜玉米馍，可以吃到那一点儿也不白的白面馍，还可以用新鲜荞麦面和着榆皮面轧出饸饹，拌上油泼辣子，一盛一大碗，热热呼呼香喷喷。陕北老乡心眼儿好，看着我这个北京女子娃一个人在村子里，心里觉着怪"凄惶"，家家户户的女子婆姨都会叫我去吃饭喝汤。她们架上柴，拉上风箱，把火烧得旺旺的，烧得火苗从灶眼儿里蹿出老高老高。黄米做糕甜甜的，杂面面条又辣又热。

女子婆姨们一边给我盛给我拿，一边连声劝着："多吃点儿，多吃点！"

看着拉着碾子打场的汉子，看着推着磨子转的媳妇子，看着满山满坡跑的娃子，大家高兴，我的心里更高兴。我高兴，不仅仅是因为秋收的喜庆，更是因为我收到了妈妈从江西的来信。

是妈妈的来信呀！我把信揣在兜里，攥在手里，看了一遍又一遍。白天在阳光下看，晚上在小油灯下看，甚至走到户外，走到旷野，在明亮皎洁的月光下看。最让我高兴的，是妈妈信里说，允许他们和子女见面，也就是，允许子女去江西探亲。我兴奋极了，兴奋得觉都睡不着。我想回家，想回家去看几年未见的父母亲，想回家去看带我长大的奶奶。但是，在这里，我是一个被"管制"的"可教子女"，是"第二号走资派"的女儿，没有队里和公社的批准，我不能擅自离开队里。去五里路外的公社都要请假，更何况回家去看我的"走资派"父母。我把母亲的来信拿出来，向大队申请回家。大队说不能决定，要请示公社。到了公社，又说要请示县里。到了县里，则说要请示延安地区。最后地区来了消息，说要回江西，必须要有江西省革委会同意的证明。回家探亲，还要证明！跑了半天，就是这么个结果。我又气又急，赶紧写信给母亲，让他们尽快想办法让江西省革委会发来同意探亲的证明。

母亲接到我的信后，即请黄干事报告江西省革委会，请他们出具证明。省革委会却说他们决定不了，要向北京中办报告请示。母亲心急如焚地等待着，没想到等到的结果，答复竟然是子女可以来，但江西省革委会不出证明。听此答复，母亲再也控制不住，顿时泪如雨下。为了见到孩子，为了让孩子们回到身旁，父母亲就再次申请，再进行联系。最后终于得到了结果，江西省革委会出具了相当于同意的证明。这就是说，孩子们可以回来探亲啦。

在陕北，日日盼，夜夜盼，盼了一个多月，我得到了通知，可以回家了。我一听就乐得合不上嘴，立即用最快的速度收拾好东西，背上背包就要走。那些平日里和我一起劳动、一起生活的老乡，听说我要回家看爹娘,也喜得什么似的。他们才不管什么"走资派"什么"黑帮"呢,那些大婶子大嫂子,连夜在大锅下架上柴,生起火来,用新打下来的粮食磨成的杂面,烙成一张张又薄又大的煎饼,叠成四四方方的一大摞子,再用自己织的粗布布包,包上一大包刚刚用黄米做的米糕,软的硬的干的鲜的,一古脑塞进我的背包里。走的那一天,生产队里平日常和我在一起的女子和婆姨们,一直把我送到村口。她们用头巾捂着眼圈红红的脸,不住地叮咛,要一路小心。

  我背着沉甸甸的背包,在黄土高原的塬上沟里,一口气走了三十里路。到县城后等了一夜,第二天搭上长途汽车,在土里灰里坐了九个小时到了铜川。从铜川坐小火车到西安,等了一夜,再坐火车到河南郑州。从郑州坐火车到湖南株洲,又等一夜,第二天搭上火车到江西向塘,再坐小火车两小时,总算到达江西南昌。从插队的村子里出来到南昌,花了整整的七天七夜。要回家,心里急,脚步急,七天七夜,过得是慢是快,也顾不得想了。

  到了南昌,还没到家呢。家在哪儿呢?好不容易找到江西省革委会,终于来了个人说要带我去。我们先坐市内公共汽车,再换郊区长途汽车,过了八一大桥又走了半天,最后在望城岗车站下车。快到了,我用最快的脚步,走进步校,绕过原步校办公大楼,走上沙石小丘,一栋灰色的小楼豁然在目。小灰木门一开,人还没有迈进,我就大喊起来:"妈!妈妈!爸!爸!"我把背了一路沾满灰尘的背包扔在院子的地上,抬脚就跑,跑进楼门,跑上楼梯,跑进屋里,一眼看见爸、妈。爸、妈两人坐在椅子上,爸腿上盖着一个毯子正在看书,妈正在缝着什么。我扑上去,一手一个,搂住了他们。这时,他们才缓过劲儿来,也不管我的脸是脏还是净,左边一个右边一个两边亲了起来。泪水在我的脸上淌,也在妈妈的脸上淌。我们的脸颊紧紧地贴在一起,泪水也流在了一起。

  妈妈看我胖了,黑了,长得不像原来了,长丑了。奶奶说我怎么

妈妈消灭虱子，用开水把我的毛衣煮得变成这么小，连扣子都扣不上了，还得妈妈来帮忙。

穿着这么个到处露出棉花的破棉袄，赶快烧水让我洗澡。爸爸身穿一件旧旧的灰蓝色的中式棉袄，头上戴着一顶一看就知道是奶奶做的蓝布无檐小帽，看着妈妈和奶奶数落我，看着我又黑又脏又撒娇又赖皮的样子，一言不发，只是笑，笑得那么的开心，那么的舒畅。

这时是1969年的12月上旬。在北方，在陕北黄土高原，初冬已经来临，虽然还未下雪，北风已开始凛冽。但是，在南国，在江西，在南昌，在步校，却依然是阳光和暖，梧桐碧绿。这小楼，这小楼周围的冬青，这小楼前的桂树，这小楼后的柴房，无一不让人感到可爱可亲。

到家了。这里就是我的家。爸爸妈妈在这儿，这儿就是家。妈妈和奶奶领着我，在房前屋后转了一个够。真是什么都让人感到新鲜，小柴房的木板墙缝中透过的亮光,刚刚劈好的木柴散发的清香,奶奶往灶中添柴时发出的哗剥响声,火苗在炉中耀眼闪烁的跳动,啊,还有几只养得肥肥的母鸡,咕咕叫着在厨房后的沙土地上叼啄石子儿。

爸爸使劲往小锅炉中加煤,好让洗澡水快点烧好。奶奶往锅里倒了好多的油哟,铁锅碰着铁勺当当作响,也不知道要做多少菜。妈妈把我带回的所有衣物统统都给洗了,再放到开水中又烫又煮,说是怕我带回虱子。唉,大姐刚刚给我织好、千里迢迢用邮包寄来的一件漂漂亮亮的蓝绿色的毛衣,经开水这么一煮,可就全完了,不但颜色淡得发白,而且缩得又紧又短,真让人心痛。

洗过澡,换上妈妈的衣服,我可真正是焕然一新。又吃到奶奶做的饭啦,真香真香。爸爸、妈妈、奶奶和我,一人一方,围坐在小方桌边,他们连筷子都没怎么动,光看着我一个人吃啦。

我一回家,闹得鸡犬不宁的这点乱哄哄的气氛,到了晚饭后,总算消停了下来。我们一家人回到起居室,我紧紧地挨着妈妈坐着,他们问我答,我问他们答。几年没见的话,真想一下子全都说完;几年没见的问题,也想一下子全都问完。他们问我离开北京后在陕北插队的生活,知道老乡对我很好而由衷地高兴。听说我自学针灸,半夜还去给人扎针,妈妈急得不得了,不断地警告我要注意安全。奶奶听着我吹嘘学会了擀面条而且技术高超,摇着头一点儿也不相信。我告诉他们,我们队里只有我一个北京插队学生,我们那个队在陕北算是富的,年

步校小楼中的餐厅。陈设虽然陈旧,但却令人怀念。

到了江西,奶奶成了厨房"掌柜的",又要节省,又要让大家吃好点,她的眉头怎么能舒展呢?

成好的话,一个工(一个壮劳力劳动一天)可以挣一毛二三。爸爸边听边皱着眉头。妈妈告诉我,邓林和邓楠没请准假,现在回不来。飞飞应该能够回来,已请江西省革委会帮助和山西方面联系了,但他也不写封信来,不知什么时候才能到家。朴方还在北京三〇一医院,不知病情能不能好转。至于他们自己,来江西后一切都好,只是担心孩子们。奶奶则向我投诉,说你爸爸妈妈太节省了,不让买肉也不吃肉,就是要留着给你们防个万一。还好,养了几只下蛋的母鸡,每天能吃个鸡蛋,不然每天要去工厂劳动,家里的活儿也不轻,身体坏了怎么行?爸爸笑着说,怎么不行?来江西以后我比在北京的时候还胖了呢!

我们在明亮柔和的灯下,聊呀聊呀聊个不停。夜越深,声越低,但话却说也说不完。我坐在妈妈身旁,摸着她身上穿的奶奶来江西后新做的厚棉袄,软软的,暖暖的。听着她们说话,好像是音乐,好像是梦境,乍来时的亢奋转换成了一种绵绵的适意。陕北的黄土高原,七天七夜的火车汽车,都似已变成了遥远的记忆,飞向了天边。

晚上,和奶奶挤着躺在一个床上,盖着刚刚晒过的闻起来还有太阳光味道的被子,窗外无风无雨无声无息,一会儿不到,我就梦里去也!

第20章
飞飞回来啦

没有节日的鞭炮,没有过年的喧闹,我们一家人同样高高兴兴地吃了年夜饭,安安静静地送走了1969年,安安静静地迎来了1970年。

进入三九后,南方的冬天真正来临了。

南方的冬天可真冷啊。这种冷,不是北方那种漫天白雪、北风呼啸、滴水成冰的痛痛快快的冷,而是一种阴湿的、透骨寒心的、室内室外一样的、无以缓解的冷。北方的冬天,外面再冷,屋里总能取暖,哪怕是个小小的煤球炉子。而在南方,屋里屋外一样冷,如果太阳出来,屋里就比屋外还要冷。我们从来没有盖过这么厚的被子,从来没有穿过这么厚的棉衣棉裤棉鞋,结果一个个的手脚还都生了冻疮。早上起来,对着窗中射进的阳光,可以看到嘴里呼出的白气。想喝口水吧,杯子里的白开水也结了一层薄薄的冰。白天,最盼出太阳,这样就可以跑到院子里的阳光下,把周身上下晒一个够。晚上大家围坐在一起,生起小炭火盆,感受这微弱的却是唯一的热量。南方的冬天,可真不好过呀。

在北方住久了的人,实在难以适应南方的冬冷。我们没有别的办法,就是多穿再多穿。只有爸爸和我们不同。他对付寒冷的办法,是"以冷制冷",每天坚持用冷水擦澡。其实,他从年轻的时候起,在战争年代,就一直保持着洗冷水澡的习惯。年轻的时候,是提着一桶冷水,一下子从头浇下来。现在快七十岁了,不能再用冷水浇了,就改用毛巾浸上冷水擦。每次他都使劲地擦,把身上擦得红红的。擦完之后,不但周身发热,而且精神爽朗。他说:"我冬天洗冷水澡,就不怕冷,还可以提高身体抵抗力,可以预防感冒不生病。"他还劝我们大家都来试试。爸爸自己洗冷水澡,我们不反对,但是要让我们洗,我们可没有这个胆量。要知道,晚上脱了衣服去钻冰冷的被窝都还需要点勇气呢,更不要说用冷水擦澡了。我们一致称赞爸爸勇气可嘉,但绝没人响应他的倡议。

1月初,飞飞回来了。省革委会的人从南昌把他送到步校,使全家人都意外地惊喜了一番。两年多前,从中南海被赶出来的时候,飞飞只有十六岁,人瘦瘦的,个子也不高。可今天出现在父母面前的,却是一个高高大大道道地地的男子汉。

不过,这个"男子汉",也实在让人不忍目睹。脸上黑黢黢的,沾着汗渍土痕。身上一件旧军棉袄,又破又脏,四处开花,还用一根草绳横腰一扎。脚上一双破棉鞋,沾满了泥灰,鞋帮和鞋底一副要分家的样子。肩上斜背个军用小挎包,松松垮垮空空荡荡,还破了好几个洞。

妈妈看见儿子喜极而泣,但在高兴的同时,冷静而坚决地让他把所有的脏衣服脱在大门外面,直到彻底清理之后,才让飞飞进屋坐下。奶奶让我把收藏起来的苹果拿出来。我问飞飞:"吃几个?"飞飞说:"先来五个吧!"我们一个接一个地递,飞飞一个接一个地吃,最后一数,他一口

冬天的江西真冷啊。全家就靠这一个小小的炭火盆取暖。

气竟然吃了十二个。

我们围着他，七嘴八舌地审问：怎么一点消息都没有？怎么1月份了才回家？原来，飞飞和几个同学盘算，别人都去"大串联"过，他们却没赶上，哪儿也没去过，不如趁农闲之时游历一下几大名山。他和三个同学，从山西忻县插队的地方出来后，就去了五台山、华山、泰山。他们背着一个小挎包，就跑了这么一大圈。妈妈问："你们哪来的钱？"飞飞不以为然地答道："嘿！要什么钱呀！从村里出来的时候，身上就这么点儿钱，我们把钱好好地藏了起来。我把十块钱拿小塑料布包起来，然后烙到玉米面的大饼子里。看，这不在这儿呢！"我们掰开那个石头一样硬的饼子，一张叠了又叠的十元钞票，还真的在里面呢。"我们穷学生没钱，谁也不买票。反正外面乱得很，混车可容易呢。我们从一个站混上火车，看见查票的就躲，实在躲不过了，就说没钱，不信搜吧，搜也搜不出来。有一个同学把钱藏在鞋垫下面，搜的人看身上没有，就让他脱鞋，把他吓了一跳。结果人家拿起鞋来，一看又脏又臭，赶紧扔了，还是没有搜走。没买票，让我们下车就下车，下车后，等到下一班车再混上去。就这么一站站的，逛了一大圈。串联的时候我们太小，没赶上，这次可把祖国的名山大川给游够啦。大家分手各自回家后，我到江西。一到江西的九江，可就惨了。江西到处都是工人纠察队，秩序比别的省好多了，我让纠察队抓起来还关了起来，说像我这样混车票的，要劳动，挣够了车票钱才让走。结果在一个看守所里我干了一个星期的活儿。幸好离家不远了，花了几块钱就到南昌啦。在南昌，我实在太累了，在公园里一个长凳上一躺下就睡着了。要在别的地方，根本没人管，可在这儿，又被工人纠察队给抓起来了。我说我要到省革委会找人，他们看我这个样子根本就不相信，结果问了省革委会是真的，才把我给放了。"

飞飞一边吃苹果，一边眉飞色舞地说，很有些得意之色。我在一旁添油加醋，羡慕不已地说："我一个女孩儿，走这么远的路，可不敢这么干呀。就那么点儿钱,还得老老实实买车票,都花了,真不值!"接着我和飞飞又大讲起来,什么地方武斗啦,什么地方造反派连枪连装甲车都用上啦,什么地方插队学生没吃的饿得去抢老乡的面呀馍呀。这些事儿,对于我们这些在外面"闯荡江湖"的插队学生来说,实在是说怪不怪,司空见惯。

我们说起来兴致勃勃,洋洋得意,没注意到在一旁的妈妈和奶奶听得目瞪口呆。要知道,"文革"以来,他们一直被关着,虽然知道外面"造反"、"闹革命",知道有派性有武斗,但那种全面的社会大混乱,他们既没亲眼见过,也从没听人说过。在他们心里,还是"文革"前的印象和观念,这么多乱七八糟的事儿,这么多无法无天的事儿,离他们能够接受的程度,实在太远太远。爸爸一直没吭气儿。我们说完了,侃完了,终于歇口气儿的时候,他认真而且严肃地说了一句:"你们知道,你们说的都是一些很坏的议论!"

听爸爸一骂,我和飞飞刚才那股子滔滔不绝的劲儿,一下子烟消云散了。我们两个人转脸相对,吐了一下舌头,噎回去了。

要知道,爸爸和妈妈一直处于禁锢之中,到江西来后,与工厂这个唯一的外界的接触中,也不能随意与人交谈。我回来以后,为了让他们高兴,也尽是说些让他们开心放心的事儿。几年中间,凡是那些烦恼、伤心、能令他们不愉快的事情,凡是那些我们经历过和忍受过的批判、唾骂、侮辱,甚至饥饿,一概不忍心向他们诉说。

"文革"已经两年多了,父亲已经被批判,已经被打倒,已经成了"罪孽深重"的"全国第二号最大的走资本主义道路的当权派"。可是,作为一个为共产主义理想奋斗了一辈子的老革命者,他的信念,始终是神圣的;他的心,始终是纯粹的。凭着良知和信念,他绝对不会,也绝对不可能想象得到,被"文革"的狂涛涤荡过的中国,早已为疯狂、罪恶和无法无天的混乱交相肆虐。

我和飞飞不再只顾高兴瞎胡闹了,从头讲起,把"文革"以来最疯狂、最丑恶、最残酷的事实真相和盘托出。

我们告诉他们，除他们知道的人外，中央和全国的绝大部分领导干部差不多都已被打倒被罢官，有的被揪斗，有的被抄家，有的被"群众专政"，有的被关牛棚，有的下放干校，有的甚至被迫害致死。在我们认识的人中，吴晗夫妇、薄一波的夫人胡明阿姨、李井泉[1]的夫人萧里阿姨、刘澜涛的夫人刘素菲阿姨、刘少奇的大儿子允斌哥哥都已被迫害身亡。孩子们中，彭真家的傅亮、叶剑英家的楚梅和向真、贺龙家的鹏飞、罗瑞卿家的猛猛等都给抓起来关过监狱。许多家庭都妻离子散，家破人亡。"文革"中产生的造反派组织已分裂成许多派别，大闹派性，闹到相互争斗，闹到进行大规模武斗，闹到军队也被迫参与，闹到真刀真枪真炮地打。江青还说"文攻武卫"的口号是对的，使得武斗不断升级，最后不得不由毛主席亲自出面制止，还派了军宣队和工宣队进驻学校——跟"文革"初期的工作组没什么区别。全国的公安、检察院、法院都砸烂了，许多工厂停工，好些地方连农村都不种地也闹起了"革命"。要说三年自然灾害困难，现在比那时可能更糟。我们插队的陕北，穷的县，一个壮劳力干一天才挣八九分钱。解放二十年了，还是人无厕所猪无圈。安塞、米脂一带有的地方一家人只有一条棉裤一床棉被。平时吃糠咽菜不算什么，春天一到就没粮了，国家每年都要发两次救济粮和一次救济款。现在是"天下大乱"，谁还管生产什么的呀，不让人饿死已经很不错了。

我们慢慢地讲，父亲他们慢慢地听。"文革"以来所发生的一切，逐渐清晰地呈现在他们眼前。他们了解了，知道了，完全地明白了。父亲什么也没说，只是眉头紧锁。他能说什么呢？才三年的时间，就发生了这样大的变化，这样意想不到的变化。才三年的时间，就把经过全党全国努力艰苦奋斗而得来的经济好转的大好局面完全摧毁。才

---

[1] 李井泉，曾任中共中央政治局委员，中共西南局第一书记。

三年的时间，党的组织、各级政权、各级党政领导统统被冲垮打倒。我们千百万共产党人抛头颅洒热血干革命到底是为了什么？我们党率领人民群众千辛万苦打下江山到底是为了什么？我们全国人民用十多年的时间不辞辛勤地劳动、创造、建设和不断地探索到底又是为了什么？难道用毕生的理想和追求、用鲜血和生命、用辛勤和汗水，换来的就是这样一个疯狂无序和恶人当道的混乱世界吗？父亲是一个政治家，是一个对党、对国家、对人民负有责任感的老共产党员，面对这样一个局面，他不可能听而不闻、视而不见。但是，他什么也没有说，他什么也不能说。在千里之遥的江西，身处羁旅与禁锢，他只能把思考和信念，深深地沉淀在心底。

不管世界怎样地变化，不管运动怎样地发展，我们一家人在江西的生活，照常进行。只是飞飞回来后，家中的欢乐，又增添了许多。

为了让爸爸妈妈高兴，飞飞拿出小儿子的架势，故意耍活宝。一会儿说："哎呀，妈妈，咱们家的地板比我们队里的炕还干净呀！"说着就真的一翻身睡在了地下。一会儿又把那根草绳拿出来，系在腰上，还满口学着山西话，怪腔怪调的。一会儿说："家里的力气活我全包了！"然后便拿起湿溜溜的拖把挥舞一气，把地板拖得水汪汪的。一会儿嚷嚷着要帮着洗衣服，结果把一屋一地连他自己的一身，都弄得湿淋淋的。

看着小儿子瞎闹一气，爸爸、妈妈和奶奶从心坎儿里高兴。上午，爸妈还是照常去上工。下午在家，大家都凑在厨房里，琢磨着晚上弄点好吃的。我那个奶奶呀，做饭最香了，鱼也会烧，肉也会做，就是最普通的土豆呀青菜什么的，也能做得有滋有味。其实，爸爸也挺会做饭的，一些四川家常菜，信手炒来，又像样子又好吃。爸爸十六岁就离开了家乡，也不知道从哪里学来的手艺。妈妈不会做饭，只能帮忙打扇子煽火，不过做饭的理论功底却很扎实。往往是奶奶一边做饭，妈妈一边讲解，有点像现在的现场直播什么的。妈妈请工厂同车间的女工找了一点好的米酒曲子，拿回来后，奶奶把蒸好的糯米发酵做成醪糟，每天早上做醪糟鸡蛋给我们吃。

1月的南方，天气最冷。妈妈这时身体非常不好，血压经常低压一百一十，高压二百二十，加上天冷穿得又多，有时下了楼就上不了楼。晚饭以后，大家收拾停当，妈妈站在楼梯口喊一声："拉我一把，老兄！"爸爸就会一手拉着妈妈，一手拉着楼梯扶手，两人相跟着，一步一步往上爬。飞飞有时便趁机跑过来，把腰上的草绳使劲一系，说："妈，看我劲儿大，背你上楼！"妈妈就会笑得合不上嘴，说："看你那个蛮样子，非把我的骨头背散了不成！"

由于多年的生活习惯，爸爸妈妈睡觉一直要吃安眠药。"文革"以后由于心情不好，安眠药的剂量已吃得不小。到江西来后，妈妈曾请黄干事到医院给他们找安眠药。药是找来了，但可能是怕出问题吧，黄干事给他们每天发一次，开始时还要看着他们吃。来江西一段时间后，活动增加，劳动量增加，父亲一改刚来时的瘦削和憔悴，人胖了一些，精神也好了许多，特别是孩子们回来，心情更是好了很多。从1970年1月1日起，他不吃安眠药了。这么多年的习惯居然能够改掉，对他来说，可真不容易。

第21章
不变中的变数

古语说，福兮祸所伏。也就是说，在你愉快的时候，不愉快的事就会接踵而来。不幸的是，古语所说，往往准确。

刚到江西来时，父母亲每月工资仍按被打倒前一样照发，父亲是行政二级，四百零四元（"文革"前规定，中央一至四级工资都是四百零四元）；母亲十二级，一百二十元。但1970年1月，他们收到的，却一共只有二百零五元。妈妈请黄干事问问怎么回事。经江西请示中办，答复说不是减工资，是改发生活费，其余的钱暂时由中央办公厅代为保管。

在"文革"中，一切都是政治，一切都代表政治，工资发放问题的处理，也是衡量政治问题严重与否的一个重要的标准。在"文革"中被打倒的人，一般来讲可以分几个档次进行处理：停发工资，或改发生活费，或只给没有工作的孩子发点生活费，或连生活费都没有。我认识的人中，许多家的父母被打倒后，都停发了工资，改成只发生活费。而一些人家则工资全扣，什么生活来源都没有，有的人靠变卖家中东西，有的人靠亲戚接济。有一些"黑帮"子女更惨，父亲被关，母亲被逼自杀，孩子们无依无靠，境遇十分悲惨。好几位"文革"前的政治局委员和书记处书记家，都是这样。这些家的孩子有许多是我们从小就认识或一起长大的朋友。原中央书记处成员中，彭真、罗瑞卿、杨尚昆家父母双双被抓，薄一波、李井泉、刘澜涛家父亲被抓，母亲则被迫害身亡。比起这些人家，我们家的处境，相对来说还是好的。在从中南海被赶出来后，虽然没钱的时候也卖过东西，但我们还领过一段时间的生活费。插队后，我和飞飞的生活费停发了。我们靠自己劳动吃饭，大学分配后有工资的姐姐们还可以接济一点，总算没有落到最悲惨的地步。父母到江西后，工资照发，也可以和我们联系了。可以说，这是我们家自"文革"以来过得最宽裕的日子。而偏偏在这个相对稳定的时候，工资停发。

在北京被批斗得最凶的时候都没有减少或扣发的工资，到江西两个月后突然扣发——或者照上面的说法，改变为生活费，按"文革"以来处理政治问题的一贯做法，这一定不只是个钱的问题。这样的事情发生，让人不禁要联想许多。这是不是政治问题变化的新的风向标？是否还会有更进一步的政治动向？这个政治动向又会是什么？

工资改成生活费，在1970年一开年，便给我们全家带来了不安和猜疑。

2月9日，父亲提笔再给汪东兴写信。

信中首先通告情况，父亲写道："上次写信后，到现在又有两个多月了。这期间，我们的生活、劳动和学习情况，同上次报告的没有什么变化，每天仍是上工厂（劳动时间减少了一小时），看书，读报，听广播。除到工厂外，我和卓琳没有出去过。我们除给自己的孩子们通信外，绝没有同过去的熟人有任何来往。"

"文革"中，父亲给中央写信，除了有关的政治问题外，凡提出要求，就是为了孩子。在这封信中，他写道："12月上旬，我的小女儿毛毛回来了。1月初，我的小儿子飞飞也回来了（他们即将回到劳动的地方去）。我们同他们两年多不见，一旦相聚，其乐可知。本来，我们曾希望两个大的孩子（邓林和邓楠）也回来团聚一下，她们没有请准假。好在她们回来的机会是有的。"

他写道:"我的大女儿邓林来信说,他们学校即将分配工作,她已向领导请求改行(即不做美术方面的事,因她本人搞美术是不行的),要求分配到一个工厂中工作。我们对她也是这样希望。加之她已有二十八岁了,本身条件差,至今还没有对象,本人一身是病,所以在农村是很困难的,即在工厂顶班劳动八小时,也似有困难。如能分配一个技术性的工作,如收发、文书、保管之类,对她的身体比较合适。这件事,在北京时曾向你说过,如有可能,恳请予以帮助,至为感激!再,如能将她分配到同我们靠近些(如果我们长期在南昌的话),则更是我和卓琳的最大奢望了。"

在为孩子的事提出请求后,父亲提到了生活费的问题。他写道:"从今年1月份起,中央给我们的生活费是每月二百零五元,1月份,曾请省革委负责同志向你请示,这个数目是否我们今后长期的固定的生活费用,未见复示。前几天又收到2月份的,还是二百零五元,我们当即了解这是新的规定,我们当照此规定,重新安排自己的生活。当然,坦率地说,这个数目对于我们这个九口人之家(我们夫妻,我的继母,五个孩子,还有一个卓琳姐姐的孩子也是我们供给的),是不无困难的,因为除邓林已有工资外(她本人病多,最多只能自给),我的大儿子邓朴方在医院每月需三十五元左右(吃饭二十五元是医院规定的,抽烟及零用约十元),两个大学生每月三十元左右,三人即需约九十至一百元,我们在南昌的三个人,只有一百元开支。此外,我的小女儿毛毛、小儿子飞飞在公社劳动所得,只够吃饭,其他需用也要适当补助。再者,我们还得积点钱作为孩子们回家的路费(路远,每人来往约需一百元左右)和回来时的伙食费(回家来总要改善一点伙食),以及每年总要补充一点衣物日用品。这样算来,当然是紧的。但是,党既作了这样统一的规定,我们没有理由提出额外的请求,自当从我们自己用的一百元中,每月节约二三十元,积起来作为他们每年回家一次的路费。新的生活总会习惯的!"

新的生活总会习惯的！这句话既是对组织上说的，也是对他自己讲的。信写完后，父亲意犹未尽，他提笔再写，提出："小孩回来一次花钱太多，也很不容易，将来希望能先将毛毛调到能够靠近我们一些的地方。"

信的结尾，父亲署上了自己的名字。

读了上述信，即使是在近三十年后的今天，我仍可体会到当时那充满父亲心头的忧思。比起与亲人隔绝的禁锢关押来说，现在能与子女相聚，已是奢望所及了。但是，政治前景的不测，全家生活的担当，仍使他心头重负不释。他不能不有所思，不能不有所想，不能不为了全家，为了子女，去请求帮助。

此信送走，虽没有得到答复，却也没有什么不好的政治变化。

政治上没有不好的变化，是好事，但经济状况改变，家中的生活也必然有所改变。

首先，父母亲在平时就已相当俭朴的生活开销上，进一步节省。肉，儿女在的时候，要吃。儿女不在，尽量不吃。再多养几只鸡，可以有鸡蛋，又可以吃鸡肉。每顿如有剩饭剩菜，留着下顿再吃。还有，就是从父亲多年的生活习惯中节省，茶叶，太贵，以后不喝茶了。酒，就只买江西本地出产的便宜的三花酒，而且只在劳动回来的午饭时喝一小杯。烟，抽了几十年了，一下子戒不了，但可以减量。省革委会可以帮助买平装无过滤嘴中华烟，每月最多只买一条，控制三四天抽一包。上午去工厂一根不抽，午后和晚上抽几根，按时按量，绝不多抽。

光是节流不行，还得开源啊。

寒冬一过，初春刚来，父母亲就在我们住的院子里"开荒"种菜。战争年代，他们在延安开过荒，在太行山开过荒，现在，他们要在自己家里开荒了。只有自力更生，才能丰衣足食。爸爸妈妈开荒种菜，我和飞飞插队学过农活，正好派上用场。飞飞有劲儿，自称"种庄稼的老经验"，"开荒"自然是他的事儿。他把草绳子往腰上使劲一扎，故意把锄头抡得老高,一副从"大寨队"出来的壮劳力的样子。他一边使劲地挖,一边嘴里不停地说:"我们大寨队,就得这样把地挖得深深的!"看着他挥舞锄头,土坷垃四溅的样子,奶奶在一旁急得直说:"哪用挖得那么深,不就种几样菜嘛!"没多久,地就挖好了,爸爸用锄头把地修成垄分成畦。妈妈搬个小凳,坐在地上一点一点往外捡石头砖头。奶奶再把涮锅涮碗的水,全都倒在地里。全家合力,院子前面一大块地不久就开好整好了。战士小贺帮我们买了些菜籽儿,有辣椒、蚕豆、豇豆、西红柿、茄子、小白菜等等。我们挖好小坑,撒上菜籽儿,一畦一样,盖上土,再浇上水。新开出的菜地,散发出阵阵泥土的清香。在院子后面的小柴房前,我们也开出一小块地,种上了丝瓜和苦瓜。新买来的几只小鸡,跟在大母鸡的身后,叽叽叽叽叫得欢,原来空旷的院子,顿时充实生动起来。想着不久就会从土中冒出的嫩绿的小菜苗,想着不久就会听到长大的小鸡下蛋时咯咯嗒的叫声,我们已经开始憧憬着那收获的喜悦了。

我们家的人,不管境遇怎样不好,总的来讲,都能在恶劣的环境中尽可能地去寻找乐趣。经过"文革"的各种政治上和生活上的磨砺后,我们从父母亲身上和实际生活中学到了很多。我们明白,欢乐与幸福,要自己去寻找,自己去争取。困难和忧伤,要用自己的坚强和努力去克服。乐观主义,在逆境中更要保持。还是《国际歌》中的那句话,"从来就没有什么救世主,也不靠神仙皇帝,要创造人类的幸福,全靠我们自己。"

节俭,劳作,当然都是好事。不过,父母亲,尤其是父亲,有时节省得太过分,有的方式也使人不能接受,因而免不了时常发生分歧和争论。比如,剩饭要吃,我们是赞成的,但如果稀饭馊了爸爸还要喝,我们就坚决反对。不过他却说:"有什么关系?烧开了,细菌就杀死了,我肚子好,吃了没事!"碰到这种事儿,我们就一点办法都没有,只有气得干瞪眼。还比如说,想让菜呀苗呀长得好,我们没有意见,但让我们自攒"农家肥",我们就坚决不从。再和谐的生活也会有磨擦,再平静的水面也会有涟漪。唉,没办法!

江西的春天,不是阴,就是雨,一点儿不像北方那样阳光灿烂。不过,春天一到,在冬季里萧索寂寥的步校校园,一下子便活跃了起来。那无休无止的春雨,点点滴滴,淅淅沥沥,滴到叶上,润到土里。墨绿色的冬青树上,顿时发出一层鲜嫩嫩的小叶子。红土地里萎黄的枯草上,也迅速地冒出茸茸新绿。那坡上,那丘上,平时没人注意的山桃树,刚才发出骨朵,不知何时,一下子便绽开了花瓣。那粉粉的、红红的、艳艳的山桃花,一团团,一片片,烂漫无际,如云如霞,在绵绵细雨中开放得那样的兴高采烈,那样的无拘无束。噢,还有栀子花,雪白的花尖儿已从深绿色的花萼中探出头来,马上就要尽情开放。细细的雨水珠,长时间地沾在发出清香的白如润玉的花瓣上面,不肯滴下,显露出了无限的依恋。

南国的春天,就这样地来了。

春天来了,一家人团聚已经三个月了。其中之喜,其中之乐,可想而知。在此期间,江西省革委会曾经示意,孩子们是否呆得时间太长了,我们全然不予理会。

不过,相聚欢乐,终有别时。

3月来了,北方的春天也将来临。春耕春种在即,插队的学生开始陆续返回所在的公社大队。飞飞也要走了。妈妈和奶奶为飞飞收拾行装,破旧的棉衣棉裤也已经全都洗好补好。走的那天,飞飞一身干净,腰上又系上了来时的那条草绳,在农村晒得黑黑的颜色已经褪去,脸上露出健康的红润,浓浓的眉毛在眉心连成了一条,嘴唇上方长出隐隐一片短短的胡子。告别了父母家人,飞飞转身走了,步子又大又踏实。

儿子,已经完全长大成人了,但父母亲,依然离情难却。妈妈自然是控制不住,早已眼泪涟涟。而父亲的伤怀,却是内在的。他还是那样无言,还是坚持去工厂劳动,却在劳动时突感不适,脸色苍白,满额沁出了冷汗。妈妈闻讯,赶忙和工人们一起扶他坐下。妈妈知道父亲一定是犯了低血糖的老毛病,她问旁边的工人,有没有白糖,说喝一点糖水就会好的。女工程红杏赶快回到在厂区的家中冲了一杯糖水拿来。父亲喝了后,略感好转。工厂内没有汽车,陶排长找了一辆拖拉机,自己开着,把父母亲送回步校,并将父亲扶送上楼躺下休息。

我们把窗帘拉上,让父亲静静地休息。我们都知道,父亲这次犯病,完全是因为儿子走的原因。在父亲的心中,家庭、亲人、孩子,是他最珍贵的,也是他现在所唯一拥有的。儿子远行,不知何时再能相见,他虽口中不说,却不能不思,不能不想,不能不忧。

飞飞走后不久,我也要回陕北去了。我真不愿意走呀。一个人走,要走那么远的路,回到只有我一个知识青年的生产队里。干农活,吃黑糜子馍吃杂面吃糠,这些,我都不在乎。我所担忧的,只是他们三个老人。我不愿意让他们就这样孤独地禁锢在这个步校的小院子里。我们一走,留给他们的,就只有离情,只有期盼,只有无尽的挂念。走在陕北高原绵延不绝的黄土塬上,我心所思,我心所想,就是一个念头,时间快快地过,快快地过,到了秋天,收了庄稼,就赶快回家,像空中的飞鸟一样,插上翅膀,飞回家。

第22章
庐山会议风波

　　父亲身在远离北京的羁旅生活之中,于世事本就寡闻,对发生在政治权力中心的纷争更是全然不知。

　　时间飞逝,转眼间到了1970年的夏天,"文化大革命"已经进行了整整四个年头了。按照毛泽东的计划,今年,应该是这场"大革命"运动"收获"的时候了。他想召开人民代表大会,想修改宪法,想用这些方式将"文革"的"成果"固定下来。

　　但政治的发展,出乎预料地扭转了方向。

　　毛泽东怎么也没有想到,在1970年,不但发生了新的政治斗争,而且这场斗争,恰如一把锋利的匕首,给已经被大动乱搞得乌烟瘴气的政坛,一刀子捅开了一个大大的窟窿。

　　事情的起由,是毛泽东提出召开第四届全国人民代表大会,修改宪法改变国家的领导结构,不再设立国家主席一职。分析毛泽东的用意,是他在总结"教训"后,为防止再次发生"大权旁落"所采取的一项措施。而林彪,却提出了要设国家主席,并且由毛泽东担任国家主席的建议。毛泽东一眼便看透了,林彪之所以提出这个建议,实际上是他自己想当国家主席。为此,毛泽东数次重申他不当国家主席。他说:"我不能再做此事,此议不妥。"还引古喻今地说,孙权[1]劝曹操[2]当皇帝，曹操说孙权是要把他放在火炉上烤，"我劝你们不要把我当曹操，你们也不要当孙权"。在毛泽东反反复复讲得如此明确之后，林彪及其党羽却仍旧顽固地坚持要设国家主席。从春天开始，在这个问题上，毛泽东与林彪的分歧日渐明显。

表面上看，只是一个设与不设国家主席的问题，实际上在此问题下掩盖着许多的心思和矛盾。

很多人在当时曾大惑不解，在毛泽东享有至高无上的权力和地位的时候，林彪怎么会不明白毛泽东的意思，怎么敢逆毛泽东的意愿而动？林彪已经是党章上明确规定的接班人，为什么还要费劲去争当国家主席？其实，说穿了也好明白。一、到了此时，林彪认为，党章上已确定他作为毛泽东的接班人，自己的地位问题是保了险的，有力量来争一争了。二、国家主席这一头衔具有无可比拟的诱惑力，这是党的副主席的地位所代替不了的。林彪的党羽也想让林彪出任此职。林妻叶群就曾说过："不设国家主席，林彪怎么办，往哪里摆？"三、林彪的党羽觉得林身体不好，怕他活不过毛泽东。特别是林妻叶群，竭力怂恿林彪在攫取权力的道路上再进一步。四、四届人大是一次重要的权力再分配的机会。林彪与江青两大集团之间，自"文革"以来一直就是有分有合，而越到后来就越是分多合少，并相互龃龉、争权夺利。此次人大如能确立林彪为国家主席，就会为林集团带来与江集团角斗的重要分量。以上几点，对于林彪及其党羽，的确事关重大。真是机不可失，时不再来。正因为如此，在设国家主席一职的问题上，林彪及其党羽才敢于违毛泽东之愿，一意孤行。

1970年8月23日，党的九届二中全会在庐山召开。

庐山，一个风景秀美的旅游胜地，也是一个发生过许多重大政治

---

[1] 孙权，即吴大帝，三国时吴国的建立者。
[2] 曹操，三国时的政治家、军事家。汉献帝时曾为丞相。其子曹丕称帝时，被追尊为魏武帝。

事件的多事之地。在这里,林彪曾大肆恶意附和,整过他人。他并不知道,庐山,对于他来说,同样是一个不祥之地。

一上庐山,矛盾就爆发了。

开始,是林彪抛出一个讲话,暗藏要设国家主席之意。林彪的党羽随之四处鼓噪游说,宣传他们的主张。接着,就是江青等人出面,到毛泽东处告状,"反映"林彪集团的异常动向。最后,是由毛泽东亲自主持召开政治局常委扩大会议。会上,林彪的党羽受到严厉批评,阴谋宣告失败。

林彪集团的干将在庐山。

9月6日,这个风云激变的九届二中全会,终于闭幕。毛泽东最后发表了令与会者振聋发聩的讲话,用他那特有的、尖锐却不失潇洒的言辞,批判了林彪及其党羽的闹剧。

在这次全会上,一些林彪集团的干将受到了批判,纷纷被迫做了检查。最惨的当属"半路出家"的陈伯达。此前不久,他刚刚改换门庭归附林彪,刚想借这次全会有所表示,就落得个受到批判又受到审查的地步。

这次风云跌宕的会议,以所有人都没有料到的结果结束了。毛泽东虽然在会上没有点林彪的名,但他极其敏锐地看清楚了,这是一场新的斗争,而且,这个斗争才刚刚开了一个头。这场斗争的双方,是毛泽东,和他新选定的接班人——林彪。

会后,在发起揭发批判陈伯达的运动的同时,毛泽东开始采取各种办法限制和削弱林彪集团的势力,多次尖锐地点名批评林集团的主要成员,并间接地对林彪本人加以批评。

在这场斗争所涉及的几方中,林彪集团可谓"偷鸡不成蚀把米",损兵折将,伤了元气。其旗下几大干将纷纷被点名,被批判,被迫检讨,或被打倒。经此一战,林彪集团不但势力大减,而且已经感到,未来的斗争可能会更加险恶。

对于毛泽东来说,庐山会议上所揭示的,绝不只是一个简单的政治"错误",而是林彪集团野心的真实大暴露。毛泽东感到愤怒,感到失望,更感到问题的严重。因为林彪是他亲自选定的接班人,是用来保障他的路线继续进行的重要政治砝码,也是衡量他亲自发动的"文革"的成就的极为重要的一个标志。林彪竟敢利令智昏地与他分庭抗礼,应该说,这是毛泽东万万没有想到的。事情向着这样冷酷的方向发展,不能不使已年过七十六岁的毛泽东受到精神上的打击。

在这场斗争中,获益最大的是江青及其同伙。会前,林彪、江青两大集团间为争夺权力,已明争暗斗不断。会上,江青集团告了林彪集团的状,算是"立了功"。会后,在林彪集团的权力被削弱的同时,江青集团的势力趁机得到了扩张。

林彪的地位出了问题,林彪紧张,江青高兴,毛泽东忧心。

这不是说书,也不是演义,这是动乱时期中国政坛的真实。

会开完了,下了庐山,毛泽东说:"庐山这件事,还没有完,还没有解决。"

毛泽东已下决心要解决林彪的问题了。毛泽东一方面对林彪集团及其控制的部门和地方采取"甩石头"、"掺沙子"、"挖墙脚"的措施,以削弱其势力;一方面,毛泽东于1971年8月至9月巡游各地,不断与人谈话,指出斗争的严重性。

林彪集团作恶多端,众人声讨,已成瓮中之鳖,单等就擒。林彪急了,林彪集团中其他的人也急了。林彪的儿子林立果策划谋害毛泽东未成,事情败露,林彪最终走上了不归之路。

第22章　庐山会议风波　　161

林彪暴尸异国荒野。

1971年9月13日，林彪在其妻叶群、其子林立果的怂恿下，仓皇出逃，在山海关机场强行起飞，乘机向北飞行，企图逃往苏联。俗话说，多行不义必自毙。鬼使神差地，飞机未达目的地，就在蒙古境内坠毁。漠漠的荒原沙丘，成了林彪，这个十恶不赦之徒的暴尸之地。要知道，在"文革"中，在林彪上升的路途上，多少人为其所冤，多少人为其所害，多少人被关、被押、被打、被酷刑折磨、被迫害致残、被迫害致死。林彪集团所管辖的中央专案第二办公室，就曾以最残酷最暴虐而恶名昭著。林彪及其走卒所犯下的罪行，罄竹难书。此等千古罪人，落得个死无葬身之地的最终下场，实乃苍天有眼！

第23章
不安定的"平静日子"

1970年到1971年这两年中,政治舞台上跌宕起伏,突发事件目不暇接,真个是热闹非凡。但在江西南昌城外望城岗步校的邓小平和他的家人,却照旧平常而又"安静"地过着他们的被监管生活。

南昌,是中国有名的大火炉,这里的夏天,真热呀!

太阳毒毒地照在天上,温度计上的指示,不时地蹿升到四十摄氏度。太阳地里热,树荫底下也热。外面热,无风时屋子里更热,热得让人无处可躲无处可藏。在南方呆惯了的人可能好多了,但久居北方的人,乍一到此,实在太不习惯了。可是,再不习惯,日子也还得过呀。在家还好,没人看见,就背心裤衩吧,少穿点。但每日去工厂,总还得长裤长衣吧,本来就热,一劳动一做工就更热。父亲做钳工,每锉一下就要出一身汗,几下之后衣衫就为汗水浸透。母亲看他大汗淋漓的样子,劝他锉一会儿坐下来休息一下。父亲说:"不是不坐。一坐下来,我就站不起来了。"毕竟是六十六岁的人了呀。

每次从工厂回家,第一件事,就是用凉水痛痛快快地擦个澡。所谓凉水,也不是真的凉,跟手的温度所差无几。晚上睡觉,草席热,换篾席。篾席还热,就把席子上擦上水,再在地上洒上水,感觉上就会凉快点儿。半夜热醒了,就再擦个澡,再洒点水。最讨厌的是天一热,小山丘又高,自来水就上不了楼。父亲在家中算是壮劳力,从楼下往

1970年初,我从插队的陕北,到河北宣化去看大姐邓林。姐妹相见,亲得不能再亲了。

楼上提水的重活儿自然由他来干。有的时候,自来水连小山丘都上不来了。楼里没水,就得到院子外面去担水,父母亲是不能随便外出的,担水的"重任"只好由战士小贺承担了。

小贺个子不高,却挺能干活。他满头大汗,一根扁担挑着两个铁皮桶,不但把水担进屋,还帮着担上楼,倒在澡盆里存起来。这可真是帮了大忙了。奶奶请他吃碗醪糟,他不吃。请他喝口水,他也不喝。他总是用手把脸上的汗一擦,憨厚地笑着,一边摇头一边拎起空桶就走。小贺是个老老实实厚厚道道的孩子,在两年的时间里,忙里闲里,帮了不少的忙。

生活就是这样,有乐就有苦,有苦也就必有乐。只要你能努力适应生活,生活就会给你以回报。

在院子里,春天种下的各种瓜菜,早已长高长大。由于人勤肥足,苗长得壮,结瓜结果便又早又好。茄子吊在枝上,一个个又胖又大紫得发亮。西红柿半掩在油绿的叶子下,由绿变黄,再由黄变红,红得透明,红得让人心醉。辣椒朝天,叶子尖尖,果实也尖尖。蚕豆绿油

1970年,我和大姐在宣化,我一身典型的"老插"装束,大姐一副在工厂"接受再教育"的打扮。

油的,摘下一颗,剥开软皮,露出豆瓣,一粒一粒水水灵灵肥肥嫩嫩。豌豆荚子鼓囊囊的,捏一下,掰开来,碧绿的圆豆像珠子一样滚落出来。那些豇豆长得最快,一条一条长卷弯曲,没摘几根就盈把满握。小葱、蒜苗,掐了又长,长了又掐,似乎取之不尽,用之不绝。后院几根竹竿搭成架子,架上爬满了藤藤蔓蔓,一个个丝瓜苦瓜在头顶上吊着,一天天长长长大,长大长长。丝瓜的皮绷得亮亮的,绿色纹线曲曲弯弯清楚可见。苦瓜疙疙瘩瘩,长不平整,却越长越白。

在这个院子里,楼房灰灰的,土地红红的,梧桐树绿绿的,房前房后都是菜。菜呀果呀,春天长得旺,夏天也不蔫,全凭的是三位老人经营得好。这下子可好了,家里不但不用买菜,可以节约一大笔开支,还使得院子里一派生机盎然,看了就让人喜上眉梢,心情舒畅。

盛暑的时候,大姐邓林告假成功,回了一次江西的家。

邓林从小身体不好,是父母亲最担心的。这次团聚,父母亲自然要详细地询问她在宣化工作和生活的情况。邓林告诉父母,她和学校的同学们是在一个部队里"接受再教育",虽然毕业领工资了,但却不算正式分配。别的大学的学生都分配了，唯独艺术院校"特殊"。什么美术学院呀，音乐学院呀，都还得进行"再教育"。谁让江青"同志"这么"关心"文艺界呢。邓林和同学们在一个造纸厂干了半年的活儿，以后就是纯粹地"修理地球"了。种水稻，拔豆子，什么活儿都干过。干活儿不怕，再苦再累也能坚持下来。最难过的是由军队管着，政治气氛太浓，精神上时刻处于高压之中。有一次邓林的手表忘在干活的农田里了，她借了个自行车一个人骑了四十多里路去取表。也是太凑巧了，恰恰在这个时间里，发生了一起"反革命"事件，就是发现一张林彪的像被人扎破了一个洞。学生连里首要的怀疑对象就是邓林，结果平白无故地把她"审查"了好一阵子。还有一次是北京的中央美院来"外调"，说有人揭发邓林给人画了一张中南海的地图。画中南海的地图，就是泄露重要机密，可是重大"罪行"呀。为此，邓林也反反复复地给"审"了个半天。不过，没有的事情就是没有，"审"不出个所以然来，最后也都不了了之了。为了这些说来就来的政治"审查"，邓林心情郁闷，精神上也总是承受着压力，不知掉了多少眼泪。她羡慕在农村的弟弟妹妹。在农村，生活虽然苦，但精神是自由的。她羡慕弟妹们，更想念弟妹们，就把一个月四十六元的工资，除生活所用外，全都买些棉鞋、罐头什么的，给弟妹们寄去。她想回家到江西探亲，请了很久的假，连里却一直不准。

现在可好了，回家了，没有那些没完没了的"审查"了，又能自由自在地和父母亲人在一起，想起来就像在做梦一样。学生连给的假期短，在家里呆不了多少时间，邓林想多尽点女儿的孝心，尽量地帮三位老人多出点力，多干点活儿。转眼间走的时候到了，心里头真不愿意呀。一直拖呀拖呀，拖到最后一天，不能不走了，邓林只好拿起背包，与三位老人洒泪而别。

女儿走了，又只剩下了三位老人。好在这个酷热的夏天，就快要过去了。

女儿长大了,比妈妈高出一大截,可见在农村插队实在没怎么饿着。

到了9月,秋风虽还未来,暑气已不再盛。

不经意之间,房前四棵桂花树,一下子开满了金黄色的桂花。花儿开得真多,绿叶之间,枝梢之上,全为一片金色覆盖。桂花美,桂花更香。这香,香得醉人,香得悠远。这香,轻轻飘去,数里之外皆可闻之。奶奶和妈妈在树下铺上塑料布,抖动树枝,桂花朵朵纷纷而落。她们把花收好,再用白糖腌在瓶子里,做成桂花香料,等孩子们回来时,好给他们做最好吃的桂花糖馅儿包子。

前面所提九届二中全会上发生的那些骇人听闻的政治风波,父亲并不知道。1970年9月份,从新闻中听见召开了全会,他便于9月13日给汪东兴写信,对全会的召开做个表态,并请汪东兴报告毛泽东和党中央。汪东兴将此信呈报毛泽东阅。毛泽东看了,还批给林彪、周恩来和康生阅。

来江西快一年了，父亲一直用这种方式保持和中央的联系。虽然他并不能确定毛泽东本人是否能够看到这些信，也不能确定这些信能够起到什么样的作用，但他仍旧坚持不辍。

在写上封信的同日，他还给汪东兴写了另一封信。

第一封信是谈政治的，第二封信，是谈他在江西的情况，以及他的家人的事情。在父亲心中，家庭仅次于政治，十分重要。

他在信中写道："我和卓琳的情形，同过去告诉你的完全一样，每天上午到工厂劳动，下午晚上，读书、学习、看报、听广播，还做些家务劳动。除住宅和去工厂外，未出院门一步。每天上工厂，有干部黄同志跟同。我们的生活日用，由黄同志和一战士帮助，所以没有什么困难。劳动成了我们最大的一种需要，虽在盛暑，我们也坚持到工厂。在自己院内，还种了点菜蔬。我们对外没有别的来往，只同几个小孩通信。在医院的大儿子邓朴方，据说治疗方面有一点进步，过去非用人工挤掏，不能大小便，现在能自己小便、勉强能大便了。这使我们很高兴。他的生活由中央办公厅直接照顾（据说每月三十元，伙食二十五元外有五元零用，很好了）。大女儿邓林仍在河北宣化，他们学校还在搞运动，不知什么时候才能分配。如果分配工作的时候，我们夫妇仍然希望你能给以帮助（上次信提及此事）。其他几个孩子，都在农村劳动，一在山西忻县，一在陕北富县，一在汉中宁强县。"

父亲在信中，叙述了他自己的生活，讲了他的孩子们。父亲的个性，一向只重大事，而现在，却不厌其烦地写家庭生活琐事。他是以此一边向中央通报情况，一边留了一份心思：保持沟通，如果家中一旦有事发生，好找中央帮助解决。

父亲要用写信的方式保持和中央的联系，但又保持了节制和分寸。一般来讲，如果没有什么事情发生，他半年才会考虑写一封信。但在上述信发出仅一个月后，10月17日，他又给汪东兴写了一封信。

1970年10月17日，父亲致信汪东兴，请求将被迫害致残的朴方留在医院继续治疗。

那是因为，他们刚刚接到通知，说组织上认为邓朴方病情有所好转，决定出院，由一护理人员送来南昌同他们一块儿生活。

这个消息，对于三位老人来说，实在太突然了。儿子的病情究竟好转到什么程度，是否还需要继续治疗，送到这里他们有无能力照顾，等等等等，都使他们惶惑不安。在这种情况下，他没有别的办法，只有写信给汪东兴，向中央求助。

父亲写道："从邓林那里得知，邓朴方治疗确有进步，已可以自己小便，虽还很困难，但勉强可以自己大便。但是据我们揣想，他下半身还是完全瘫痪的，一切行动还要人搬动，不会好得这样快。如果邓朴方还是瘫痪的，行动必须有人帮助，来到我们这里，我们又有什么办法呢？我们现在是三个老人，我的继母七十几岁了，我六十七岁了。卓琳虽只五十五岁，病很多，身体还不如我们，高血压较严重（最

第23章 不安定的"平静日子" 169

步校小楼院内桂花树前,母女二人亲亲热热,邓楠笑得花儿似的甜。

三个姐妹探亲回家,翻出一个旧照相机,在家中桂花树前自拍自乐。

妈妈和我们姐妹三个在步校小楼的桂花树前,为了照相,特地把压在箱子底儿的"漂亮"衣服拿出来,美中不足的是有点皱皱巴巴的。

全体"女同志"大合影。邓林是艺术家,拿枝花;邓楠腰肢苗条,姿态美。自我感觉都挺不错的。

近低压又由一百上升到一百一十六,高压一百八十几),心脏病也在发展。我们是没有能力照顾他(朴方)的。更严重的是,我们深切地期望,邓朴方能够治好。现在病情既有好转,如可继续治疗下去,必能渐见大效。所以,我们恳切地希望他能在现在的医院里继续治疗下去。在我们现在的条件,不知如何是好,只能要求你的帮助,要求党的帮助。"

从信中完全可以看出一个父亲焦虑的心情。如果儿子真来江西,不但他们三位老人无力照看,儿子唯一获得治疗的权利也将丧失。不是处于这样万般无奈的境地,父亲是不会张口向人求助的。

信送走后,三位老人别无他法,只有每日焦急地等待回音。总算是苍天不负苦心人,不久,上面通知,送邓朴方来江西的决定暂时作罢。父母亲三人,至此方才大大地松了一口气。

时间过得真快,转眼间秋天又来临了。秋天,是我们心中最美好的季节。秋收完了以后，农闲时节到来，插队的学生们像候鸟一样张开翅膀，纷纷返回家园。我和弟弟飞飞也分别回到了江西的家里。

1971年的新年到来了，那是一家人欢乐团聚的时刻。一家人高高兴兴的，人世间的一切烦恼全都置之脑后。

新年过后不到一个月，又过春节。这时，二姐邓楠也从陕西汉中请假回家。步校的小楼里，从来没有这么多的人，从来没有这么热闹过。人家都说，三个姑娘一台戏。我们家两个姑娘嗓门都大，又说又笑，足顶人家三个。子不教，父之过。女不教，母之错。我们这些女儿们，像这样一高兴就得意放肆、吵吵嚷嚷，实乃母亲从小教训不严和迁就纵容之过。父亲呢，有名的耳背。对于这般吵闹，他是听见了高兴，听不见也高兴。

从1967年被赶出中南海之后，这是第一次这么多人在一起团聚——除邓林和朴方两人外，全家人都沉浸在团圆和年节的喜庆之中。

邓楠在汉中和一个她的同班同学结了婚。她先被分到一个大深山中的生产队里劳动。那个地方出了门就是大山，田地也少。老百姓真穷啊，连每年发的布票都卖了，换点儿钱，用来买盐和其他的生活必需品。不过，越是穷的地方，老百姓对邓楠也就越好。那里的老乡，一年才养得起一头猪，一年也就杀这一头猪。杀一头猪，半头上交国家，半头留给自己，一家人要吃整整一年。要想吃顿肉，可不是个容易的事。但是，山里头的人，就是实诚，不管哪家吃肉，都会叫上邓楠。平时干活，也都特别照顾。老乡在田里收稻子，就让邓楠到场上看秤，干最轻的活儿。他们才不管什么"走资派"、什么"可教子女"。在那里，邓楠体验了最朴实的人间真情。相比起在北京那种"政治挂帅"和"阶级斗争为纲"的日子，这里的生活过得可真是轻松。只是有一次到大山里去砍柴，山高路滑又背着几十斤重的柴，一不小心摔了一跤，差一点点就跌下万丈深渊、一命呜呼。

汉中大深山里乡亲们的心地淳厚让人感动，而老百姓生活的艰难，又着实地让人心里不能平静。新中国建立至今已二十多年了,老百姓还是这样吃不饱穿不暖。共产党人流血牺牲打下江山,到底为的是什么呢?

春节来临了。一家人热热闹闹地聚在桌旁,有说有笑地吃年夜饭。看到儿女们一切都还平安,老人们甚觉安慰。父亲一高兴,多加了一杯酒,在灯光的照射下,脸上红红的。

第24章
朴方的遭遇

正当我们一家人在江西沉浸在节日的喜悦中时，一场不幸，在遥远的北京发生了。

1月27日，是1971年的农历春节。春节，是中国人最为隆重的传统节日。当人们都在忙着准备辞旧迎新之时，罪恶之手又伸向了不幸的人。

有那么一些人，看到朴方安安稳稳在三〇一住院治疗心里就不高兴。他们总想在朴方身上做些文章，最起码也要把他赶出三〇一去。前一段，他们要把朴方从三〇一医院弄出来送江西，因父亲写信给中央而没有得逞。元旦一过，他们就又动手了。

对于这些阴谋企图，朴方当然不知。新年过后，医生刚刚给他照过一个片子，说脊髓半通，正在研究如何治疗。他完全没有想到，一场灾难又要降临。

1月21日，离过年也就还有一个星期了。医院的病人们都在忙着，有的接待提着大包小包前来探望的亲人，有的则收拾东西准备出院过年。这一天，吃过午饭，病人们各自回房，准备休息。朴方住的病房里，突然来了几个北大的人。他们态度严厉，生硬地对朴方说："组织上决定让你换一个地方疗养。"对这一"通知"，朴方感到非常突然。从内心来讲，他当然不愿意离开三〇一医院。但来人说得清清楚楚，这是组织上的决定，而且根本没有征求意见的意思。还有什么好说的呢，朴方面无表情地说："同意。"接着简单地问："什么时候走？"来人的回答则更简单："现在就走。"

现在就走！从人来到现在，也就不过几分钟，却要"现在就走"！朴方不再言语，连到什么地方去都不再问了。问有什么用呢？到了这种地步，他的命运，只能任人摆布。来三〇一医院时，他没带任何东西，离开三〇一医院，也没有任何东西可收拾。没东西可收拾，就马上走。朴方任人抬出病房，任人抬上车子，没有再说一句话。

车子从北京西郊的三〇一医院出来，走了很长的时间，拐进了一个大院子。车子停下后，北大的人把朴方抬下来，再七手八脚地抬进一间屋里，了事之后一刻都不多留，赶紧走了。

这里是北京市社会救济院，坐落在京郊清河镇。那时候的北京，城市老旧，交通也不方便。清河镇，对于当时的城里人来说，可真远啊。

社会救济院里，收容的都是残废军人、军烈属，还有无依无靠无人照顾的老年人、残疾人和残废小孩。朴方住的，是一间很大的屋子。这个屋里，一共住着十一名残疾人。在寒冷的十冬腊月里，屋里生了两个炉子，以供取暖。这个屋里能走能行动的只有两人，一个是一位七十九岁的老头儿，他的耳朵半聋，主要帮助大家生火炉、打饭、送收尿布。另一个是一个弱智的"傻孩子"，也能够帮助不能行动的人做些事情。屋里其他不能动的病人，基本就靠这一老一少两人照顾。

朴方来到这里以后，孑然一身，什么也没有。救济院给他发了一床被子、一床褥子，还发了一套黑布的棉衣棉裤。他没有衬衣，也没有衬裤，就空着心儿穿上了棉衣棉裤。同屋的人看见新来一个病友，都很热情，帮着招呼，帮着介绍情况。

那是在"文革"期间，什么社会福利，什么人道主义，统统被认为是"资产阶级"的"伪善"，统统受到批判。所以福利机构不能叫"福利院"，而要叫"救济院"，或是美其名曰"荣誉军人疗养院"。名为救济院，福利当然是很差的了。当时，整个社会生产低下，普通老百姓的生活都相当艰难，更不要说社会救济院中受"救济"的残疾病人了。在救济院里，病人每人每月要付二十一元的生活费，其中八元是伙食费，其余为医疗等费用。早、晚饭吃粗粮咸菜，中午吃一顿细粮，过节才有肉吃。病人们交自己的粮食定量，也就是每月的粮票，但吃饭不限量。整个院内房屋陈旧，卫生条件就更差了。按朴方的情况，截瘫部位这么高，没有地方借力，连自己翻身都不容易。在三○一医院时，病床上有一个吊环，可以拉着自己活动。可在这里，根本不可能有这些条件，翻身、吃饭、大小便，都十分困难，一不小心，还把大腿给磨破了一块。如果是个没病的人，破一点皮算不了什么，但一个截瘫病人，胸部以下的肢体整个萎缩了，即便是破一块皮，也很不容易长好。从三○一医院被遣送至此，生活艰难如此，朴方的心，已不是凄凉二字可以形容的了。只有一点令他略感安慰，就是这里的病友对他都很好。也难怪，"同是天涯沦落人"嘛。

27日，是中国人传统的节日——春节。春节，过年，本该是团圆喜庆的日子。可对于不幸的人来说，别的人家人团聚、欢度佳节的日子，也正是他们最为伤怀、最为孤寂的时候。

我们的小姑姑邓先群和姑父栗前明，从工作的天津回北京过年。初一，他们提着东西，去三○一医院看望侄儿，到了那里才被告知，朴方已被转走了。姑姑、姑父一听，心里就着急了，赶紧赶到清河社会救济院。在那里，他们见到了朴方。看朴方穿着一身皱皱巴巴的黑棉袄，躺在这样一个拥挤简陋的地方，姑姑和姑父十分心痛。姑姑关切详细地问清了朴方的情况，看着他连一件内衣都没有，就说要给他做一套棉衣。朴方坚决不让，多一件少一件衣服，对于他现在的处境，都是毫无意义的。

姑姑和姑父回家后，立即给在江西的大哥大嫂写信，详细地向他们通报了朴方的情况。姑姑不仅为朴方的处境担心，也为大哥大嫂怎样面对这个问题而担心。她忧心忡忡地在信里写道:"究竟怎么办好呢?如果把他留在那里,能保证有个人给他洗尿布,维持他基本的生活,但他仍很困难。如果跟你们在一起,有些好处,但问题更大了。你们都是上年纪的人了,他才二十几岁,你们活着能照顾他,那以后怎么办呢?就是眼前,你们也没有多大能力来照看他,你们的身体也不好,自己能料理自己的事就算好了。我看最好的办法还是靠组织好。胖子

1971年2月3日,父亲致信汪东兴,请求将朴方接到江西护理。

(朴方的小名)的问题是比较难的。我特别希望能把他治疗得能够自己大小便了,然后到一个小工厂做些工作就更好些。"信的最后,姑姑怕哥嫂得知这些情况后着急,特别写道:"希望你们不要凭一时的感情冲动,一定要慎重,仔细考虑出一个处理的办法来。"

记得那时,正是刚刚过完春节。我们一家人忙碌着送走回来探亲的邓楠,父母亲也开始像往常一样地去工厂上工。正在一切恢复日常的时候,突然接到了姑姑的来信。读此信后,看到灾难从天而降,朴方处于如此悲惨的境地,原本沉浸在欢愉之中的一家人,顿时变得又悲又愁。妈妈怎么忍心让自己的儿子落到这样悲惨的状况?她不会让儿子就这样留在北京。她只有一个愿望,要想尽办法,让儿子快快来到她的身边。姑姑信中替他们三老所想的困难,她一点儿也不考虑。她要把儿子接回来,以她的多病之躯,亲自照顾他。

在这种时候,还是父亲做主。2月3日,也就是收到姑姑信的当天,父亲就毫不犹豫,立即提笔,给汪东兴写信。

父亲在信中写道:"东兴同志:又为我的大儿子邓朴方的事麻烦你。邓朴方现在的情形,我的妹妹邓先群最近去看了他,把情形写信告诉了我们。现将她的来信附上,不赘。我上次给你写信,希望邓朴方能够继续治疗。现在既然无法继续治疗,清河疗养院的条件又是如此,我们做父母的,在情感上不能丢去不理。所以我和卓琳再三考虑,觉得还是把邓朴方接到我们住地,同我们一块生活较好。当然,把他接回来,我们三个老人在护理上是有困难的,因为他上下床都要人帮助搬动的。如果组织上能批准我们,有一个人帮助我们买买东西,做些什务,同时护理一下邓朴方,那我们是非常感激的。如果组织上认为这个要求不合理,那我们夫妇也愿意自己料理邓朴方,因为这是我们不应回避的事情。不管领导上是否批准有一人帮助我们,我们决心请求组织上照上次决定,派人把邓朴方送来南昌,恳请领导批准。如果领导上批准,请早点告诉我们,好做准备,免得临时仓猝。静候你的指示。"

从上述信中,完全可以看到一个做父亲的殷切的爱子之心。父亲和母亲一样的坚定,即使无人帮助,即使自己已年近七十高龄,也要把儿子接回来,也要自己照顾儿子。对于已经下定了决心的父母亲来说,没有他们克服不了的困难。

他们把信交江西省革委会转送汪东兴。

信是送走了,等来的答复却让他们十分失望。江西的人让他以后不要再写信了。不要再写信了,也就是说,以后有事不能再给汪东兴写信了。要知道,这是他们唯一的一条和中央联系的渠道啊。不让再写信,意味着什么?这是中央的意思,还是江西的意思?他们不知道,也没人可问。

儿子在北京受苦,父母亲在江西焦虑。上封信已经送走,又不让再写信了,他们没有别的办法,只能无奈而又不安地等待。

南国的冬天是寒冷的。冬过去了,可春却迟迟不来。

从2月开始，下起了雨。这是真正的南方的春雨，时而大，时而小，白天下，晚上下，一直不停地下，一天不停地下。这恼人的春雨，下得天阴地暗，下得潮气逼人，下得人心烦意乱。吃的东西一不留神就长毛儿了，柴房里的木柴湿溜溜的烧也烧不着，衣服被子潮乎乎的盖着又冷又难受，连鞋子里面都长出了长毛儿。只有一点好处，在没水的时候，我们把木盆木桶放在房檐下，接着从房上流下的雨水，一会儿一盆，一会儿一桶，用起来倒是方便。不过，用水方便总是次要的，天天下雨，下得人浑身都不自在。天气又阴又冷，到了5月，人还穿着棉衣。这雨一下就下了整整三个月。

我们盼呀盼呀，盼着雨停。好不容易，雨终于停了。也真是南方的天气，雨刚一停，一轮火红的大太阳就明明晃晃地当空高照。一下子，天地万物，顿时变干变热。寒气乍走，暑气就来。人们脱下棉衣，就穿短袖，好像从冬天一跨步就直接进入了盛夏。不管怎么说，人们还是喜欢阳光的，喜欢那明亮亮的阳光普照大地。我们把潮湿的衣服被子搭起来晒，把木柴煤块摊开来晒，把浑身不得劲的自己也放到太阳底下晒。被雨水冲得抬不起头的小树小苗儿，这时在阳光下都精精神神地昂起了头。雪白的栀子花一下子绽开花瓣在枝头怒放，一阵阵沁人心脾的幽香随风飘荡。还是太阳好啊！人类永远离不开那光芒四射，耀得你睁不开眼睛的太阳。

在天天盼着雨停的同时，父母亲也在天天惦念着在北京社会救济院中的儿子。都三个月了，朴方的情况依旧那样让人挂心。中央那里也一点儿消息都没有。

在北京的社会救济院里，朴方逐步适应着新的环境，也开始熟悉了那里的生活。在社会救济院里的，都是社会上最不幸的人，最无依无靠的人，最需要有人去关心和帮助的人，也都是社会最底层的人。朴方现在的处境，和这里所有的病友一样，别的病友能过的日子，他也一样能过。他努力而坚强地面对生活中的一切磨难。但是，他没有想到,已经落到这样的地步,学校中的一些人还是不肯放过他。有一天,北大派人来救济院,通知他,学校决定取消他预备党员的资格。取消预备党员资格,就是开除党籍。有病不能看,有家不让回,党籍也给开除了,这么大个天地之间,真的连个容身之地都没有了吗?不行,我要要求治病,我要要求回家,不能就这样一个人困在这里!

一天的清晨,太阳刚刚出来,朴方就让人帮忙,坐上一个破旧的手摇轮椅,从清河救济院出来。他要进城,要去中南海,要去上访。

那是北京的5月,天气已经很热,朴方没有别的衣服,还是穿着那身厚厚的黑色的棉衣棉裤。他用手一圈一圈地摇着轮椅的摇把儿,使劲地摇,他想快一点到北京去。清河到市区的路,怎么这么长呀。一身棉衣又厚又重,一会儿就被汗水浸透了。路上有一个坡,他摇不上去,拐弯回头冲了几次也没冲上去。这个对别人来说并不算高的小坡,却成了他前进的巨大障碍。正在发愁之际,来了一个骑自行车的路人。那人看见一个残疾人困在路上,便好心地过来帮他推上坡去。这个路人帮完忙就走了,他全然不知自己帮的是一个什么人。他也不可能知道,他帮的这个忙,无异于危难之中救人一命。朴方过了小坡,继续用手摇着,坚持不懈地摇着。也不知道走了多长时间,当太阳高照在头顶的时候,朴方终于到了中南海西门。

朴方头上冒着汗,棉衣湿透,他望着中南海高高的红墙,望着那久违了的中南海的大西门。从小到大,曾多少次从这个门来来往往进进出出。这个大门,曾经是那样的熟悉,那样的亲切。而如今,它却变得那样的陌生,那样的高不可攀。朴方摇着破旧的轮椅来到大西门边,说明了自己的身份,提出要求,让他治病。里面的人先是让他离开大门,到对面远远的地方等着。等了很久的时间,好不容易出来了人,却又叫他到中南海对面灵境胡同一个院子去。朴方好不容易把轮椅摇到那里,刚进院门,就来了几个人,二话不说,把他连人带车抬到一个吉普车上,关上车门,又把他送回了清河的社会救济院。

这次上访，费了这么多的时间，费了这么多的力气，结果被人就这样地扔了回来。朴方躺在那里，连内心的痛苦都已经感觉不到。他人虽没死，心却已经死了。对于他来说，一切都已没有意义了。他面无表情，少言寡语，每天躺在床上，不停地机械地用铁丝编着纸篓。编一个纸篓的帮儿，可以挣三分钱，一个底儿，可以挣一分钱。就这样，朴方一个月可以挣三五元钱。用这点儿钱，可以买点儿烟抽，还可以买点儿酒喝。对于朴方的遭遇，救济院里同屋的病友们不但没有歧视，反而对他表示了极大的同情。他们平等地对他，友好地待他。在朴方最困苦的时候，正是这些朴实善良的残疾病友，给予了他人世间最可珍贵的温暖。

第25章
皇天不负有心人

不知是不是朴方去中南海"上访"起的作用，6月的一天，北京终于决定把朴方送到江西。

儿子回来了，五年没见面的儿子回来了。从2月一直等到6月，父母亲终于把儿子盼了回来。可是，这个儿子不是像其他子女一样欢蹦乱跳地回来的，而是让人连同轮椅一起抬着回来的。

儿子回来了，本应有说不完的话，可父子相见，却相顾无言。说什么呢？有什么可说的呢？一道伤心的目光，代表了一切一切。

那时，家中只有三位老人。在来人的帮助下，他们把胖子安排在楼下黄干事那一侧北边的一间屋里。来之前，通过省里面，向省医院借了一张医用铁床。可胖子是高位截瘫，必须睡硬木板床。还是工厂的师傅帮忙，做了一个大木床板。胖子靠自己的力量不能抬起身子活动和翻身，但他又必须每两小时翻一次身，否则会长褥疮。于是三位老人，特别是父亲，就每天帮他翻身。老人们白天帮他翻身，晚上也要起来数次帮他翻身。胖子觉得这样太劳累他们了，便提出要想办法争取自己能翻身。有了困难，还是要找工厂的师傅们帮忙。在朴方的要求和设计下，工厂的师傅们又在床上做了一个木头架子，在架子上拴了两个吊环。这样，胖子就可以用手拉着吊环，借劲儿活动，解决了翻身的难题。

为了照看胖子,三位老人分了工,父亲照例干最重的,比如帮助翻身、擦澡。妈妈干最脏的,倒屎倒尿、换洗弄脏了的垫布。奶奶做饭送饭,还帮着妈妈洗衣洗物。家中来了一个残疾的儿子,三位老人顿时忙碌了起来。不过,尽管如此,父母亲还是尽量争取白天不耽误去工厂劳动。

南方的夏,本来来得就早。1971年的夏,又是一个极热的夏。

所谓苦夏,是说有人不耐酷暑,苦不堪言。对于久居北方的我们这一家人来说就更是如此了。老人们又要到工厂劳动,又要做家务,夏日本就不容易过,现在还要照顾一个瘫痪在床的儿子,其中的艰辛,实是一言难尽。而朴方本人,瘫在床上,日子过得也不容易。天这么热,用手摸去,床上的木板比手还热。躺在那儿不动还会不住地冒汗,而他则还要用两只手,抓着吊环,使足全身的劲儿支起身子或翻个身子,每动一下就足以衣衫湿透。为了怕胖子长褥疮和蹭破皮肤,父母亲每日一次或数次为他擦身洗澡,还搽上粉,以保持干净保持干燥。这个夏天,是父母亲来到江西后,过得最忙最累的一个夏天。

不过,累归累,苦归苦,能够一家人在一起,就是幸福。苦点儿累点儿,总比让儿子在千里之外独自一人受苦要好得多。只要全家人能在一起,虽然身体受点儿累,心里却是安然的。

人的耐受力确是惊人的。到了非常的时候,那些平时连想都不敢想的事,一咬牙也就挺过来了。不过,克服困难的确也不容易。就是在二十多年后的今天,想起江西的那个夏天,仍然会让人觉得心头发紧。

日子也就这么地过来了。渐渐地,一家人习惯了这种生活。夏日的酷热在逐渐减退,虽然减退得缓慢。人们盼望的夏末,步态缓慢地来了。

热气减少了,积压在人们心头的烦闷也舒解得多了。妈妈和奶奶养了一群鸡。平时妈妈只要一出去,那一群大鸡小鸡马上就会跑过来,紧紧跟在她的身后,一边啄着草里的石子儿,一边咕咕直叫。有了这样的一支"部队",妈妈成了一个名副其实的"鸡司令"。天气开始凉快一点儿了,晚饭后,落日的余晖透过树叶斑驳地洒在红色的沙石地上,妈妈和奶奶坐在院子里,手摇着蒲扇,一边扇着,一边闲言缓道。

父亲又开始了晚饭后在院中的散步。围着小楼,他一步一步、一圈一圈地走着,走得很快,却很从容。他就这样地走着,沉默地走着,一边走着,一边思索。他不是在担忧眼前生活的艰难,

奶奶一辈子辛苦劳作,是一个乐观主义者。

更不是在考虑个人的政治机缘。他不断思索的,是几十年的革命画卷,是党和国家所走过的不平坦的道路,是胜利的辉煌,是惨痛的教训。他思索的,是过去,是现在,更是未来。落日金色的余晖,轻轻地洒落在他的身上。他一步一步、一圈一圈地走着,日复一日、年复一年地走着。在他的脚步下,那红色的沙土地上,清晰地呈现出一条白色的小路。

夏日的暑气消散了,步校小楼中的生活也开始变得从容有序。因为哥哥在家,老人们忙不过来,就把我从陕北农村叫回来帮忙。对于我来说,能回家,比什么都好。回家后,首要任务就是帮三老干活儿。在农村,我学会了擀面条,技术还相当高。一根长长的擀杖,一大块面,能擀得又圆又大又薄,好像一大块布似的。擀好后把面一层层叠好,再一刀一刀地切好,下锅一煮,就是道地的陕北手擀面。奶奶是南方人,原来只会做四川饭,现在虽然学会了发面蒸馒头,但却不会擀面条。凭着在陕北学来的手艺,我可算在家人们面前露了一手。不过,

三位老人不甘落后，也学起了擀面条。他们不但学，而且学得还挺快。尤其是爸爸，练到后来，手艺竟然一点儿不比我差了。

我回来后，给哥哥翻身之类的事情也由我来"担当"，还帮着干点儿其他的活儿。不过，我也是粗心大意，帮着干活儿的时候也会捅点"娄子"闯点祸。哥哥因为瘫痪下肢萎缩，腿脚总是冰凉。妈妈细心，天冷的时候每晚拿个热水袋放在他的脚下，帮他暖着。自打我承担这一任务后，可就糟了。一天，我不小心，把灌好开水的热水袋挨着哥哥的脚边儿放了。第二天早上一看，惨了，热水袋把哥哥的脚给烫了一大片。请医生来看了，说是二度烫伤，而且下肢瘫痪的人烫伤了特别不容易长好。放热水袋时，我根本没想到哥哥的脚是没有感觉的，真是悔之莫及。挨了妈妈、奶奶的骂倒没什么，哥哥的脚却用了整整三个月，才算长好。

朴方在家里整日躺在他的木板床上，每日只有看看书，听听广播。他原来是北大技术物理系的高材生，不但学习好，还特会动手，做无线电和各种电机方面的活儿。看着他二十七岁的大好年华，一身的学问和技能，却只有瘫痪在床终日闲居，父亲心有所思。一天，在工厂，父亲问陶排长："厂里有没有电机方面的工作？"陶排长很奇怪，老邓在厂里干活，一般只是来时和大家招呼一下，然后就拿着锉刀全心全意一丝不苟地在钳工台上锉东西，从来不多言语，今天老邓主动提问，一定有什么事情，不过这个小厂里的确没有电机方面的工作。父亲又问："有没有无线电方面的活，或者修理收音机方面的事情可干？"陶排长问："老邓，你打听这些东西要干什么呀？"父亲告诉陶排长，他的儿子朴方在家里闲着，朴方会做一些机电和无线电活儿，能给他找点事干就好了。陶排长听后明白了，和老邓相处这么长时间，大家都已很有感情，他真想能够帮上这个忙，但苦于厂里实在没有这方面的工作。父亲还不甘心，又问陶排长："厂里没有这方面的活就算了。你们家有没有收音机呀，如果坏了可以让他修修。有点事做，总比整天躺在床上闷着好。"老邓这样为儿子操心，令陶排长非常感动，但他只能告诉老邓："不瞒你说，我家只有四五十元收入，小孩有四个，最大的才读小学，还有老人，生活蛮难的，哪里有钱去买收音机呀！"

听此话后，父亲不再言语。不是因为没有帮儿子找到活干，而是这个普通工人的一席话，引起了他的感慨。建设社会主义到现在已经二十多年了，一个工人家庭连一台收音机都买不起。作为一个前领导人，他和他的同志们曾经为祖国建设殚精竭虑，曾经看到过全国上下齐心协力胜利渡过三年自然灾害难关，曾经走遍祖国大地与干部群众共谋强国富民之路，经历了多少的曲折和迂回，好不容易赢得了一个发展经济的较为稳定的局面，竟被这一场"文革"大运动弄成这个样子。父亲现在已被打倒，不再负有任何领导的责任。他谪居于远离政治中心的僻远之地，听不见、看不着也不知道政坛上发生的事情。但是，凭据着这些仅可看见、仅可听到和仅可知道的情况，以一个政治家的敏锐，他已可以分析到，目前的中国，动乱仍未停止，政治情况仍旧相当复杂，经济发展受到阻碍，人民群众的生活仍然艰难困苦。对于父亲这样一个老共产党员来说，不论在职也罢，不在职也罢，他都会时时刻刻地惦念着国家，惦念着人民，惦念着党。如果说，在"文革"开始的时候他曾感到惶惑惊心的话，那么到了现在，这个惊心，已经变成了忧心。而今天，在听到这个普通工人的坦诚话语之后，他所感到的，则是痛心。

南方的暑热还未退尽，北方的政坛上出现了爆炸性的事件。1971年9月13日，林彪携妻、子乘机潜逃，飞机坠落蒙古荒漠而折戟沉沙。

江西步校的小楼是闭塞的。不过，再闭塞的环境也挡不住消息的传入。

朴方懂得技术，平时又总爱摆弄电器和装修收音机，父母亲怕他一个人躺在那里闷，就把家里一个最好的收音机给他，让他听广播解闷儿。朴方一看，这个收音机是有短波的，就调调试试，每天收听短波电台,有的时候,还能收到一些外国电台的播音。老年人和年轻人就是不一样,三位老人使用了两年,都不知道什么长波短波,朴方一下子就全弄明白了。"九一三"后的一天,从短波的一个外国电台中,朴方突然收听到一条消息,说有一架中国的飞机在蒙古坠毁。以后接连几天的消息都在推测,说中国内部可能发生了重大事件。朴方当即把这一消息告诉了父母亲,父亲没有说什么。到了"十一"国庆节,国家照常地进行庆祝活动,却取消了从建国以来每年国庆都有的游行。更令人感到费解的,是在这一段时间的新闻中,特别是在关于国庆节的报道中,没有了林彪,这是极其异常的。哥哥对我说,可能林彪出事啦。父亲还是像往常一样,只听不语。

林彪自爆身亡,应该说是"文革"以来最具震撼力的政治事件。事件爆发五天后,经毛泽东批准,中央发出关于林彪叛国出逃的通知。十天后,扩大传达到地、师一级。10月6日,中央发出关于林彪集团罪行的通知。10月中旬,传达扩大到地方党支部书记一级。10月24日,中央的传达扩大至全国基层群众。

11月6日,工厂里突然通知父母亲去工厂听传达中央文件。父亲的党籍虽保留了下来,但听中央文件的传达,却是破天荒的第一次。父母亲像往日一样换好胶鞋,拿着雨伞到工厂去了。他们走后,我一会儿到哥哥的屋子里,一会儿到奶奶的厨房里,心神不安地打着转转,等着他们听传达回来。要知道,在"文革"中,什么都可能发生,是福是祸,是凶是吉,老天爷都不能预料。

父母到工厂后,看见在约一百多平方米的食堂里,全体职工八十多人十分郑重地一排排坐好,前方两张桌子临时搭成一个简单的主席台。父母亲和工人们招呼后落座。工厂革委会主任罗朋和县工业局长来到会场,在主席台就座。罗朋用眼找到邓夫妇后招呼道:"老邓,你耳朵听不清楚,坐到前面来!"父母亲移至第一排坐下。

传达的中央文件,就是中央所发关于林彪叛国出逃的通知及其反

新建县拖拉机修造厂的职工食堂,父亲没有被开除党籍,在这里与工人们一起听过几次文件的传达。

党集团的罪行材料。

文件整整念了两个多小时,全场人大气不出地听了两个多小时。传达完后,宣布各车间讨论。在修理车间里,父亲听着工人们热烈而异常活跃的讨论,仍是一言未发。陶排长向罗朋建议,让老邓把文件拿回去自己看吧。就这样,父母亲带着文件回到家里。

已是下午一点多钟了,好不容易盼到父母亲回来。我迎上前去想问。妈妈一把拉住我的手,一直把我拉到厨房,在我的手心用手写:"林彪死了!"在"文革"中,为了防止"隔墙有耳",我们经常这样用在手心写字的方法"说话"。当我看清这几个字时,一下子好像全身的热血一齐冲到头上。因怕有人听,当时也不敢多问。我快步走到哥哥屋里,关上门,悄声把消息告诉了他。我看见哥哥浑身绷着劲,兴奋之情溢于言表。回来后,父亲依然没有说话。全家吃完午饭后,上了楼,关上门。妈妈激动地告诉我传达的详情,我激动地听着不禁热泪涌起。父亲没有坐下,一直站在那里,一边抽烟,一边看着我们。他竟然一改一贯的严肃和沉静,显得和我们一样的兴奋和激动。他的话不多,只说了一句："林彪不亡，天理不容！"

两天后，也就是11月8日，父亲提起笔来，给毛泽东写了一封信。

他在信中写道："在传达前，我对林陈反党叛国集团的事一无所知，只是感觉到陈伯达出了问题。对林彪则是非常突然的，所以，在听到林陈集团那些罪该万死的罪恶行动时，感到十分的震惊和愤慨！"他表示坚决拥护中央关于林彪反党集团的决定，写道："林陈反革命集团这样快地被揭发被解决，真是值得庆幸的大事。如果不是由于主席和中央的英明的领导和及早地察觉，并且及时地加以解决，如果他们的阴谋得逞，正如中央通知所说，即使他们最终也得被革命人民所埋葬，但不知会有多少人头落地，我们社会主义祖国会遭到多少曲折和灾难。现在终于解除了这个危险，我和全国人民一道，是多么的高兴呵！"父亲在信中写道，他是"情不自禁"地表露他自己这样的心情的。

是的，他的确是情不自禁的。"文革"以来，他写过检讨，写过自述，写过各种信函。由于政治和时势所使，他不得不进行一些违心的自责，不得不使用"文革"的通用语言，不得不为了家人为了孩子求助于他人。多少年了，想说的话不能说，不想说的话却逼着一定得说。而今天，罪恶滔天的林彪，终于死无葬身之地，令人何其痛快。对于中央的决定，他由衷地拥护，信中所写，均是发自内心。多少年不能说的话，今天终于可以一吐为快。

在高兴兴奋之余，父亲冷静地意识到，他是在给毛泽东写信。自从被打倒以来，自从最后一次与毛泽东谈话以后，他从来没有给毛泽东直接写过信。凡有事情，或政治，或家事，均按毛泽东最后一次见面时的交代，给汪东兴写信，或请汪东兴转报毛泽东和中央。但是，这一次不同。这一次他直接给毛泽东本人写信，一是因为林彪覆亡，的确事关重大；二是他清醒地认识到，这是一个重要的时机。

"文革"中邓小平之所以被打倒，一个重要的原因是为了林彪。但在同时，毛泽东坚持保留了邓的党籍，这其中又不可能不隐喻着政治因素。在这样复杂险恶的政治环境中，邓小平本人，则无论处境怎样恶劣，都没有意气用事，没有情绪消沉，没有放弃哪怕是最后的一线希望。在保持人格、保持一个共产党员应有的原则和气节的前提下，他向毛泽东作检讨，作自我批评，就是为了保存这政治上的最后防线。当然，在逆境中，他不可能做任何无谓的幻想，但是，却从来没有放弃希望和努力。作为一个为革命事业奋斗了一辈子的共产党员，看到政治混乱，看到恶人当权，看到社会动荡，看到人民受难，他怎能不耿耿于怀，怎能够无动于衷！在被批斗中，在羁押中，他没有放弃希望，也没有停止思索。林彪倒台以前，他的目的明确，就是保留政治上的最后防线。现在，林彪自爆了，他的目的就更加明确了。他要利用一切机会，争取复出，为党和人民再做工作。在这历尽坎坷的五年之中，对于中国的社会主义发展道路，他作过很多的思考，心中已经沉淀下足够的准备。如果有这么一天，能够复出，他就要以自己的赤诚之心，要以在几十年革命风浪中所取得的经验和智慧，挽狂澜于既倒，报效他所深爱着的祖国和人民。

此时，以丰富的政治经验，父亲清醒地认识到，林彪虽死，中国的政坛仍然不会平静。老干部要想复出，阻力依然很大，如果不去争取，机会就会瞬间即逝。林彪自爆后，毛泽东必然要重新考虑政治安排和人事问题，这是一个相当重要的时机，是一个不容错过的时机。

在给毛泽东的信中，父亲除了表达对中央决定的拥护之外，他要向毛泽东汇报他自己的情况。他写道："我在主席的关怀下，到江西来整整两年了。这两年，我每天上午到工厂劳动，下午和晚上，看书、看报、听广播和做些家务劳动，除到工厂外，足不出户，与外界是隔绝的。在这时期，我遵照主席指示，努力通过劳动和学习自我改造，绝对遵守我向党作的保证，除自己的亲属外，没同任何人有来往。我们的生活，由于组织上的照顾，没有什么困难。"

此后，他明确地写道："我个人没有什么要求，只希望有一天还能为党做点工作,当然是做一点技术性质的工作。我的身体还好,还可以做几年工作再退休。报上每天看到我们社会主义祖国在国内建设的突飞猛进,和国际威望的空前提高,都使我的心情激动起来,想做点事,使我有机会能在努力工作中补过于万一。"

记得刚来江西时,对"专案组"人员,父亲曾说过:"我还会出来工作。"两年后的今天,他正式而又明确地向毛泽东提出了这一要求。他深信,在这样一个时候,毛泽东是会对这一要求进行考虑的。

父亲这个人,首先是个政治家,因此,政治问题和大的问题,在他心中,永远排在第一的位置。除此之外,他又是一家之长,是丈夫、是父亲。家庭和亲情,也永远在他心中占有重要地位。就在他给毛泽东的、谈有关他政治生命的大事的信中,他还念念不忘他的家人。

父亲在这封信中,向毛泽东提及他的孩子们,并请求毛泽东帮助,以安排好他的孩子们。他写道:"此外,我希望能和子女们靠近一些,特别是两个较小的孩子(毛毛和飞飞)。毛毛(小女儿)分配到陕北农村已三年,现因我那个残废的大儿子在家,我们照顾不过来,暂时把她弄回来看护哥哥。她一心想学医,过去通过自学,也有一点基础。飞飞(小儿子)在山西插队已三年多。他们由于我的关系,成份不好,没有组织上的照顾,是不可能得到较好的分配的。我们的岁数大了,不免为儿女挂心,希望他们能分配到我工作的附近,最好到工厂当工人,能有固定的收入,毛毛能学医那当然更好。这些就是我的一些心事,顺便向主席诉说的了。当然我了解,这种事是完全应该听从组织的考虑和处理的。"

看到此处,一股暖意在我胸中涌流。我觉得我们是幸福的,因为我们有这样一位爱我们的、一位在他自己都十分困难的时刻还会为我们操心的、一位值得我们骄傲的父亲。

在 2 月份的时候,父亲因大儿子来江西的事给汪东兴写信后,上面曾交待他不要再写信了。但这次,他不但又写了信,而且直接给毛泽东写信。为了以后和中央的联系，他在信中提到："过去，主席交代我有事情找汪东兴同志，今年初因我大儿子的事写信给他，工作同志告我不要再写信了，所以十一个月来，我没有再写信。不知以后有事，是否还可以写信给汪东兴同志。"

信的最后，他写道："我衷心地诚挚地祝愿主席万寿无疆，主席的健康长寿就是全党全国人民最大的幸福了！"写完之后，父亲郑重地签上自己的名字。

从事后来看，对于父亲的政治生命，这的确是一封很重要的信。虽然当时父亲并不知道他这封信下落如何，也没有得到任何回复，但毛泽东的的确确地看到了这封信。

毛泽东在看到这封信后，曾问汪东兴："你怎么不管人家啦？"汪东兴其实并不知不让邓小平再写信的事，他向主席答道："没有不管啊。我跟你在外地，不在北京。"毛泽东对汪东兴说："小平同志的信上讲了，他的事还要让汪东兴管！"毛泽东的意思也十分明确，邓小平的事情还是要汪东兴来管。在邓的来信的信封上，毛泽东批示道："印发政治局。他家务事请汪办一下。"

第26章
峰回路转

林彪自爆事件,不啻是"伟大的无产阶级文化大革命"中的一件"当惊世界殊"的大事。

事情的爆发,无论从什么意义上来说,都是一件足以令万众额手称庆的大快人心之事。但是,这个事件,也用极其冷酷的方式,为"文革"这场运动,写下了一个大大的问号。

毛泽东为保障他的革命路线的不断进行,采取了一系列的措施,而树立林彪为接班人,又是其中最为重要的决策之一。选择接班人的失败,不仅关系到看错了人的问题,而且关系到对于"文革"以来整个路线、方针、政策及措施如何评价的问题。林彪自爆后,虽然众口一词都说是毛泽东思想和毛主席革命路线的又一伟大胜利,但毛泽东自己,心里是明白的。毛泽东身边工作人员后来回忆说:"林彪叛逃后,主席就大病一场。所以林彪叛逃对主席的健康是有很大影响的。有一次,我们听见主席又说起'七十三,八十四,阎王不请自己去'的民谚,心里就难受。我们安慰主席,主席反而不高兴,说:'你们这是违背自然规律,有生就有死,人都是要死的,不死是屁话。'"

毛泽东对于他所追寻的革命理想,对于他所制定的革命路线,对于他所发动的"文化大革命",不但自己坚信不疑,也绝对不容他人置疑。但是,林彪事件的爆发,使得他不得不对一些具体措施重新审视,特别是对于一些以前他认为既要革命就必得矫枉过正的"文革"中的过激做法,加以更正。

林彪覆亡后,首先,中央的日常工作,实际上交由周恩来主持。10月3日,毛泽东决定撤销原林彪集团把持的军委办事组,成立军委办公会议,由军委副主席叶剑英主持工作。

在一段时间内,形成了这样一个新的工作格局:中央和国务院(包括外交)方面的工作,由周恩来主持;军队方面的工作,由叶剑英主持,讨论重大问题时"请总理参加";"文革"运动方面,由江青集团全力"担当"。

林彪覆亡前,中国政坛上的主要阵营,分为林彪和江青两大集团,勾结是他们之间的事,角斗也是他们之间的事。林彪覆亡后,政治分野变化,基本格局为:一方是以周恩来、叶剑英为代表的老一辈革命家,一方则是以江青为代表的"文革"势力。

毛泽东是一个马克思主义者,并深深植根于中国的传统文化。他熟读中国古籍史典,通晓中国自有文明以来的全部历史。中国几千年的历史演进,那些活跃在历史舞台上的各类事件和人物,无不在他脑海里投下鲜明的印象。帝王将相之仁政与霸道、文人墨客之浪漫与高傲、义士侠客之叛经逆道,还有那些中国历史和文化中所涵盖的智慧、哲理、思维方式,也无不在他的思想深处留下深深的烙印。纵观毛泽东的一生,可以说,他的信仰,是现代的解放全人类的共产主义理想;他的情怀,是浪漫洒脱诗情画意;他的思路,是天马行空无边无际;他的行为,是我行我素汗漫不羁;他的战略,是沉着挥洒无往不胜;他的政治,则既有执着又有霸气。青年时代的他,是挥斥方遒豪情满怀的革命者;盛年时代的他,是指点江山气势宏大的战略决胜者;而老年时代的他,在追求理想的自信与急切中,越来越浓重地添加上了偏执的阴影。

他先选刘少奇,后选林彪,相继的失败,使他难于再相信任何一个个人,也再不会把权力相对集中地赋予任何一个个人。如果说,以前他也曾注意过在他以下的权力的分散与平衡的话，那么，到了此时，他就更为介意各派政治力量的分野和相互制约。为使国家机器继续运行，他用忠诚厚道的"老臣"；为使"革命"路线得以保证，他用他认为忠于这个路线的新兴势力。毛泽东从来信奉对立的统一，在他的晚年，在驾驭政治问题上，他更把这一信条用于实践。对立统一作为一个哲学法则是对的，但如果用在政治上和人事上作为相互制衡的手段，则就要另当别论了。这是一种险着，如果运用不当，不但会产生一些不必要的矛盾，甚至还会是很危险的。此后的实践，证明了这一点。

不过，不管在人事上怎样安排，总之，毛泽东是对于"文革"以来发生的事情进行了审视，进行了反思，特别是对"文革"初期的一些错误做法，已开始有所认识，在一些场合、在一定程度上进行了自我批评，并采取了一些相应的行动进行纠正和调整。

在纠正一些极左过激做法的同时，毛泽东开始逐步地解放"文革"中被打倒的大批干部，为一些人恢复名誉和恢复工作。

首先，毛泽东为被批判为所谓"二月逆流"的高级干部平反。1971年11月14日，毛泽东在接见参加成都地区座谈会人员时，当着叶剑英的面对大家说："你们再不要讲他'二月逆流'了。'二月逆流'是什么性质，是他们对付林彪、陈伯达、王（力）、关（锋）、戚（本禹）。"后来他又多次作出批示，要求纠正对陈云、罗瑞卿、谭震林等一批老同志的错误处理。对于这些曾和他一起生死与共、共同战斗、共同开创新中国历史纪元的老同志，他真诚地做出了自我批评，多次公开讲到，处理有错，听信了林彪的一面之词，并说："听一面之词，就是不好呢，向同志们做点自我批评。"对于此时已被迫害致死的贺龙元帅，他也表示："我看贺龙同志搞错了，我要负责呢！"

在毛泽东做出自我批评后，在毛泽东的支持下，周恩来立刻抓住时机，从全局上尽其可能地、尽快地推动干部的解放工作。周恩来的努力，使一大批干部解除了被羁押、被看管、被迫害、被强制劳改的

毛泽东来到陈毅追悼会会场。

状况，有的还获得了平反和恢复了工作。"文革"以来那种极其混乱的随意打倒、随意批判的局面终于遏制住了，大批干部的政治生命获得了重生，人身安全得到了保障。"文革"以来那一派肃杀严酷的政治气氛，终于得到缓解。冬天虽然寒冷，但一阵暖流开始流动在人们的心间。人们那紧锁了多年的眉头，开始舒展。

1972年，就在这股涌动着的暖流中开始了。

在林彪覆亡之后，在大批解放干部之时，毛泽东一定想到了邓小平。1967年，在"文革"闹腾得最厉害时，他就曾经说过，林彪要是身体不行了，还是要邓出来。那么，此时，在林彪覆亡的情况下，重新起用邓，已变得更为现实。

1972年1月6日，开国元勋、中华人民共和国元帅陈毅在京病逝。

1月10日，一个时值三九却并不寒冷的冬日，在北京的八宝山革命公墓举行陈毅追悼会。陈毅曾因所谓"二月逆流"被批判，愤懑忧郁之中患了癌症，不治病逝。他的辞世，使人们多年积蓄在心中的抑郁迸发了出来，一片控制不住的悲伤弥漫在追悼会场。人们没有想到，毛泽东突然驱车来到追悼会会场。在长长的大衣里面，毛泽东仅身着一袭睡衣，花白了的须髯垂在颔下。他走到从井冈山时期就与他在一起的老战友、老部下的遗像前，郑重三鞠躬，悲伤之情溢于言表。毛泽东对陈毅的夫人张茜说："陈毅同志是一个好人，是一个好同志。陈毅同志是立了功的。"他指着在座的周恩来、叶剑英等说："要是林彪的阴谋搞成了，是要把我们这些老人都搞掉的。"在这次谈话中，毛泽东提到了邓小平，把邓和在当时任政治局委员的刘伯承并列在一起，说邓小平与刘少奇是有区别的，是人民内部矛盾。

毛泽东当众提到邓小平，这是一个极其重要的信息。在场的周恩来当即暗示陈毅的亲属把毛泽东的评价传出去，为邓小平的复出制造舆论。

1月下旬，周恩来在人民大会堂接见外地一个代表团时，当着江青、姚文元等人，明确提到邓小平的问题。他说，在揭批林彪的过程中，一定不能混淆两类不同性质的矛盾。林彪这伙人就是要把邓小平搞成敌我矛盾，这是不符合主席意思的。

这些关于邓小平的消息，虽然已在一定范围内传开，但在江西极其闭塞的环境里，我们家的人对这些并不知晓。不过，从我们日益宽松的生活上，可以嗅到一些让人感觉得到的积极气氛。

1972年的元旦，家里突然来了几个客人，是原中央政治局委员、西南局第一书记李井泉的三个子女：在望、大蓉和二蓉。他们是从江西老干部刘俊秀[1]那里打听到邓伯伯的住处的。他们的到来，使我们

---

[1] 刘俊秀，时任江西省革命委员会副主任。

全家异常高兴。要知道，他们可是我们这个步校小楼中的第一批外来的客人啊。李井泉叔叔家和我们家的关系相当好，我们这些孩子也是一起长大的，从小就是好朋友。"文革"以后，我们两家只是相互听说一些对方的不幸遭遇，但多年没有见面了。李家三个兄妹告诉我们，他们的爸爸李井泉"文革"初期被打倒后，在四川常受到残酷的批判斗争，仅万人以上的批斗会就有一百多次，后来被送到北京，至今仍关押在卫戍区监狱。他们的妈妈萧里阿姨因不堪虐待，"文革"初期被迫害身亡。家中几个孩子，老二在"文革"初期贴了一张"炮轰……"的大字报，表达了对毛泽东极左做法的不满，被造反派毒打致死；最小的老八也被关在北京一个叫"少管所"的地方。其他几个孩子，现在大都在江西临川老家插队或在工厂工作。听着他们的述说，大家都神色黯然，深感伤怀。

父母亲听到老同志家中的不幸，一定感触良多。他们尽可能地把家里好吃的东西都拿出来招待这些孩子。父亲还亲自到厨房生火炒菜，给他们做米粉肉和醪糟鸡蛋吃。李家的孩子们在我们这里住了五天后，回临川去了。临走前，妈妈一再地对他们说："以后来南昌，到家里来啊。"后来，李家的几个孩子三三两两的，来过我们这个步校的家好几次。特别是他们家的老八华川，年龄最小，被关了几年才放出来，最让人心痛。他来的时候，妈妈拿他当自己的孩子，走时还怕他生活没有着落，硬塞给他一些钱。李家的孩子没有了家，但我们这里，就是他们的家。

虽然周恩来已开始抓紧解放干部的工作，虽然我们家的政治处境已经随之而有所改善，但在全国，不知有多少干部，还在忍受着迫害和不公正的待遇。

第27章
江南春来早

1972年，家里发生了许多变化，我个人的生活也发生了意想不到的变化。

还是在前一年，也就是1971年下半年，我还在陕北的黄土塬上的时候，著名老将军吕正操[1]的女儿吕彤岩从中国医科大学毕业，正好分配在离我们村子五里地的公社卫生院当医生。她的小名叫胖胖，我从小就叫她胖胖姐姐。在陕北这个遥远的穷乡僻壤，竟然会遇到北京的熟人，真是令人高兴。我常常抽空走到公社，找她去玩儿。有一天，我们聊着天，聊着我们在北京熟悉的生活和熟悉的人，胖胖突然说："哎，我认识一个人，叫贺平，一定跟你合得来。我要介绍你们认识！"她也是个说干就干的干脆人，在回北京的时候，还真的去找人，并且生拉硬扯地让我们通上了信。

贺平的父亲贺彪早年是洪湖赤卫队的队员，红二方面军的卫生部长，解放后任中央卫生部副部长。"文革"中被打成"走资派"，又挨批判又挨斗争，此时已下放到江西卫生部"五七"干校住"牛棚"进行劳动改造。贺平本人是哈尔滨军事工程学院的学生，"文革"中莫名其妙地被诬为"中国共产党非常委员会"的成员，被手铐脚镣地抓进

---

[1] 吕正操，曾任铁道部部长。

监狱关了一年零四个月。审查了半天，一句"事出有因、查无实据"就放了出来，现在分配在湖南沅江一个军垦农场劳动。

吕胖胖人太热情，把我们两个素不相识的人，生生地给拉在了一起。不然，一个在陕北农村插队，一个在湖南农场劳动，怎么可能相互认识呢？可能是因为遭遇相似吧，几次通信之后，我们就感到有很多共同语言。不久，贺平准备到江西永修探望在"干校"里劳改的父母，要路经南昌。我将此情况如实地"报告"了父母亲。我那个妈呀，平时就老是觉得他们的"问题"影响了我们子女，总怕我们找不到对象，正在担心着呢。一听说贺平要来我们家，立即乐得什么似的。

2月的一天，我到南昌火车站去接贺平。通了两个月的信，只见过照片，相互还未谋面呢。我是近视眼，还是贺平先认出我来。我对他的第一个印象是：这么高的个儿！我带他坐着公共汽车回到步校的家中。要知道，这才是第一次见面，我们自己都还没想什么呢，可是我的爹呀、妈呀、奶奶呀，三位老人却好像进入了"紧急状态"似的，一下子忙了起来。妈妈一来就问东问西的，俨然一副相女婿的样子。奶奶把锅敲得叮当响，做了好多饭菜，把一个小方餐桌摆得满满的。这么一个二十六岁的大小伙子，又是从湖南军垦农场来的，一定是饿坏了。奶奶做得多，他也就吃得多，一点儿都没客气。那么多的饭呀菜呀竟然一扫而光，最后把一桌子的碗和盘子全都堆着摞在了他的面前。我们四川人请客，就喜欢人家能吃。奶奶一边收拾碗筷，一边乐得喜上眉梢。

下午，妈妈和奶奶在种丝瓜，贺平就去帮忙。他个子高，又会干活儿，三下两下，就把个丝瓜架子搭好了。奶奶说："还是高个子有用哟！"晚上大家坐在楼上，贺平把各种听来的、看来的消息，什么林彪倒台的"内幕"消息呀，什么老干部解放的情况呀，全都一一告诉了三位老人。他们男孩子，到处能跑，见的人又多，消息比我们可灵通多了。我们最爱听的，是林彪倒台的经过，最关心的，则是解放老

1972年2月,我和贺平在南昌步校的小山岗上自己拍照。两人初次见面,已是以心相许,沉浸在幸福之中。

干部的消息。

贺平这个人,是个大实在人,初来乍到就一点儿也不认生,见了三位老人也这么亲,一下子就赢得了大家的好感。住了两天,他离开我们这里,去永修卫生部"干校"看望他的父母。临走前,他把给他父亲带的一条云烟(当时挺不容易买到的)一分为二地掰开,给我的父亲留下了一半。

把贺平送走后,我回到家,只见三位老人,一人搬一个小竹板凳,坐在厨房后面小院儿的丝瓜架旁边,正在说着什么。看见我回来,妈妈叫我也过去,好像还挺正式的。爸爸一脸高兴的样子,一拍大腿,用他那浓重的四川口音说:"看样子,这门亲事,就这样定下来了!"

父亲这个人，干什么都那么认真。定个儿女的亲事，竟也好像当年决定国家大事一样的正式。当然啦，父母亲最高兴的，就是儿女们的幸福。

林彪覆亡后，他在江西的走卒程世清也倒台了。新上任的省委领导是老干部白栋材和黄知真。黄知真来步校探望了邓小平，并传达了中央关于恢复邓小平党组织生活的通知。父亲虽没被开除党籍，但却一直被监管被软禁，人身自由都没有。直到这时，才算名副其实地恢复了作为一个党员所应具有的基本权利。这是一个实质性的变化，也可以说代表了政治生命的恢复。父亲和母亲非常高兴。在和黄知真谈话时，发自内心的喜悦洋溢在他们的脸上。

4月初，江西省革委会通知我们，将安排飞飞进江西理工科大学上学，安排我进江西医科大学学习。这真是一件让我们全家人感到喜出望外的事情。一是孩子能够上大学，父母亲心头的一个大愿望终于得以实现。更重要的，说明父亲前一年11月8日给毛泽东写的信，毛泽东不但收到了，而且还回应了。这是极为重要的。这说明，毛泽东仍在注视着远在千里之外的邓小平。

在这种形势的鼓励下，4月22日，父亲给汪东兴写了一封信。

信中写道："东兴同志：好久没有写信了。由于主席的关怀和你的帮助，毛毛和飞飞进学校的事已经解决了，毛毛进南昌医科大学，飞飞进南昌理工科大学（学无线电专业），学校选拔通知二十天前就收到了……两个孩子得到这样的照顾，我们只能对主席和党表示由衷的感激！我们的情形一切照旧，不过我的继母三天后就要去天津帮助我的妹妹生产和带小孩，她七十几了，身体一年不如一年，几年来，在我们家里很劳累，所以我们劝她去天津一时期，比较松动一点。她走后，两个孩子上学了，家里就剩下我和卓琳，照护一个残废的大儿子，因此，我暂时不能去工厂劳动，必得在家里做事（卓琳身体也不好）。我们想请一个人做做饭，特别帮助照顾残废人，已向领导提出，据说找人不易，工资较高（三十元以上），且看找的结果如何。没有别的，就怕我和卓琳有一人病就难办了。我的大儿子邓朴方，接回来近一年了。一年来的观察，他的腰身以下虽然完全没有知觉（大小便也不自由），但机能似乎并未完全消失。据说，在医院诊断时也对此存疑，并曾有施行大手术打开看看的拟议，后因送到救济院而未果。我们总希望还能有一次医治的机会，如果有可能再送回医院治疗，或施行手术。对此，我实在不好意思向党提出请求。"

  可以看到，"文革"当中，父亲写信，往往都是为家庭的"琐事"。父亲这个人，向来行事简约。在工作中，讲话不写讲稿，写报告也总是言简意赅，从不赘言。在生活中，我们从小到大从未见过父亲写信，就连与他相濡以沫三十多年的妈妈，也从未见过他因家事写信。而在"文革"中间，在家庭处于困境之时，在他的家人子女需要得到关怀和帮助时，作为一家之长，为了让孩子治病，为了让孩子上学，为了孩子的工作，他会一反一贯的作风，一次又一次地拿起笔，一封又一封地写信，而且是不厌其详地写信。"文革"中，他总是觉得家人和孩子们是因为他才受到这么多的委屈和不幸，他总想尽他的能力，尽一切可能，为家人和孩子们多做点再多做点。他从不要求孩子们为他做什么。他付出了对家人子女的全副的爱，却不要求任何回报。这是人世间最朴素的爱。估算一下，"文革"十年中，父亲所写的信，比他一生中其他八十年的统统加起来，还要多得多。

  谈完家人的事后，在上述信的结尾，父亲写道："至于我自己，我仍然静候主席的指示，使我能再做几年工作。在生活上，我希望能在北方了此余年，这里的夏天，对我们都太不习惯了。"

  这是父亲又一次提出回北京和工作的要求。经过这么多年的沉默、观察和等待之后，父亲现在的目的是明确的，尽一切可能，争取回到北京，争取出来工作。

  我的小姑姑邓先群9月要生孩子，她写信来江西，问奶奶能不能去她工作的天津帮她带带孩子。我们一家人讨论后，认为奶奶应该去。特别是父母亲，认为这几年里，从中南海到方壶斋，再从方壶斋到江西，奶奶不是一人担负起照顾孩子们的重担，就是与他们同甘共苦患难与共，实在太辛苦了。应该让奶奶换个环境，散散心，休息一下。父母亲让我送奶奶去天津。准备好后，我和奶奶于4月25日从南昌起程去天津。奶奶是个闲不住的人，刚一到天津，就又开始忙着帮姑姑做事儿。不过，姑姑和姑父两人本来就是要尽孝心，接奶奶来散心的，当然不会让奶奶累着。劳累了这么多年，奶奶总算能过一段"享福"的日子了。

把奶奶送到天津后，我回江西路过北京。还是那个热心的吕胖胖，说要带我去见王震。王震，就是那个赫赫有名的、天不怕地不怕的王胡子！"文革"中造反派斗他，他毫不示弱，和造反派对吵抗争。"九大"以后他又帮助好多老干部传话递信，古道热肠，名声在外。许多"黑帮"们及他们的子弟们为了看病，为了回京，都找他帮忙。胡子叔叔见了我，热情地问我父亲的情况，并让我住在他的家里。他郑重其事地告诉我："毛主席说你爸爸是人民内部矛盾。告诉你爸爸，他的问题一定要解决。我要去找周总理，我也要给毛主席、党中央写信。你爸爸应该出来工作！"他让我不要再去别的地方，赶快回江西，把这些告诉家里。

从胡子叔叔家出来，正好是"五一"节。此时的北方，春意已浓。走到天安门，看着宽阔的广场上蓝天白云，红旗飘扬，让人心情豁然开朗。六年了，整整六年了。六年中，我好像从来没有觉得北京这样美好过，从来没有觉得天安门广场这样让人心旷神怡过。

赶回江西后，我将胡子叔叔的话告诉了父亲。父亲抽着烟，没有说话。但我看得出，他的内心，是激动的。

俗话说，"福无双至，祸不单行。"可在1972年，对于我们家来说，好事确是太多了，真可形容为"纷至沓来"。父亲总爱说一句四川土话："运气来了，门板都挡不住。"难道，我们的劫难真的到头儿了，"运气"真的来了？你看，1月份，毛主席说邓小平是人民内部矛盾；2月份，父亲恢复了组织生活；4月份，我和飞飞得知可以上大学；而在6月份，我们又接到通知，父母亲的工资开始照发了。

原来，汪东兴在收到邓小平4月22日的信后，于5月30日批道："邓小平同志又来信，信中要求解决钱和人的问题。我建议把邓的原来工资照发。"并请将此信报周恩来批示。

6月27日，周恩来批示："邓和卓琳的工资照发。如邓的大儿子能再施手术似可让其来京施手术，此事可问杨德中[1]同志如何办。"在此之前，周恩来已口头指示中办将邓小平、王稼祥、谭震林、张闻天[2]、乌兰夫[3]和他们的妻子的工资自5月份起开始照发。

工资照发了，生活的拮据状况可以改变了。但大家都明白，这绝不单单是个钱的问题。在"文革"中，工资一照发，就基本上说明政治"问题"解决了。这其中的意味，实在太重要了。

也正是从这时候起，父亲和我们一家人的生活，发生了根本性的变化。经济上宽裕了，母亲请工厂的负责人罗朋帮忙，找一个人来家里帮助干点儿杂活和照顾朴方。罗朋帮助找了一个叫缪发香的工人家属。缪阿姨来了以后，分担了一些父母亲身上的担子，特别是在照顾朴方的方面，减轻了父母亲许多重负。

从北京来时，朴方带来一个手摇的轮椅。回家后，由于父母亲的悉心照顾，他的身体不再那样病弱，体力也有所增强，在旁人的帮助下，可以每日坐到轮椅上，把轮椅摇到屋子外面，到院子里转一转。能够坐起来，能够到外面来，多好啊。在院子里，可以看见墙里墙外的绿树，可以看见地里种的各式各样的瓜菜，可以看见一群大鸡小鸡跟在

---

[1] 杨德中，时任中央警卫局副局长、中央办公厅副主任。

[2] 张闻天，中共八届一中全会上当选为中央政治局候补委员，1959年庐山会议上遭到错误批判。

[3] 乌兰夫，中共八届一中全会上当选为中央政治局候补委员。

老人们的脚步后面咕咕地叫，可以看见蓝天白云，可以看见风儿吹过梧桐树梢时那树枝和阔叶的摇曳，还可以对着太阳，把全身上下爽爽快快地晒个透。还是家里好啊。回想起来，北大、校医院、积水潭医院、三〇一医院、社会救济院，真像是一场长长的噩梦。

6月10日，在天津七机部七院工作的小姑父栗前明要到江西出差。他先去四川成都，到二姑姑邓先芙和二姑父张仲仁那里，向他们通报了奶奶在天津的情况。听说前明要去江西看大哥大嫂，二姑姑说她也想去。毕竟许多年没见了，虽然不断地有通信往来，但大哥他们那里的实际情况并不清楚。二姑姑两口子和前明商量好，前明先去，如果能见到大哥，马上发个电报来，说"同意"。如果见不到大哥，就说"不同意"。三个人好像做地下工作似的，把"暗号"都商量好了。二姑姑把自己保存了多年的四瓶成都大曲酒找了出来，要前明给大哥带去。她一边把酒绑好，一边不放心地对前明说："大哥就是爱喝口酒。你可要好好提着啊。"前明是个典型的憨厚老实人，他按照二姑姑的话，小心翼翼地提着这四瓶酒，从四川坐船，6月23日才来到江西。

前明来了，我们全家高兴极了。小姑姑邓先群刚解放时才十几岁，跟着奶奶到我们家后，一直在大嫂的"领导"下长大，先是和邓林一起在北京师大女附中上学，后来考上哈尔滨军事工程学院，再后来毕业分配并和同学栗前明结了婚。从小到大这一切，都是大嫂一手操办的。所以,她跟大哥大嫂的关系特别地亲。小姑姑等于在我们家长大的，和我们几个姐妹从小就是玩在一块、闹在一块,没大没小的。结了婚后，前明受到小姑姑的"牵连"，也让我们给闹得没大没小的。

前明来江西，好多年没见了，每个人都有说不完的话。母亲责怪地说："先群写信说你要来，可好久又没消息。我们以为你掉到长江里去了呢。"父亲也十分高兴，他只说了一句："前明来了。"就赶紧给前明倒水喝。奶奶不在,家里"掌勺的"是父亲。前明来了，父亲就去厨房，说："前明爱吃饺子，包点饺子。"说着就拿盆舀面。前明看见大哥为

二姑姑邓先芙来江西看我们，大家都很高兴，连最不爱照相的飞飞也欣然一起合影。

他做饭，赶紧帮着和面。在自己家里，都是让小姑姑"宠的"，前明从来没有做过饭，这下要帮大哥，却笨手笨脚地把面和稀了。父亲看着前明弄得一手的稀面，一副不可开交的样子，就说："不会弄！掺点干面不就行了。一点都不聪明。"说着就忙着去烧火。前明一边往面盆里掺干面，一边看着大哥大嫂。在大热天里，大哥穿着一件破了几个大洞的老头汗衫，虽然满头大汗，但却熟练地烧火做饭。大嫂则跑前跑后，又是帮着在高温闷热的灶前拿扇子煽火，又是切菜烧水，忙个不停。前明看着看着，眼泪都快流下来了。在南昌公干两日，前明就要回天津了。临走前，他依依不舍地跟大哥大嫂道别，反复地说："你们别太累着了。先群生完孩子，就让她和奶奶一起来江西。让她来帮你们一些忙。"

前明走前告诉我们二姑姑先芙也想来，还特地告诉我他们约定的"暗号"。爸爸叫我马上去给二姑姑发电报，说："不要说什么同意，就写速来。"二姑姑接到电报，看到"速来"二字，和先前约好的"暗号"不一样呀，也不知道发生了什么事情。她马上让二姑父去买火车票，

1972年夏天，政治情况好转，大家的心情都很好。爸爸妈妈也"亲热"地照了一张相。

还买了两大包苹果、蛋糕、四川牛肉干什么的，带上就走。坐了两天火车，7月3日就到了南昌。

二姑姑也是在妈妈的"领导"下长大的，她的工作安排，她的婚事，都是由大嫂安排的。她的两个孩子，生下来后都是放在我们家，由奶奶和妈妈帮着带大的。直到"文革"爆发，1967年2月，家里的情况越来越坏，妈妈才让我把两个幼小的弟妹送回四川。六年没见了，二姑姑多想大哥大嫂啊。

  我到南昌火车站去接二姑姑。几年没见，我长大长胖了，二姑姑一下子都没认出我来。我在农村锻炼过，有的是劲儿，把二姑姑带来的两个沉甸甸的大包包提起就走，二姑姑在后面赶都赶不上我。快到家的时候，我在我们住的小楼后面的山坡上就大声地喊妈妈。妈妈早就等在那里了，听见我的喊声，就赶忙在楼上的窗口问："来了没有？"进家门后，二姑姑一眼就看见了大哥大嫂。大嫂穿着奶奶做的又大又侉的衣服，裤子老长老长的。大哥穿着个松松大大的汗衫，站在楼门口。一家人都在那里等着，个个笑得那么高兴，好像"迎接外宾"似的那么"隆重"。

  二姑姑来了，全家又是一阵兴奋。二姑姑特会干家务活，她要帮父亲做饭，父亲不让。要知道，现在做饭可是父亲一个人的"专利"呀。父亲给二姑姑又做红烧肉，又做狮子头，还做了牛肉加西红柿的"意大利面条"。妈妈说："知道你要来，我们端午节发的二十个皮蛋都给你留着呢。上次你让前明带来的酒，大哥也舍不得喝，看，还有两瓶没动呢。"爸爸说："先芙，我们这里有肉吃哟。"二姑姑看着厨房里锅是锅、勺是勺，连擦桌、擦碗的抹布都分得好好的，一根一根挂得整整齐齐。二老不让她做饭，她只好帮助洗碗和干些别的。早上，父母亲要去工厂，六点钟他们就把早饭做好，吃完走时，还叮嘱我们，不要叫二姑姑，她一路累了，让她多睡会儿。二姑姑来了，妈妈可有了说话的人。她们两个人一天就是凑在一起，有那么多的话，说也说不完。六年了呀，什么都想问，什么都想说。二姑姑把他们在四川的情况和她知道的外面的情况详详细细地告诉妈妈。妈妈也把这几年的经历一一诉说。父母亲每天到楼后边去摘丝瓜苦瓜，做来给二姑姑解暑。妈妈拿出她和奶奶做的糖腌桂花，和二姑姑一起包桂花汤圆。

  住了十一天，父亲对二姑姑说，这里太热了，你早点去天津看奶奶吧。二姑姑来一趟挺不容易的，临走前，我们找出家里的一个旧照相机，想大家一起照张相。父亲正穿着一件破汗衫，在楼梯边上的厨房门口，手里拿着个盛米的盆子，正准备淘米做饭。我对他说："二姑姑要走了，咱们照张相吧。"爸爸平生最不喜欢做的一件事就是照相，他说："衣服都没换照什么相。"我们不管三七二十一，上楼拿了件外衣来，硬是给父亲穿上拖着他到院子里来。父母亲，二姑姑，还有我和飞飞，一起照了相。由于技术不好，这些相片照得灰灰的，但是，就是现在拿出来看，心中仍会有说不出的眷恋。这是"文革"六年以来，父亲第一次照相啊，而且还是在江西，在他的羁旅之地，和他的家人们一起照的相。看着这些照片，就回想起那时的生活。人的一生，有这样一番经历，是值得追念和回味的。

10月初，我们接到通知，中办同意朴方回北京，到三〇一医院住院治疗。我们全家实在是太高兴了。特别是妈妈，她多盼着儿子能够得到治疗啊，或许还有好转的可能呢。10月7日，江西省革委会派了两个人，加上我一个，送朴方回北京治病。这次回北京，可不像我从陕北回来时那样坐大板儿硬座，而是货真价实的软卧包厢。四个人一间，还有铺的盖的，可真够舒服的。

我们在江西的生活环境的确是宽松得多了。不仅是生活上的宽松，更是精神上的宽松。六年之中，那根一直紧绷在心头的弦，已不再那样地揪心。虽然奶奶去天津小姑姑家了，做饭的"重任"落在了爸爸身上，但朴方已去北京治病，家务活儿毕竟少了许多。加上我和飞飞两个壮劳力都回来了，父母亲身心都觉愉快。这时，工厂的领导和工人们也可以到步校我们的家中来坐坐。罗朋、陶排长、程红杏几个比较熟的人都来过。程红杏来时还一起帮忙包粽子，和妈妈有说有笑的。

回想一下"文革"六年以来，我们何曾有过这样的舒心，何曾有过这样的放松！难道真的是峰回路转，绝处逢生了吗？

第28章
对极左做法的纠正

林彪自爆后,党和国家的日常工作实际由周恩来主持。周恩来进行了一系列的工作,纠正"文革"的极左错误。周恩来的做法,在开始时,得到了毛泽东支持。

六年多以来,人人闹"革命",个个去造反,全国工农业生产受到巨大破坏。在周恩来主持下,国务院发出了一系列通知,进行各项调整工作,其中包括调整部分企业工人工资。周恩来提出,对企业要认真整顿、加强管理,恢复和健全被破坏的各项规章制度。国务院还起草了《1972年全国计划会议纪要》,提出了整顿企业的若干措施。经过整顿,各级企业的面貌有了一定程度的改变。经毛泽东批准,我国决定恢复对大型成套技术设备的进口。在企业整顿取得一定成效后,周恩来旋即转入解决国民经济比例失调、基本建设战线过长的问题。虽然周恩来主持的整顿艰难而又阻力重重,但经过艰苦努力,当年,国民经济即有所恢复,工农业总产值比上年增长了百分之四点五。

在致力于调整经济的同时,周恩来顶着阻力,大力纠正"文革"以来被严重破坏和扭曲了的党的干部政策。4月,由周恩来亲自指示、修改和审定,《人民日报》发表了一篇题为《惩前毖后,治病救人》的社论。社论针对"文革"中老干部和知识分子遭受打击迫害,以及冤假错案遍及全国的严重情况,重申了党的干部政策,强调要相信百分之九十以上的干部是好的和比较好的，强调要严格区分敌我矛盾和人民内部矛盾这两种不同性质的矛盾。在周恩来的努力安排下，1972年，朱德、陈云、李富春、徐向前、聂荣臻、乌兰夫、谭震林、李井泉、王稼祥、廖承志[1]、廖志高、曾希圣[2]、叶飞、蒋南翔[3]等一批老同志，或在一些公开场合频频露面，或被解除长年监禁，或得以住院治疗。这些党的高级干部的"解放"，带动了中央和地方一大批高中级干部先后复出复职。与此同时，周恩来抓住陈正人[4]、曾山[5]两位老干部因病不治而死的事情，指示卫生部尽快解决老干部的医疗问题，并亲自督促安排近五百名副部长以上的老同志检查了身体。他和叶剑英一起，使军队中一百多位将军"解放"出来，担任了军队的领导职务。不少老同志从外地"五七干校"回京体检，并借此机会而获得了"解放"。在这种形势下，一大批老干部纷纷从监狱出来，从"干校"出来，从"牛棚"出来，很多人恢复了工作。

这些整顿和纠正"左"的错误的消息，像春风一样迅速传遍全国，温暖了千万人的心。"文革"爆发以来，那样的疯狂，那样的触目惊心，不管愿意不愿意，人人卷入其中，人人不得幸免。在经历了这么多的风风雨雨、苦难磨砺和大起大落的跌宕波折后，人们已经开始醒悟。如果说，"文革"刚开始时，大家还茫然不知所措的话，六年后的今天，许许多多的人已经开始进行思考，已经开始进行反思，已经开始发出疑问了。恰恰在这个时候，林彪自爆，真个是老天有眼。恰恰在这个时候，毛泽东有所自悟，实可谓苍生有幸。恰恰在这个时候，周恩来力挽狂澜，更是深得民望深得民心。那些回到北京的老干部，还没有

---

[1] 廖承志，曾任国务院华侨事务委员会主任。

[2] 曾希圣，曾任中共安徽省委第一书记。

[3] 蒋南翔，曾任国务院高等教育部部长。

[4] 陈正人，曾任国务院第八机械工业部部长。

[5] 曾山，曾任国务院内务部部长。

分配工作，还没有检查身体，就赶紧走大街串小巷，寻访他们的老战友、老同事。他们想找找，他们想看看，看看谁还活着，看看谁回来了。战友重逢，不胜欣然。然而风雨六载，也实在不堪回首。他们相互询问，相互倾诉，谈论着各种"消息"，谈论着党和国家的前途命运。

在大批老干部陆续回到北京的时候，父亲还在江西。虽然他的处境已发生了根本性好转，但迄今为止，尚无任何关于他的进一步的消息。这时，因为我们这些孩子的对外联系面比以前宽了一些，南昌步校小楼的消息也不再那样闭塞，许许多多鼓舞人心的消息不断地传来。对于这样一个形势，父亲做出了清晰的分析。此时，他的目的更加明确。他要争取回北京，他要争取复出。

1972年8月1日，父亲在江西新建县拖拉机修造厂，和全体职工一起，第四次听了关于林彪反党集团阴谋叛乱的罪行报告的传达。

在这次听传达后，父亲立即提笔给毛泽东写信。两日之后，即8月3日，此信经江西省革委会送出。

在这封信中，父亲用大量的篇幅和真切的语言，表示坚决拥护中央对林彪集团的揭露和批判。在对林彪集团进一步进行揭发、批判之后，对于自己的"错误"，父亲简要地作了实事求是的检查和应有的承担。在信的最后，他明确地提出了工作的要求。他写道："在去年（1971年）11月我在呈给主席的信中，曾经提出要求工作的请求。我是这样认识的：我在犯错误之后，完全脱离工作，脱离社会接触已经五年多快六年了，我总想有一个机会，从工作中改正自己的错误，回到主席的无产阶级革命路线上来。""我觉得自己身体还好，虽然已经六十八岁了，还可以做些技术性的工作（例如调查研究工作），还可以为党、为人民工作七八年，以补过于万一。我没有别的要求，我静候主席和中央的指示。"

父亲知道，毛泽东是要看他的表态的，其中既包括对于林彪的批判的态度，也包括对于他自己的"错误"的态度。信送出后，父亲相信，毛泽东会看到的。但他没有想到，毛很快地便看到了这封信，而且很快地作出了批示。

毛泽东在1972年8月14日的批示上写道:"请总理阅后,交汪主任印发中央各同志。邓小平同志所犯错误是严重的。但应与刘少奇加以区别。(一)他在中央苏区是挨整的,即邓、毛、谢、古[1]四个罪人之一,是所谓毛派的头子。整他的材料见《两条路线》《六大以来》两书。……(二)他没历史问题。即没有投降过敌人。(三)他协助刘伯承同志打仗是得力的,有战功。除此之外,进城以后,也不是一件好事都没有作的,例如率领代表团到莫斯科谈判,他没有屈服于苏修。"毛泽东肯定了邓小平在历史上的功绩后,最后还加上了一句:"这些事我过去讲过多次,现在再说一遍。"

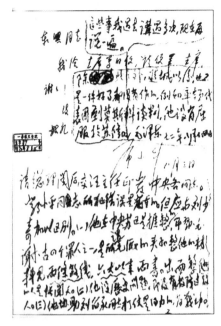

1972年8月,毛泽东对父亲来信的批示。

看到毛泽东批示的当天,周恩来立即把这个批示印发给了中央政治局的全体成员。

对于邓小平的来信,毛泽东作出了不同寻常的批示。虽然在批示中并未提出要重新起用邓小平,但毛泽东对邓小平的态度,已经相当明确,甚至可以说,在一定程度上,他是在为邓说话。可以认为,到了此时,毛泽东已经认真地在考虑重新起用邓小平的问题了。

---

[1] 邓、毛、谢、古,邓指邓小平,时任中共会昌中心县委书记,领导会昌、寻乌、安定三县工作。毛指毛泽覃,时任永(丰)、吉(安)、太(和)中心县委书记。谢指谢唯俊,时任江西省军区第二军区司令员兼独立第五师师长。古指古柏,时任江西省委苏维埃政府委员和党团书记。1933年3月起,他们被指责为"江西罗明路线的创造者",遭遇残酷斗争,受到撤职等处分。

但是,"文革"发展到此,事态已经演变得非常复杂,到了相当失控的程度。也就是说,连毛泽东这样可以"指点江山"的伟人,也不能随心所欲,不能想要怎么办就能够怎么办了。

毛泽东此时想要重新起用邓小平,却存在着相当的难度。第一,邓小平是全国第二号"最大的走资本主义道路的当权派",是犯了"错误"、被打倒的。要重新用邓,就必须要对邓的"错误"有个交待。第二,林彪倒台后,以江青为代表的中央文革一伙的势力大大加强,对于像邓小平这样的老干部的复出,他们坚决反对,形成了强劲的阻力。而此时,中央文革一班人马已成为继续进行"文革"的唯一的支撑力量,在运动方面,毛泽东对他们是倚重的。他们的反对,毛泽东也不能不有所顾忌。第三,对于像邓小平这样一个重要政治人物的起用,既有有利的方面,又有危险的一面。说透了,就是这些在"文革"中受到冲击的人,是否会翻"文革"的案。在这种错综复杂的形势下,毛泽东对于起用邓小平,采用了一种先"造声势",继续观察的方式。

林彪虽然倒台了,但中国的政坛仍不宁静。在继续进行"文革"的道路上,仍旧充满了激流和险滩。

毛泽东对"文革"中的一些过激和过左的做法进行了一定程度的反思,容许周恩来在一定范围内做出调整。但是,周恩来所进行的纠"左"和对"无政府主义"混乱局面的批判,却引起了中央文革一伙的极大不满。江青、张春桥、姚文元等"文革"大员,公开诬蔑周恩来的批判极左,是一股"修正主义的回潮",并与周恩来发生了尖锐的对立。在这场斗争中,毛泽东错误地站在了江青等人这边。毛泽东的表态,从根本上否定了周恩来的正确意见,批极左再次成为禁区。

对于毛泽东来说,吸取教训,纠正一些过激的做法是可以的。但是,他绝对不会容许任何人否定他所坚持奉行的那条极左路线。这是毛泽东在其最后的政治生涯中,毫不动摇地坚持的最后的"原则"和立场。毛泽东的立场不变,"文化大革命"的使命就没有结束。这场政治大闹

奶奶穿上她最"体面"的衣服,邓林和我也穿上妈妈的"礼服",拿着从校园里采摘的山茶花,心里觉得挺美的。

剧、大悲剧的道路,还没走完呢。

北京政治舞台上的风云跌宕起伏、瞬息万变。在江西的邓小平的处境,在总的大形势下,进一步地宽松好转。

父母亲的境况的确是大大好转了。江西省委内恢复了工作的老同志黄知真不但亲自来看我的父母亲,而且在生活上也给予了更多的关照。由于步校经常没水,洗澡困难,省里安排我们一家人每周去省委招待所洗澡。在我的父母亲的要求下,经请示,批准我们家的老公务员吴洪俊和他的妻子来江西,帮助我们料理一些家务。他们来后,父母亲家务劳动的负担减轻了许多。

虽然朴方已去北京治病,但家里一点儿也不寂寞。邓林所在的中央美术学院到现在还没有给学生分配工作,于是学生们便开始"造反",全都跑回家了。邓林也就从宣化回到江西,在家里等待分配。自"文革"以来,她们艺术院校"造反"也厉害,管得也严,难得这样在家里住

奶奶和妈妈在步校的一个小水塘边。孩子们都回来了,看她们有多高兴。

着优哉游哉。

邓楠也回来了。她这次回家可了不得,是准备生孩子。要知道,她肚子里的,可是我们家的第一个孙儿呀。邓楠俨然一副大功臣的样子,挺着个大肚子,在家里转悠来、转悠去,什么活儿也不用干,还尽吃好的。妈妈专门为她生孩子"坐月子"做准备,养了十几只鸡。不过,我认为,她也没有什么可得意的。以前妈妈说过她苗条,现在可就"面目全非"喽。肚子大当然不足为奇,但整个人也都变得胖乎乎的了,活像个大圆桶。她还借口为了孩子,使劲儿地吃。不过,她吃饭也的确是香。看着她吃得这么香,爸爸就打心眼里高兴,妈妈则忧心忡忡地说:"也不能太胖了,将来不好恢复。"为了不让邓楠长得太胖,也为了将来孩子容易出生,大家逼着邓楠运动。父亲每天在院子里散步,命令邓楠跟着他一起走。一开始,迫于无奈,邓楠还腆着个大肚子跟着走。但没走几圈,她就不干了,嚷嚷着说"爸爸走得太快了,跟不上",便逃之夭夭了。对于这样一个女儿,父母亲也还真的没招儿。

我和飞飞已在南昌上大学。我们那一批是江西的第二届工农兵学员。当时全国的大专院校刚刚恢复招生,学生不是从中学考进来的,而是从工厂、农村和各单位"推荐选拔"上来的。大部分学生只有初中甚至小学文化水平,一些从工厂、农村来的学生,学习更加困难。这种小学文化水平的"大学生",也是"文革"的一种特殊产物。这样低的文化水平怎么学大学课程呢,只好先补文化课。文化高的地区,补习文化课一般用半年时间,但江西的学生文化水平太低,用了整整八个月来补习文化课。文化课的内容,不过是原来初中的数、理、化。

我在"文革"开始时是高一,飞飞虽然只上了初二,但在这六年中,他已经自学到大学一二年级的理工科水平。我们虽然在农村插队,但一直都在不间断地利用时间自己学习。在我们家中,父母亲特别重视孩子们的学习和教育,不但要求每一个孩子都要学习好,要上大学,而且要求考上好的大学。父母亲从小教育我们的这一想法,成为我们家几个兄弟姐妹学生生活所追求的明确目标。"文革"开始以后,哥哥姐姐们好歹都是大学毕业,就是我和飞飞没上过大学,这成了父母亲的一块心病。所以父亲多次向中央提出请求,争取让我和飞飞上大学,让孩子们受到高等教育。我和飞飞这次能够上学,完全是父母亲努力的结果。在当时,要想上大学可不容易。所谓"推荐"和"选拔",是有许多的条件的,要出身好,要表现好,还要和领导关系好等等。实际上,很多人都是想尽办法去"走后门"、拉关系,才能上得了学。

孩子们都回来了,找出家里的旧照相机照相。妈妈被我们摆弄来摆弄去的,不但不恼,反而乐得心花怒放。

我们自己开玩笑，我们上学也是"走后门"，而且走的是毛主席这个最大的大"后门"，否则，凭我们这样"可教子女"的身份，又在僻远农村插队，根本不可能上大学。这下好了，我们两个人上了大学，总算是了了父母亲一个大心愿了。

虽然在不同的学校里上的是不同的科目，但我和飞飞的文化水平在学校里都算是高的，补习文化课时，我们其实根本不用再学，于是就在班里帮助同学们补习功课。这样的"学习"生活对于我们来说，简直太轻松了。飞飞比较遵守规矩，而我则找空子就溜之乎也，经常回家。我们家的人，都实在太恋家了，总是愿意凑在一起。直到现在，一个个都五十老几的了，十几口人，还都住在一块儿，"赖"在妈妈身边呢。

第29章
解除禁锢上井冈

1972年的9月到来了。酷暑刚刚过去，冷冬还未到来。这是一年之中江西最好的季节。特别是我们这个步校，桐荫覆盖，满目苍翠，天气晴朗的时候，无风无雨，着实地令人神清气爽。这样的大好时光，如能够出去走走，该有多好。

父亲向江西省里提出，请示一下中央，能不能在江西省内，到井冈山、赣州老区走一走。9月底，中央批准了这一要求。江西省革委会在这一基础上，作出了去井冈山地区的具体安排：出去时按省级干部对待，车是伏尔加轿车，凡是要去的地方，均可由省里先行打招呼，以便接待。

父母亲做着走前的准备，把家务事详详细细地交待给我们。二老特别不放心邓楠，生怕他们不在家时有事儿不方便。要知道，这是我们家的第一个孙儿出生啊。妈妈交待邓楠各种注意事项，交待邓林和我到时候一定要回来陪邓楠到医院去。看着二老这么不放心，我们姐儿仨反反复复一个劲儿地说："没事儿，你们放心走吧。省里把医院都联系好了，到时候我们会找省里要车的，不用担心。瞧，邓楠给你们喂得这么胖，到时候肯定有劲儿，肯定好生，放心吧！"其实，我们知道，怎么说也是没用的。做父母的，怎么着都不会放心的。也不想想，我们都是二十多岁的人了，什么大风大浪都经历过了，生个孩子还有什么可担心的。唉,也真是没办法。

1972年11月12日清晨,趁着和煦的秋日晨光,父母亲二人在省警卫处一位同志和黄干事的陪同下,离开步校,乘车一路南下,奔赴井冈山地区。

这是他们到江西两年多以来第一次外出,也是自"文革"爆发六年以来的第一次外出。这次外出,标志着长达六年禁锢生活的结束。

在1972年8月14日,毛泽东对邓小平的信作出批示后,父亲的"问题"已基本上算是解决了,虽然他还没有被正式宣布"解放",但身份,已由"走资派"变成了"同志"。这是一个具有深远政治意义的重要改变。

能够外出,父亲十分高兴。正像在给毛泽东的信中所说的,他完全脱离工作、脱离社会接触已经六年,他真想出去走走,真想亲眼看看世界。

车子一路向南,快速而颠簸地行进着。前面坐着司机和警卫,后排坐着父母亲和黄干事三人。虽然有些拥挤,但天气很好,心情也是愉快的。中午,到清江县樟树镇吃了午饭。饭后也不休息,马上就走。下午四时到达吉安。

在吉安,父亲一行受到当地负责人的热情欢迎,被安排住在地区交际处毛主席1965年曾经住过的一号房。当晚与吉安地委的同志交谈,他询问当地的人口及其他乡情。他回忆起已经牺牲了的革命先烈,回忆起建国后第一任江西省委书记陈正人及二野时的老部下张国华。听着情况介绍,他说:"好多年没有出来了,这次出来什么都新鲜。"当听到林彪企图篡改井冈山历史时,他说:"这是不可能的,历史还是历史,历史不能篡改,那是'左'的路线。"

休息一夜后,13日,父亲一行到达永新县,参观了"三湾改编"旧地。1927年,就在这里,毛泽东对军队实行改编,把党的支部建立到连队上,实行了党对军队的绝对领导。父亲感慨地说:"三湾改编很重要,秋收起义部队受挫,甩掉了追赶的敌军来到三湾,在这个清静的地方采取果断措施，对这支面临崩溃的部队进行改编，这是毛泽东同志的一个创举。三湾改编与古田会议一样重要。"

参观后，父母亲当日乘车到宁冈县砻市。这里的茅坪坝，是红军时期毛泽东领导的秋收起义队伍和朱德领导的南昌起义余部的会师之地，是当年湘赣边界党政军的大本营。在这里，父亲一行参观了毛泽东居住过的八角楼。当讲解员讲到林彪篡改"朱毛会师"的历史为"毛林会师"时，父亲插话道："假的就是假的，真的就是真的。"身在井冈山的崇山峻岭之中，面对红军革命遗迹，父亲深有感触地对陪同他的人说："井冈山精神是宝贵的，应当发挥，传统丢不得。"他肯定地说："我们的党是好的，是有希望的。我们的人民是好的，是有希望的。我们的国家是好的，是有希望的。"

上述这一番话，父亲不只是对他人讲的，更是对他自己讲的。在他的心里，此时想到的，已不只是个人的政治命运和前途，甚至已不仅仅是对往事的追忆。他的思绪所及，已更多地涉及反思和展望。六年来，社会混乱，经济破坏，人民生活困顿，"文革"这场运动，肯定是错误的。但是，是不是因为发生了这样一个错误的运动，因为毛泽东决策的极大失误，因为一些坏人的横行当道，我们的党就无可救药、我们的国家和人民就没有希望了呢？当时的人看当时的时局，可能会感到错综复杂，很难理出一个头绪。但是，父亲这个人，是一个永远的乐观主义者。对于事物，他从来不会只看一时一事一种趋势，而总是从长远的、历史的和发展的角度来分析问题、看待问题和解决问题。党、国家和人民受到"文革"重创，他自身也受到伤害，但这一切，都不会让他失去信念，不会使他丧失对前途的信心。毕竟，我们的党，是一个走过了五十多年的风雨历程，有着光辉历史和宏伟业绩的政党。毕竟，我们有着几千万信仰坚定、久经考验的共产党员。毕竟，我们有着这么好的、这么坚强的、这么信任我们党和爱我们国家的人民大众。没有理由为了一个历史的曲折而丧失了对前途的信心。父亲说过，在他的一生中,"文化大革命"可以说是最艰难的岁月。但是,即使在这个最为艰难的岁月,他也从来没有意气消沉和彷徨无措,更没有丧失信念和信心。其实,坚持这种信念的和抱有这样希望的,不只是父亲一个人。那么多的共产党人,在"文革"中受尽磨难后,仍然能够忠贞地坚持着信念,仍然能够坚定地保持着信心。这说明,尽管有分歧,尽管有坎坷,但是,经过五十多年曲折历程的中国共产党,已经是一个成熟的党。组成这个党的,是一批有理想、有信念、有经验、有品格、有战斗力的革命同志。这些优秀的共产党员,这样真诚的人民群众,就是我们的党和国家赖以生存和发展的根本保证。父亲在井冈山说的这一番话,不是信口所说,更不是虚妄之词,而是久经考虑之后,掷地有声的金石之言。

离开茅坪时,父亲语重心长地对井冈山地区的同志说:"你们在这里很辛苦,过去毛主席在这里干革命时很穷,现在还是穷,以后会好的。"

14日,父亲一行到达海拔一千五百五十八米的黄洋界,凭吊了当年红军在险山峻岭上战胜敌军的战场遗址。虽然一路辛苦,但父母亲的精神甚好。特别是父亲,年近七十,上山下坡,却步态轻松,毫无倦意。要说,这还要归功于两年多的劳动生活,使他练就了一副好的身体。他拿着一根别人给他当拐棍的小竹竿,风趣地说:"我这一身零件除了这条腿,其他都是好的。"看见路边的野菜桔梗,父亲回忆说:"红军长征的时候,也是吃这个。有些麻口,但可以充饥,又可以解渴。"当晚,井冈山地方和军队的负责人招待吃饭。主人十分热情,客人也很高兴。饭后,招待看电影。当时文艺贫乏,除了八个样板戏外什么也没有。看电影也就是看样板戏《红灯记》。看到李玉和出场时,父亲笑道:"这个浩亮姓钱。'文化大革命'了,连钱也不要了,就叫浩亮。"

父亲一行在井冈山上一共住了五天,参观了许多革命旧址。在井冈山期间,他们还参观了一个竹器厂。父亲对竹器生产很感兴趣,详细询问了生产和销售的情况。

第六天，父母亲一行告别了井冈山，驱车下山。刚到山下，他们接到消息，说邓楠在南昌的医院里生了一个女孩儿。本来一路参观，受到热情欢迎，已经十分高兴。听说得了一个小外孙女，父母亲真是高兴极了。有第三代啦，当爷爷奶奶啦，这可不是一件小事啊！这次出来，真是喜上加喜呀。

　　父母亲想尽快回南昌看他们的小外孙女，17日，便驱车从茨坪出发，到达泰和。在泰和，地方领导热情地用当地著名的乌骨鸡招待他们。父亲等参观了农业机械厂。父亲对农机厂生产的插秧机颇感兴趣，仔细地观看询问。他说："插秧机这个问题，世界都没有解决，连日本都没有解决好，关键问题是分秧不均。"父亲还对当地干部说："我也当过县委书记，当县委书记难。"他还说："农业机械化是个方向，你们还要研究农业机械化。"

　　18日，在泰和，一位原红一方面军的老红军池龙也住在这个招待所，听说邓小平在这里，便要求见一见。池龙是原空军的干部，"文革"中被打倒，刚刚获得解放。父亲和他在红一方面军时期是战友，风雨沧桑几十年，两人一谈就谈了两个钟头。池龙指着身上被打的斑斑伤痕悲愤地控诉林彪集团的暴行。父亲说："这帮人整人是不择手段的。'文化大革命'是'左'了，被坏人钻了空子。"谈到主席和总理时，父亲说："毛主席是个伟人。总理吃了很多苦。很多老干部，包括军队的老同志，都是总理保护的。"对于林彪，父亲说："林彪这个人不能说没本事，但是个伪君子。利用毛主席的威望发布一号命令，贬低毛主席，抬高自己。"接着，他又说："林彪垮台了，我们党的日子会好点。就是有那么几个书生在胡闹。"

　　这是六年以来，父亲第一次对"文革"事物发表这样多的谈论。他谈了毛泽东，谈了周恩来，谈了林彪，谈了中央文革的"书生"们，对"文革"中中国政坛上的政治人物进行了评论。其实，这些想法在他心中早已形成定论，只是他为人严谨，从来不轻易议论。这次，政治环境已经改变,又在革命圣地与革命同志相遇,便将心中蕴藏了多年的想法说出,一吐为快。

19日清晨,父亲一行离开泰和,到达吉安参观一个公社。人们问他想看什么,父亲回答:"主要看看农业。"父亲注意地听当地干部介绍情况,很高兴地赞赏这里的副业搞得不错,农业也不错。他还十分有兴趣地看了大队的养猪场,并仔细地询问养猪的情况。

当日离开吉安后,父母亲没再停留,直赴南昌。晚上六点半到南昌后,他们没有回家,先去解放军九四医院,要看女儿和小外孙女。风尘仆仆,赶了一路,到医院一问,邓楠已带着孩子出院回家啦。医院的人说母女两人都很好,父母亲非常高兴。闲话少说,赶快回家吧!你想想,快七十岁了,才当上爷爷,能不急吗?

晚上八点左右,父亲母亲回到了家。一进家门,饭也不吃,赶紧上楼,要看外孙女。

邓楠把怀中的女儿交给爷爷奶奶。爷爷和奶奶,你抱一下,我抱一下,喜欢极了。可那个在襁褓中的小家伙,闭着个眼睛,皱着个鼻子,脸蛋儿挣得通红,好像挺不满意似的,在那儿直吭吭。不过,这个吭吭声细细的、嫩嫩的,让人觉得还怪好听的。爷爷说:"我们家里不分内外,都叫孙女,都叫爷爷。"

家里添了一个小家伙,着实地让生活增色不少。到底是个女孩儿,真是挺乖的。平时吃饱了肚子就睡觉,睡醒了就躺在那里自己看着自己的小手玩儿,不哭也不闹。家里就这么一个小家伙啊,让人怪心疼的。不过呀,也是太宝贝了,但凡有一点儿风吹草动,就会让大家手忙脚乱一番。小孩子嘛,总有个大小"方便"的时候吧。每逢此时,全家人立刻进入"紧急状态"。你看吧,拿纸的拿纸,拿盆的拿盆,拿粉的拿粉,众人围着忙成一团。妈妈喊着:"谁去拿点热水来!"那个当爷爷的,就会一边赶忙去提热水瓶,一边用四川话说:"我来,我来!"一个不大丁点儿的小家伙,把大伙儿给折腾得这通乱。

起名字也是个大事儿,也得全家人一起商量。我们郑郑重重坐在一起,又是找书又是翻字典,找了一大堆的字。人一多,主意也就多。有人想出一个名,就必会有人反对说不好。妈妈说:"当初给你们起名字的时候,我一个人起了就行了,爸爸从来不反对。你们现在主意太多,真麻烦。"最后,我说:"这么爱睡觉,叫眠眠吧。"这回大家居然没有异议,就叫小眠眠了。其实,大家都明白这其中的意义,小孙女诞生在爷爷的政治"冬眠"期。

妈妈对小孙女倍加疼爱,对女儿,可就没那么慈善了。为了给邓楠"坐月子"补充营养,妈妈本来专门养了十四只大肥鸡。不过事到临头,妈妈看见邓楠已经长得够胖的了,于是便坚决地改变了政策,只准她吃三只半。鸡蛋也只让每天吃一个。邓楠嘟嘟囔囔地发牢骚:"奶奶走的时候说,坐月子要吃十只鸡,每天要吃五个鸡蛋。可我呢,只让吃三只半鸡,还光喝汤,肉都让你们给吃了。真不公平!"妈妈才不管公平不公平的,馋也不让吃,还说要破除旧的不良习俗,营养够了就行了,并大讲要按科学办事。在我们家里,常常引起争论的一个重要的原则性问题,就是科学与馋嘴之间的观点分歧。

上次从井冈山回来后,中办给江西省来电,批准邓小平夫妇可以外出参观访问,去哪里不受限制,待遇和接待规格可以提高。能外出参观访问,对父母亲来说太重要了。井冈山一行,看到了许多东西,有许多新的感受,也有许多值得思考的东西。父亲决定再下赣南,到原中央苏区去。

第30章
故地重游

1972年12月5日，父母亲出发，再下赣南。

此次南行，与上次有所不同。上次去的地方，父亲是第一次去，特别是井冈山，是他久已向往却一直没有机会参观的革命圣地。而此次要去的地方，则是他所熟悉的中央苏区故地。在那里，他曾经工作过，曾经战斗过，曾经经历了他生活上特别是政治上的第一次坎坷际遇。在那里，他被王明路线批判为"右倾错误路线"，也就是毛泽东批示中说的"毛派头子"。四十年前，他因为这个"毛派头子"而被批判。四十年后，在相当大的程度上，他又因这个"毛派头子"而得以复出。这难道是历史的巧合，是命运的刻意安排吗？父亲不是一个宿命论者。历史，从来就是这样不经意地反复重复着，而每次的重复，既有相同，又是那样的截然不同。

中办指示待遇和接待规格可以提高，所以这次出行，省里派了两辆车。一辆伏尔加，由省里派的警卫陪同邓夫妇坐，另一辆吉普车，给黄干事坐。两辆汽车相跟着一路南下。中午在吉安吃了午饭后，再往南行，入夜方才抵达赣州。

赣州是赣南最大的城市。父母亲受到了地方党和军分区干部的热情招待。6日，他们离开赣州，驱车兴国。

兴国县地方和军分区的领导十分热情地安排接待，让父母亲住在以前他们为毛主席准备的兴国招待所二号房。兴国的同志们请邓夫妇吃饭，拿出了当地最有特点的名菜。父母亲很是感动。父亲对兴国的同志说："来兴国参观是多年的愿望，可惜一直找不到合适的机会。"父母亲在当地同志陪同下参观了当年的革命旧址。在参观文昌宫革命旧址时，仔细的父亲还挑出了错误。他看到介绍中把原江西省苏维埃政府主席曾山的名字写成曾珊，就说："曾山的名字是大山的山，不是珊瑚的珊。曾山同志很有名气，不要搞错了。"这里的干部介绍，兴国是个贫困地区，这里的水土流失严重，农民生活十分穷困，农村的问题比较严重。父亲听后没有言语，但表情凝重。中午，兴国县准备了丰盛的很有地方特色的菜肴。父亲说："吃到兴国的饭菜，就让我回想起当年兴国人民招待红军的深情厚意。那时兴国人民对红军可好了，把自己家最好吃的东西拿出来招待红军。凡是到过兴国的同志都有这个印象。苏区时你们兴国的人口有二十三万。我记得你们县参军、参战的人很多，出了很多将军。"

在兴国，招待所的人看到邓夫妇带了两个箱子，里面除了一点换洗衣服外，都是书，有些还是那些见也没见过的厚厚的书。母亲给他们解释说："我们就是爱看书。这些都是小平同志的宝贝。"

7日，父母亲离开兴国。临别时，父亲畅然地说："总算了了心愿。"

同日上午，父亲到达于都。

对于于都，父亲并不陌生。1931年，他和妻子金维映从上海中央来到江西中央苏区。父亲在瑞金任县委书记，阿金就在于都任县委书记。后来父亲在会昌任中心县委书记时，也常来于都。不久之后，他被王明"左"倾机会主义批判，阿金也离开了他。在反对国民党军的第五次"围剿"失败后，就是从这里，红军渡过于都河，踏上了二万五千里的长征之路。转眼间四十年过去了，今天的于都，已经发展成为一个拥有几万人口的县城。光阴荏苒，岁月流逝，天变了，地变了，人也变了，只有这于都河水，一样地滔滔不绝，向北流去。四十年前的情景，仍旧历历在目。父亲几次提到他的前妻。他问于都的同志："苏区时你们的县委书记是女的，知道吗？"他还说："我长征离开于都时，专门在于都弹了一床四斤重的棉被，这床棉被一直伴我走过长征。"在参观革命纪念馆时，可能觉得介绍的内容中有渲染成分，父亲只说了一句："要求真实，符合历史原貌。"晚餐时，看见有一盘"泥鳅焖芋头"，父亲对陪同的人说："过去在苏区吃红米饭、青菜、芋头汤，有时候红军战士到田头地角、水圳里捉点泥鳅、小虾，焖上一锅芋子，也算打'牙祭'。我对泥鳅焖芋子有很深的印象，今天重吃它，别有一番风味。"

毕竟是重回故地，看见这么多熟悉的风物人情，心情一定是激动的。在招待所，夜很深了，父亲还未睡觉。陪同的人提醒他早点休息。他说："千里迢迢，来一次故地不容易，已经四十年了，才来上一次。看来，这一辈子也就只有这一次了。"寥寥数语，表达了一片拳拳之情。

辞别于都之后，8日到达会昌。

会昌，对于父亲来说，可谓意义非同一般。1932年，父亲在当时被称为中央苏区的"南大门"的会昌任中心县委书记时，在这里开展了卓有成效的群众工作和面对面的对敌斗争。也是在这里，因为反对王明路线的"左"倾冒险主义，他被扣上"右倾路线"代表人物的罪名，和毛泽东的弟弟毛泽覃、谢唯俊、古柏等人一起，被斗争、被免职，经历了他人生中的第一次政治磨难。那时，他还不到三十岁。对于他来说，在会昌，既有光荣的回忆，更有悲壮的阅历。在当年苏维埃政府旧址，父亲看到一棵浓荫蔽日的大榕树，他感慨地说："都变样了，只剩下这个大榕树。当年我经常在这个树下看书、看报。"话语中含有无限的眷恋。到周田参观盐矿，他回忆说："苏区时期，没有盐的苦头我们是吃够了。"他还与大家谈起苏区时熬硝盐的情况。这次到会昌，恰逢县里召开物资交流大会，父亲执意要看。他兴致勃勃地走到会场里，一一查问农产品的生产、销售，及农民收入情况。8日下午二时，父亲离开会昌。路上参观了毛泽东旧居，父亲说："毛主席在当时，也是受排挤、受打击的。"

8日下午，父亲一行到达瑞金。一到这里，当地的同志就对父亲说："你是我们的老县委书记，欢迎你。"一句普通得不能再普通的话，温暖了父亲的心。四十年前，父亲从上海中央到达江西苏区，在瑞金任县委书记，是中共瑞金县委的第一任书记。对于瑞金，父亲怀着深厚的感情。那些革命旧址，还是四十年前的老样子，太让人熟悉了。

9日，他参观了瑞金沙洲坝中央苏维埃临时政府旧址，再走一公里，就是原中央军委旧址。对这里，父亲熟悉得很。不用人带路，他也认得。他还主动带着大家，翻过小山，到当年中央军委总政治部的驻地。在那个坐落在竹林中的小村庄里，父亲向当地的人介绍，当年在这里，总政治部主任王稼祥、副主任贺昌在哪里办公；他本人作为《红星》报的主编，住在哪里，在哪里编辑和印刷报纸。参观后，他看到一些在晒红薯干的老乡，还特地去和他们打招呼询问。

10日，父亲一行在瑞金参观了机床厂、电线厂和红都制糖厂。在制糖厂，听完汇报后，要去车间。工厂的人说有两条路，近路不好走，父亲说："不要紧，为什么有近路不走，偏要走远路？中国革命的道路是曲折的，不是笔直的。走。"别人在路上要搀扶他，他说："不要扶，我还可以干二十年。"母亲笑着说："哪还能干二十年？"父亲不以为然地回答说："我才六十九岁，我还可以干二十年嘛，干二十年没有什么问题。"

父亲说，他还可以干二十年。这绝不是信口所说，而是发自内心的信誓旦旦之言。虽已年近七十，但父亲自觉身体很好，自觉精力很好，自觉还可以工作、还可以发挥作用。在党和国家面临巨大困难的非常时刻，他坚信，他还可以以他全部的生命和热血报效党、国家和人民。

在故地瑞金，父亲睹物生情，兴致很高，一改几年来一向的沉默，变得很爱说话。在制糖厂的酒精车间，他向人发问："酒精有什么用？"当人一一介绍酒精的用处时，他不无风趣地说："还有一样没有说到。

酒精还可以用来开汽车。"接着他又无限回味地说："你们不要忘记过去。我们在延安时，坐汽车都是用酒精做燃料的。"看到厂里工人用手工包装糖果，父亲问为什么不搞机械化。陪同的人回答："厂里人多，不搞手工操作，许多人没活干。"父亲对他们严肃地说："不能这样看问题。人多可以一部分学习，一部分工作。厂里合理地安排好，这样工人的素质才能提高，厂里的现代化水平才能提高。"从工厂出来，父亲一行到街上参观，当地群众有人认出了他，他也很高兴。到一个商店参观时，父亲兴致勃勃地回忆，当年瑞金的农民最爱站在路边的铺子边上喝酒。晚上，瑞金地方干部汇报情况，父亲静静地听完后说："应该说，现在比过去好了很多。解放后我们做了许多工作，取得了很大的成绩。但是和西方国家比起来，我们最少落后四十年。我们还需要努力。"赣南老区工农业生产的落后状况，在父亲心中留下了很深的印象。他心里清楚，在全国范围内，像这样没有摆脱落后和贫困状态的，绝不止赣南一个地方。还需要努力，还需要做出很大的努力。不然，对不起老区的人民群众，也对不起全中国的人民大众。

在瑞金盘桓了三天，父亲才不无留恋地离开了瑞金。临走前，他对瑞金的干部说："瑞金对中国革命做过重大贡献，应该有一个革命博物馆。"

11日，父亲一行到达宁都。他来到黄陂公社，详细询问当地的人口、耕地面积、农民收入、机械化程度及照明用电等情况。此次赣南之行的一路上，除了故地重游的回味与感慨外，父亲最关心的问题，就是生产和人民生活情况。如果说，在前次井冈山之行时，他还十分慎言的话，这次赣南之行，他已经是在十分明确和认真地了解和研究问题了。他知道，他的"问题"基本上算是解决了，政治上的复出已指日可待。如果复出，不管做什么工作，都需要了解情况。此次赣南之行，就是一次可贵的进行调查研究的机会。因此，一路上，他都在刻意详尽地询问和了解情况。他知道，如果要想在今后的时日里发挥作用，他必须做到心中有数。

在宁都,父亲顺路参观了原中共江西省委旧址。他说:"李富春是当时的省委书记。我在会昌任中心县委书记后,曾经被任命为中共江西省委宣传部长,还没到职就被免掉了。"对于旧事,父亲的回忆已不带任何感情色彩。历史就是历史,你既不可以改变它,也不可以沉湎于它。

12日,离开宁都后,当天下午到达广昌。父亲对广昌的干部说:"多年来想来看一看。过去保卫广昌,没到过广昌。这次了了这个心愿。"

次日,在回南昌的途中,先是路过南丰,趁着休息的片刻,父亲详细地询问了这个著名的橘子之乡的生产情况。临走时,母亲买了一些南丰蜜橘,准备带给家中的孩子们。

中午到达抚州。在抚州,父亲参观了纺织、制药、开关等工厂,在开关厂,他对厂领导说:"不要长期搞军品,单一的不好,还要搞民用。"在厂里,父亲到处参观,有时还走上走下、爬高下低的,很有兴致。

晚上地区盛情请客,还上了茅台酒。父亲知道王若飞[1]的儿子王兴和张鼎丞的女儿张九九一对夫妇在这里,就请地方上去找他们。王兴不在,九九一人来了。

王若飞和张鼎丞都是父亲的老战友。王若飞虽然早在1946年就因飞机失事牺牲,但也未逃过"文革"劫难。一个在国民党监狱中坚贞不屈的英勇的共产党员,竟然被打成了"叛徒"。王若飞的夫人李培之也是父亲的老战友,如今也被诬为"叛徒"关在监狱里。父亲关切地问九九:"王毛毛(王兴的小名)的妈妈怎么样?"九九说:"说她是二十八个半。""二十八个半",是指20年代时,当时的中国共产党的领导人王明说,在苏联学习的一些中国共产党人中,只有二十八个

---

[1] 王若飞,1919年赴法勤工俭学,曾任八路军副参谋长、中共中央秘书长,1946年4月在由重庆回延安途中,因飞机失事不幸遇难。

半可以被称作"真正的布尔什维克",后来,这些人因此而被算作王明"左"倾错误路线"线上"的人。父亲说:"不可能。我知道她根本不在那个学校。"他又问九九:"若飞呢?"九九说:"说他是陈独秀[1]分子。"父亲十分肯定地说:"不是。"他回忆地解释道:"若飞与陈独秀的关系很缠绵,但没参加过陈独秀的宗派活动。他和乔年、延年关系非常好。"陈独秀的两个儿子陈乔年和陈延年,是两个年轻英勇的共产党的高级干部,不幸相继在20年代末被国民党杀害。当时,又岂止王若飞一个人为之伤心悲愤。父亲是当年在上海党中央机关工作的当事人,也是知情人。九九又说:"他们还说王若飞在内蒙古被捕是叛徒。"父亲再一次坚定地说:"不是。薄一波受中央委托去接他,他在狱中很坚定。"那些专门整人害人的"文革"干将,心忒歹毒了,连死去的烈士也不肯放过。像王若飞这样一个老资格的党的高级干部,为党为人民革命奉献了自己的一切甚至生命,牺牲之后还要遭受陷害诬蔑。父亲怀念这些牺牲了的革命战友,也为他们在九泉之下仍然受到恶意诬陷而深感气愤。

席间,大家七嘴八舌地交谈。刘俊秀看到九九,也想起了王若飞,就说:"都说若飞能喝酒。有一次,我喝了十六杯,比若飞喝得多。"父亲笑着说:"若飞不能喝。他是好酒。"父亲知道九九刚生了孩子,问她有什么困难。九九说江西冬天太冷,木炭是定量分配的,不够用。父亲当即对地区的领导说:"给他们弄点木炭吧!"老战友早已作古,只有用这样的方式照顾一下后人了。

15日上午,父亲离开抚州启程回南昌。九九跟抚州地区的人一起送行到抚州的边界。南昌方面已经有人来接,九九和众人才依依不舍地和两位老人分手告别。

---

[1] 陈独秀,中国共产党的主要创建人之一和早期领袖。大革命后期执行右倾投降主义路线,使革命遭到严重挫折。后进行反党活动,被开除党籍。

第31章
再见了,步校

父母亲这次二下赣南,一共十天。一路风尘仆仆,终于回到了南昌。

见到家人,特别是小孙女,父母亲十分欣喜。妈妈给我们讲述一路见闻,说爸爸重回老区,感触很深。老区的干部对他们接待得十分热情,想得也很周到,所到的每一个地方,连盖的棉被都是新的,他们很受感动。

父母亲回到南昌不久,在天津的奶奶和小姑姑邓先群,带着小姑姑三个月大的儿子丁丁,还有在四川的二姑父张仲仁,一起来到了江西。这时我和大姐邓林到北京去了。我是利用放寒假,去看贺平和已经从干校"牛棚"中出来回到北京的公公婆婆。邓林是在朴方的安排下去北京,看介绍人给她介绍的对象,也就是去"相亲"。在江西的家里,仍有父母亲、邓楠、飞飞和小家伙眠眠,还有公务员老吴夫妇等七个人。这次奶奶、小姑姑和二姑父等,一下子又来了四个人。我们那个步校的小楼,简直可以称之为"人满为患"了。整个小楼两边的楼上楼下,全都挤满了人。小姑姑和邓楠是我们家有名的两个大嗓门,站在楼外老远就可以听到她们的声音。两个小家伙只差两个月,丁丁是个男孩儿,个头儿又大,相比之下,眠眠简直就是个可怜的小不丁点儿。爸爸做饭手艺虽然不错,但总比不上奶奶吧。奶奶回来了,大家又有

从来不爱照相的父亲，自打当了爷爷，心情非常好，也让我们摆弄着照相了。

好吃的了。饭厅里一个小方桌,每顿饭都挤得满满的。小姑姑和邓楠生完孩子后,本来就一个比一个胖,还都借口要补充营养,每顿总想多吃点儿。邓楠被妈妈看着,老是受到限制,不让吃不让喝的,说是不能再长胖了。而小姑姑则不同,有奶奶的纵容,可以无拘无束地敞开了吃。邓楠觉得太不公平了,整天价发牢骚讲怪话。

父母亲心情愉快,在江西的生活越过越有滋味了。他们抱着小姑姑邓先群的儿子丁丁照相。

二姑父张仲仁是个老实厚道的人,干了一辈子档案工作,光会干活儿不爱说话。这段时间,常在家的,只有父亲和二姑父两个男子汉,可偏偏这两个男子汉都是不爱说话的。也难怪,话都让家里的"姑娘"们说完了,哪儿还有别人说话的机会呀。奶奶总是用她那口好听的四川话说:"我们邓家屋里头的姑娘,简直厉害完啰!"其实不光是我们几个姐妹,连我们的两个姑姑也是"厉害完啰"。我们的两个姑夫则都是老实人,自从"随"了姑姑们进入我们邓家,时常会受点儿"欺负"什么的。不过"有压迫就有反抗",有的时候,他们也会忍不住发点牢骚。每当发生这种情况,他们便会立刻遭到我们几个"邓家屋里头的姑娘"七嘴八舌的集体"批判"。当然,姑父们也有救命稻草,那就是他们的大哥大嫂。妈妈这个当大嫂的,总是要顾全大局出面干涉一下了事。

唉,我们这个家,很少有个安静的时候,总是这样吵吵嚷嚷、热热闹闹的。父亲这样一个严肃严谨的人,怎么会带出这样性格与他截然不同的一家人来啊。其实,这样一个"没有教养"的家庭气氛的形成,责任还是在父母。归根结底,就是两个字:纵容。都说父亲为人

父亲头戴奶奶做的小布帽子,抱着小孙女眠眠。父亲笑得开心,眠眠哭得也来劲。

严厉吧,连他的老部下都说怕他。可跟我们这些孩子在一起,他就没辙了。从在江西时期开始,我们都亲昵地叫父亲"老爷子"。我们说:"老爷子,看我们多热闹,跟我们一起聊聊天嘛。"他会说:"哪有那么多说的。"看我们闹得太不成样子的时候,他也会说一句:"胡说八道!"算是把我们骂了。不过,闹归闹,对于父亲,我们其实是敬重有加的,在他认真的时候,我们都会百分之百地绝对服从,没有一个人敢"夯刺儿"的。

当我们一家人在江西尽享天伦之乐的时候,在北京,周恩来不顾江青一伙的重重阻挠,正在殚精竭虑地为解放干部做着不懈的努力。

1972年12月18日,周恩来致信纪登奎[1]、汪东兴二人:"昨晚主席面示,谭震林同志虽有一时错误(现在看来,当时大闹怀仁堂是林彪故意造成打倒一批老同志的局势所激成的),但还是好同志,应该让

---

[1] 纪登奎,中共九届一中全会上当选为中央政治局候补委员,时任中共河南省委书记。

他回来。此事请你们二人商办，他在桂林摔伤了骨头，曾请韦国清[1]同志注意帮他治好。""邓小平同志一家曾要求做点工作，请你们也考虑一下，主席也曾提过几次。"

原铁道部长刘建章的夫人写信给毛泽东，反映刘建章无辜被捕及在狱中受到迫害。毛泽东于12月18日作了批示："请总理办。这种法西斯式的审查方式，是谁人规定的？应一律废除。"毛泽东的批示，给周恩来抓紧进行解放老干部的工作提供了更大的支持。

1972年结束了。虽然天上仍是阴云密布，但一线阳光已从天边透出。

1973年来临了，形势依旧是错综复杂的。一方面，毛泽东继续坚持"文革"极左错误；另一方面，他又支持周恩来主持全面工作和进行解放干部的工作。毛泽东对于周恩来，是既不满意，又离不开。不满意的是，他觉得周恩来与他的一些想法相距甚远；离不开的原因，是到了此时，整个党、政、军包括外交方面的工作，以及台前幕后全国大局的维持，全靠着周恩来以其耿耿忠诚和超负荷的辛劳极力支撑。偏偏在这个时刻，周恩来得了不治之症。周恩来生病，对于命运多舛的中国来说，真好似屋漏又遭连夜雨。运动要搞，国家的日常工作也总得要有人来维系呀。在这种情况下，毛泽东作出了让邓小平尽快复出的最后决定。

1月的一天，江西省委常务书记白栋材委托省委书记黄知真来看望父亲，告诉他中央通知他于近期之内回北京。这一消息使父母亲及我们全家喜出望外。大家虽有预感，认为父亲的"问题"快解决了，但没有想到这么快地解决，而且马上要回北京。

要回北京了，全家人都很高兴。父亲当然也很高兴，但是，他的高兴不是外在的，而是蕴于内心的。父亲从来遇难不惊、遇喜不亢，

---

[1] 韦国清，时任广西壮族自治区革命委员会主任。

但此时，每一个人都可以从他的一举一动之中，体味出他心中的欣悦。"文革"被打倒以来，六年多了，他时刻期盼的，难道不正是这一天的到来吗！几年之中，忍受了多少不白之冤，克服了多少难以想象的困难，经历了在中南海内外的各种人生磨练，为了家庭的每一个成员和自己的政治生命进行着不懈的努力。几年之中，他以劳动锻炼体魄，以博览陶冶心灵，以和工人们的直接接触体味着人情与世情。寒冬，他每日坚持洗冷水澡。酷暑，他流着大汗坚持上工劳动。在家里，他生火、做饭、砍柴、种地，尽着丈夫、父亲应尽的责任和义务。同时，即使是在最困难的时刻，他也密切地关注着世上的风云变幻，注视着政坛的跌宕起伏，关注着国家的经济情况，关注着人民的生活状态。他不是一个宿命论者，不管事态向着什么样的方向发展，他都从容以对。他从来没有因个人的遭遇而消沉，而悲观，而失望。他一直坚信，真理终究会战胜谬误，正义终将战胜邪恶。他坚信我们的党，坚信我们的国家，坚信我们的人民。现在，这一天终于来临了。他已经做好准备，回北京以后，他要以他的信念和热忱，报效党，报效国家，报效人民。

要回北京了，马上就要离开江西了。虽然心里感到由衷的高兴，但是，对于这个羁居了三年多的地方，总感到一份眷恋不舍之情。父亲说："不忙，过了春节再走。"他还要在江西、在步校、在我们这个小楼的家里，过最后一个春节。

2月3日，是1973年的春节。我们一家人热热闹闹地在步校的小楼中度过了中国的这个传统的节日。春节过后，父亲兴致很高，提出再出去走一次，去著名瓷都景德镇看看。在江西省委的安排下，大年初六，也就是2月8日，父母亲偕同二姑父张仲仁，北上赣北。

汽车离开南昌不久，进入进贤县境界。中央办公厅"五七干校"就在这里。父亲想着自己的老秘书王瑞林。王瑞林1952年二十岁时来给父亲当秘书，直到"文革"爆发离开，现在在进贤县中办"五七干校"劳动。父亲一到进贤便想起了他，想要见一见他。父亲对陪同他的警卫人员说：

父亲去景德镇回来的途中,从中办"干校"找到老秘书王瑞林,并把他带回南昌的家中,多年没见面了,大家都很感慨。

"在进贤我没有别的事,就是想见见我的秘书王瑞林。"陪同他的人说,这一事需要请示中办。

过了进贤,当日到达景德镇,在市委招待所下榻。父亲对市领导说:"景德镇很有名气,我小学念书时就知道,这回要好好看看。"在景德镇,父亲一行参观了几个比较大的瓷器厂和陶瓷馆。在参观为民瓷厂时,一个工人认出了来人,脱口喊了一声:"邓小平!"这在车间里的工人们中引起了一阵小小的骚动。

10日下午到光明瓷厂,父亲在这里参观整个生产过程,详细地询问生产情况,问问工人的收入和生活情况。临走时,他们刚刚上车,没料想,各车间的工人,像约好似的,都拥了出来,呼啦一下子把汽车围在了中间。不知是谁带的头,工人们热烈地鼓起掌来。看见工人们热情热烈的欢迎,父亲立即下了汽车,向大家招手,心中充满了感激和感动。许久,父亲一行才在工人们经久不息的掌声中坐车驶出了工厂。

　　景德镇的干部向父亲介绍，林彪的干将程世清，为了配合林彪的篡权企图，把享有盛名的瓷器工厂，竟然改成生产什么水陆两用车，真是荒谬已极。而现在根据周总理的指示，工厂开始恢复生产，还可以做观音、弥勒佛这些以前被说成是"封、资、修"的东西了。在景德镇，母亲买了一些普通的实用餐具，准备带回南昌给孩子们。当地的干部说，怎么不买点好的？母亲说："别看以前在中央工作，我们也是普通家庭。"景德镇市的同志们对父亲一行十分热情，临走时，送给父母亲四只精美的瓷瓶。父母亲十分感动，将瓷瓶带回南昌，再带回北京，一直将其珍藏。

　　11日离开景德镇时，父亲充满感情地对市领导们说："景德镇不仅是瓷都，而且世界有名。景德镇的工人是有创造性的，劳动能创造世界。"

　　从景德镇回来的路上，因得到通知，中央同意他见王瑞林，父亲一行便直奔进贤。中午时分，当他们到达进贤中办"五七干校"时，看见当时在"干校"任副校长的李树槐在门口迎接。李树槐原来任中央警卫局副局长，"文革"前和我们一家人相当熟悉，到此时也是多年未见了。他深情地对父亲说："老首长，你来了我们很高兴。没想到在这儿见到你。"父亲看见李树槐也很高兴，他说："我来这里是想见见王瑞林。"李树槐立即说："可以。我们马上派人叫他去。"

　　此时王瑞林还在田头劳动。有人到田间通知他："你的老首长看你来了。"王瑞林先是一愣，随即上了来接他的吉普车，匆匆赶到招待所。见到几年未见的老首长，真是百感交集。这次能够见面，实乃劫后重逢。看着王瑞林消瘦而晒得黑黑的面颊，看着他一腿一脚的泥巴，父母亲都很激动。他们专程来进贤，就是为了要看王瑞林。没想到，原来那个年轻精神的小伙子，如今已经年逾不惑，一副满面风霜的样子。父亲为人一向寡言，对身边的工作人员也从不多说。虽然不会多说，但他内心的感情却是极其丰富的。特别是对王瑞林这样跟随他多年的秘书，更是感情很深。这种感情，不同于对自己子女的骨肉亲情，但却又极其相似。大家一起吃完午饭，父亲对李树槐说："我想带王瑞林回南昌去住两天。"李树槐爽快地答应了。王瑞林随父亲一行回到南昌。在步校的小楼中，王瑞林见到了奶奶和家中的一大群人。几年没见，大家相互询问着对方的遭遇，其中的沧桑辛酸令人难过，也令人感叹。像家人一样在步校住了两天后，王瑞林要返回进贤"干校"去了。我们全家人把他送到门口，大家依依不舍，但却相信，不久的将来，一定会再见。

在江西的三次外出，对父亲来说十分重要。"文革"以来，他一直被禁锢，脱离社会。对外面的情况，虽然可以从家人那里得知一二，但总是间接的。这三次外出，使他有机会用自己的眼睛亲自去看，用自己的耳朵亲自去听，使他对局势的现状和发展，有了一个直观的印象，并由此可以作出更为清晰明确的判断。"文革"到此六年多了，诸多风云，诸多不测，世间的人和事物，都发生了巨大的变化。这些变化，听在耳里，看在眼里，是好是坏，一目了然。父亲是一个成熟的政治家，他的心中，已有许多的忧虑。他的头脑里，已有许多的思考。一些原本零散的思路，已经理清，形成了明确的概念。在江西南昌步校的院子里，围绕着那栋灰色的小楼，父亲仍旧一圈一圈地散步。他的步伐很稳，而且很快。他虽仍旧是那样地不言不语，但你可以清楚地感到，他的心中，充满了思索，充满了信念，充满了渴望。六年的政治磨难，三年的劳动锻炼，为他积蓄了充足的精神和体力，使他做好了充分的思想准备。好像一艘已经高张起巨帆的航船，一旦风起，便可启程，全速远航。

春节过后，我们全家人开始收拾东西，准备回北京。

要说"文革"中间学会了什么本事的话，首屈一指要数收东西搬家。我们家的人，总是随着命运的起落被赶来赶去和搬来搬去，练就了一身搬家的好本领。一声令下，就可以用最快的速度把东西收好。衣服被褥，简单好收。那些书是最宝贵的，要一一收好放入箱中。还有就

离开江西前的大合影。小姑姑邓先群(左一)抱着她的儿子、二姑父张仲仁(左三)的加入,壮大了我们的阵容。

是家里的那些锅碗瓢勺,也得带走啊,不然到北京用什么东西做饭呀?二姑父张仲仁本来就能干活儿,这下子可是英雄找到了用武之地,成了家里的主要劳动力。父亲虽然名义上已经"解放",可在家里,他还是老样子,有什么活儿干什么活儿。妈妈和奶奶是总指挥,两个老太太很有点"指挥千军"的大将风范,把一家人支使得虽然有点团团转,却忙而不乱。其他的东西都好收,可我们养的鸡还有十只,怎么办呢?还是奶奶聪明,她指挥大家把鸡杀了,全都做成自制卤鸡,带上火车,还可以美餐一顿呢。

要走了,要离开江西了,要离开步校了,要离开相处了三年多的新建县拖拉机修造厂的工人们了。父亲叫母亲代表他和全家人去看望一下工人们。母亲买了些糖果和点心，分别去陶端缙、程红杏、缪发香等工人家，看望和道别。

听说老邓和老卓要回北京了，工人们感到由衷的高兴。但三年之中与老邓、老卓朝朝相处，感情很深，又实在舍不得他们走。老卓来时，陶排长没有在家，第二天一早，他带着厂里的几个工人赶到步校小楼，无论如何他们要送送老邓和老卓啊。看见门前有一辆大卡车，工人们说："不好，他们可能就要走了。"说着赶紧进到院子里。老邓、老卓听说工人们来了，立即张罗着让他们到楼上坐，还让人从已经装好的车上取下一些点心、糖果和水果，热情地招待大家。陶排长在这三年当中，和老邓、老卓接触最多，他有点激动地说："老邓，听说你要走了，我们几个工人来为你送行。"老邓也充满感情地说："谢谢你们。我们在厂里三年多了，麻烦了大家。现在要回北京去，我叫卓琳昨天下午去看望大家，表示我的意思。"陶排长和工人们七嘴八舌地说："老邓、老卓，你们回北京后，有机会来江西，一定要来厂里看看啊！"老邓、老卓连连地说："会的，会的。厂里的工人、干部都很好，我们会想念你们的。"

走的时间到了，工人们恋恋不舍地回去了。三年多的时间，虽不算长，但这却不是一般意义上的三年。可以说，正是这些最不善言辞、最朴实的工人，给予了老邓和老卓以心灵上的温暖和生活上的支持。这一份和工人们的感情，是不能用任何言辞加以形容的。

1973年2月19日，父母亲率领全家人，告别了工厂的工人们，告别了步校，告别了居住了三年的小楼，从南昌出发，坐汽车到鹰潭。次日上午十一点多，乘上从福州开往北京的46次特快列车。火车在上饶站特别临时停车几分钟。上饶地委的同志们上车看望了即将回京的邓小平，在江西的最后一站为他送行。火车喷吐着巨团蒸汽，汽笛长鸣，徐徐启动了。江西省送行的人，很快地在视野之中消失。江西那浓墨着色的崇山峻岭，那连绵起伏的红土丘陵，那昂然东去的滔滔江水，也都在视野之中消失。

随着火车的颠簸，进入了浙江地界。我们一家十口人，受到列车上工作人员的热情招待，吃饭时还给上了当时极为少见的茅台酒。我们家的人并不知道，铁道部的专运局长和公安局长都上了这列火车，亲自负责安排和安全。我们家坐的这节软卧上原先还有其他几个乘客，到杭州他们下车后，这节车厢没再上人，实际成了一节专车。

火车一路向北，穿过富饶的江浙大地，穿过广袤的沿海地区。迎面而来的，已不再是南方那和煦的暖流，而是北方那种早春天气里的、让人依然颤栗的飒飒寒风。

第32章
复出工作

1973年2月22日,一列火车缓缓驶进北京站一号站台。几辆中办派来的汽车依次排列在站台上。我和贺平两人是来接站的。远远地,看见一列火车缓缓驶来,越来越近,越来越近,我们兴奋极了。火车终于在站台边停稳。从车上,父亲首先下来,微笑着和来接他的人一一握手。接着,便是我们那一大家子的人,一个接一个地从火车上下来。老老少少、拖儿带女、啰啰唆唆地忙了个半天,一家人才安顿停当,坐上了汽车。

汽车开出北京站,行驶在长安街上。从车窗里,又看到天安门了,又看到中南海的新华门了。旗杆上鲜艳的红旗在寒风中飘啊飘的,让人见之心仪。回到北京了。这不是梦中,而是真真实实的现实。

车子驶向北京西郊马神庙附近的一个叫花园村的地方,进了一个很大的院子。院子里中间一条车道,从南向北,两边各三栋灰色的两层楼房。这里的房子全是新盖的,据说是为"文革"中一些新上来的"领导"准备的。

我们被安排住在东边最后一栋楼。进了楼才知道,这一栋楼分成两边,每一边可以安排住一家人。房子是新的,宽宽敞敞的,我们看着满意极了。比起江西的小楼,这个房子显得挺高级、挺洋气的。全家人一到,就赶紧搬行李,收拾东西,又是一阵忙。

回到北京,住在西郊花园村,院内柳树成荫。父母亲在我们住的楼前合影。可以看出,从江西回京的父亲毫无倦色。

当晚,中办主任汪东兴来了,看望了父亲。父亲向他表示,感谢他几年以来的关照。汪东兴说:"我是按毛主席的意思办的。"

邓小平回北京了。消息很快传开。一些老同志相继来到花园村看望邓小平夫妇。大家相见,又是叙旧,又是问好,而更多的,则是讲述"文革"中各自的遭遇,痛斥林彪集团的罪恶行径。从"文革"爆发至今,不过六年多的时间,可每一个人所经历的事情,却是太多也太不堪回首了。真有点几年不见恍如隔世的感觉。

父亲惦念着他的老战友和他们的家人。回京不久,他就让母亲去看望了罗荣桓元帅的夫人林月琴。父亲和罗荣桓元帅相知很深,母亲和林月琴妈妈也是好朋友。罗帅已于60年代过世，"文革"中林妈妈曾被林彪集团诬为"寡妇集团"的首要分子受到迫害。幸而目前灾难已过，看到他们一家人都还安好，父母亲感到甚为宽慰。父母亲去看望了李富春和蔡畅夫妇。李富春和蔡畅在20年代起，就和父亲一起在法国勤工俭学，一起加入中国共产党，一起从事革命工作，父亲一直视他们为大哥大姐，感情上特别亲密。几年不见，大哥大姐都已垂垂老矣。"文革"中李富春被诬为"二月逆流"受到批判，已多年索居，现在更是重病在身。蔡大姐的眼睛也近失明，所幸身体还好。大家都是历尽艰辛，能够重见，已是欣喜了。父母亲还特地到三〇一医院，看望了陈毅元帅的夫人张茜。从战争年代到建设年代，父亲和陈老总的个人关系一直非常好，工作关系也非常密切，"文革"前又住在一起，是前后院的邻居。"文革"中，陈老总因与林彪和中央文革造反势力斗争而被诬为"二月逆流"，受到批判和不公正的对待，已于1972年患癌症逝世。他的夫人张茜此时也因心情郁闷而身患癌症。在医院里，张茜阿姨病容清癯，但仍然性情耿介。听着她愤怒地控诉林彪的罪行，听着她讲述"文革"的遭遇，好像陈老总的音容笑貌犹在眼前，令人倍感伤怀。陈老总唯一的小女儿姗姗，当时正侍奉在母亲的病榻边。父亲看着这个刚刚失去了父亲，马上又要失去母亲的女儿，很是心疼。他对张茜说："看着姗姗从小长大，从今天开始，我收了一个女儿。"这是他当时唯一能为老战友尽的一份心意。

当我们一家人回到北京，开始适应新的生活的时候，在中南海里，周恩来总理已确诊身患癌症。

经历了六年多的"文革"运动，到了此时，周恩来已是心力交瘁。他一面主持着党政军的全面工作，终日操劳，一面要不断地与中央文革势力进行斗争。"文革"中间，大部分干部已被打倒，大大小小、繁复纷杂的工作，全靠他在支撑。国家离不开他，毛泽东也离不开他。可是，偏偏此时，他的病情加重，大量便血，需要施行手术。总理需

1973年，爷爷和孙女两人都在笑。

要做手术、需要病休，可国家怎么办啊，工作怎么办啊！周恩来心里急呀，他急于加快解放大批干部的工作，一次就让中组部提出了一个解放三百多人的名单。他急于要让他的老战友邓小平尽快复出，他知道，邓小平复出，将会发挥很大的作用，并完全可以顶替他的工作。如今，邓小平已经回京，他要想办法，尽快履行让邓出来工作的正式手续。

1973年2月下旬至3月初，周恩来抱病连续几次主持政治局会议，专题讨论邓小平的问题。周恩来提出，要恢复邓小平的党的组织生活，恢复邓国务院副总理的职务，要让邓小平复出。江青、张春桥等中央文革大员根本不可能赞同，于是便百般阻挠、从中作梗。政治局会议上充满了尖锐的斗争。不过，这次让邓小平复出，是毛泽东的决定，江青一伙再心怀不满，也未能得逞。

3月9日，周恩来写报告给毛泽东，汇报中央政治局几次讨论关于恢复邓小平组织生活和国务院副总理职务的情况，同时提出，政治局认为需要中央作出一个决定，一直发到县团级各党委，以便各级党委向党内外群众解释。周恩来并告毛泽东：小平同志已回北京。随后，毛泽东即批复："同意"。周恩来在毛泽东批示后，即批告汪东兴，将中央关于邓小平复职的文件及其附件送邓小平本人阅，并对有关内容提出意见。

3月10日，中共中央向全党发出了《关于恢复邓小平同志的党的组织生活和国务院副总理的职务的决定》。

实现了让邓小平复出的愿望，周恩来大大地松了一口气。在毛泽东批示的当天，也就是3月10日，他正式向中央政治局请假，要求病休两周，提出中央日常工作交由叶剑英主持。

父亲虽然已经回到北京，但对于中央的这一系列直接关系到他政治命运的重大事件，却不知道。虽然他以政治的敏感预感到他复出的时间已迫近，但绝对没有料到事情的发展这样迅速。在毛泽东批示同意恢复他工作的前一天，即3月9日，他还在为孩子的事给汪东兴写信，说他的大女儿邓林已在北京冶金研究所（即有色金属研究院）找到爱人，请汪东兴帮助将她分配到北京工作。汪东兴第二天就收到了信，并进行了批示。

关于他复出的中央通知发出后，汪东兴向邓小平作了通报，遵周恩来嘱将有关文件送邓小平阅。事情进展得这样快，既出乎预料，又令人高兴。

不久，受周恩来的委托，他的夫人邓颖超到花园村来看望邓小平夫妇。邓颖超和父亲同岁，比父亲大几个月，所以父母亲称她大姐。这个大姐，与一般人称的"大姐"意义又有不同。父亲清楚地记得，20年代末到30年代初在上海从事地下党活动时，周恩来和邓颖超就和他在一起。他们一起从事革命活动，一起冒着生命危险在党中央机关工作。他们在一个党小组里过组织生活，曾经住在楼上楼下。周恩来和邓颖超亲眼目睹了二十四岁的邓小平的第一次恋爱，亲自为他和张锡媛操办了婚礼。他们曾看着这一对年轻的革命夫妻幸福地工作和生活，也曾为张锡媛的难产而死和邓小平的悲痛而伤怀。在那个时候，他们叫邓小平为小弟弟。周恩来是当之无愧的前辈和兄长，邓颖超更为同姓的大姐。生死相知几十年，一晃又是近七年不见了。这次大姐来，本应是高兴的事，但不幸的是，大姐是受周恩来委托，来告诉邓小平夫妇他本人的病情及检查治疗情况。这时，父亲才知道，周恩来患病，并且患的是癌症这种恶性重病。相见时那高兴的心情，一下子沉重了起来。

3月28日晚十点,周恩来总理、李先念副总理和江青约见邓小平。这是邓小平恢复职务后第一次正式的工作谈话,也是他近七年来,第一次见到周恩来。从这天以后,他们的见面次数很多很多。他将要和周恩来一起,在以后的岁月中,不断地经历许许多多政治上的惊涛骇浪。

3月29日,毛泽东在其住处那个著名的书房中召开政治局会议。会前,周恩来约邓小平先到毛泽东那里。这是自从1966年9月之后,时隔七年多,邓小平再次见到毛泽东。见了毛泽东后,邓小平参加了这次政治局会议。会上,由毛泽东提出,政治局当场作出决定,邓小平正式参加国务院业务组工作,并以国务院副总理身份参加对外活动;有关重要政策问题,小平列席政治局会议参加讨论。这次会后,邓小平正式恢复了在国务院担任的副总理的工作。

50年代设立中央一线、二线,让邓小平作为实际上的接班人之一,是毛泽东作出的决定。"文革"开始时打倒刘少奇、邓小平,是毛泽东作出的决定。打倒邓小平却不开除邓小平的党籍,是毛泽东的决定。让邓小平复出重新起用,也是毛泽东作出的决定。这次见到邓小平,毛泽东是高兴的。其实,对于邓小平,毛泽东始终存有一分赏识,或者说留意。在作出让邓小平复出的决定后,首先,毛泽东对邓小平在使用的时候还要继续进行观察。同时,可以说,毛泽东对于邓小平,心中确实是寄予了一份厚望。从以后的事实中可以看到,对于复出后的邓小平,毛泽东确曾给予了相当的重托和有力的支持。从此以后,在周恩来住院期间,许多外宾来访,都是由邓小平代替周恩来进行陪同。在以后的三年中,不论是谈工作还是陪见外宾,邓小平多次出入毛泽东的这间书房,直到再一次被打倒。

4月9日下午五时,邓小平夫妇到北京西郊的玉泉山,去看望在那里进行治疗的周恩来和他的夫人邓颖超。

看着总理消瘦的面容,父母亲心中说不出地悲伤。多年后,父亲在回忆起当时的情景时,还不胜伤怀。他说:"我们去看总理,看到他瘦得不成样子了。我们相对无言。"相对无言。能说什么呢？几年之中的风风雨雨、辛酸苦辣，岂是言语所能表达。见了邓小平，周恩来很高兴。周恩来为人向来严谨，对事物从不妄加评论，更不会随便议论他人。不过，这次是和他最信任的邓小平谈话，他要把蓄积在心中多年没有说出的话讲出来。周恩来首先没有谈他的病，也没有谈今后的工作，他对邓小平说的，是埋藏在心里多年的话。他说："张春桥是叛徒，但是主席不让查。"讲完后，他对着卓琳特别嘱咐："卓琳，你不要说出去啊。"接着，他十分郑重地对邓小平夫妇说："小平的保健，你们要从吴家选一个人。"吴家，指的是医学专家吴阶平、吴蔚然两兄弟。此时，周恩来要向邓小平交待的，是邓小平在未来的工作中将要面对的险恶的政治处境。此时，周恩来所关心的，是邓小平的保健，既要有技术上的保证，又要人选得可靠。重病中的周恩来，这样地关心邓小平，是因为他信任邓小平，是因为他把他的全部希望，寄托在了邓小平的身上。

近七年的时光过去了，天地间发生了多少的变化，每个人又都经历了多少的沧桑，真是说也说不完。党和政府还有那么多的工作等待着去做，这也不是三言两语可以谈完的。他们谈了很长很长的时间，直到夜幕降临。共进晚餐时，他们还在交谈。玉泉山新绿层染的丛林寂静了，清澈滢碧的湖水波澜不起，鱼儿也潜入了水底，四周万籁无声，仿佛刻意地不去打扰这久已向往的、推心置腹的和重要的谈话。

1973年4月12日，在人民大会堂的宴会厅里，周恩来总理抱病举行盛大宴会，欢迎刚刚从柬埔寨解放区返回北京的柬埔寨国家元首诺罗敦·西哈努克亲王和夫人。参加宴会的人们发现，随同领导人和贵宾一道出来的，有一位个子不高、但却极其眼熟的人。是邓小平！就是那个被打倒了的"党内第二号最大的走资派"。一些参加此次宴会的外国记者特别敏感，宴席未散就纷纷抢先走出宴会厅。记者们直奔近处的邮电大楼，竞相向全世界发布这一重大新闻：邓小平复出了！

1973年4月,邓小平出现在由周恩来举行的欢迎西哈努克亲王的宴会上,这是他六年来首次在公开场合露面,引起了国内外广泛关注。

第二天,港台及世界上的许多新闻媒介,对于邓小平重返中国政治舞台大加报道和渲染。一时之间,邓小平复出,成为海外人士评论中国问题的一个热点话题。有一家外国媒体形象地将邓小平称为"打不倒的小个子"。

在这次宴会上,人们看到的邓小平,是缄默的,但却是安然的。时势的变迁,使他更加地深沉,更加地健康。在他身上,竟然看不出丝毫的疲惫和苍老。

父亲恢复了国务院副总理的工作。不过,此时的国务院,和"文革"以前的国务院,已有天壤之别。

1965年,由第三届全国人民代表大会产生的国务院组成人员名单是这样的:

总　理:周恩来

副总理:林彪、陈云、邓小平、贺龙、陈毅、柯庆施、乌兰夫、李富春、李先念、谭震林、聂荣臻、薄一波、陆定一、罗瑞卿、陶铸、谢富治

秘书长：周荣鑫

八年过去了，天翻地覆，沧海桑田。

到了1973年，原国务院组成人员中，邓小平、贺龙、乌兰夫、谭震林、薄一波、陆定一、罗瑞卿、陶铸共八人被打倒；陈毅被批判并于1972年病逝；柯庆施和谢富治分别于"文革"前和1972年死了；林彪1971年自爆；陈云、李富春、聂荣臻被批判，已实际不能工作；秘书长周荣鑫也已被打倒。

目前的国务院，只有总理周恩来，和一位副总理李先念在工作。这么大的一个国家，这么困难的经济情况，这么混乱的社会秩序，又要"抓革命"，又要"促生产"，工作的难度和强度是可想而知的。国务院的工作不只是经济工作，还有外交及教、科、文、卫等各项工作，真是千头万绪，抓不胜抓啊。在这种情况下，国务院设立了一个生产领导小组，由余秋里和谷牧两人协助周恩来和李先念管理经济工作。这也是一个不得已而为之的权宜之计。但是，就是这样，周恩来还是要日理万机，以至于累垮了身体，累得得了绝症。

1966年"文革"开始以后，国民经济经历了由增长到大幅度下降，再到初步回升的反复过程。到了1969年，经过周总理领导的国务院的努力，好不容易扭转了动乱以来工厂停工、生产下降和经济遭到全面破坏的状况，工业生产情况有所好转，经济也有所回升。1970年和1971年，由于毛泽东对国际形势不切实际的分析，认为新的世界大战随时可能爆发，在这一基础上，对经济工作的指导上又一次产生了急于求成，盲目追求高指标和高速度，基本建设规模过大，造成了职工人数、工资总额、粮食销量和货币发行的"四个突破"。还是周恩来及时发现，并着力扭转了这一情况所带来的种种困难。经过努力，1972年工农业总产值比上年有所增长。

邓小平恢复了副总理的工作，但是，周恩来总理却要暂告病假。国务院的工作，特别是经济工作，将主要交由邓小平和李先念两人全力来抓。这个时候,虽然经过周恩来的努力,经济有所恢复,但是,由"文革"运动造成的破坏实在太严重了,真是积重难返。1972年经济虽有好转,但职工总数、工资总额和粮食销售"三个突破"还在继续发展。需要做的工作,实在太多了。

刚刚回到北京的邓小平,像是来到了一个陌生的环境。如何工作,如何处理各种人事关系,还需要有一个熟悉和辨别的过程。到任之后,他一头埋进工作,处事上则较为低调。只有一件事是他格外关心的,那就是周恩来总理的疾病的治疗情况。而在这个问题上,周恩来和他的夫人邓颖超,对于邓小平也格外地信任。受周恩来的委托,邓颖超于6月9日上午到花园村,看望邓小平夫妇,并和他们谈总理病情。总理的病,看来的确不容乐观啊。听完邓大姐的介绍,大家的心情十分沉重。作为周恩来的助手,邓小平责无旁贷,要助周恩来一臂之力,与之患难与共。

第33章
坚持"文革"路线的党的十大

在1969年4月的时候,中国共产党召开了第九次全国代表大会。此次大会有两大"成果",一个是通过修改党章肯定了"文化大革命"运动的极左路线;一个是通过人事变动确定了一大批"文革"势力人物的政治地位,特别是确定了林彪为毛泽东的正式接班人。

毛泽东认为,在召开这样一个"团结的大会、胜利的大会"的基础上,"文革"的伟大历史任务就可以光辉地结束了。他完全没有想到,以后竟然会发生那么多出人意料的事件。更没有想到,林彪会阴谋政变,最后自爆身亡。离"九大"召开不过短短的四年,九届一中全会所选出的二十一名政治局委员中,已有七名成为林彪反革命集团的首脑和骨干成员。政治局现在仅剩下十三个人,缺额达三分之一,难以正常工作。同时,林彪自爆,造成了接班人位置的空缺,也使人们对于"九大"乃至整个"文革"路线的正确性产生了质疑。在这样一种形势下,毛泽东认为,有必要提前召开一次党的代表大会,以解决林彪事件带来的诸多"后遗症"。

为准备"十大"的召开,中共中央于1973年5月20日至31日在京举行工作会议。会议决定提前召开党的第十次全国代表大会;作出了关于"十大"代表产生的决定;决定从湖南调来的华国锋[1]和上

---

[1] 华国锋,时任国务院业务组组长。

海调来的王洪文[1]，与时任北京市委第一书记的吴德，三人列席政治局会议并参加政治局工作；决定由张春桥、姚文元等起草政治报告等"十大"重要文件，由王洪文负责主持修改党章的工作。这次会议的一个积极成果是，按照毛泽东的意见，宣布解放谭震林、李井泉、乌兰夫等十三名老干部。

邓小平作为国务院副总理参加了此次会议。在会议期间，周恩来郑重地向与会者强调，中央关于恢复邓小平职务的文件，是一个有代表性的文件，对此，绝大多数同志都是满意的。

经过三个月的仓促准备，中国共产党第十次全国代表大会于1973年8月24日至28日在京召开。

会议三项议程：一、周恩来代表中央委员会作政治报告；二、王洪文代表中央委员会作修改党章的报告；三、选举党的第十届中央委员会。

会议通过了由张春桥起草、经毛泽东审定的"十大"政治报告。该报告承袭了"九大"的错误，再一次不容置疑地肯定了以毛泽东为代表的"左"的错误。会议通过了新的党章。与"九大"党章相比，除了删掉了林彪为接班人的内容外，基本上继承了"九大"党章的内容。大会选出了第十届中央委员会。与"九大"相比，"十大"的组织路线也没有多大变化，更多的追随中央文革的投机人物和造反派人物进入了中央委员会。唯一让人庆幸的，是一些在"文革"中被打倒的老干部，被选进了中央委员会。其中有邓小平、王稼祥、乌兰夫、李井泉、谭震林、廖承志、李葆华、秦基伟、杨勇、王诤等。

8月30日，十届一中全会召开。全会选举了中央机构。

党的主席：毛泽东

党的副主席：周恩来、王洪文、康生、叶剑英、李德生

中央政治局委员：毛泽东、王洪文、韦国清、叶剑英、刘伯承、江青、

---

[1] 王洪文，时任中共上海市委书记。

朱德、许世友、华国锋、纪登奎、吴德、汪东兴、陈永贵、陈锡联、李先念、李德生、张春桥、周恩来、姚文元、康生、董必武

中央政治局候补委员：吴桂贤、苏振华、倪志福、赛福鼎·艾则孜

中央政治局常委：毛泽东、王洪文、叶剑英、朱德、李德生、张春桥、周恩来、康生、董必武

分析以上名单，虽然在中央委员、政治局委员和政治局常委中增加了一定数量的老同志，但以江青为首的中央文革的势力却得到了大大的加强。其中，上海大造反派头头王洪文和阴谋家康生成为党的副主席，中央文革主要智囊张春桥成为中央政治局常委。在整个中央机构中，基本形成了以周恩来为代表的老同志，和以江青为代表的"文革"势力两大阵营。

在这一次人事变动中，最为醒目的要算王洪文。王洪文原为上海一个工厂的保卫干事，"文革"中，在江青、张春桥、姚文元的支持下，迅速成为上海最大的造反派"工总司"的大头目。后来，他像暴发户

毛泽东、周恩来、王洪文在"十大"主席台上。

江青、张春桥在"十大"主席台上。

一样,摇身一变,成为上海市革命委员会的领导,曾经以一手制造了上海最大规模的武斗"上柴事件"、打死打伤无数人而名噪一时。

林彪事件后,党的接班人问题再度突出。毛泽东此时的心情已经相当复杂。这个接班人,选也不是,不选也不行。思来想去,毛泽东找到了一个折衷的办法,选一个年轻人进入最高领导层,但不确定为接班人。这样,可以一边使用一边进行观察。毛泽东选定了王洪文。毛泽东认为,王洪文工、农、兵都当过,又是由"文革"造就出来的,可以继承和坚持"文革"路线。继承和坚持"文革"路线这一点,对于毛泽东来说尤其重要。毛泽东后来说过,他的一生,干了两件事,一件是战胜了蒋介石和日本侵略者,进了北京;另一件,就是发动了"文化大革命"。对于毛泽东来说,"文革"是绝对不能否定的,这是一个关系到他本人一生的作为和历史功绩评价的大问题。选择接班人,首要的条件,就是要忠于毛泽东和他的这条"革命"路线。在毛泽东的这一考虑下,王洪文,这一个无才无德、造反起家的暴发户,便一跃进入了中央的最高领导层,而且成为仅次于周恩来的中共中央副主席。为了扶植这个"新科状元",毛泽东特意安排,让王洪文在"十大"上代表中央委员会作修改党章的报告。由此,这个"文革"起家的造反人物,一下子青云直上、沐猴而冠了。

王洪文的发迹,为江青集团大大地增加了实力。可以说,至此,在党中央内部,形成了一个由江青、张春桥、王洪文、姚文元所组成的"四人帮"集团。

"十大"之后,叶剑英向毛泽东提议,让邓小平在军内兼职,并参

邓小平与邓颖超在"十大"会议上。

加政治局的工作。毛泽东表示可以考虑。

"十大"开过了,对林彪集团的处理已经完成了,党章修改了,人事也定下来了,可毛泽东的心,仍不安定。林彪事件对他的打击实在是太大了。也可以说,由林彪事件所引发出来的事情太多了。首先,是接班人的问题。虽然提拔了王洪文,但并没有正式冠以接班人的名义。虽然恢复了邓小平的工作,但对这个在"文革"中被打倒的人,究竟可以使用到什么程度,仍需认真观察。还有一个更大的问题,就是对"文化大革命"的评价问题。林彪倒台,使这个问题上升到最为重要的地位。

要坚持"文革"路线,就要坚持斗争,坚持批判,批判一切与毛泽东"左"倾思想不符的所谓"右"倾思想。"十大"前后,在批判林彪的同时,毛泽东提出要批判两千年前孔老夫子的儒家学说,并由此又展开了一轮新的全国性的"批林批孔"运动。中央文革一伙趁火打劫,借此掀起轩然大波。10月,江青在清华、北大发起了教育界所谓的"反击右倾回潮运动"。纠正极左做法、解放老干部的春风刚刚吹过,秋日批判的肃杀之气就直逼而来了。

父亲到国务院后，立即投入紧张的日常工作，并开始介入有关的外事工作和会见外宾。

1973年9月29日，中日邦交正常化一周年的时候，日本驻华大使小川平四郎在日本大使馆官邸举行纪念活动。复出不久的邓小平以副总理的身份出席了本次活动。邓小平的出席，引起了大家的注意和兴趣。当时在日本外交部任职的国广道彦也参加了这一活动。他原以为，经过一番被打倒的经历，邓小平一定是一副很"累"的倦容。没想到，出现在人们眼前的邓小平，神色很好，也很健康。邓还在纪念册上签了名，小川大使视为珍贵的历史见证，至今保存着。

10月份，父亲到武钢视察工作。他十分关心在周总理亲自关怀下新近引进的一米七轧钢机工程。看到先进的技术设备和工人们高涨的工作热情，他兴奋地说："好，又一个淮海战役。将来可以搞一千万吨钢。"

10月10日至14日，加拿大总理特鲁多访华。父亲以副总理的身份陪同客人到桂林参观访问。在送走外宾后，父亲专程到湖南，到韶山毛泽东旧居参观。

尽管在"文革"中受到不公正待遇和委屈，但在父亲的心中，对于毛泽东，始终是敬重的。这种敬重，不是那种浅薄的服从，不是那种盲目的崇拜，更不是那种趋炎附势的附和。他对毛泽东的感情，是发自内心的，是质朴的。他对毛泽东的认识，也是有分析的和清醒的。30年代初期，父亲因与毛泽东观点一致而被错误路线划为"毛派头子"。在长期的革命战争年代，他一直在毛泽东的指挥之下战斗，对毛泽东的英明和伟大衷心信服。建设时期他受到毛泽东的重用，被委以党的总书记和中央一线领导人之一的重任。可以说，在几十年的革命生涯中，他一直是毛泽东的一个忠诚而又得力的部下。父亲和他们那一代的革命老战士，是追随着毛泽东走过几十年漫长的战斗道路的，对于毛泽东的超人的胆略和伟人的气概，他们是深深折服的。后期，在如何建设社会主义的认识、做法和思想上，父亲和一批党的高级干部，开始与毛泽东产生程度不同的分歧，最后，还因此受到毛泽东错误的冤屈和迫害。对于毛泽东晚年的日趋极左的思想和做法，特别是发动"文革"这一弥天大错，父亲反对的态度是鲜明和坚定的，并想用他的努力来纠正这一错误。虽然对于毛泽东的错误和做法持有异议，但是，父亲对于毛泽东本人的敬重，从来没有改变过。要知道，这种敬重，是发自内心的。这种情感，不是在一朝一夕之间形成的。这是在几十年的时间之中，经过岁月的磨砺积淀下来的。对于父亲来说，毛泽东是伟人，是领袖，也是一个既亲切又高高在上的长者。父亲对于毛泽东的态度，总的来说，可以归纳为几个字：敬重，却不迎合。这种敬重，是真诚的；而不迎合，也是坚定的。

这次到韶山，是父亲向往已久的。他说："1965年想来，工作忙，没来成。1966年又想来，后来就来不成了。"这次来，他仔细而认真地瞻仰了旧居中的陈列。看到毛泽东小弟弟毛泽覃的遗照，父亲感慨地说："毛泽覃是个好同志。"30年代他和毛泽覃曾经一起受到"左"倾路线的迫害，不久之后，毛泽覃即在战场上英勇牺牲，年仅二十九岁。看到毛泽东二弟毛泽民的遗照时，父亲说："我认识毛泽民，还认识他的妻子钱希均。他是1943年牺牲的。"毛泽东一家在革命战争中，一共牺牲了六位亲人。为革命，真可谓满门忠烈。参观毛泽东旧居，让人不禁感慨万千。毛泽东，这三个字所代表的，绝不仅仅是一个人个人的功过成败，而是涵盖了中国共产党、中国革命事业和新中国建设事业的全部历程。无论它是光辉灿烂的，还是艰难曲折的。

当父亲在国务院迅速进入情况、埋头处理着千头万绪的工作的时候，1973年11月份，发生了一件意想不到的事情。

事情的起由，还要追溯到1971年毛泽东作出的恢复中美两国关系的决定。当年7月，周恩来接待了秘密来访的美国总统尼克松的国家安全事务助理基辛格，之后发表了举世震惊的外交新闻，宣布美国总统尼克松将于1972年访华。从1949年中华人民共和国成立起，由于美国支持在台湾的国民党并一贯坚持反共的外交政策，中美两国一直处于敌对状态。1972年2月美国总统尼克松访华，使中美之间中断了二十多年的关系得到了恢复。这一在世界上极具震撼力的外交成果，是毛泽东光辉的、具有国际战略远见的外交政策的巨大成功；同时也是周恩来娴熟的外交艺术和丰富的外交经验的最完整的体现。毛泽东指挥若定，周恩来挥洒自如，二者的完美配合，铸就了新中国外交史上的一块丰碑。

1973年11月，基辛格博士访华，周恩来与之进行会谈。会谈十分辛苦，一直进行到凌晨。会谈后周恩来稍事休息，一大早又再次与之进行会谈，并到机场为基辛格回国送行。送行回来后，周恩来到毛泽东住处准备向毛泽东报告时，毛泽东已经睡了。后来毛泽东认为周恩来没有立即向他报告此事，并认为会谈中有"错误"，便雷霆震怒，说要召开政治局会议批评。在这种情况下，中央决定召开政治局扩大会议批评周恩来。

周恩来刚刚大量便血，刚刚告病住院，又以抱病之躯连续作战地与基辛格昼夜会谈。本来谈判成果很大，连毛泽东都十分高兴，不想却因这样一个"意外"酿成了一场批判。他不得不抱病主持召开政治局扩大会议批评自己。会议中，与会者按照毛泽东的要求对周恩来进行了批评，周恩来本人也进行了自我批评。而江青和张春桥等人却以为"倒周"的时机到了，想借这一机会打倒周恩来。他们肆意对周恩来进行诬蔑性的批判。江青甚至危言耸听地说，这是继林彪事件之后的"第十一次路线斗争"，诬蔑周恩来"迫不及待"要取代毛主席。周恩来重病在身，听着这些恶意诬陷，他虽然心中气愤，却只能以沉默对之。

会议的中间，毛泽东曾问前来汇报会议情况的王海容[1]和唐闻

---

[1] 王海容，毛泽东的亲属，时任外交部部长助理，后任外交部副部长。

生[1]:"邓小平发言了没有?"毛泽东要了解邓小平的情况,要了解邓的态度。

邓小平刚刚恢复工作,连政治局成员都不是,只是一个列席的身份。在会上,他一直沉默,没有发言。在所有的人差不多都发了言之后,到了最后一两天,他发了一个言。发言的一开始,他不得不按毛泽东对每一个与会者的要求批评周恩来。但寥寥数语之后,他即把话锋一转,开始讲怎样看待国际战略形势的问题。他分析了当前的国际战略态势,分析了中美、中苏、美苏之间错综复杂的战略关系,讲到看待国际关系和国与国关系,不能凭一次谈判和某一句话来进行判断,关键要看大的形势。他认为,目前来看,要讲打仗,大家都还没有准备好。特别是美苏两家自己没有准备好。但是,如果真打起仗来也不可怕,以前用小米加步枪我们打败了日本侵略者,今天就是用小米加步枪,也能打赢。邓小平不发言则已,一发言就讲了这么长,而且都是从国际战略角度来分析谈论。在发言的时候,他的思路,早已大大超越了本次会议批周的主旨。

当王海容、唐闻生二人把邓小平的发言向毛泽东报告后,毛泽东高兴地说:"我知道他会发言的,不用交待也会发言的。"一时兴起,毛泽东问谁知道邓小平的住处,要马上把邓小平找来。虽然因其时已届深夜,没能将邓找来,但这一事情,说明毛泽东对邓小平在进行认真观察。而观察的目的,是他将要决定委邓小平以重任。

12月9日,毛泽东会见外宾后,与周恩来、王洪文等谈话。对于批周的会,毛泽东先说:"这次会开得好,很好。"接着,他就批评江青一伙说:"有人讲错了两句话。一个是讲十一次路线斗争,不应该那么讲,实际上也不是。""一个是讲总理迫不及待,他不是迫不及待,她自己(指江青)才是迫不及待。"此前,在11月25日,毛泽东还在

---

[1] 唐闻生,时任外交部美大司副司长。

一封批评江青的来信上批示:"有些意见是好的,要容许批评。"实际上也是对江青进行批评。

"批周"事件就这样结束了。毛泽东对于周恩来,既离不开,又总不满意,实质是觉得周的思想跟他不相容,太"右"。他要批周,却绝不会打倒周。江青等人想借机闹事,结果也被毛泽东批了一下。毛泽东对江青等人的批评,让一心"倒周"的江青集团大失所望。

第34章
进入军委、政治局

父亲1973年2月回京，3月恢复国务院副总理的工作，转眼间十个月过去了。

这段时间里，我们的家全部重新安定。邓林分配到北京画院从事绘画的本职工作，并与有色金属研究院的研究人员吴建常结了婚。至此，三个女儿的婚事都已完成，父母亲非常满意。朴方在三〇一医院继续治疗。邓楠分配到中国科学院自动化研究所工作。我和飞飞转到北京上学。我进北京医学院医疗系学习，飞飞进入北京大学物理系学习。父亲恢复工作后，首先把老秘书王瑞林从江西中办干校调回北京，回到他的身边。后来又陆续把老警卫员张宝忠和老公务员邓型筠等人调回，加上从江西时就来了的公务员老吴，几乎所有的老工作人员都已回来。

家里最宝贝的还是小孙女眠眠。爷爷指着我们兄弟姐妹几个人说："现在有了孙女，你们都不算什么了！"弄得我们挺不服气的。我的奶奶因为有了第四代，已经正式"晋升"为老祖祖。她总是护着眠眠说："就她一个人小些嘛！"老祖祖向来以会带孩子闻名，她以前的格言是："要想小儿安，常带三分饥和寒。"就是说带孩子吃饭不要撑着了、穿衣服不要捂着了，这样孩子才会健康。不过可能因为年纪大了吧，她把原来那些相当科学的喂养方法全都"废除"了。每顿给眠眠喂饭，老祖祖都会使劲地喂。其实，岂止是喂，简直就是使劲地塞。结果让这个小家伙长得又圆又胖的，手腕上都起了一圈小肥肉沟沟。妈妈则按一贯作风，凡事都要用科学方式。说要补钙，就把眠眠放在一个小竹推车上，天天推到院子里晒太阳。一个夏天过去，眠眠晒得黑黑的。妈妈又说，为了以后头发好，要剃光头。结果把一个原本挺斯文的小女孩儿，弄得圆圆的脑袋又光又黑又亮，活像个黑李逵。爷爷现在忙了，但是每天早上一起床，他就要去看孙女，好像进行什么朝觐仪式似的。

在花园村，原来我们家只住一栋楼的一个半边儿，但家里的人口实在太多了，根本住不下。一开始国管局只允许我们在周末人多时借住一下隔壁的那套，也就是临时在那里打打地铺。后来父亲恢复副总理的工作后，国管局干脆把整个一栋楼都让我们家住了。这样就宽敞多了。刚到北京时，花园村院子里，只有我们一家人住。后来李井泉解放后，也搬了进来，住在我们前楼。他们家人口也挺多的。我们两家的人都熟，大人孩子们常常相互串串门子，花园村的院子里一下子热闹了起来。花园村的这些房子，原来是准备给一些"新领导"们住的。没想到，新的"领导"一个都还没来，却让一些"打道回府"的老干部进驻了，也是一件有趣的事。

到了1973年12月，经过一段时间的观察，毛泽东已下定决心，在更大程度上重用邓小平。

12月12日到22日，毛泽东连续主持召开政治局会议。会上，为了吸取林彪事件的教训，把军队置于党的绝对领导下，毛泽东提出将八大军区的司令员进行对调。在这同一个会议上，毛泽东提议，让邓小平担任中央军事委员会委员，担任中央政治局委员。

12日，毛泽东在会上说，我和剑英同志请邓小平同志参加军委，当委员。又说："(邓)是不是当政治局委员，以后开二中全会报告追认。"他批评道，以前"政治局不议政，军委不议军、不议政，以后改了吧"。

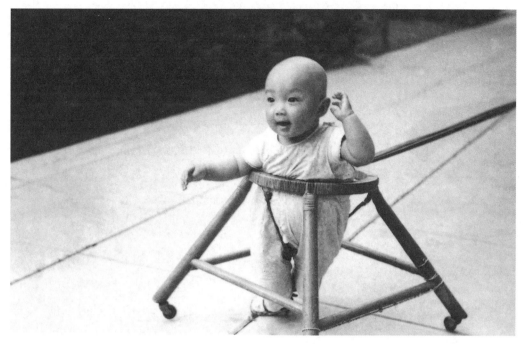

1973年夏天，眠眠被她的奶奶剃了个大秃头，哪像个女孩儿呀，整个儿一个小和尚。

14日，毛泽东在会上说："现在，请了一个军师，叫邓小平，发个通知，当政治局委员、军委委员。政治局是管全部的，党政军民学、东西南北中。我想政治局添一个秘书长吧，你（指邓小平）不要这个名义，那就当个参谋长吧。"

12月15日，毛泽东在他的书房与政治局委员和各大军区司令员谈话。他说："我们现在请了一位参谋长（指邓小平）。他呢，有些人怕他，但是办事比较果断。他一生大概是三七开。你们的老上司，我请回来了，政治局请回来了，不是我一个人请回来的。"毛泽东转身对邓小平说："你呢，人家有点怕你。我送你两句话，柔中寓刚，绵里藏针。外面和气一点，内部是钢铁公司。过去的缺点，慢慢地改一改吧。"

12月18日，周恩来主持政治局会议，会上传达毛泽东关于各大军区司令员对调问题的讲话。政治局会议赞成毛泽东提议，由邓小平担任中央政治局委员、中央军委委员的职务。

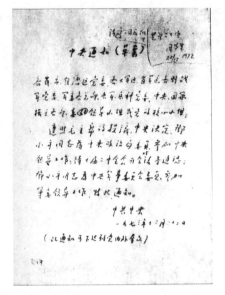

1973年3月,中共中央作出恢复邓小平组织生活和国务院副总理职务的决定。年底,毛泽东提议邓小平任中央政治局委员和军委委员。这是周恩来在病榻上亲笔起草的中央文件手稿。

12月21日,毛泽东在同参加中央军委会议的人员谈话时说,朱德是"红司令"。"我看贺龙同志搞错了。我要负责呢。""要翻案呢,不然少了贺龙不好呢。杨、余、傅[1]也要翻案呢,都是林彪搞的。我是听了林彪一面之词,所以我犯了错误。小平讲,在上海的时候,对罗瑞卿搞突然袭击,他不满意。我赞成他。也是听了林彪的话,整了罗瑞卿呢。"

12月22日,中央根据毛的意见,周恩来亲笔代中央起草文件发出通知,邓小平担任中央政治局委员,参加中央领导工作,待十届二中全会开会时追认;邓为中央军事委员会委员,参加军委领导工作。同日宣布八大军区司令员进行对调。

这次会后,父亲不仅恢复了政治局委员的职务,而且还进入军委,参加军委的领导工作。这一个安排,大大出乎人们的意料。让邓小平进国务院,帮助周恩来做政府、哪怕外交方面的工作,是料想之中的事。因为"文革"前邓小平本来就是国务院副总理。可是,让邓小平参与军委的工作,则谁也没有想到。虽然解放前邓小平长期在部队工作,也有战功,但解放后他主要在党中央和国务院工作,没有军队实职,

---

[1] 杨、余、傅,杨指杨成武,曾任中国人民解放军代总参谋长。余指余立金,曾任空军政治委员。傅指傅崇碧,曾任北京卫戍区司令员。1968年3月被林彪、江青反革命集团诬陷打倒。

曾经担任过没有实体的国防委员会的副主席。毛泽东决定让邓小平参与管政又管军。这样一来，形成了一个新的政治局面：国务院的工作，由周恩来和邓小平主持；军队的工作，由叶剑英和邓小平主持。这样一个部署，实际上对以周恩来为首的老干部形成了有力的支持。

王洪文虽然被提拔了上来，并得到毛泽东的刻意栽培，但毕竟新来乍到，在党、政、军机构内都还没能插上手，更不要说掌握实权。邓小平刚刚回来，却一下子在党、政、军都有了职务有了实权。毛泽东到底要怎样安排这个接班人的问题呢？要知道，到了这一年——也就是1973年——的12月26日，毛泽东就要满八十高龄了。人生七十古来稀，何况八十呢。林彪事件后，毛泽东大病一场，身体健康状况已经大不如前。他要对"后事"有所安排，可又难于进行安排。在左右为难的情况下，他把权力进行了划分：让能够继承他的路线的王洪文主持党的工作，让能做实际工作的邓小平主持行政及军队方面的工作。但是，为了制衡和"稳定"，他又不会让任何人独掌一个方面的大权。在党的最高机构中，他加进了邓小平等老干部去制衡"文革"势力；在政府和军队中，他又掺进了王洪文和张春桥等以平衡老干部势力。经过这样一个安排，毛泽东可能认为，政治天平上已经势均力敌，可以达到应有的平衡了。毛泽东这样的安排，是一番苦心的安排，也是一个根本不可能稳固的安排。毛泽东太自信了，他本以为，这样一个安排完全可以安安稳稳地福及"身后"了。他绝对没有想到，这个精心设计的政治的天平，没有等到"身后"，在他的"生前"，由他亲眼看着，就倾斜失衡了。

不管我们今天怎样地议论和评述，总而言之，在1973年底，毛泽东不但重新起用了邓小平，而且赋予了邓小平以更重的担子和更大的权力。他是希望邓小平在周恩来不能工作时，接替周恩来的工作。偌大一个国家机器，总得要有人来操作运转吧。

有理由认为，在"文革"进行了七年多的时间后，毛泽东想以新的政治格局安定形势。从内心来讲,他渴望着快点达到"大治",他不愿意再"闹"了,更不愿意再大乱了。

乱乱哄哄地闹了七年多,全国人民早已思安思定,连毛泽东也开始思安思定。但是,树欲静而风不止。那些靠"文革"起家的动乱势力,却不肯就此罢休。他们这些人,论"文"不会治国,要"武"不能打仗,没有了动乱,就没有了他们生存的基础。更何况,林彪死了,他们认为夺取大权的机会来到了,怎么能甘心看着那些已经被他们打倒了的老干部重新回来掌权?江青一伙要想除掉这批老干部,首要的,就一定要把为首的周恩来先行除掉。于是,他们借助"批林批孔"掀起运动,其意所向,既不在林,也不在孔,而在批"周公"。

1974年到来了。十冬腊月,天寒地冻。江青一伙人却一点儿也不闲着。1月12日,江青和王洪文写信给毛泽东,建议转发他们所炮制的"批林批孔"材料。毛泽东批准后,中央将此材料于1月18日转发全国。

1月24日、25日,正值春节假期,江青不经中央同意,在首都体育馆擅自召开两次万人"批林批孔"动员大会。在会上,"文革"大将迟群[1]、谢静宜发表煽动性演说,大肆吹捧江青,攻击诬蔑国务院和中央军委领导人。江青、姚文元等也不时趁机插话,对参加会议的周恩来、叶剑英进行突然袭击。

两次批判大会后,江青以个人名义,给一些军队单位写信、送材料,还派人到部队煽动"夺权"。与此同时,江青还给国务院一些下属单位写信、送材料,煽动"批判"。江青没有任何政府和军队的职务,她是要借"批判"这个工具,把手伸到政府和军队,制造声势,以便批周,进而夺权。

2月,江青亲自出题,让她的"御用"写作班子,北大、清华的"梁

---

[1] 迟群,时任清华大学党委书记、革委会主任。

效"（也就是"两校"）撰写《孔丘其人》，露骨放肆地攻击周恩来。

2月16日，江青在与其党羽开会时叫嚣说，现在党内"有很大的儒"，重点要批"现在的儒"。

2月8日，王洪文、张春桥在一次会上公然攻击军队，说：解放军总参谋部右得不能再右了，对总政治部可以夺权，后勤部垮得越彻底越好。3月5日，江青、张春桥又召集军队一些人开会，江青狂妄地叫嚣："就要整一整军队"，并亲自派人到军队"放火烧荒"，夺取全军文化工作的领导权。

江青等人煽动的新一轮运动，严重破坏了刚刚趋于稳定的局势。帮派分子到处揪斗老干部，拉山头，打派仗。许多地方"战火"重燃，生产下降，工作瘫痪，经济再次遭到破坏。

在这种形势下，周恩来、叶剑英等人，与"文革"动乱势力展开了短兵相接的尖锐斗争。

1974年1月31日，周恩来主持政治局会议，在叶剑英、邓小平等人支持下，坚持对军队系统不搞"四大"的问题做了布置。4月份，国务院还就扭转生产下降、不要成立造反派性质的组织和制止混乱局势下发了一系列的文件和指示。

在江青召开"批林批孔"万人大会后，叶剑英愤然将会上迟群、谢静宜的讲话送毛泽东看。

毛泽东看到，江青他们的确闹得太不成样子了。如果继续下去，事态必然扩大，这是毛泽东所不愿意看到的。必须对江青他们加以节制。

2月15日，毛泽东在叶剑英给他的信上批示："现在，形而上学猖獗，片面性。""小谢、迟群讲话有缺点，不宜向下发。"毛泽东还批评他们："有意见要在政治局讨论，印成文件发下去，要以中央的名义，不要用个人的名义，比如也不要以我的名义，我是从来不送什么材料的。"毛泽东还扣发了江青等准备在全国播放的1月25日大会录音带。

江青要求见见毛泽东。3月20日，毛泽东给江青写信，批评道："不见还好些。过去多年同你谈的,你有好些不执行,多见何益?有马列书在,有我的书在,你就是不研究。我重病在身,八十一了,也不体谅。你有特权,我死了,看你怎么办?你也是个大事不讨论,小事天天送的人。请你考虑。"

可以看得出,对于江青,毛泽东的心里充满了烦恼,但更多的,则是忧虑。毛泽东对于江青的感情是复杂的。早年,毛泽东不让江青过问政事。发动"文革"时,他起用了江青。对于江青的顽劣本性,毛泽东知之甚深。但毕竟,江青是他的妻子。纵有千种不满、万般责备,毛泽东对江青,还是保护和有所倚重的。他可以不见江青,可以批评江青,可以节制江青,但是,对于包括江青在内的他的家人,他的心中,总是存有一份任何外人所替代不了的依眷和信任。这种依眷信任之情,越到晚年,越加浓重。

第35章
出席联大特别会议的风波

对于江青等人所为,毛泽东已经一再批评了。但凡有点自知之明,都会有所收敛。江青一伙却认为,挨点批评不算什么,反正毛泽东垂垂老矣,已离不开他们这些"文革"卫士了。他们不但没有丝毫收敛,反倒更加变本加厉,于1974年的3月再次挑起事端。

事情的起由,是中国恢复了在联合国的合法地位后,我国政府要派团参加第六次联大特别会议。此时,周恩来的病情更加严重,不可能再出国了。在这种情况下,毛泽东提议由邓小平率领中国政府代表团出席联大特别会议。这是我国在恢复联大合法权利后,中国政府重要领导人首次参加联大会议,并将在本次会议上,向世界全面阐明中国的外交政策和纲领。毛泽东之所以提名邓小平出席这样一个重要的会议,是经过深思熟虑的。一、邓小平"文革"前多次代表中国的党和政府参加与苏联等共产党国家的谈判和斗争,具有外交斗争经验。二、这是一个重要国际会议,应该让一个未来将在中国政治舞台上担任重要角色的人,代表中国在世界舞台上发言。在毛泽东心中,未来,将由邓小平代替生病的周恩来,主持中国今后的对外事务。

邓小平复出,江青等已十分不满。邓小平一再被提升和重用,江青等更加恼怒。出席联大会议这样一个在世界舞台"出风头"的"美差",也要让邓小平来担任,江青简直无法容忍。

3月下旬，周恩来连续几天主持政治局会议，讨论外交部根据毛泽东提议由邓小平担任出席联大特别会议代表团团长的报告。会上，江青以"安全问题"和"国内工作忙"为由，公然反对由邓小平担任代表团团长，向周恩来和邓小平发难。24日，周恩来对外交部的报告批示同意，并送毛泽东和在京政治局委员传阅。江青阅后仍表示反对，并无理地要求外交部撤回报告。

　　毛泽东知道后，托人转告周恩来："邓小平出席联大，是我的意见，如政治局同志都不同意，那就算了。"周恩来得知后当即表示："完全同意毛主席的意见。"周恩来将此意转告政治局其他成员，并特别要在场的王洪文向江青、张春桥、姚文元转达毛泽东的意见。26日的政治局会上，与会成员一致同意由邓小平率团出席联大会议，只有江青坚持己见，搅闹政治局会议。会后，周恩来让王海容、唐闻生将会议情况报告毛泽东。

　　毛泽东生气了。3月27日，他写信给江青，态度极为严厉："江青：邓小平同志出国是我的意见，你不要反对为好。小心谨慎，不要反对我的提议。"当晚，在一个会上，江青迫于毛泽东的怒气，表示同意由邓小平率团参加联大特别会议。会后，周恩来致信毛泽东："大家一致拥护主席关于小平同志出国参加特别联大的决定。小平同志已于27日起减少国内工作，开始准备出国工作。"并告："小平等同志出国安全，已从各方面加强布置。4月6日代表团离京时，准备举行盛大欢送，以壮行色。"

　　这一次面对面的激烈斗争，以周恩来、邓小平胜利和江青失败而告结束。对于周恩来来说，这次斗争胜利的意义非同一般。在整整七年的"文革"岁月中，面对林彪、江青两大"文革"势力集团，周恩来独撑危难。为了国民经济不致崩溃，他苦苦工作着；为了扭转混乱局面，他奋力抗争着；为了解救被打倒的老同志，他努力奋斗着。他顾全大局，忍辱负重，却还要不时地受到不公正的批判和恶人的诬陷中伤。他的内心是痛苦的,体力是透支的。他心情郁闷,累得身患不治之症。他自知重病缠身,已来日无多。在毛泽东的支持下,他努力争取到包括邓小平在内的一大批高级干部的复出。现在,在中央、在国务院、在军委,他已不是孤军奋战,有叶剑英、邓小平、李先念等人和他并肩战斗。如果说,在此以前,为了顾全大局、为了能够多做工作,他忍辱负重、委曲求全的话,那么,在今天,他则是拼其全力,与罪恶势力进行不妥协的坚决斗争。他要以他最后的全部气力和生命,为他的战友们创造继续进行斗争的有利条件。他知道,就是他不行了,他的战友们也一定会不妥协、不放弃地继续战斗下去。国家、人民和党,已经经历了太多的苦难,一切都应该结束了。天降大任,他们是背负着民族希望的人,是以国家和人民的前途命运为己任的人,"我不入苦海谁入苦海","我不入地狱谁入地狱"。决战的时刻到了,为了祖国和人民,即使粉身碎骨也在所不惜。这一次的胜利,得来太不容易了。这是经过了七年血与火的痛苦磨难之后得来的胜利。在为邓小平送行的时候,周恩来要举行一个盛大的仪式。周恩来不只是为邓小平出国送行,他是为邓小平能够在今后的险境中战胜谬误与罪恶,送行出征,"以壮行色"。

此时的毛泽东,也已下定决心支持周恩来和邓小平。毛泽东现在所要取得的,是"无产阶级文化大革命"光荣辉煌的胜利结束,而不是一个继续造反、无政府主义泛滥、无秩序的混乱局面。他不能听由江青等人在这个问题上再行胡闹。在挨了毛泽东的骂后,江青等人的嚣张气焰暂时收敛,这一场平地而起的政治风波,也暂时地平息了下来。

在毛泽东决定由邓小平率团参加联大特别会议后,父亲除日常工作外,开始着手准备赴联大的工作。第一次会议是在花园村住地开的。外交部副部长乔冠华问:准备工作应当如何进行?父亲回答说:"重要的是要有一篇好的发言稿。"一言指明了此行的要旨。此后,父亲集中精力,组织联大会议发言稿的起草工作。他经常召集外交部的有关人

周恩来扶病专程前往机场为参加联大会议的邓小平送行。

中国国务院副总理邓小平代表中国政府在联大第六次特别会议上发表演说。

员在人民大会堂等地开会,一遍又一遍地讨论发言稿。在起草过程中,父亲反复强调,要根据毛主席历次关于外交政策的讲话来写发言,要把毛主席关于划分三个世界的理论,通过这次会议向全世界作详尽的阐述。父亲和外交部的"笔杆子"们在一起,对讲话草稿反复斟酌和修改,有时甚至是一段一段地详细讨论。中午,他和大家一样,每人各分一份工作菜饭,吃完靠在沙发上略事休息,就再行讨论。这时的他,已近七十高龄,但一点不觉疲倦。要说,这还要归功于在江西三年的劳动生活,为他练就了一副强健的身体。一次开会,在讨论到讲话稿的结束语时,父亲思考着说,应该讲这样几句话,就是"中国现在不称霸,将来也不做超级大国","如果中国有朝一日,变了颜色,变成一个超级大国,也在世界上称王称霸,到处欺负人家,侵略人家,剥削人家,那么,世界人民就应当给中国戴上一顶社会帝国主义的帽子,就应当揭露它,反对它,并同中国人民一道,打倒它"。联大会议讲演稿起草好后,报政治局讨论通过,最后送毛泽东审定。毛泽东在稿件上批示:"好,赞同。"

在邓小平全力准备联大讲演稿的时候，周恩来不顾病痛，亲自为邓小平的出行作细致周密的安排。他召集外交部和民航有关负责人开会，研究欢送礼仪和代表团专机的飞行安全。他对民航领导交待："邓小平同志代表中华人民共和国出席联合国大会，我们要为他圆满完成任务打通道路，增添光彩。"为确保航线畅通，他建议民航机组安排东西两线同时试飞，这样如遇情况，可以确保飞行。当时，我们国家完全处于对外封闭的状态，没有通往西方国家的飞行航线，为了邓小平此次出席联大会议，周恩来特别批准我国民航飞机申请航线，进行一次极其特殊的飞行任务。

1974年4月6日，邓小平率中国代表团一行，起程赴纽约参加联大特别会议。周恩来不顾病情加重，扶病专程前往机场，与数千群众一起，为邓小平举行了隆重的欢送仪式。面容消瘦的周恩来和精神矍铄的邓小平的手紧紧地握在了一起，多少嘱托和信任，都付与了这紧紧的一握。

4月10日，在世界上享有盛名的大都会纽约，在著名的联合国大厦的大会场中，中国国务院副总理邓小平，代表中国政府在联大第六次特别会议上发表演说。面对专心聆听的与会者，邓小平向全世界全面阐述了毛泽东关于"三个世界"的理论和中国的对外政策。邓小平的讲演引起了世界各国的高度关注。特别是毛泽东"三个世界"的理论和中国永不称霸的承诺，引起了第三世界国家的强烈反响和热烈欢迎。讲演结束时，联合国大厅会场内响起了经久不息的掌声。许多第三世界国家的代表拥上前来，和中国人民的代表热烈握手，场面令人激动。各国媒体对中国的外交政策，对"三个世界"的理论，对中国永不称霸的承诺，对中国的发言人邓小平，都做了大量的报道和评论。一些舆论评论道：这个站在联合国讲台上的小个子的中国人，不仅代表着新中国的形象，还是周恩来总理的一个"最好的代理人"。

联大会议期间，邓小平会见了许多外国领导人，其中有美国国务

1974年4月,父亲出席联大特别会议归来。行前与江青等人一场恶战,回国后面临着更加尖锐的斗争。

卿基辛格。4月14日，在纽约华尔道夫饭店，邓小平与基辛格就双方关心的问题进行了会谈。这是邓小平与基辛格的首次见面。在以后十五年的时间里，他们曾多次见面，并成为相互敬重的真诚的老朋友。

这一次联合国之行，奠定了邓小平作为一名国际政治活动家的重要地位。邓小平这个名字，从此为国际社会所广泛关注。

胜利完成了赴联大使命后，中国代表团一行，按照来时的路线，从纽约乘法国航空公司飞机，先到法国巴黎，再换乘中国民航飞机回国。在巴黎停留时，父亲住在我国驻法国大使官邸。他每天早上六点多钟就起来，在官邸的院子里散步。他喜欢喝五十年前在法国勤工俭学时所喝的法国小咖啡馆的咖啡，请使馆的工作人员帮助到街头的小咖啡馆里去买。驻法大使曾涛特别注意安全问题，特地派使馆的党委成员孙晓郁每天去买。于是孙晓郁每天早上六点来钟，便提着两个中国传统的大暖瓶去小咖啡馆买咖啡。在小咖啡馆里，一杯一杯地倒，要装满整整两大暖瓶，可真不容易。咖啡馆的老板笑着说："你们是来了一个营的人，还是一个团的人？"有一次，咖啡打回来后，要开早饭了，可乔冠华还在睡觉，父亲说："不等他。"便和全团的人入座就餐。在法国，父亲曾经让使馆的人员帮助，寻找20年代他和周恩来等人在法国从事中国共产党地下活动的旧址。在一个名叫意大利广场的地方，有一个不起眼的小旅馆，在一间小而简陋的房间里，以周恩来为首的一批年轻的中国共产党人，过着俭朴艰苦的生活，在法国军警的监视和追捕下，以满腔的热情投身于救国救民的革命活动。1926年，当父亲避开法国军警的搜捕，离开法国到苏联学习时，他不会想到，四十八年后的今天，他以新中国国家领导人的身份故地重游。由于保安的原因，他不能随意下车。车子到了意大利广场，绕行两周，也没有找到那个他们当年住过的小旅馆。父亲从车窗往外望去，不胜感慨地说："样子变了。以前总理、富春和我们几个，常常到对面的一个小咖啡馆喝咖啡。"离开法国前，曾涛大使问，回国时想带点什么东西？父亲想了想，请使馆帮助买一些法国牛角面包和奶酪。曾大使说，这个好办。让人一下子买了二百个牛角面包和各式各样的奶酪。带回国后，父亲亲自分配，把这些面包和奶酪分送给同在法国勤工俭学和参加革命的周恩来、李富春、聂荣臻、蔡畅等老战友。在代表团要回国的头一天晚上，大家聚在大使官邸的客厅里。因为圆满地完成了任务，众人情绪很高，神情也很轻松。父亲一人坐在沙发里，安静而沉默。在大家谈到要回国了的时候，他说了一句："回去是一场恶战。"他的思绪，早已回转到了国内，回到了那残酷的政治斗争战场。

4月19日，父亲率参加联大会议代表团回国。这一天的上午，周恩来致函毛泽东："小平同志率代表团今日下午五时半到京，欢迎场面同欢送时一样。"下午，周恩来再次不顾病痛，前往机场，以隆重的仪式迎接邓小平。他为他的老战友如此成功地完成任务，感到由衷地高兴。

第36章
一场恶战

从联合国完成任务回国后,父亲接替周恩来,承担了大量的外事工作。许多重要外宾来访,他都随周恩来一起陪同毛泽东会见,因此得以有更多的机会见到毛泽东。

1974年5月11日,毛泽东会见巴基斯坦总理布托。周恩来、王洪文、

1974年"五一"节,父亲在颐和园参加群众游园活动,小眠眠也跟着凑热闹。

邓小平在座。

5月18日,毛泽东会见塞浦路斯总统马卡里奥斯大主教。周恩来、王洪文、邓小平在座。

5月25日,毛泽东会见英国前首相希思。周恩来、王洪文、邓小平在座。

从以上几次会见可以看出,毛泽东是刻意让新起用的王洪文,和刚刚复出的邓小平,参加他的外事活动。通过参加这些活动,一方面可以培养一下毫无外交经验的王洪文,一方面也可以直接地、更进一步地观察邓小平。毛泽东心中,希望以王洪文和邓小平的搭配,组成新的工作格局。

妈妈抱着秃头小眠眠,喜不自禁。

父亲从江西回京已整整一年了。在这一年中,他接替了周恩来的一大部分国务院的日常工作和外事工作,和江青一伙"文革"势力进行了不少的较量。在毛泽东的支持下,艰难而又坚忍不拔地进行着工作。

4月22日,中央批转经政治局讨论修改、毛泽东批准的国家计委拟定的《关于一九七四年国民经济计划(草案)的报告》。报告提出了1974年国民经济计划各项主要指标。这份报告是邓小平、李先念协助周恩来指导国家计委完成的。

6月18日,政治局听取国家计委汇报当前国家工业生产问题。

6月26日至7月12日,国务院在京召开全国农业机械化预备会议。

7月1日,中共中央发出《关于抓革命、促生产的通知》。

7月,中共中央发出通知,为杨成武、余立金、傅崇碧平反。

一年之中,毛泽东对邓小平一直在进行观察。观察的结果,总的来说,应该是满意的。毛泽东很高兴地认为,他让邓小平复出的决定,

1974年夏天,父母带着邓楠和我在人民大会堂照相。回到北京,大家的心情都不错。

是正确的。

　　这个时候,周恩来的病情再次加重。5月27日下午三时,他的夫人邓颖超陪同包括邓小平在内的中央四位领导,与医疗组一起,谈周恩来的治疗方案。

　　6月1日,周恩来告别了他居住了二十五年的中南海西花厅,住进了解放军三○五医院,并在医院中,度过了他生命中最后的一年零六个月。这一年半的岁月,是在他漫长的革命生涯中,最痛苦的,也是最悲壮的岁月。

　　周恩来病重住院,人们都很沉痛。而江青等人则喜形于色。他们一直妄图打倒周恩来,一直没能得逞。此时,他们便阴谋策划,加紧对周恩来进行诬蔑和批判。6月14日江青公开叫嚣,明有所指地说,现在党内"有很大的儒",重点要批"现在的儒"。

6月23日,江青到天津小靳庄活动。她一边大肆吹捧自己,一边借机影射攻击周恩来,气焰嚣张。

毛泽东刚刚批评过江青,以为她会有所收敛,不想却看到她猖獗如故。毛泽东火了。

7月17日,在毛泽东书房召开的政治局会议上,毛泽东当着所有出席会议的人的面,严厉地批评江青:"江青同志你要注意呢!别人对你有意见,又不好当面对你讲,你也不知道。不要设两个工厂,一个叫钢铁工厂,一个叫帽子工厂,动不动就给人戴大帽子。不好呢,要注意呢。你那两个工厂不要了吧。"毛泽东对与会者说:"她并不代表我,她代表她自己。对她也要一分为二,一部分是好的,一部分不大好呢。"他对着张春桥、姚文元和王洪文说:"总而言之,她代表她自己。她算上海帮呢!你们要注意呢,不要搞成四人小宗派呢!"

毛泽东的批评是不轻的,如果换了别人,可能早就要被批判甚至倒台了。可是,被批的是江青。江青不但是毛泽东的妻子,而且是"文化大革命"的"旗手"。她深知,毛泽东批评她,但绝对不会打倒她。她的命运,是和毛泽东的"文革"路线紧紧联系在一起的。因此,在这次受到严厉批评之后,她依然我行我素,有恃无恐。

1974年8月22日,是父亲的七十大寿。

这一天,在花园村我们家中,全家人热热闹闹地欢聚在一起,为父亲祝寿。

这时候,我们家的第四代人,除了那个小眠眠外,在这一年的4月份,又增加了一个大姐邓林的儿子小萌萌。要说这个小萌萌,得来可真不容易。邓林身体不好。孩子早产,生下来时才三斤四两,连呼吸都不太会。母亲到协和医院,请著名妇产科专家林巧稚,将小孩仔仔细细全面地检查了一个遍。林大夫说:"孩子没有问题。"大家才放了心。按照医院的要求,孩子在医院的婴儿暖箱里整整放了一个月。

1974年8月22日,父亲七十大寿,在花园村住处照了一张全家福,可惜缺了一个小萌萌。

母亲看着小孙子说："这么个小不丁点儿的孩子，还没'长熟'就出生了，像个萌芽一样，就叫萌萌吧。"一个月后，我们把萌萌接出医院，抱到家里。哎呀，这个小家伙才那么一丁点儿大，浑身上下没有几两肉，小腿才和大人的大拇指一样粗细。我们这些没有带孩子经验的，连抱都不敢抱。还是老祖祖会带孩子。她帮着邓林，一点一点地教她怎样用奶瓶喂奶，怎样换尿布，怎样洗澡。到了夏天，早上天气好的时候，老祖祖就推着竹子小推车，让小萌萌在楼前的平台上晒太阳。添了新的孙子，爷爷可高兴了。他起得很早，每天早上，在晨光之中，他都要到孙子那里看一看，拉着小手逗一逗。有了两个孙儿，爷爷神气极了。他所喜欢的，就是这种儿孙满堂的家庭气氛。他总是说："有了小孩，家中才有生气。"

给父亲过七十大寿，全家人都回来了。朴方从医院请假回来，在北京的亲戚们也都来了。我们在客厅里摆了一个长长的餐桌，那么一大家人，才刚刚够坐。吃饭的时候可真热闹，大家站起来，举杯祝父亲健康长寿。还不满两岁的秃着个圆脑袋的小眠眠，步态蹒跚，摇摇晃晃地拿着杯子，也来和爷爷碰杯，还和爷爷左亲一下、右亲一下的，把爷爷逗得乐不可支。上午，我们全家人照了相，照了全家福。"文革"以前，差不多每年，我们都要照一张全家福。自"文革"后，八年了，我们才又照了这张全家福。从照片中可以看到，比起1965年的那张全家福，每一个人的变化都太大了。父亲最不喜欢照相，但在他的七十大寿那天，抱着孙儿孙女，他笑得可真开心。

回北京后这一年半，父亲真忙。他不但要了解新的情况，适应新的情况，做好国务院的工作，还要不断地和那些嚣张的"文革"势力做斗争。面对恶人恶势力，他没有任何的犹豫和顾虑。他一直在争取出来工作，他不是要权，不是要地位，更不会为求安宁而独善其身。他一辈子为人磊落，做事从来不会瞻前顾后。要干，就要态度鲜明地干；要干，就要毫不妥协地干。他七十岁了，人生七十古来稀。他知

1974年父亲七十大寿，最高兴的莫过于抱着孙儿们照相了，小萌萌被爷爷抱在怀里，只有一丁点大。

道，他能够为祖国和人民做出贡献的时间是有限的。他珍惜每一个机会，珍惜每一分钟的时光。他要用他依然旺盛的精力和心力，为多灾多难的祖国和人民，做出最后的努力。

8月上旬，周恩来尿血增加，病情出现反复，诊断为癌症转移。得知这一消息，父亲十分忧虑。他没有别的办法，只有加倍工作，以减轻周恩来身心的负担。

父亲的工作更加忙碌了。在国务院，他和李先念一起协助周恩来处理日常工作，要拟定十年规划，要讨论财政部关于全国增收节支、平衡信贷的报告，要研究国家年度外汇收支平衡的问题，要修订国家关于非外贸外汇的申请办法，要研究汉江黄龙滩水电站的建成、天津运河污染的处理、全国小麦产区推广优良品种、一些新技术和新型机械的研制等，还要下大力气使国家生产、秩序和正常工作得以恢复，与此同时，还需要花大量的时间和精力，接待来访外宾和处理各种外事工作。在军队，他协助叶剑英，处理战备、训练、装备、院校各项事务，以及清理整顿林彪事件遗留的人事和各种问题。

"文革"七年，积累下的问题和麻烦真是太多了，本来就不是一下子可以解决的，更何况，偌大一个中国的最高行政机构里，只有这么少的人在工作，工作的难度、强度都是相当大的。叶剑英在忙碌着，邓小平在忙碌着，李先念在忙碌着，连重病在身的周恩来，都在强撑病体，会见外宾，处理政务，为国操劳。9月份，经周恩来提议，毛泽东批准，中共中央发出通知，为在"文革"中受尽凌辱、被迫害致死的中华人民共和国元帅贺龙平反。9月30日，周恩来面容瘦削，以重病之躯在人民大会堂主持了庆祝建国二十五周年的国庆招待会，并代表毛泽东、中国共产党和中国政府致祝酒词。这时，人们都已知道总理病重。看到总理来到会场，人们的心情是激动的，他们用经久不息的热烈掌声，向他们的好总理表示最崇高的敬意和慰问。这是周恩来最后一次代表国家和政府举行国庆招待会。

周恩来病情越来越重。毛泽东已将中央的日常工作交由王洪文主持。国务院的日常工作也急需有人接替周恩来主持。10月4日，在武汉的毛泽东让身边的秘书电话告诉王洪文，并让王洪文转告周恩来：由邓小平出任国务院第一副总理。

王洪文接到这个电话后，并没有按照毛泽东的指示马上转告周恩来，而是在当天晚上，首先去告诉了江青等人。毛泽东的这个安排，大出江青等人所料，也是他们所最不愿意看到的。看着邓小平复出工作，看着他的职位越来越高、管的面越来越宽，时不时地就见外宾上新闻，还能因为陪外宾经常见到主席，真是让江青一伙看在眼里，恨在心里。这次毛泽东又要让邓小平出任第一副总理主持国务院工作，这不就等于说，将来周恩来一旦不行了，邓小平就会接周恩来的班？对于江青一伙来说，邓小平绝不是等闲之辈，他的升迁，是一个不祥之兆。但是，这是毛泽东亲自作出的决定，不传达也不行啊。他们拖着拖着，两天以后，才极不情愿地将毛泽东的这一指示告诉了政治局和周恩来。

　　得知毛泽东的这一决定，周恩来非常高兴。10月6日，他即约邓小平谈话。周恩来把希望，把他未完成的事业，全都托付给了邓小平。

第37章
四届人大"组阁"斗争

为了完成由党的九大所确定的、再由"十大"继承的方针,毛泽东决定近期召开第四届全国人民代表大会。

召开全国人民代表大会,是毛泽东继召开党的全国代表大会之后的又一个重要步骤。党的代表大会,完成了党的中央机构的安排和组成。人民代表大会,是在宪法的规定下,完成国家机构的组织和人事安排。毛泽东是想通过这两大安排,"胜利"地完成"文化大革命"的"光荣"使命。毛泽东提出,"无产阶级文化大革命,已经八年。现在,以安定为好。全党全军要团结。"毛泽东此时所思所想,是要捍卫"文革"成果,要完成全部党政军的人事安排,要安定,要团结。他毕竟八十岁了,自知身体状况江河日下,一天不如一天。有时,他还会对人讲:"七十三,八十四,阎王不请自己去。"对于后事,他不想也得想了。

要召开人大,要进行国家机构的人事安排,对于江青一伙来说,这是一个极为关键的时刻。在党内,他们都已攫取高官,王洪文当了党的副主席,张春桥当了常委,江青和姚文元也都进了政治局。但他们以"文革"功臣自居,野心昭著,还要进一步争夺在国家、政府和军队的权力。召开人大,在他们眼里,是一个进行权力再分配和夺取更大权力的大好时机。借着这一机会,他们要全面掌握党政军大权。有朝一日,毛泽东不在了,天下就是他们的了。

江青一伙急着参与"组阁"。10月6日晚,江青找周恩来谈话,提出了对四届人大人事安排及解放军总参谋长人选的意见。

江青等人一面忙着伸手参与组阁,一面为了达到在人代会夺权的目的,要加紧扳倒周恩来和邓小平。对此,他们早已急不可待。

江青一伙借一个"风庆轮事件",向以周恩来为首的国务院发难,大闹政治局。

其实,所谓"风庆轮"事件,根本就不是一件什么了不起的大事。事情的起由是这样的:"风庆轮"远航胜利归来,是我国自己生产远洋轮船的又一成功事例,是一件喜事。因迫于远洋运力不足,国务院和交通部曾决定从国外适当买进一批船只。江青一伙便抓住这一"事件",大肆攻击交通部"卖国",并宣称"(交通)部的背后有中央的人"。江青、张春桥、王洪文、姚文元诬蔑交通部"崇洋媚外",是"买办资产阶级思想专政",并把不同意批判交通部和国务院的"风庆轮"政委李国堂等人扣压批判,定为"反动的政治事件"。

10月17日晚,江青一伙有预谋地在政治局会议上挑起事端,提出"风庆轮事件"是"崇洋媚外"和"卖国"的问题,逼着与会政治局成员当场对此表态。江青猖狂地大闹政治局,要揪"买办资产阶级"的总后台。她挑衅性地问邓小平:你对这个问题是什么态度?面对这一突然袭击,邓小平从容地回答:我已经圈阅了。并表示对这个材料还要调查一下。江青见邓小平胆敢这样对抗,便进一步逼问邓小平对批判"洋奴哲学"是什么态度。邓小平忍无可忍,厉声对江青说,政治局开会讨论问题,要平等嘛,不能用这样的态度对人呀。邓小平继续说,这样政治局还能合作?强加于人一定要写出赞成你的意见吗?江青一向骄横跋扈惯了,而今天,在全体政治局成员面前,邓小平竟然这样顶她,使她不禁怔了一下,接着,她便大叫大闹了起来。看见江青如此泼皮嚣张,邓小平站了起来,严肃而气愤地说,问题还没有了解清楚,就戴了这么大的帽子,这会怎么开!说完,邓小平即离席走出了会场。邓小平走后,张春桥狠狠地说:"邓小平又跳出来了。"

本想在政治局会上闹出点名堂,不想在邓小平这里碰了一个大大的硬钉子。当天晚上,江青召集张春桥、姚文元、王洪文到钓鱼台十七号楼内紧急密谋。江青说,邓小平所以这样吵架,就是对文化大革命不满意,反对文化大革命。张春桥说,邓小平所以跳出来,可能是与四届人大人事安排及对总参谋长的提名有关,这是一次总爆发。王洪文说,邓小平对文化大革命不满意,有气,不支持新生事物。姚文元则在日记中写道:"斗争形势突然地变化了!邓小平同志在昨天会议结束时站起来骂江青同志","已有庐山会议气息!"他们一直研究到午夜后,决定抓住这一"事件",精心组织说辞,派王洪文去长沙向毛泽东告状。

第二天,也就是10月18日,王洪文背着中央政治局,私自飞往长沙。他向毛泽东告周恩来和邓小平的状,说:"北京现在大有庐山会议的味道。"他危言耸听地说:"我这次来湖南,没有告诉政治局其他人,也没有告诉总理。我们四个人(王、张、江、姚)开了一夜会,商定派我来汇报。趁周总理休息的时候就走。我是冒着危险来的。"他诬告说:"在政治局会议上,为了这件事,江青同邓小平同志发生了争吵,吵得很厉害。"他说:"邓有那样大的情绪,是与最近在酝酿总参谋长人选一事有关。"他还别有用心地诬告:"总理现在虽然有病,住在医院,但是活动频繁,昼夜忙着找人谈话,一直到深夜。几乎每天都有人到医院去他那里,经常去看总理的有邓小平、叶剑英、李先念等。"他信口雌黄地说:"他们这些人在这时候来往这样频繁,这是同四届人大的人事安排有关的。"王洪文还借机在毛泽东面前鼓吹,说张春桥怎样有能力,姚文元怎样读书,对江青更是一番吹捧,其用意昭然,是在说服毛泽东,让江青等人进行"组阁"。后来在审判王洪文时他自己供认,这次去告状,"目的就是在毛主席面前搞臭邓小平同志,使他不能工作,当然更不想让他当第一副总理了"。

毛泽东有着何等样的政治智慧。他听着王洪文的长篇告状,心里雪亮。听完后,毛泽东对王洪文说,有意见当面谈,这么搞不好,要跟小平同志搞好团结。小平同志政治上强,会打仗呢。毛泽东还对王洪文说:"你回去,要多找总理和剑英同志谈,不要跟江青搞在一起,你要注意她。"

本来,江青一伙以为,王洪文被毛泽东提到这么高的位置,大有当接班人的希望。王洪文去告状,一定告得准。没想到,毛泽东三言两语即将王洪文挡了回来,这回长沙之行,真是失算,不但状没告准,还让毛泽东多了一份思虑。那就是,四届人大的人事安排,绝不会平静,一定会有争斗。

王洪文18日去长沙告状的结果,在北京的江青等人还不知道。但他们想趁热打铁,在北京进行呼应活动。18日白天、晚上,江青两次把王海容和唐闻生找到钓鱼台她的住处,谈"风庆轮事件"。

因为身体状况不好,很长时间以来,毛泽东已不轻易见人。连江青要见毛泽东,都要事先提出请求,而且经常是提出来了还会遭到拒绝。江青见不到毛泽东,就想利用王海容和唐闻生。王海容是毛泽东的亲属,在外交部任副部长。唐闻生是著名外交家唐明照的女儿,因从小在国外长大,具有相当高的翻译水平。她们二人因为经常在陪同毛泽东见外宾时做翻译,受到毛泽东的赏识和器重。江青自己见不到毛泽东,就想让王海容和唐闻生在陪同外宾见毛泽东时给她当"传声筒",代她在毛泽东面前告周恩来和邓小平的状。

江青夸张地告诉王、唐,政治局会上邓小平和她发生争吵,事后扬长而去,使得政治局会开不下去。江青还诬陷说,国务院的领导同志经常借谈工作搞串连,总理在医院也很忙,并不是在养病。说邓小平和总理、叶帅都是在一起的,总理是后台。"批林批孔"后,张春桥对王、唐说,国家财政收支和对外贸易出现逆差,是国务院领导"崇洋媚外"造成的,把邓小平在"风庆轮"问题上的态度比作"二月逆流"。

江青、张春桥、姚文元要王海容和唐闻生将这些情况"报告"毛泽东。

两次被江青叫去谈话，王海容、唐闻生二人觉得其中大有问题，认为应该先向周恩来汇报。第二天，也就是10月19日，王、唐二人到医院，将情况全部报告了周恩来。

19日这一天，周恩来已经先后找华国锋、纪登奎、李先念和邓小平谈话，了解了17日政治局会议情况及"风庆轮"问题。周恩来对王海容、唐闻生说，他已经知道政治局会议的情况，经过他的了解，事情并不像江青等人说的那样，而是江青他们四个人事先就计划好要整邓小平。他们已经多次这样搞过小平同志，小平同志已忍了很久了。听了总理的话，王、唐二人心中有底了。

10月20日，毛泽东在长沙会见丹麦首相保罗·哈特林。邓小平因工作关系，陪外宾到长沙，参加了会见。

会见完外宾后，王海容、唐闻生根据周恩来的意见，把情况前前后后一一向毛泽东做了汇报。听了王、唐的汇报，毛泽东很生气。他说："'风庆轮'的问题本来是一件小事，而且先念等同志已经在解决，但是江青还这么闹。"毛泽东指示王、唐二人回北京后转告周恩来和王洪文："总理还是总理，四届人大的筹备工作和人事安排要总理和王洪文一起管。"毛泽东对邓小平能够针锋相对地顶江青表示赞扬，他建议邓小平任第一副总理、军委副主席兼总参谋长。毛泽东指示王海容、唐闻生转告王洪文、张春桥和姚文元，叫他们不要跟在江青后面批东西。

10月22日，王海容、唐闻生回到北京后，向周恩来传达了毛泽东在长沙谈话的内容。周恩来十分振奋。按照毛泽东的指示，他开始加紧四届人大的筹备工作。周恩来深知自己的身体状况，也深知他和他的战友们正在与江青一伙进行一场生死较量，片刻不能拖延。他在体力极度透支的情况下，分秒必争地进行工作。

10月25日，周恩来与叶剑英长谈。27日，与李先念谈话。28日，与王洪文谈话。11月1日到3日,在医院分三批约在京政治局成员开会,传达毛泽东的指示,解决"风庆轮事件"。另外还抽时间约王海容和唐闻生谈话。

11月6日,周恩来写信给毛泽东,汇报四届人大筹备进展情况。信中说:"代表名单,宪法草案和报告,政府工作报告,均可在11月搞出";"人事名单估计11月下旬可搞出几个比较满意人选"。"我积极支持主席提议的小平为第一副总理,还兼总参谋长。"当天,毛泽东在周恩来的信上批示:"同意。"

同日,周恩来与王海容、唐闻生谈话,委托她们向在长沙的毛泽东汇报他自己的病情和一些其他问题。7日,周恩来与陪外宾在长沙见毛泽东回京的李先念长谈。当晚,再与从长沙回来的王海容和唐闻生谈话。王、唐二人向周恩来转达了毛泽东对江青的再次批评。8日,周恩来与李先念、纪登奎谈话。9日,与王洪文谈话。

邓小平因外事需要,准备陪也门民主共和国总统鲁巴伊去长沙会见毛泽东。11月10日,在去长沙前,邓小平去医院看望周恩来,两人进行了谈话。

11月12日,在毛泽东接见完外宾之后,邓小平向毛泽东当面汇报了10月17日政治局争论的情况,谈及自己同江青斗争的情况。毛泽东听后,表示赞同邓小平的意见和做法。毛泽东指出:"她(指江青)强加于人哪,我也是不高兴的。"他对邓小平说:"你开了一个钢铁公司!好!"邓小平说:"我实在忍不住了,不止一次了。"毛泽东说:"我赞成你!"邓小平说:"她在政治局搞了七八次了。"毛泽东说:"强加于人哪,我也是不高兴的。"毛泽东用手指着在场的王海容和唐闻生说:"她们都不高兴。"邓小平明确地提出:"我主要是感觉政治局的生活不正常。最后我到她那里去讲了一下,钢铁公司对钢铁公司。"毛泽东赞赏地说:"这个好。"关于自己的工作,邓小平诚恳地说:"最近关于我的工作的决定,主席已经讲了,不应再提什么意见了,但是看来责任是太重了一点。"毛泽东表示充分信任地说:"没办法呢,只好担起来啰!"他勉励邓小平继续努力,放手工作。

邓小平回到北京,邓颖超即来看邓小平,与他谈周恩来的病情及治疗之事。不久,邓小平到医院,向周恩来通报了他同毛泽东谈话的情况。之后,周恩来与叶剑英谈话,通报讨论有关情况和问题。

在周恩来、邓小平和他们的同志们昼夜加紧工作的同时,江青一伙也没闲着。虽然在"风庆轮事件"上受到毛泽东再次批评,虽然毛泽东驳回了由她主持组阁的企图,虽然毛泽东进一步提出让邓小平担任要职,但江青一伙仍不思悔改。他们还有王洪文在前台,并被毛泽东委以和周恩来一起进行筹备四届人大的工作,在"组阁"的关键问题上,仍然可以大做文章。11月12日,江青给毛泽东写信,提名谢静宜任全国人大常委会副委员长,迟群当教育部长,毛远新、迟群、谢静宜等列席政治局,作为"接班人"来培养。在信中,江青摆出了一副由她进行"组阁"的架势。毛泽东当天看到了江青的信,当天即回信,明确地拒绝了江青的要求:"不要多露面;不要批文件;不要由你组阁(当后台老板)。你积怨甚多,要团结多数。此嘱。"写完这些后,毛泽东感到言犹未尽,又写道:"人贵有自知之明。又及。"19日,江青用"检讨"的名义,给毛泽东写信,说什么"一些咄咄怪事,触目惊心,使我悚然惊悟"。并说:"自九大以后,我基本上是闲人,没有分配我什么工作,目前更甚。"江青是在故作姿态地以诉苦为名,向毛泽东伸手要官。看到江青如此顽劣,毛泽东于20日再次复信批评:"你的职务就是研究国内外动态,这已经是大任务了。此事我对你说了多次,不要说没有工作。此嘱。"江青置毛泽东的劝诫为耳旁风,又把王海容、唐闻生找来,要她们向毛泽东转达她对人事安排的意见,就是要让王洪文当全国人大常委会副委员长,排在朱德、董必武之后。当听到江青的"意见"时,毛泽东对王海容和唐闻生说:"江青有野心。她是想叫王洪文做委员长,她自己做党的主席。"毛泽东让王、唐转告周恩来:

全国人大常委会，朱德、董必武之后要安排宋庆龄[1]；邓小平、张春桥、李先念等任国务院副总理。其他人事由周恩来主持安排。

在毛泽东和周恩来的指示下，决定由邓小平主持起草周恩来在四届人大上作的《政府工作报告》。11月下旬，邓小平组织班子，抓紧起草工作。周恩来要在会场上站着念《政府工作报告》，可他的身体状况十分不好，报告如果太长，肯定坚持不下来。为了让周恩来能够在数千名人大代表面前，顺利地完成作《政府工作报告》的重任，邓小平建议，并报毛泽东同意，决定把《政府工作报告》限定在五千字以内。距离三届人大，已经十年没开人代会了，要作《政府工作报告》，有那么多的工作和问题要讲，五千字，怎么写啊！这一点，难不倒邓小平。这五千字，不但要写好，而且一定能够写好。一定要让这篇《政府工作报告》，成为周恩来五十多年革命生涯和二十多年政府总理任上又一个光辉的里程碑。邓小平亲自草拟了三段，每一段一千几百个字。讲的都是实际内容，虚的东西能少能免的尽量减。多年以后，父亲回忆起这段往事，还十分感慨。他说："总理的讲话是我亲自起草的，不能超过五千字。总理身体那么差，写多了他也念不下去。那个时候，我经常去见总理。"

四届人大筹备工作紧张而艰难，周恩来不断地在医院找人谈话和研究问题。召开人大，有庞大的会议组织工作要做，有各种工作报告要写，更重要的，是要拟定全国人大常委会、国务院及其下属机构组成人员的人事名单。周恩来以极大的毅力，忍受着病痛的折磨，在艰难的环境中坚定地工作着和斗争着，燃烧着他生命的最后的火焰。他实在是太累了。11月25日，在会见基辛格博士一行时，周恩来向客人介绍了自己的病情之后说："这次由邓小平副总理和乔冠华外长代表中国政府跟你们谈判，就给我一个休息的机会。"邓小平责无旁贷地接过了周恩来身上的重负，他代替周恩来，忠诚地履行着中国政府的对

---

[1] 宋庆龄，中国民主革命先驱孙中山的遗孀，曾任中华人民共和国副主席。

外交往的神圣使命。

在接替周恩来主持国务院日常工作和主持起草《政府工作报告》繁忙的工作期间，父亲经常去周恩来处商量工作。12月17日，他还陪同扎伊尔总统蒙博托，到外地会见毛泽东。

这一年的12月，我们搬家，从城外的花园村搬至市区的宽街。父亲由毛泽东提名为解放军总参谋长，因此他的供给关系从国务院机关事务管理局转到总参管理局。在那个时候，花园村还算是地处相当远的城外，每日进城工作很不方便。要搬进城里住，总参管理局开始给我们找房子。当时，妈妈带着我们看了几处房子，都觉不太合适。后来看宽街路口西北角的一个院子。这里是一处旧四合院老房子，但近期刚刚修缮过。修好以后，一位总参谋部的副总长来看过，嫌过于"简陋"，没要。而另一位刚刚解放出来恢复工作的副总长也来看过，则觉得太"宽敞"了，没敢要。我们来到这里一看，房子不新不旧，房间很多，正符合我们家的要求。这真是"文革"中间，不同经历的人的不同的心态呀。12月份我们搬入新居，全家人忙了一大阵子。

宽街这个房子是个四合院。四合院的中间都有个院子。院子四四方方，却空空荡荡，连棵草都没有，一刮风，就满院子尘土飞扬。父亲最爱种树种花种草。原来我们在中南海的家，也是一个古老的四合院。我们曾在那里种了许许多多的花草树木。春天有迎春、海棠、樱花，夏天有太平、月季、玉簪，秋天有黄菊白菊，冬天还有松树柏树。搬到宽街的时候，虽然是在十冬腊月，但在父母亲的亲自筹划下，我们已在盘算着，明年一开春，我们就要照着在中南海时一样，在院子里种上树呀花呀草呀，除了留下走道儿，充分利用每一个空间，立体绿化，让我们的院子美丽起来。到宽街住下后，我们曾想过，这些年搬来搬去的，这回总算是搬定了吧。父亲也满意地说："可以在这里养老了。"没想到，在以后充满波折的岁月中，我们还要搬家，而且还搬了好几次的家。

第38章
意味深长的四届人大

1974年的12月中下旬,四届人大的筹备工作进入了最后的阶段。12月14日,周恩来审阅出席四届人大会议各类代表名额分配方案后,致信王洪文和政治局,提议在现有名单基础上,再增加老干部、外事和体育等方面代表的名额。18日,周恩来同邓小平谈话。当晚,周恩来主持政治局会议,讨论由邓小平主持起草的四届人大《政府工作报告》(草稿)。20日,周恩来致信王洪文和邓小平,对修改后的《政府工作报告》(草稿)表示基本同意。

12月21日,周恩来召开有王洪文、叶剑英、邓小平、张春桥、李先念、江青、姚文元、纪登奎、吴德参加的部分在京政治局成员会议,讨论四届人大人事安排问题。会上,江青、张春桥等人极力吵闹,设法将其亲信安排在文化、教育、体育等部门。江青等人知道,这是参与组阁的最后机会了。会后,周恩来同李先念、纪登奎交换意见,认为教育部要坚持让刚刚解放的老干部周荣鑫当部长,文化部和体委两个部门可以做些让步。此次会议后,根据会议讨论情况,周恩来草拟出了全国人大常委会委员长、副委员长、国务院副总理名单的第一、二方案,送叶剑英、邓小平、江青、张春桥等阅。在此之后,经过考虑,周恩来又将陈云和韦国清增补进副委员长名单之中。22日,周恩来将所拟名单的三个方案,送毛泽东参阅。

四届人大的筹备工作进入了最后冲刺阶段。12月23日，根据政治局的意见，主持筹备工作的周恩来、王洪文前往长沙，向毛泽东汇报工作。行前，医务人员发现周恩来大便中有潜血，需立即进行检查治疗。要顾及身体，就不能去长沙，可是，周恩来不能不去长沙。如若让王洪文一人前去，就会给江青一伙以极大的可乘之机，后果不堪设想。目前，斗争已进入白热化的最后阶段，绝不能功败垂成，周恩来一定要去长沙。他早已将个人生死安危置之度外。他说："既然把我推上历史舞台，我就得完成任务。"周恩来强撑病体毅然出行。离开医院时，他消瘦而又虚弱，到了机场，虽然感到费力，却意志坚定地走上了飞机。周恩来是在用自己的生命，进行最后的一搏。

12月23日到27日，在长沙，毛泽东同周恩来和王洪文进行了四次谈话，三次是三人一起谈的，一次是同周恩来单独谈的。在这些谈话中，毛泽东告诫王洪文："不要搞四人帮"，"不要搞宗派，搞宗派要摔跤的"。他说："江青有野心。你们看有没有？我看是有。"毛泽东说他对江青提出"三不要：一不要乱批东西，二不要出风头，三不要参加组织政府"。他责成江青等人作自我批评，并要求王洪文在长沙即写出书面检查；但又说，对江青要"一分为二"。对于邓小平，毛泽东明确地说，邓小平"政治思想强，人才难得"。他对着王洪文说："比你强。"在报告叶剑英当军委副主席兼国防部长、邓小平当第一副总理兼总参谋长时，毛泽东进一步提出："小平要担任第一副总理、军委副主席和总参谋长三个职务。"毛泽东对周恩来和王洪文说："你们留在这里谈谈，告诉小平在京主持工作。四人帮不要搞了。中央就这么多人，要团结。"毛泽东对周恩来说："总理还是我们的总理。""你身体不好，四届人大之后，你安心养病，国务院的工作让小平同志去顶。"关于四届人大及人事安排，毛泽东指示，在召开四届人大会议前，先召开中共十届二中全会。周恩来建议在四届人大前召开的十届二中全会上，补选邓小平为常委或中央副主席。毛泽东当场明确指示，邓小平为中共中央副主席、政治局常委。毛泽东还就人大委员长、副委员长和国务院副总理、各部部长具体人选提出一些意见，提议由张春桥兼任解放军总政治部主任。

12月26日，是毛泽东八十一岁生日。这一天，毛泽东与周恩来单独谈话。毛泽东谈了他一贯关注的"无产阶级专政"和"防修反修"的问题。萦绕在这个八十一岁老人心中的，仍然是这些解不开的重大理论情结。毕其一生的精力和实践，他一直探索和追寻着答案。在人生的最后岁月，他仍思考不辍。但是，最终，他找到答案了吗？他能够找到答案吗？这样锲而不舍终生执着追求，却最终陷于不能自我解脱的困惑境地，这是最为可叹的。在与周恩来，这个与他相处了半个世纪的老战友的最后一次促膝长谈中，毛泽东谈到，要尽快解放一批干部，要安定团结，要把国民经济搞上去。这两位年事已高，并且均已时值迟暮岁月的老人，谈到人大的人事安排问题，并最后敲定了人事方案。周恩来知道，以后，可能再也没有这样的机会与毛泽东推心置腹地长谈了。一向顾全大局的周恩来，坦诚而严肃地向毛泽东谈了江青和张春桥的历史问题。毛泽东表示，他已经知道有关江青、张春桥有严重政治历史问题的情况。是的，毛泽东早就知道江青和张春桥有历史问题。当初，为了用江青和张春桥等人发动"文革"，毛泽东不让提这个问题。到了现在，事情发展到这样的地步，毛泽东更不会提这个问题了。要是换了别的人，如果有所谓的历史"问题"，早就会被批判打倒。可是在"文革"中，根本没有什么衡量是非对错的统一准则。政治的需要，就是标准。虽然在这件事上，周恩来的提醒并没有产生作用，但毛泽东和周恩来——这两位在中国政坛上举足轻重的政治家——在长沙的这次谈话，对于四届人大的顺利召开，对于中国未来的政治前途，产生了极为重要的影响。

在周恩来到长沙向毛泽东汇报四届人大人事安排的同时，父亲在北京忙碌地工作着。除主持国务院日常工作外，他还要根据周恩来的指示，主持关于国务院的部、委设置和各部部长、委员会主任、最高人民法院院长的人选安排，代表中央起草有关报告，并与邓颖超商谈周恩来的病情及治疗方案。同时，他密切地关注着长沙的动向。他知道，在长沙，在周恩来的身上，担负着极其重要的历史使命。

分析一下这一段的形势，总的来说，毛泽东是支持周恩来和邓小平的，也严厉地批评了江青一伙。但是，在"文革"中，意料之外的事情随时可能发生。周恩来在长沙与毛泽东谈得怎么样，直接关系到党和国家的生死存亡。要知道，在这个非常时期，整个党和国家的前途命运，皆系于毛泽东一人之身，皆系于毛泽东的一念之间。凭着自己所亲身经过的政治经历，经过多年的反复思考，父亲深深地感到，这种把党和国家的命运系于一人之身的状况，实在有太多的问题和弊病，甚至是危险的。但同时，他也深知，这样的一种政治状况，不是一朝一夕形成的，更不是因一时一事而形成的。这种体制的形成，有着极其深刻的历史根源和错综复杂的原因。要知道，中国从长达两千年的封建主义，没有经历过任何意义上的民主主义阶段的过渡，一步跨进完全现代的社会主义，国家、社会和人民，从思想上、理论上、观念上，甚至于习惯上，都要进行许许多多的更新和改变。这一改变需要一个过程，而这一过程是不可逾越的，是需要假以时日的，是需要付出代价的，甚至需要付出极其痛苦的代价。

12月27日，虽然身体极度疲劳，但在飞回北京的飞机上，周恩来的心情很好。四届人大各项安排，特别是人事安排，已由毛泽东一锤定音。在这一场生死恶斗之中，毛泽东再一次用清醒和理智，扶住了那个极不稳定的政治天平。

1974年的最后几天，在北京的最高领导们异常繁忙。12月28日，周恩来召开有王洪文、叶剑英、邓小平、张春桥等参加的政治局常委会，研究如何贯彻毛泽东在长沙几次谈话的问题。这是邓小平复出后第一次以政治局常委的身份出席政治局常委会会议。在那个一人定乾坤的时代,虽然没有履行正式手续,但毛泽东说了让邓小平担任政治局常委,邓小平就是常委,至于手续,以后可以补办。在"文革"中,这样的情况屡见不鲜。这次会后,周恩来批告王洪文,将毛泽东审定的四届人大常委会委员长、副委员长和国务院副总理两份名单(草案)印发政治局全体委员。

29日,周恩来主持召开中共中央政治局会议。周恩来传达了毛泽东在长沙的几次谈话内容和毛泽东的各项指示。到会政治局成员一致拥护毛泽东的意见,并通过了经毛泽东审阅批准的四届人大常委会委员长、副委员长和国务院副总理两项名单。

1975年,就在这一片繁忙之中不知不觉地开始了。

四届人大召开在即,中央加快进行最后的准备工作。1975年1月的工作日程表,是一天接一天进行安排的,甚至是一个小时接一个小时进行安排的。

1月1日,周恩来同邓小平和李先念谈话。同日,在人民大会堂,周恩来主持召开政治局会议。会上通过了由邓小平代表中央起草的关于国务院的部、委设置和各部部长、委员会主任、最高人民法院院长人选的报告。

3日,周恩来主持有王洪文、叶剑英、邓小平、张春桥参加的中央政治局常委会,研究十届二中全会的各项准备工作,及在会上传达毛泽东的指示等问题。

4日,周恩来和王洪文联名向毛泽东报告政治局会议情况,并送去讨论通过的人事安排方案。

5日,根据毛泽东的提议,中共中央发出1975年一号文件,任命邓小平为中央军事委员会副主席兼中国人民解放军总参谋长。同时,任命张春桥为解放军总政治部主任。

6日,周恩来主持由王洪文、叶剑英、邓小平、张春桥参加的政治局常委会,继续研究中共十届二中全会各项议程。

中共中央关于恢复邓小平职务的通知。

1月8日至10日,中共十届二中全会召开。会议讨论了四届人大准备工作,决定将《宪法修改草案》、《关于修改宪法的报告》、《政府工作报告》和全国人民代表大会常务委员会、国务院成员的候选人名单,提请人代会讨论。会议追补邓小平为中央政治局委员,选举邓小平为中共中央副主席、中央政治局常委。周恩来在会上讲话,他说,在二中全会闭幕前,请示毛主席有什么话要说,主席讲了八个字,"还是安定团结为好"。

十届二中全会为四届人大定下了"还是安定团结为好"的政治基调。毛泽东想安定,全国人民想安定,"文革"动乱八年多了,人心思定呀。毛泽东认为,经过八年的"革命"运动,经过他近来的一番苦心安排,应该也可以达到安定了。但是,他没有认识到,八年"文革"所造成的这样一个危机四伏的政治局面,想要通过一个多方平衡、多种妥协的人代会来解决问题和达到安定,是根本不可能的。更何况,以周恩来、叶剑英、邓小平、李先念为一方的老革命家,和以江青、张春桥、王洪文、姚文元为首的"文革"势力之间的关系已形同水火,绝对不能相容,想让这根本敌对的两者之间达到"团结",是完全不可能的。其

1975年1月13日至18日,全国人大四届一次会议在北京举行。

实,在这场斗争中,政坛上的两大对立面,都是要通过这次人代会的机会,创造对自己更加有利的政治局面。江青一伙要觊觎更大的权力,以便在毛泽东身后,全面夺权。而周恩来、邓小平等却是要对"文革"的错误进行纠正,努力挽回动乱带来的巨大损失。

1月12日,周恩来主持政治局会议,对四届人大会议的各项议程做最后的研究和确定。

1975年1月13日,第四届全国人民代表大会第一次会议正式召开。人民大会堂的万人大礼堂内,灯火通明,庄严肃穆。在主席台的第一排上,右边坐着以周恩来为代表的老一代革命家和领导人。左边坐着以王洪文、江青为首的"文革"势力。两个阵营,界线分明。双方都明明白白地摆下了对立的阵势,已不再有任何掩饰。

会上,由周恩来总理作《政府工作报告》,张春桥作《关于修改宪法的报告》。

当周恩来走上大会讲台,全场二千八百六十四名代表情不自禁地用热烈的掌声向他表示致敬。这掌声经久不息,人们心头激情难平。周恩来激昂而郑重地代表国务院作《政府工作报告》。在报告中,周恩

在四届人大一次会议上,周恩来抱病作《政府工作报告》,重申我国要实现四个现代化的宏伟目标。

来重申了要在本世纪内,全面实现农业、工业、国防和科学技术的现代化,使我国国民经济走在世界的前列。在万人大礼堂华灯的映照下,听着周恩来总理代表中国人民发出的掷地有声的宏伟誓言,代表们激动得热泪盈眶,再次以热烈的掌声表达了他们对周恩来的最崇高的敬意和爱戴。

四届人大通过了对宪法的修改,通过了周恩来的《政府工作报告》,选举和任命了全国人大和政府机构领导人员。会议选举朱德继续担任全国人大常委会委员长,董必武、宋庆龄等二十二人为副委员长。周恩来继续担任国务院总理,邓小平、张春桥、李先念、陈锡联、纪登奎、华国锋、陈永贵、吴桂贤、王震、余秋里、谷牧、孙健等十二人为副总理。国防部长为叶剑英，计委主任为余秋里，建委主任为谷牧，教育部长为周荣鑫，铁道部长为万里，财政部长为张劲夫，石化部长为康世恩。文化部长和卫生部长分别是江青一伙的干将于会泳和刘湘屏。

　　第四届全国人民代表大会，有着极为特殊的历史作用，在共和国的史册上写下了浓墨重彩的一笔。会议的成果是很大的，也是来之不易的。尽管困难重重，尽管不可能从根本上纠正"文革"错误和问题，但是，在坚决而奋力的斗争之下，以周恩来、邓小平为首的正义力量，取得了在当时所能够取得的最大成果。通过这次人代会，中国确立了实现四个现代化的宏伟目标，这一目标反映了民心民意，鼓舞了全国人民建设现代化国家的斗志。实现四个现代化这一宏伟目标，接受了时间的考验，并在今后，成为中国长时期的发展战略。本次会议产生了以周恩来、邓小平为核心的国务院领导机构，尽管在文化、卫生等部门仍被江青一伙安插了人，但更多的有经验有工作能力的老干部进入了国务院的工作班子，为以后进行全面整顿准备了好的工作基础。

文化部门是江青一伙把持最严的领域，图为江青接见"样板戏"的演员。

第39章
全面整顿的序幕

四届人大开过之后,中国政坛上的政治形势是这样的:毛泽东虽然想恢复安定的局面,支持纠正"文革"中的一些极左做法,但在总的路线和政策上仍坚持"左"的错误。以江青为代表的"文革"势力虽然没达到篡权的最终目的,但在党政军中均分得一杯羹,依然掌握着重要权力并猖狂作乱。"文革"中产生和泛滥的派性依旧肆虐,许多地方造反派和坏人兴风作浪,混乱和武斗不断发生。经济形势仍然让人担忧,工厂停工,铁路停运,生产下降。一些老干部解放、复出,使得政治局面和工作局面有所改观,但工作困难,阻力重重,并与"文革"势力之间不断发生着不可调和的尖锐的矛盾和冲突。

四届人大之后,邓小平已由毛泽东确定,担任党的副主席、中央政治局常委、国务院第一副总理、军委副主席和解放军总参谋长。他此时所任职务,兼党政军要职于一身,职务比"文革"以前还要多,地位比"文革"以前还要高。仅从他的任职看,即充分说明垂暮之年的毛泽东对邓小平所寄予的厚望。毛泽东信任邓小平的才能,赏识他的品格。他真切地希望,邓小平既能做到"永不翻案",不反对"文革"路线,又能够挽狂澜于既倒,像周恩来一样,支撑起偌大一个中国国家机构的运行。

在争取复出的过程中,邓小平的确曾经向毛泽东保证"永不翻案"。

第39章 全面整顿的序幕

邓小平大力推行全面整顿。

他的这一表态，绝对不是一个韬晦的权宜之计。永不翻案，表明了他那始终不变的对党的信念，表明了他那始终如一的对毛泽东本人的敬重。他看待问题，看待历史，看待个人功过，从来是从历史的角度，从辩证的角度，从客观实际的角度，从大局出发的角度。他绝对不会因为个人恩怨，去算历史旧账，或翻历史的旧案。对于党，对于毛泽东本人，他永远不会"翻案"。即使在"文革"结束以后，在回顾历史、总结经验教训、评价毛泽东的功过的时候，他也没有"翻案"。"文革"中，他争取复出工作，不是为了个人重得权力，更不是为了有朝一日去算个人旧账。他争取出来，是他认为在他的身上，担负着不可推卸的历史责任。他鲜明地反对"文革"错误，痛恨林彪、"四人帮"等"文革"势力对党、国家和人民所犯下的罪行，痛惜党和国家受到的重创和损失。重新工作后，他要全面纠正"文革"错误，挽回"文革"造成的巨大损失。对于这一点，他是毫不犹豫的，也是义无反顾的。他知道，在斗争的道路上充满了艰险和阻碍。他真诚地希望，毛泽东能够真正有所悔悟，能够容忍他对"文革"错误的纠正。但同时，他也做好了足够的思想准备，即使毛泽东不认同他的作为，他也不会失望。他要

晚年毛泽东对邓小平委以重任,希望他既能不反对"文革"路线又能挽救国家的混乱局面。

做的，是久已思考成熟了的，是不计个人成败后果的。他深知，没有时间再耽搁了，他已经七十一岁。有多少人能够在年过七十，还有机会重新开始一番新的政治作为，而且是充满艰险的政治作为呢？光阴似箭，时间不等人啊！要想有所作为，要想扭转时局，就要快，就必须破釜沉舟、坚决果断。而且，既然要干，就要彻底地干，就要一下子全面推开地干。这就是邓小平的个性和风格。

真是说干就干。四届人大结束一周之后，1月25日，邓小平刚刚就任总参谋长，就在总参谋部机关团以上干部会上发表讲话，开宗明义，提出了军队要进行整顿。他说，目前军队的状况是：从1959年林彪主管军队工作起，特别是在他主管的后期，军队被搞得相当乱，好多优良传统丢掉了。军队的绝大多数同志是不满意这种现状的，所以毛泽东同志提出军队要整顿。他说，这些年来，我们军队出现了一个新的大问题，就是闹派性。不消除派性，安定团结不起来。一定要提高党性，消除派性，加强纪律性。总参、总政、总后三个总部，首先要整顿。

《军队要整顿》的讲话，观点鲜明，态度坚决，成为邓小平复出工作以后，努力纠正"文革"错误，进行全面整顿的开端。

江青在四届人大妄图"组阁"失败，又挨了毛泽东的骂，简直就是气不打一处来。她憋了一肚子的火，就把王海容、唐闻生找到她那里去，歇斯底里大发作，把几乎所有的政治局委员都大骂了一遍，并要王、唐在陪外宾见毛泽东时，将她的意见转报毛泽东。此后，见到毛泽东时，王海容和唐闻生将江青的"表现"报告了毛泽东。毛泽东听后说："她看得起的人没有几个，只有一个，她自己。"王、唐问："你呢？"毛泽东说："不在她眼里。"毛泽东也是看透了江青，因此不无忧心地说："将来她会跟所有的人闹翻。现在人家也是敷衍她。我死了以后，她会闹事。"

毛泽东没有理睬江青。他现在是要支持邓小平，要求得大局的稳定。在此期间，他发出了三项指示：关于学习无产阶级专政理论、安定团结和要把国民经济搞上去。毛泽东的三项指示，虽然仍旧强调阶级斗争的理论，但也再次表明了对周恩来和邓小平工作的支持。这三项指示，在以后的全面整顿中，成为邓小平高举的旗帜。

邓小平要开始进行全面整顿，毛泽东表示了对邓小平的支持，江青一伙却绝不会眼睁睁地看着邓小平出来推翻他们苦心经营了八年的"成果"。四届人大刚刚开过，毛泽东刚刚说过要安定团结，而一场不可调和的生死斗争，就已正式摆下了战场。

江青一伙不管生产，不管经济，不管老百姓是死是活。他们满脑子想的，就是要对邓小平等人进行反击。1975年1月，几乎就在新任总参谋长职务的邓小平发表关于军队整顿讲话的同时，王洪文私下对他在上海的几个亲信"交底"说："我最担心的就是军队不在我们手里……"王的话，表明"四人帮"对邓小平的刻骨仇恨。

周恩来对邓小平寄予厚望，但他知道斗争还在继续，仍不能安心就医。他要拼着他最后的生命，支持邓小平。四届人大后，他几次召开中央政治局常委会，讨论和布置各项善后工作。1月30日，他再次主持有王洪文、叶剑英、邓小平、张春桥参加的中央政治局常委会，研究国务院副总理分工问题。2月1日，他让国务院秘书长吴庆彤转告邓小平，请邓将各副总理分工列出。周恩来说："他不好讲，由我讲。"2月1日，周恩来在人民大会堂西大厅召开国务院常务会议，宣布十二位副总理分工。会议确定，第一副总理邓小平主管外事，在周恩来总理治病疗养期间，代总理主持会议和呈批主要文件。确定李先念、纪登奎、华国锋三人为常务副总理，负责处理国务院日常事务。周恩来对在座的国务院常务会组成人员说："我身体不行了，今后国务院的工作由小平同志主持。"接着，周恩来召开了有一百多人参加的国务院各部、委负责人出席的会议。在会上，周恩来说，根据毛主席的指示和中央的决定，我们从今天开始来完成四届人大后的工作，把国务院组织健全起来。"今天是开始。恐怕我也只能够完成这个开始的任务。"

他重申了毛泽东关于邓小平"人才难得"、"政治思想强"的评价,并向与会者宣布:"现在我病了,将来这样的会,请小平同志主持。""希望新的国务院成立以后,出现新的气象,争取今年第四个五年计划能够完成而且超额完成。"在这次会议上,邓小平也讲了话。

第二天,也就是2月2日,周恩来致信毛泽东,报告国务院各副总理分工等情况。从这一天起,邓小平代周恩来主持国务院工作。

邓小平主持国务院工作伊始,便于2月10日由中共中央发出《批转1975年国民经济计划的通知》,要求全党团结一切可以团结的人,调动一切积极因素,把国民经济搞上去,当前特别要把交通运输和煤炭、钢铁生产抓上去。

把国民经济搞上去,是邓小平主持国务院工作要抓的首要工作。但是,在当时那种全面混乱的情况下,要完成这一任务,真是何其难哉。

江青一伙发起的"批林批孔"运动,造成了新的政治动乱,经过艰苦努力刚刚趋向稳定的形势又遭破坏。许多地区和部门重新出现混乱,一些企业领导班子重新瘫痪,国民经济状况再次下降。1974年上半年,不少地区、部门工业生产没有完成计划,钢铁、化肥和一些军工产品也欠账较多。特别是煤炭生产和铁路运输的问题十分严重。由于生产下降,财政收支不平衡,收入减少,支出增加。1974年工农业总产值仅比上年(1973年)增长百分之一点四,其中工业总产值增长百分之零点三,农业总产值增长百分之四点二,钢和原煤产量下降,国家出现财政赤字。

要把国民经济搞上去,首先就要整顿国民经济。而要整顿国民经济,按那时的状况,工业、农业、商业、财贸、文教、科技等方面都是问题成堆,积重难返,怎么进行整顿?下决心整顿,就不能只整顿一个部门一个行业,而必须全面进行整顿。那么,整顿的切入点在哪里呢?这样一个混乱加动乱的摊子,究竟从何下手呢?

在纷繁复杂的问题面前,邓小平从来是冷静分析,抓住要害,然后坚决而果断地进行处理。这是他性格上一个非常突出的特点。周恩来就曾说过，邓小平是"举重若轻"。要进行全面整顿，首要的，是要抓住干部问题，也就是班子问题，关键是领导班子。要坚决地同派性作斗争。对那些有野心、争权夺利、耍阴谋诡计的派性分子，必须作坚决的斗争，该批的批，该调的调，寸步不能相让。在人的问题解决之后，就要恢复所有被破坏的行之有效的规章制度。没有规矩，不成方圆。只有重建规章制度，才能确保生产的正常运行，否则，一切都是空谈。

这些，就是邓小平进行全面整顿选择的突破口。

第40章
整顿铁路的较量

国民经济积累下来的问题千头万绪,症结太多。而在众多严重问题中,铁路问题尤为突出。

1975年2月,全国铁路的形势是这样的:徐州、南京、南昌等铁路枢纽的运输长期堵塞,阻碍了津浦、京广、陇海、浙赣四条铁路大干线的畅通,并影响其他干线的运输,严重危及工业生产,甚至影响了一些城市的人民生活。

邓小平要恢复国民经济的正常运行,首先必须对经济运行的大动脉——铁路系统进行整顿。邓小平说干就干,雷厉风行,毫不拖延。

2月中旬,在一次国务院常务会议上,主持会议的邓小平一边走进会议室,一边愤慨地谈到,目前铁路问题太严重,不抓不行了。在会上讨论了这一问题后,邓小平拍板,立即对铁路问题进行整顿。之后,邓小平找国家基本建设委员会主任谷牧、铁道部长万里等,专门研究整顿铁路的具体问题。

2月25日至3月8日,邓小平主持召开全国各省、市、自治区主管工业的书记会议,会议的题目,就是解决铁路运输问题。

3月5日,邓小平在会上讲话。他用他那一贯简明扼要的讲话方式指出:"现在有一个大局,全党要多讲。大局是什么?三届人大一次会议和四届人大一次会议的政府工作报告,都讲了发展我国国民经济的两步设想：第一步到1980年，建成一个独立的比较完整的工业体系和国民经济体系；第二步到20世纪末，也就是说，从现在算起还有二十五年时间，把我国建设成为具有现代农业、现代工业、现代国防和现代科学技术的社会主义强国。全党全国都要为实现这个伟大目标而奋斗。这就是大局。"他说："毛主席讲，要抓革命，促生产，促工作，促战备。听说现在有的同志只敢抓革命，不敢抓生产——这是大错特错的。目前生产的形势怎么样？农业还比较好一点，但是，粮食产量按全国人口平均每人只有六百零九斤，储备粮也不多，农民的收入就那么一点。工业方面，那就确实值得引起严重注意。现有的生产能力没有发挥出来。去年一年，工业生产情况是不好的。今年是第四个五年计划的最后一年，生产再搞不好，势必影响第五个五年计划的实行。我们必须预见到这种形势，认真抓这个问题。"他继而分析道："怎样才能把国民经济搞上去？分析的结果，当前的薄弱环节是铁路。铁路运输的问题不解决，生产部署统统打乱，整个计划都会落空。所以中央下决心要解决这个问题"，"解决铁路问题的办法，还是要加强集中统一"。"建立必要的规章制度，增强组织纪律性，这也是中央的决定上讲的。现在铁路事故惊人，去年一年发生行车重大事故和大事故七百五十五件。"他不无气愤地说："中央的决定还讲到反对派性。现在闹派性已经严重地妨害我们的大局。要把这个问题摆到全体职工面前，要讲清楚这些大是大非问题。这个问题不解决，光解决具体问题不行。对闹派性的人要再教育，要反对闹派性的头头。大概有这样两种情况：一种是被派性迷了心窍的人，打几年派仗打昏了头，马克思主义不见了，毛泽东思想不见了，共产党也不见了。要对他们进行教育，教育过来，既往不咎，再不转变，严肃处理。另外一种是少数坏人，各行各业、各个省市都有那么一些，他们利用派性混水摸鱼，破坏社会主义秩序，破坏国家经济建设，在混乱中搞投机倒把，升官发财。对这样的人，不处理不行。"他说："把这些问题讲清楚，理所当然地

经过整顿,徐州车站各线列车开始畅通。

会得到绝大多数铁路职工的拥护。所以,3月份的动员要很深入,包括对职工家属、铁路沿线农民,都要做到家喻户晓。解决铁路问题的经验,对其他工业部门会有帮助。"最后,他说:"对于当前存在的问题,要有明确的政策。要从大局出发,解决问题不能拖。拖到哪一年呢?搞社会主义怎么能等呢?"

这篇讲话,可以看作是一篇对"文革"极左错误的战斗宣言,是进行全面整顿的战斗宣言。

3月5日,中共中央发出题为《关于加强铁路工作的决定》的这个当年的九号文件。文件指出,铁路运输当前仍是国民经济中一个突出的薄弱环节,不能适应工农业生产发展的需要,决定对全国铁路实行以铁道部领导为主的管理体制,加强集中统一,建立健全必要的规章制度,整顿秩序,同各种破坏行为作斗争。对少数派性严重,经过批评和教育仍不改正的领导干部和派头头,要及时处理。

这个"文件",鲜明地带上了邓小平的特点,用词明确,立场鲜明,措施强硬。

邓小平亲自点将,让复出工作的铁道部长万里挂帅,整顿铁路。3

月7日,铁道部召开全国电话会议,一竿子插到底,万里部长向全系统传达了中央整顿铁路的决心和有关决定。随后,铁道部在全国铁路系统,对整顿的决定进行大张旗鼓的宣传,力争传达到全系统的每一个群众,真正做到家喻户晓。中央和铁道部深信,中央下决心整顿铁路的精神,一定会得到广大职工群众的拥护。

在全国铁路系统中,问题最严重和派性最猖獗的,当属徐州铁路局。徐州是淮海地区的一大重要铁路枢纽。由于派性严重和坏人当权,生产和运输受到破坏性的影响,已经长达二十一个月没有完成国家计划。

徐州,从古至今,就是中国的一个战略要地,是一个兵家必争之地。差不多三十年前,邓小平等曾经率六十万大军,在此战胜了人数上大大多于我军的近八十万国民党军战略主力。今天,他再次率领正义之师,在这片炽热的土地上,与"文革"造反势力,进行战略较量。3月10日,在邓小平亲自部署下,铁道部长万里率领工作组进驻徐州,整顿和解决徐州铁路局问题。万里一到徐州,即召开万人规模的群众大会,向群众反复宣讲"九号文件"精神,批判派性,落实党的政策,发动了一场整顿铁路的人民战争。与此同时,铁道部下决心解决领导班子问题,对派性特别严重的领导进行严肃批评,限期改正。到期不改,就采取果断措施,坚决撤职和调离。对参加煽动闹派性、武斗和停工停产的坏人,毫不手软地坚决打击。由邓小平亲自批准,在徐州逮捕法办了坏分子、派头头顾本华。一系列坚决果断的措施,敲山震虎,正本清源,迅速扭转了局势。在广大群众的支持下,徐州铁路生产运输形势大大改观,到4月底,提前三天完成了国家生产运输任务。

3月15日,万里在徐州召集济南、上海、郑州三个铁路局开会,解决津浦、陇海、京广北段运输不畅通的问题。接着一鼓作气,万里再到太原、郑州、长沙等地,依照徐州做法,召开千人、万人、十万人大会,一竿子插到底,宣讲中央整顿政策措施,发动群众。由于态度坚决,措施强硬,群众拥护,到了4月,堵塞严重、问题成堆的几个铁路局,相继打开局面,铁路畅通,生产上升。全国二十个铁路局,除南昌局外,都超额完成计划,煤炭装车量五年来第一次完成了计划运输指标。

对于剩下的南昌铁路局,邓小平指出,要害是"南昌铁路局的问题,省里就有人支持,一定要把铁路上搞派性活动的里外联系割断"。4月28日,铁道部根据邓小平的指示,着力整顿南昌局。只要下定决心,便没有攻不克的难关。问题解决后,到了6月,南昌局即提前完成上半年货运任务。

在邓小平亲自决策和领导下,在铁道部万里部长等人的艰苦实施下,长期阻碍国民经济运行的铁路这一大难题,终于基本得到解决。铁路问题的解决,不但解决了一个制约国民经济发展的大障碍,而且在全国人民群众中树立了全面整顿的一个鲜明而又富有成效的形象。

这一场铁路战线上的战斗,实际上是邓小平主持国务院工作后,纠正"文革"错误的首次尝试,更是一次向以江青为代表的"文革"势力的正式宣战。铁路问题的解决,意味着全面整顿初战告捷。

邓小平复出工作一年多,就被毛泽东赋予了党政军大权,而且在周恩来的支持下,如此大张旗鼓地开展整顿,这实在让以江青为首的"文革"势力感到嫉妒、恼怒,甚至恐慌。他们深知由邓小平发起的这一场整顿,将给他们带来巨大的威胁。从邓小平复出的那一刻起,他们就在密切地注视着,并利用一切机会阻碍邓小平等对于极左错误的纠正。这次,他们抓住了一个由头,就是批判所谓的"经验主义"。

3月1日,张春桥在全军各大单位政治部主任座谈会上讲话,说现在的主要危险是"经验主义"。他阴险地说:"很多问题理论上不搞清楚,政策上就要发生错误,思想上的错误就会变成政治上的错误,使资本主义大泛滥。"同日,姚文元在《红旗》杂志发表文章,说"现在,主要危险是经验主义",借批林彪进一步煽起对所谓"经验主义"的批判,3月21日,《人民日报》发表题为《领导干部要带头学好》的社论,说什么"十多年来的事实证明，经验主义是修正主义的助手"，大肆鼓噪反对"经验主义"。4月1日，张春桥发表一篇名为《论对资产阶级的全面专政》的文章，用心险恶地鼓吹打"土围子"。4月4日，江青对她手下干将说："经验主义是修正主义的帮凶，是当前的大敌。"就这样，在江青一伙的亲手操纵下，一时之间，全国范围内，报纸、杂志上反"经验主义"的鼓噪连篇累牍，把批判矛头直接指向周恩来、叶剑英、邓小平等具有丰富经验的老一辈党和国家领导人。

综观政治形势，可以看到，一边，是以邓小平为代表的老干部对极左错误进行整顿；另一边，是"文革"势力大造声势，肆意进行诬陷批判。双方的斗争日趋激烈。

3月26日，由于癌症转移，医生对周恩来施行手术，摘除腹部肿瘤。术前，他清理了自住院以来没有批办完的积案，将未了事宜全部交付邓小平。在进行了这样大的手术以后，刚刚能够见人时，周恩来便于4月2日、11日和14日，三次找邓小平谈话，就近一段时间的工作和局势交换看法。周恩来以羸弱之躯，再次给予邓小平以支持和鼓励。

4月中旬，在一次中共中央政治局会上，江青再次挑衅性地提出反"经验主义"的问题，要求政治局讨论。邓小平毫不客气，坚决抵制了这一无理取闹。

4月18日，已从外地回到北京的毛泽东会见前来访华的朝鲜党和国家领导人金日成。毛泽东和金日成是老朋友、老战友，相见之下，必有感慨。毛泽东推心置腹地对金日成说："董必武同志去世了，总理生病，康生同志、刘伯承同志也害病，我也生病。我今年八十二岁了，快不行了。靠你们了。"毛泽东指着参加会见的邓小平说："我不谈政治，由他来跟你谈。此人叫邓小平，他会打仗，还会反修正主义，红卫兵整他，现在无事了。那个时候打倒了好几年，现在又起来了，我们要他。"

借着这次陪同毛泽东会见金日成的机会，在会见后，邓小平向毛泽东反映了自3月以来，江青等人大反"经验主义"的问题，直率地

1975年4月,周恩来和邓小平在医院会见来访的金日成。

表示不同意江青等人关于"经验主义"是当前主要危险的提法。毛泽东表示,同意邓小平的意见。

对于邓小平等老干部与江青一伙的斗争,毛泽东是知道的。对于两边的所作所为,他都在进行观察。他清醒地看到,邓小平对于铁路的整顿是成功的。江青一伙这样公开地唱对台戏,这样不依不饶地闹个不休,完全不符合毛泽东要求安定团结的宗旨。毛泽东认为,有必要遏制一下江青一伙的猖狂,他对这场斗争表了态。

4月23日,在一份报告上,毛泽东批示:"提法似应提反对修正主义,包括反对经验主义和教条主义,二者都是修正马列主义的,不要只提一项,放过另一项。"毛泽东进一步批道:"我党真懂马列的不多,有些人自以为懂了,其实不大懂,自以为是,动不动就训人,这也是不懂马列的一种表现。"他批道:"此问题请提政治局一议。"

根据毛泽东以上批示,4月27日,政治局开会进行讨论。会上,叶剑英、邓小平等在发言中,严词批评江青、张春桥等人大反"经验主义"的错误,并对江青在1973年12月政治局扩大会议上提出所谓"第十一次路线斗争"、在"批林批孔"运动中以个人名义送材料和进行其他"四人帮"宗派活动的问题提出尖锐质问。由于毛泽东作出了明确的批示,江青被迫在会上作了言不由衷的"检讨"。

这次会议,虽然表面上以江青作检讨而告结束,但双方斗争的这一桩"公案",实际上并没有解决。住在医院里的周恩来,对会议情况十分关心。4月29日和30日,他先后同邓小平、华国锋、吴德、陈锡联、王洪文等谈话,了解27日政治局会议的详细情况。叶剑英、邓小平等人也深知,事情并没有就此完结,他们做好了和江青一伙进行更加激烈斗争的思想准备。江青一伙受了批评,当然更不甘心。斗争的双方,都在厉兵秣马,准备再战。

第41章
毛泽东批评"四人帮"

江青等人折腾了这么一大阵子,结果是挨了毛泽东的批评,又在政治局会上被迫"检讨",实在是憋了一肚子的气。他们分析了形势,认为王洪文是由毛泽东亲自点名提拔上来的新人,在毛泽东面前说话一定有分量,便商量由王洪文出面,以汇报会议情况为由,写信向毛泽东告恶状。据此安排,王洪文便致信毛泽东,信中诬告周恩来、叶剑英和邓小平,说他们总是把形势说得一团漆黑,说他们支持、纵容社会上最凶的谣言,并诡称:"这场争论,实际上是总理想说而不好说的话,由叶、邓说出来,目的是翻前年十二月会议的案。"

接到王洪文的信,毛泽东一看便不高兴了。他刚刚批评了江青等人反对"经验主义",江青等人就又要闹事了。毛泽东实在不想让江青他们再闹下去了,他知道,这次,只有他亲自出面,才能了结这场斗争。这一天,也就是1975年的5月3日,毛泽东亲自召集在京的政治局委员开会。在这次会议上,毛泽东反复强调要安定团结,要坚持"三要三不要",即要搞马克思主义,不要搞修正主义;要团结,不要分裂;要光明正大,不要搞阴谋诡计。在谈到反对"经验主义"时,毛泽东说:"我犯了错误,春桥的文章,我没有看出来。""你们只恨经验主义,不恨教条主义。""我看批判经验主义的人,自己就是经验主义,马列主义不多。""我看江青就是一个小小的经验主义。"接着,毛泽东话锋一转，对江青等人批评道："不要搞四人帮，你们不要搞了，为什么照样搞呀？为什么不和二百多个中央委员搞团结？搞少数人不好，历来不好。""不要随便，要有纪律，要谨慎，不要个人自作主张，要跟政治局讨论，有意见要在政治局讨论，印成文件发下去，要以中央的名义，不要用个人的名义，比如也不要以我的名义，我是从来不送什么材料的。""要守纪律，军队要谨慎，中央委员更要谨慎。我跟江青谈过一次，我跟小平谈过一次。王洪文要见我，江青又打来电话要见我，我说不见，要见请大家一起来，完了。对不起，我就是这样，我没有更多的话讲，就是三句，九次、十次代表大会都是三句，要马列不要修正，要团结不要分裂，要光明正大不要搞阴谋诡计。"

毛泽东批评了江青一伙，但并没有从根本上批判他们的错误。所以在要求江青等作自我批评的同时，毛泽东又说："我看问题不大，不要小题大作，但有问题要讲明白，上半年解决不了，下半年解决；今年解决不了，明年解决；明年解决不了，后年解决。"

毛泽东此时已近八十三岁高龄，因患白内障双目不能看东西，身体状况也是江河日下。在这种情况下，还要由他亲自出面召开会议进行调解，也算得上是极不寻常了。他决定亲自出面解决问题，说明他真心求治，不愿再乱了。但他不得不强扶病体来解决问题，也说明，江青一伙，除对毛泽东一个人还有所忌惮外，已有恃无恐，不把任何人放在眼里。再说透了，就是由毛泽东亲自出面，也只能作些表面上的调整平衡，而不可能从根本上解决问题了。这次亲自召开政治局会议，是毛泽东一生中最后一次召开和参加政治局会议。从这次以后，他进入了更加多病的时日和生命的最后岁月。

毛泽东召开政治局会议的第二天，即5月4日，周恩来抱病从医院出来，在人民大会堂主持有王洪文、叶剑英、邓小平、张春桥参加的政治局常委会，讨论贯彻毛泽东5月3日讲话精神。会后，周恩来亲自主持起草关于学习毛泽东理论问题的指示和中共中央政治局工作等问题的意见稿。周恩来坚决拥护毛泽东对江青一伙的批评，说："有错误的，要有自我批评。"他表示"同意小平同志的意见"，"愿自我批评的就说，说多少都可以，不说也可以，不要强人所难"。5月8日，周恩来再次在人民大会堂主持有王洪文、叶剑英、邓小平、张春桥参加的常委会，继续研究政治局贯彻毛泽东5月3日讲话一事。会上商定：等邓小平出访法国回来之后，再召开政治局全体会议。并确定，由王洪文向政治局通知此事。

周恩来极其清醒地认识到，这是一个难得的机会。毛泽东亲自批评江青一伙，虽然不会根本纠正错误，但毕竟可以使江青一伙有所收敛，这样，邓小平就可以获得一个大好的机会，以继续进行全面整顿这场战斗。这样一个机会，来得多么不容易啊，绝对不能错过。

1975年5月12日到17日，应法兰西共和国邀请，中华人民共和国国务院副总理邓小平对法国进行友好访问。这是自中华人民共和国成立以来，自1964年中法建交以来，中国国家领导人第一次对法国进行的正式国事访问。

在当时的国际政治和战略格局中，美国和苏联是正在进行冷战的两个超级大国。而在美苏两霸之间，欧洲是一个特殊的地带。欧洲各国因历史和现实原因，形成了一个非常复杂和不稳定的状态。整个欧洲分为东西两大势力范围。在西欧大国中，英国是美国的忠实追随者，德国东西分裂，法国是当时欧洲最大的国家。第二次世界大战以后，在戴高乐将军的领导下，在纷繁复杂的国际关系中，法国一直保持着民族独立的精神，在欧洲乃至世界事务中占有重要地位。在西方主要大国——特别是美国——采取坚决反共立场的时候，法国第一个和新中国建交。中法建交以来，两国间一直保持着友好关系。1973年，法国总统蓬皮杜对中华人民共和国进行了友好访问，与中国领导人毛泽东、周恩来进行了会晤和会谈。自此以后，两国领导人之间建立了更加亲切的友好关系。此次中国政府代表团即将对法国进行的正式访问，

第41章 毛泽东批评"四人帮" 329

邓小平访问法国受到热烈而又隆重的欢迎。

是中法两国友好关系进一步发展的又一体现。在东西方冷战的时代，在美苏两个超级霸权大国主宰世界的格局中，毛泽东以非凡的国际战略眼光，首先决定恢复中美关系，继而恢复了中日关系，这两大决策，打开了我国外交战线的新局面，使中国迈进了国际战略的大格局，并成为国际战略天平上一支不容忽视的政治力量。此次，毛泽东决定进一步加强中法关系，使中国以更加积极的姿态，活跃在国际政治舞台。

法国政府邀请中国领导人访问法国，周恩来总理重病，毛泽东决定由邓小平率领中国代表团访问法国。毛泽东的这一决定，实际上是让邓小平作为中国的代表，走上国际政治舞台。这是他决心让邓小平在未来中国政治生活中，发挥更大作用的又一重要决定。

5月12日清晨，当专机抵达法国后，在隆重的欢迎仪式上，一个身材并不高大的中国人，踏上了为贵宾铺设的红色地毯。这个中国人，五十年前，曾经在法国勤工俭学，曾经在法兰西的这片土地上迈进革命的神圣殿堂，曾经被法国军警监视和追捕。对于法兰西的这片土地，他怀着难以忘却的记忆。五十年前，作为一个被警方搜寻的革命者，他离开了法国；今天，作为法国政府的贵宾，他受到了隆重的欢迎。

330　我的父亲邓小平——"文革"岁月

父亲访问法国归来，母亲、邓楠、表妹小兵，还有小眠眠都去机场迎接，天气好，人的心情也好。

人生的道路如此曲折起伏，命运的铺陈如此变幻莫测，不禁令人感慨万千。

　　从一踏上法兰西的土地，邓小平立即投入繁忙的外交活动。法国政府对于邓小平所率领的中国政府代表团，给予了热烈而又隆重的欢迎。邓小平的身份只是国务院副总理，但法国方面却给予了相当于国家最高领导人的外交礼遇。法国总统德斯坦和总理希拉克，与邓小平分别进行了会谈。德斯坦亲自主持欢迎宴会，并安排邓小平下榻法国国宾馆。这些热情而超规格的礼遇，说明法国政界，已把邓小平——这个在"文革"中刚刚复出的中国政治家，当作未来中国的一个举足轻重的人物。邓小平此次访问法国，与法国领导人就重大国际问题和发展两国关系等问题交换了意见，双方就进一步加强政治磋商、进一步促进两国经济贸易关系达成了许多共识。

　　5月17日，邓小平率领中国政府代表团回国。此次访问法国虽然只有短短五天，但它的意义是重大的。对于国家来说，进一步完成了毛泽东极具战略眼光的外交布局。对于邓小平个人来说，连同上一年——也就是1974年4月——赴纽约出席联大特别会议在内的一系列外交活动，确立了他作为一名世界级政治家的地位。

邓小平访问法国回国后，由毛泽东与周恩来商定，改由邓小平主持政治局会议，并主持中央日常工作。这一重要的决定，说明经过一段时间的观察，毛泽东对于邓小平的信任和期望进一步加强。可以说，经过对全局的权衡，毛泽东已在相当大的程度上，将邓小平作为接班人来委以重任。

按照周恩来于5月8日主持召开的常委会的决定，中央政治局将要开会，贯彻毛泽东5月3日召开的政治局会议的精神，也就是对江青一伙挑起事端、掀起批判所谓"经验主义"进行批评。为了开好这次会议，5月21日至27日间，周恩来就传达毛泽东4月23日批示等问题给中央政治局写信。周恩来在信中指出，张春桥在军队作出关于反"经验主义"的讲话后，影响很大；并说，小平同志曾就张春桥讲话中强调"反对经验主义是当前的主要危险"向毛主席进行了请教。周恩来写信的目的，是要在会前向大家讲明，邓小平曾当面向毛泽东请示了有关问题，并且得到了毛泽东的支持。邓小平在看到周恩来的这封信后，补充道：他向主席请教时，还提到了江青在中央政治局会议上提出反"经验主义"问题。

张春桥看到周恩来的信，十分不满，便在这封信上横加批语，说"总理的信，有些话不确切"。

看到张春桥的诬蔑，周恩来于27日强撑病体，进行了坚决的反驳。一向为人温厚礼让的周恩来，用激愤的言辞写道："在你的注语中，说我信中有些话不确切。我因头上皮下神经疱疹未好，脚上皮下毛血管麻痛未止，故晚了两天才将当时认为较确切的语言写出。"接着，周恩来用很大篇幅，用无可争辩的事实，详细地批驳了张春桥的恶意指责。最后，周恩来愤慨地写道："我这段回忆文字，不知是否较为确切。如果仍不确切，请你以同志的坦率勾掉重改或者批回重写，我决不会介意，因为我们是遵守主席实事求是和'三要三不要'的教导的。"

会还未开，火药味道就已浓烈如此。

秉承毛泽东的意思，5月27日和6月3日，由邓小平主持，中央政治局两次召开会议，学习贯彻毛泽东5月3日在政治局会议讲话精神，对江青等人进行"帮助"。

会议还没有开始，便是两军对垒，阵线分明。邓小平、叶剑英、李先念等人坐在会议桌的一边，江青、张春桥、姚文元、王洪文等坐在对面的一边。

会上，邓小平发言。他严肃而郑重地说，5月3日主席在政治局的讲话，提到了党内生活的很多原则，这是告诫政治局这个党的核心机构的。这对于我们的党是非常重要的。政治局的同志首先要安定团结，三要三不要，这样，才能给全党做出榜样。邓小平尖锐地批评江青一伙的错误，说，4月23日，主席批示后，27日政治局就讨论。有的同志说这次会议上讲话过了头，也有同志说是突然袭击、围攻。我认为谈不上突然袭击和过头。百分之四十的问题都没有讲，讲了有没有百分之二十也难讲。（去年的会）批评周恩来、叶剑英，（江青）却说成是党内十一次路线斗争，这不是主席的意思，后来由主席纠正了。批林批孔，又提出要批走后门，当面点了很多人的名；学习无产阶级专政的理论、反修防修，却又提出主要危险来自经验主义，并且来势凶猛。别的事情都不那么雷厉风行，批经验主义却是雷厉风行。主席提出了三个大问题，但是却钻出来这三件事，倒是要提一个问题，问一问这是为什么。邓小平在发言中特别强调地指出，"三要三不要"是总结历史经验得出来的，政治局要注意，不搞掉派性不行。看不到宗派主义、"四人帮"，这值得警惕。

这次会上，叶剑英、李先念、陈锡联等相继发言，对"四人帮"进行严肃尖锐的批评。会议的最后，王洪文、江青被迫作了一些检讨。江青等人还被迫写出书面检查。

毛泽东为了支持邓小平而批评了江青,他只是要杀一杀江青的狂妄气焰,节制一下"四人帮"对"安定团结"的干扰,给邓小平创造一个能够工作的气氛,但他绝对不是要打倒江青。他希望通过这次批评,江青能够有所收敛,邓小平也应该满意了。他甚至希望从此江青和邓小平能够冰释前嫌,在未来进行合作,起码也要相安无事。为了实现这一目的,他让江青找邓小平谈谈,意在促进两人和解。迫于毛泽东的压力,江青不得不放下架子,"屈尊"到邓小平家找他谈话,假意做出一副"诚心诚意"的样子。

我们全家都记得那一天,说是江青要来我们在宽街的家,全家人立即戒备十足。妈妈吩咐,在家的人各自呆在自己的屋里,谁也不许出来。如果江青借口要看一看窜到什么地方,谁也不许随便说话。要知道,随便一句不经意的话语,可能就会招来许多不必要的麻烦。于是乎,好像防瘟疫一样,我们一个个把门窗关得紧紧的,全家壁垒森严。从窗帘缝里,我们看到江青来了。她的头上戴着一顶帽子,身上披着一件长长的外套,还是那样一副昂首挺胸,趾高气扬,却极其做作的样子。父亲在会客室等着,没有出迎,连母亲都在自己的房间里,没有露面。江青径直走进父亲的会客室,与她的"敌手"邓小平谈话。谈话的时间并不长,江青从会客室出来时,父亲也没有送。江青就这样地来了,又这样地走了。这次谈话,没有争论,但也没能缓解双方的矛盾。父亲后来回忆时说:"江青找我,毛主席叫她来,她不敢不来。谈得不好,她吹她的一套,水平不高。"其实,邓小平和江青,双方的心里都是明明白白的。他们之间的分歧,是根本性的原则性的,不可能通过一次谈话即行弥合。

在这段时间里,江青受了毛泽东的批评,虽然骨子里恨得什么似的,但表面上却还要装出一副"缓和"的样子。她这个人一向花样极多,不知道哪根筋一动,就又是一个主意。她本来是又批"复旧"又批孔老夫子的,不知怎么的,突然推崇起什么唐朝的服装来了。可能是她觉得毛泽东早晚会去世，到那时，就该轮到她当女王了。当女王，要"登基"，当然就要有"礼服"了。于是乎，她别出心裁地设计了一种自诩带有唐朝味道的裙服。其实什么唐朝样式呀，不过就是上面是无领中式对开襟，下面是百褶长裙这么一个极其难看的四不像。江青觉得还挺美的，先是自己设计，找人做了自己穿，然后再到处吹嘘、推销。正好这时她要表示对邓小平等人的"缓和"，就把邓小平的夫人卓琳和李先念的夫人林佳楣找去，向她们推销她的得意之作，还不管人家喜欢与否，强加于人地让每个人都必须做几件，而且当场就得选料子选样子。我们的妈妈从江青那里回来后，很是苦恼，因为那种"唐服"的样子实在不三不四，既难看又根本没法穿。妈妈特别不愿意到江青那里去，看着江青那种骄横做作的样子，简直就是一种受罪。可是，在那个时候，不想去也得去，不想做也得做呀。那几件"唐服"做好后，全家"奇服共赏之"。我们大家围在一起，把那几件衣服比来比去，你穿一下，我穿一下，穿好了以后还迈着唱京戏的步子甩着手来回地走来走去，摆出各种滑稽的样子，大家开怀大笑了半天。那是一个斗争严酷的年月，这个"唐服"事件，也算是一个少有的乐呵事儿吧。

1975年四五月间的这次斗争，是与"四人帮"进行的一场极为重要的直接面对面的大交锋，周恩来参加5月3日的政治局会议后，即因病不再亲自参加，但他密切地关注着事态的进展。在会前，周恩来与邓小平进行了长谈；会议期间，又与李先念、纪登奎、陈锡联、王洪文、苏振华[1]等谈话，了解会议的详细情况。会后，周恩来不顾病痛，又于6月7日晚，与邓小平及王海容、唐闻生进行长谈。周恩来和邓小平让王海容、唐闻生，将江青、王洪文等在政治局会上发言的情况向毛泽东做出如实的报告。

虽然政治局会议上对"四人帮"进行了批评，虽然江青等人在会

---

[1] 苏振华，时任中共中央军委常委、海军第一政治委员。

上被迫做了"检讨",但这场斗争还没有完。6月中旬,邓小平在陪同外宾到上海时,向"四人帮"在上海的干将马天水[1]正式传达了毛泽东对江青等的批评,告诫他们不要把什么都当成"资产阶级法权"批,要维护党的领导,实际上是在提醒这些"四人帮"的走卒不要一误再误。不过,马天水等人都是"四人帮"的死党,谈话后,他们马上将谈话内容报告了"四人帮"。

根据毛泽东的意见,为了拆散"四人帮",王洪文被派往上海"帮助工作"。迫于形势,6月28日,江青终于向毛泽东及在京的政治局委员递交了一份书面检讨,言不由衷地进行了所谓的"自我批评",张春桥、姚文元、王洪文三人在表面上也承认了错误。6月30日,周恩来将江青的"检讨"报送毛泽东阅示,并批给在京的政治局委员。周恩来在批示中表示,欢迎这一"检讨"。邓小平、叶剑英等阅后,均表示"同意总理的建议"。毛泽东圈阅了这一报件。经过这一轮的批评,江青那不可一世的骄横之气,不得不暂时有所收敛。一向风头十足的她,竟然强忍着性子,一段时间之内没有出头露面。

6月份,在一次会见外宾后,毛泽东与邓小平谈话。当谈到政治局开会批评"四人帮"时,毛泽东说:"我看有成绩,把问题摆开了。"邓小平说:"最后他们否认有'四人帮'。政治局的同志气很大,我说不要把话都说完。"毛泽东肯定地说:"这个办法好,留有余地,大家清楚就行了。我准备找王洪文谈,叫他找你,听你的话,他威望不高。"邓小平说:"他(指王洪文)最后的发言,政治局许多同志感到不真实。"毛泽东无奈地说:"江青也不喜欢他,专门在我这里告他的状。他应该好好工作。"毛泽东针对江青等人说:"过去有功劳,反刘少奇,反林彪。现在就不行了,反总理,反邓小平,反叶帅,反陈锡联。要告诉

---

[1] 马天水,时任上海市革命委员会副主任、中共上海市委书记。

庄则栋[1]，有事要找陈锡联，不要跑王洪文、江青。""风向快要转了，在政治局。""你当总参谋长是叶帅提议的，我赞成的。"毛泽东带有期望之情地对邓小平说："木秀于林，风必摧之。""你要把工作干起来。"邓小平诚挚地向毛泽东表示："这方面我还有决心。"

和"四人帮"进行的这一场斗争，在毛泽东和周恩来的支持下，以邓小平等老革命家的胜利而暂时告一段落。虽然这场斗争还远未结束，虽然以后的斗争还将更加复杂和激烈，但是，这一个暂时的胜利，为邓小平进行全面整顿，奠定了重要的基础。

---

[1] 庄则栋，时任国家体育运动委员会主任。

第42章
全面整顿

在毛泽东和周恩来的支持下，邓小平大刀阔斧地继续开展全面整顿。"文革"中积累下来的问题实在是太多了，要扭转局势，就必须全面地进行整顿，彻底地进行整顿。

1975年4月，在周恩来和邓小平的推动下，中央作出决定：除与林彪集团有关的审查对象和其他少数人外，对绝大多数被关押受审查者予以释放。其中，属于"敌我矛盾"问题的，有劳动能力的分配工作或劳动，丧失劳动能力的养起来，有病的安排医院治疗。属于人民内部矛盾的，妥善安置，补发工资，分配适当工作，党员恢复组织生活。搞错了的进行平反。对于尚不能作结论的，问题在内部挂起来，分别由有关机关再作结论。待工作结束后，中央专案组自行撤销。根据中央这一决定，长期被关押的高级干部三百多人被释放出来，安置、看病、补发工资，其中一些人陆续分配了工作。5月17日，毛泽东分别对老红军贺诚[1] 和傅连暲[2] 作了批示。在由邓小平转呈的贺诚女儿的来信上，毛泽东批示："贺诚无罪，当然应予分配工作。过去一切污蔑不实之词，应予推倒。"对于傅连暲，毛泽东则批示道："傅连暲被迫死，

---

[1] 贺诚，曾任中国人民解放军军事医学科学院院长。
[2] 傅连暲，曾任卫生部副部长、中国人民解放军总后勤部卫生部副部长。

亟应予以昭雪。贺诚幸存，傅已入土。呜呼哀哉！"贺诚、傅连暲二人皆为老资格的革命者，均为治病救人的红军医生，在他们的一生中，不知救治了多少革命战友，而自己却在和平时期为恶人所冤所害，岂不让人痛心疾首。毛泽东这两个批示，等于再次肯定了周恩来、邓小平解放干部的工作，为进一步推动落实政策创造了更好的条件。这一次落实政策、解放干部的重大行动，虽然很不彻底，但毕竟解放了一大批干部，使形势向着进一步有利的方向，迈进了极其重要的一步。

在致力于落实政策、解放干部的同时，邓小平在文化、教育、钢铁、国防工业、军队等各个领域，大刀阔斧地推进全面整顿工作。

继铁路系统进行的整顿，邓小平又大力抓紧在钢铁生产领域进行整顿。4月份的时候，在听到钢铁生产存在的严重问题时，邓小平气愤地说："这种情况继续下去就是破坏，现在到了下决心解决钢铁问题的时候了。"他提出，要召开全国钢铁会议。5月8日到29日，由邓小平主持，中央召开全国钢铁工业座谈会。中央把十七个省、市、自治区主管工业的书记，十一个大型钢铁企业负责人，及国务院有关部委负责人召集到北京，决心下大力气进行整顿，解决钢铁工业存在的严重问题。在这次会上，首先由铁道部长万里介绍铁路整顿的经验。叶剑英、李先念、谷牧等在会上作了重要讲话。邓小平于21日在国务院会议上就钢铁工业整顿发表了重要意见，29日到座谈会发表了重要讲话。在讲话中，邓小平用他那一贯简要明确的作风，两句开场白后，便单刀直入地讲道："当前，钢铁工业重点要解决四个问题。"他所讲的四个问题：第一，必须建立一个坚强的领导班子。他说："钢铁生产搞不好，关键是领导班子问题，是领导班子软、懒、散。冶金部的领导班子就是软的。""有的单位领导班子散，与闹派性有关。现在，在干部中有一个主要问题，就是怕，不敢摸老虎屁股。""领导班子就是作战指挥部。搞生产也好，搞科研也好，反派性也好，都是作战。指挥部不强，作战就没有力量。"他说："如果这个问题解决得不好，不要说带领群众前进，就是开步走都困难。因此，我们首先强调要把领导班子的问题解决好。"第二，必须坚决同派性作斗争。讲到这一问题时，邓小平的态度非常坚决。他说："对于派性，领导上要有个明确的态度，就是要坚决反对。有的人把党的事业闹得乌天黑地，你还等他觉悟，你能等得及吗？要敢字当头。对坚持闹派性的人，该调的就调，该批的就批，该斗的就斗，不能慢吞吞的，总是等待。对于派性，还要号召群众、发动群众起来共同反对。""治那种人的办法，就是发动群众同他斗，寸步不让，而且要有一个声势，不能冷冷清清。我们要相信群众，拿中央文件跟群众直接见面，使中央精神真正做到家喻户晓，婆姨娃娃都知道，把广大群众同派性作斗争的积极性都调动起来。"他讲到对派性要坚决斗争，但也讲到斗争的复杂性。他说："当然，并不是说没有人反对。今年3月我在全国工业书记会议上的讲话，就有人说是'复辟纲领'。这种人是有的，你不要怕。只要我们有了明确的态度，有了正确的方针，事情就好办了。"第三，必须认真落实政策。他讲道："从解决铁路问题、徐州问题的经验来看，落实政策是一个很重要的问题。""搞了那么多人，不给他们落实政策，能把群众的积极性调动起来吗？"第四，必须建立必要的规章制度。他说："上面几件事情认真做好以后，紧接着就要发动群众把必要的规章制度建立、健全起来。这也是加强组织性纪律性的问题。过去一个时期，根本谈不上什么规章制度，出了不少问题。""有的工厂纪律很松弛，职工可以上班，也可以不上班，制度可以执行，也可以不执行。要讲清楚，对这些现象，过去的还可以原谅，现在就不许可再存在了。""执行规章制度宁可要求严一些，不严就建立不起来。"邓小平讲话的开场白是简明扼要的，结束语也是简明扼要的。最后，他讲："总之，把钢铁生产搞上去有很多工作要做。我看，抓住以上这四条最重要。"在这次讲话中，邓小平提出了著名的口号"以三项指示为纲"。邓小平要以"毛泽东关于理论问题的指示"、"要安定团结"和"把国民经济搞上去"这三项指示为武器,对"四人帮"展开坚决的斗争。

邓小平的讲话,通篇不到三千字,却观点明确,态度明确,措施明确。此次会后,中央调整了冶金部的领导班子,发出了题为《关于努力完成今年钢铁生产计划的批示》的中央第十三号文件,国务院还专门成立了钢铁工业领导小组。经过不到一个月的整顿,钢铁生产形势即开始好转。6月份欠产严重的几个大钢厂的生产状况逐步向好的方面转变,全国钢的平均日产量超过全年计划平均日产量水平。到了6月底,冶金工业整顿初见成效。

军工企业,自3月起已按中央九号文件开始整顿。像其他部门一样,军工企业中最严重的问题也是派性和造反派头头当权的问题。国防工办采取了"调虎离山"的办法,把各主要企业的造反派头头召到北京"开会"、办学习班,让有专业技术的和有管理经验的人抓生产抓工作,使生产形势发生了变化。4月,邓小平主持召开国防工业重点企业会议,强调要缩短战线,精简型号,加强集中统一管理,狠抓科研。5月,中央军委召开军委常务会议,讨论了国防科委关于战略导弹研制工作安排的请示,明确要求首先抓洲际导弹的研制。7月20日到8月4日,中央再次召开国防工业会议,研究军工企业的整顿问题。叶剑英、邓小平、李先念到会讲了话。8月3日邓小平的讲话,主要三条,按照他的原话,就是"还是些老话"。所谓"老话",也就是在整个整顿的过程中中央所一再强调的内容。这次讲的是三条:一,一定要建立敢字当头的领导班子。二,一定要坚持质量第一。三,一定要关心群众生活。李先念在讲话中也强调,要建立企业的责任制和正常生产秩序。这次会议后,经过努力,军工企业的混乱状态进一步得到纠正,生产情况全面好转。

在对铁路、钢铁、军工等部门和企业进行整顿的同时,国务院于6月16日至8月11日,召开计划工作务虚会。李先念、陈锡联、纪登奎、华国锋、吴桂贤、王震、谷牧、孙健等国务院副总理,以及有关部门和各经济部门负责人参加了会议。会议讨论的议题是明确经济发展方针，研究如何加快经济发展。其间国务院六次开会，听取会议汇报。此次会议的召开，进一步推动了在整个国民经济领域进行全面整顿，并明确了加快国民经济发展的方针。

经过几个月坚决果断的整顿，1975年上半年经济形势开始好转。10月份，中央转发了国务院《关于今年上半年工业生产情况的报告》。报告指出："3月以来，工业生产和交通运输一个月比一个月好，原油、原煤、发电量、化肥、水泥、内燃机、纸及纸板、铁路货运量等，5、6月份创造了历史上月产的最高水平。军工生产情况也比较好。""全国工业总产值，上半年完成全年计划的百分之四十三，收支平衡，略有结余。"仅仅经过半年的整顿和努力工作，"文革"以来全面混乱和工业发展停顿的状况得到了扭转，工业生产呈现出一派大好形势。

这说明，"文革"所造成的生产下降、国民经济发展停滞不前、人民生活困难的状况，不是不可以纠正，不是不可以改变。只要下决心去整顿，只要下大力气去整顿，混乱和无序的状况完全可以得到纠正，经济秩序完全可以恢复，人民的生活完全可以得到改善。设想一下，如果没有发生"文革"动乱，如果全国上下一致全心全意地实行"把国民经济搞上去"的方针，那么，用九年的时间，我们的国家完全可以发展到一个具有相当经济实力的程度，人民生活也会摆脱贫困走向富裕。九年以前，我们的邻国日本，经济基础和实力并不比我国领先多少。九年之中，我们在大闹"革命"大动乱，日本则在大力发展经济和高科技。九年的时间过去了，日本发展为世界上的经济强国，而我们，却还在为扭转社会经济的全面混乱而费尽苦心。"文化大革命"这场动乱，已经耗费了我们整整九年的时间。整整九年啊，这个时间，实在太长了。我们的国家，我们的人民，付出的代价，实在太大了！

仿佛是九年一梦，一梦醒来，世界已经发生了巨大的变化，发达国家的科学技术获得了长足的发展，生产力迅速提高，经济实力大大增强。就是原来一些落后的发展中国家，也获得了让人刮目相看的进步。我们身边的一些国家和地区，经济发展水平比起我们来，已经遥遥领先。看到这些，怎能让人平静，怎能让人泰然处之？有人说，邓小平进行全面整顿是对的，但是进行得太急了。是的，邓小平急啊，他怎么能不急呢？在苦苦等待了六年后，才获得了复出。在经过艰难险恶的斗争后，才获得进行整顿的权力和机会。他自己已是七十一岁高龄，而且，政治斗争仍然艰险如斯，政治前景中仍然充满了太多令人不安的变数。时间、机会，对于他来说，都太珍贵了。他要挽狂澜于既倒，他要报效国家和人民，只有抓住这一难得的、也许是最后的机会。他必须做到坚决、果断、彻底，而且义无反顾。他完全知道，这样做会触怒"文革"势力，而且也极有可能令毛泽东产生不满。但是，这是他经过多年的思考下定决心所选择的道路。他既然走上这条道路，就已别无选择，早已将个人的政治前途甚至生命置之度外。

中国共产党从成立的那一天起，信奉的就是枪杆子里面出政权。全面整顿，就必须对军队进行整顿。6月24日至7月15日，中央军委在北京召开扩大会议，参加会议的有解放军各总部、各军兵种、军事院校负责人共七十余人。会议重点讨论改正不正之风和压缩军队定额、调整编制体制、安排超编干部等等问题。叶剑英、邓小平、徐向前、聂荣臻等在会上讲了话。叶剑英在讲话中，痛责"四人帮"煽动派性，把全国搞得乌烟瘴气。他气愤地揭露江青插手军队，妄图把军队搞乱的阴谋，对与会者大声疾呼："你们要抵制！"7月14日，邓小平在会上作了题为《军队整顿的任务》的讲话。在讲话中，他尖锐指出，由于林彪一伙的破坏，军队存在"肿、散、骄、奢、惰"等严重问题。他说："军队整顿什么？就是整上面讲的那五个字。"他讲到军队要坚决反对派性，要恢复优良传统。军委的工作是两件，第一件是"军队要整顿"，第二件是"要准备打仗"。军队要抓编制，抓装备，还要抓战略。要自上而下地调整好各级领导班子。领导班子要有威信，要敢字当头。他说:"现在确实有些值得注意的现象,我们都担忧啊!"他说:"现在军队一些不好的现象能不能克服,几十年的优良传统能不能继承和发扬,主要靠我们这些老同志的传帮带。只要大家带头努力,做到毛泽东同志说的八个字,团结、紧张、严肃、活泼,我看,军队的问题是不难解决的,党的路线、方针、政策是可以贯彻好的。"会议后期,叶帅亲自与军队的高级干部一一谈话,一一打招呼,向他们传达毛泽东对"四人帮"的批评。叶帅对他们说,毛主席说现在有个"上海帮",你们要注意警惕,稳定部队,把部队掌握好。7月15日,叶剑英向毛泽东汇报了会议情况。19日,经毛泽东批准,中央转发了这次会议的有关文件和叶剑英、邓小平在会上的讲话。这次会议的精神,受到全军指战员的热烈拥护。这次会后,由叶剑英亲自拟定,调整了全军各大单位的领导班子,有效地阻止了"四人帮"夺取军权的阴谋。

以江青为首的"四人帮",在林彪倒台后,一直觊觎军队大权,却一直未能攫取到手,心中十分不满。对于军队正在进行的整顿,对于此次会议的召开,他们更是看在眼里,恨在心里。会议刚刚开过不久,王洪文、张春桥就诬蔑和攻击军委扩大会议"问题多着呢"。对叶剑英和邓小平的讲话,他们阴险地说:"要批判的不只是这两个讲话。"的确是这样的,他们虽然一时不能阻止邓小平进行的全面整顿,但决不会善罢甘休,"好戏"还在后头呢。

在对经济领域和军队进行整顿的同时,邓小平在教育和文化两个领域,也着手进行整顿。

自5月起,教育部长周荣鑫在周恩来、邓小平支持下,按照周恩来和邓小平多次讲话精神,积极着手整顿教育工作。他多次召开部内外干部、讲师会议,听取意见和了解情况,针对林彪、江青一伙对教育事业的破坏,重新提出教育要与经济基础相适应,要重新为知识分子和教育工作者恢复名誉,要重新恢复被严重破坏了的教育系统的各项工作。他多次在教育系统召开的各种会议上发表讲话,贯彻周恩来和邓小平的批示，落实知识分子政策，并严厉地驳斥"四人帮"一伙破坏教育事业的谬论。周荣鑫的这些讲话和整顿措施，受到深受"文革"其害的教育界广大群众的热烈拥护。教育系统按照这些讲话精神发表了一系列的文章和评论，在社会上引起极大反响。整顿教育工作，像一股暖人的春风，吹遍了在"文革"中最先受到冲击的教育界。

在全国范围内进行全面整顿的工作任务是艰巨而庞大的，需要建立一个具有战斗力的理论写作班子。经过深思熟虑，6月中旬，邓小平向中央提出，成立国务院政治研究室。不久，国务院政研室正式成立，负责人为胡乔木[1]，成员有吴冷西[2]、胡绳[3]、熊复[4]、于光远[5]、邓力群[6]等。从成员名单即可知道，这是一支具有很高的理论水平和很强的战斗力的"笔杆子"队伍。国务院政研室一经成立，就在邓小平亲自领导下，为全面整顿工作起草文件，并与"四人帮"那伙造反派刀笔吏展开了针锋相对的激烈斗争。

文化领域，自"文革"以来，一直被"四人帮"视为他们的"势力范围"，被他们控制得最严。要在文化领域进行整顿，难度是相当大的。7月9日，邓小平指示国务院政治研究室收集整理文化教育领域的有关情况。邓小平说，除百花齐放外，还有一个百家争鸣的问题。要防止僵化，现在的文章是千篇一律，是新八股，"百花齐放、百家争鸣"的方针没有贯彻执行，文学、艺术不是更活泼、更繁荣。根据邓小平的这一指示，国务院政研室开始整理文艺领域的问题，并将有关情况

---

[1] 胡乔木，曾任毛泽东的秘书、中共中央政治局秘书，中共中央副秘书长，中央书记处候补书记。
[2] 吴冷西，曾任新华社社长、人民日报社总编辑。
[3] 胡绳，曾任中共中央政治研究室副主任、《红旗》杂志社副总编辑。
[4] 熊复，曾任新华社社长。
[5] 于光远，曾任中国科学院哲学社会科学部委员、国家科委副主任。
[6] 邓力群，曾任《红旗》杂志社副总编辑。

整理材料上报邓小平参阅。

对于文艺方面存在的严重问题,毛泽东也有所醒悟和察觉。7月初,他在同邓小平谈话时曾指出:"样板戏太少,而且稍微有点错就挨批。百花齐放都没有了。别人不能提意见,不好。"7月14日,毛泽东就调整文艺政策作出了书面谈话。毛泽东指出:"党的文艺政策应调整一下,一年、两年、三年,逐步扩大文艺节目。缺少诗歌,缺少小说,缺少散文,缺少文艺评论。对于作家,要惩前毖后,治病救人。"他还说:"文艺问题是思想问题,但是不能急,人民不看到材料,就无法评论。""处分人要注意,动不动就要撤职,动不动就要关起来,表现是神经衰弱症。"毛泽东如此明确的表态,对整顿文艺给予了有力的支持。

文艺整顿,与其他部门整顿的方式大不相同。别的部门,是通过制定政策、召开会议、发动群众、调整干部、恢复和建立规章制度等措施进行整顿。而文艺部门的整顿,却是在与"四人帮"进行的一次次坚决而又艰难的斗争中进行的。

7月18日,江青肆意诬蔑一部反映大庆石油工人艰苦创业的电影《创业》有严重问题,下令停演,并叫嚣要抓"黑后台"。该片导演、长春电影制片厂的张天民致信毛泽东、邓小平,直言不讳地对江青和文化部核心小组批判《创业》提出不同看法,建议重新上映该片。邓小平将张天民的信转呈毛泽东。7月25日,毛泽东即在张天民的信上作了批示。批示说:"此片无大错,建议通过发行。不要求全责备,而且罪名有十条之多,太过分了,不利调整党的文艺政策。此信增发文化部及来信人所在单位。"毛泽东的批示下发后,江青竭力抵赖,推脱责任,否认给该片强加的十条罪名是他们搞的,并恶狠狠地说:"张天民告了我的刁状。"她诬蔑说:"张天民这个年轻人给主席写信,后面总有人支持,可能有坏人。"还说:"有人逼着主席批。"意指邓小平就是"黑后台"。针对已经开始进行的文艺整顿,江青凶相毕露地说:"目前有人攻击文化部,给文化部施加压力,说文化部是大行帮,我替他们顶着,老子不怕。"

不管江青怎样地撒泼耍赖,根据毛泽东的批示精神,中央开始调整一些文艺方面的政策。由中央批准,《人民文学》、《诗刊》等杂志恢复出版,举行了聂耳、冼星海纪念演出,并将一小批被江青等诬为"毒草"的影片解禁放映。

关于电影《创业》的一场风波就这样过去了。但是,文艺整顿的斗争还在继续,而且更加尖锐。

下面一场斗争,是围绕着电影《海霞》展开的。

电影《海霞》于1975年初拍摄完成后,周恩来、朱德、叶剑英等人先后审看,肯定了该片,并建议上演。而在"四人帮"的授意下,文化部查封了该片的全部底片和样片,还给该片妄加罪名,称该片是"黑线回潮的代表作"。该片编导谢铁骊、钱江就此事上书毛泽东进行抗争。谢、钱二人的信,经国务院政研室的胡乔木和邓力群送交邓小平,邓小平将此信转呈毛泽东。7月29日,毛泽东在谢、钱的来信上批示:"印发政治局全体同志。"毛泽东批示的次日,根据毛泽东的意见,邓小平与在京政治局委员,在人民大会堂小礼堂审看《海霞》。电影放映时,编导谢铁骊坐在邓小平与李先念之间,与他们边看边讲。"四人帮"的干将、文化部长于会泳坐在一旁,监视着场内的一举一动,之后,马上去向江青作了报告。邓小平、李先念和其他政治局委员认为《海霞》一片没有问题,中央旋即作出决定,此片可以在全国上映。《海霞》上映后,江青对此怀恨在心,等到再次批判邓小平时,她翻出此"案"进行反攻倒算,说《海霞》是邓小平支持的片子,叫嚷着"要算账",还企图逮捕该影片的创作人员。

许多著述在评述这段历史时都说,1975年,好戏连台。指的是邓小平主持中央工作后,和同志们一起,以惊人的胆略和魄力,大刀阔斧地进行全面整顿,使在"文革"中遭受严重破坏的经济、文化、教育、科学、军队等各个领域,得到了一个整顿和恢复的机会,并取得了巨大成果。这次整顿的成果,使经历了九年"文化大革命"的全国人民,亲眼目睹亲身经历了生产的恢复、政治稳定的恢复和安定生活的恢复。从整顿的实践中,人们看到了意志,看到了信心,看到了正义,看到了希望。

1975年的这一段全面整顿,的确是好戏连台。但是,在这戏文之中,从始至终,一直充满了尖锐的斗争,充满了正义与邪恶的较量,充满了诸多变幻不定的因素。好戏连台,戏是好戏,唱得精彩,唱出了声色,但却唱得并不容易啊!

第43章
全面整顿三个文件

1975年年中,周恩来的病情加重。6月5日晚八时,在邓小平主持下,中央的同志们听取了医疗组关于周总理病情及治疗问题汇报。

1975年6月上旬,菲律宾总统马科斯访华,与之会谈的是邓小平。6月7日,周恩来会见了马科斯。周恩来对客人说,现在会谈、宴会,都由邓小平副总理负责了,给我提供了休息的机会。请你们原谅,我是在病中。周恩来是在进一步向世界上的朋友们介绍邓小平,他要为邓小平创造更加良好的工作环境。

6月9日,在八宝山革命公墓举行贺龙元帅的骨灰安放仪式。贺龙元帅在"文革"中被林彪、江青迫害,受尽身心摧残,1969年6月愤怒而孤独地惨死于羁押之中。1973年12月,在一次会上,当讲到贺龙时,已经有所醒悟的毛泽东说:"我看贺龙同志搞错了。我要负责呢。""要翻案呢。"1974年,毛泽东在与邓小平的谈话中说,要给贺龙平反。邓小平立即在政治局会议上作了传达。1974年9月29日,中共中央作出决定,为贺龙元帅恢复名誉。在含冤惨死五年之后,贺龙元帅的冤案终于得以昭雪。去世六年之后,这位开国元勋的骨灰终于得到安葬。叶剑英、邓小平、李先念,这些贺龙元帅的老战友都来了,他们为他们冤死的战友,献上了悼念的花圈。周恩来带病来了,他一进来,就凄声高叫着贺龙夫人薛明的名字,热泪长流。周恩来声音颤

周恩来总理在贺龙元帅的骨灰安放仪式上致悼词。

抖地说:"薛明啊,我没有保住他啊!"薛明在贺龙死后被林彪集团秘密解送到贵州一个山区关押,还是周恩来千方百计地把她找了回来。薛明流着眼泪,哽咽地对周恩来说:"总理,感谢你对我们全家的关怀。"贺龙的女儿晓明也说:"周伯伯,您要保重身体呀!"周恩来缓缓地对他们说:"我的时间也不长了。"顿时,早已弥漫在场内的悲痛再也抑制不住,所有的人都失声痛哭了起来。这哭声,是"文革"九年以来积压在人们心中悲痛的发泄,是对林彪、江青这帮"文革"恶人滔天罪行的愤怒控诉,是对极左错误的最强烈的抗议。追悼会上,周恩来代表中央,郑重地致了悼词。

翻案,翻案,必须翻案,必须彻底翻案。如不翻案,九泉之下的英灵怎得安宁!如不翻案,神州大地的苍生怎能释怀!

参加完贺龙的骨灰安放仪式,周恩来的心情更不平静。他要以生命的最后一搏,支持邓小平进行的艰苦而果敢的整顿。6月15日,周恩来同邓小平谈话。在此前后,他多次与李先念、华国锋、纪登奎等谈话，了解情况。6月27日、7月4日和16日，周恩来几次同邓小平进行长谈。周恩来知道，斗争是残酷的，是充满了暗礁险滩的。7月1日，他与部分身边工作人员合影后说，我这是最后一次同你们合影，希望你们以后不要在我脸上打叉叉。周恩来知道，"四人帮"对他恨之入骨，只要他活着，他们就会不停地整他。即使在他身后，"四人帮"也不会善罢甘休，还会继续将各种诬陷和"罪名"强加给他。对于世事，周恩来已看得很透。对于"四人帮"，他绝不会抱任何幻想。对于未来的斗争，他的心中充满了忧虑。

不出周恩来所料，毛泽东对"四人帮"的批评言犹在耳，江青一伙就又发起了对周恩来和邓小平的攻势。7月12日，在"四人帮"的布置下，上海《文汇报》一次发表两篇文章，以远在两千多年前的秦朝宰相赵高企图篡位和批判儒家为题，影射攻击周恩来和邓小平，诬蔑周恩来和邓小平代表"复辟"势力，叫嚣要展开对于儒家"复辟"势力的斗争。13日，《光明日报》刊载文章，大讲反对"经验主义"，矛头明确指向周恩来和邓小平。14日，上海《解放日报》等报刊，发表了一批影射批判周恩来和邓小平的文章。一时之间，掀起了一个影射批周批邓的高潮，火药味道十分浓烈。8月份，王洪文在上海还多次召开会议，散布："要警惕修正主义上台"、"要准备打游击"、"打巷战"，并亲自视察民兵装备，带领民兵训练。在"四人帮"心中，这场斗争，不是鱼死，即是网破。"文斗"如若不成，就要进行"武斗"。王洪文这样一个造反起家的人物，不过指挥过几场派性武斗，居然妄想率领民兵"打仗"，也真是忒忒地狂妄了。

对于这场敌我双方阵线分明、险象环生且前途未卜的斗争，邓小平心中镇定自若。他既没有不切实际的幻想，更不会做任何妥协。你骂你的，我干我的，丝毫不为所动。他心里雪亮，只有一条，就是要快啊，要尽可能地抓紧时间。这样的机会，很可能转瞬即逝。

6月20日到8月4日，中共浙江省委开会讨论整顿浙江问题。其间邓小平多次听取浙江形势和整顿工作的汇报,还派人调查研究和协助处理浙江问题。在邓小平亲自过问和支持下,浙江省委首先对派性头目进行了组织处理,在此基础上抓紧恢复生产,促进了全省的安定团结。

7月4日,邓小平对中央读书班第四期学员,作了题为《加强党的领导,整顿党的作风》的讲话。在讲话中,邓小平指出:"现在,相当一部分地方党的领导没有建立起来,党的领导削弱了。各级都有这个问题。"他说,解决这个问题,关键是要建立省级党的领导,要加强党的领导。邓小平尖锐严厉地批判了派性,他说:"如果说'文化大革命'初期的两派是自然形成的话,那么,现在还搞两派,性质就不同了。毛泽东同志讲,要安定团结。让少数人继续在那里闹,能安定团结吗?"他再次强调要以毛主席的"三项指示"为纲,他说:"搞好安定团结,发展社会主义经济,需要加强党的领导,把我们党的优良作风发扬起来,坚持下去。这是一个非常重要的问题。"

在对铁路、钢铁工业、军工、教育、文化、党风党建等领域继续进行整顿的同时,7月中旬,邓小平派胡耀邦[1]、李昌[2]去科学院,展开了对科技领域的整顿工作。在接见派驻科学院工作组成员时,邓小平指出:"整顿的关键是领导班子,经过整顿要建立一个强有力的'敢'字当头的领导班子。在搞好安定团结的前提下,坚决向派性做斗争,发展社会主义经济和各部门的业务。"他指示工作组,到科学院,一是要了解情况,向国务院进行汇报。二是要搞一个科学院发展规划。三是要向中央提出一个科学院党的核心小组名单。他自己则提出,要当科技界的后勤部长。与此同时,邓小平还特别关注一些著名科学家落实政策和用非所学的问题,并亲自过问他们的生活和工作。在他的关

---

[1] 胡耀邦,曾任共青团中央第一书记、中共中央西北局第二书记和陕西省委第一书记。
[2] 李昌,曾任中国科学院党组副书记、副院长。

心下,黄昆[1]、汪德昭[2]、吴仲华[3]、谈镐行[4]、杨乐[5]、唐孝威[6]等著名科学家得以落实了政策,并在各自的工作和专业岗位上做出贡献。

在全面整顿进行到一定深度的时候,邓小平决定草拟一些文件,以把整顿的成果固定下来。

第一个文件,是国家计划委员会起草的《关于加快工业发展的若干问题》。邓小平对这个文件极其重视。在一些工业领域所进行的整顿成绩显著,如果在这个基础上,抓紧时机,进一步推动整顿,就可以促进在整个工业领域恢复秩序、发展生产,并可以促进和带动整个国民经济的长足发展。8月18日,邓小平在国务院讨论这个文件时,作了重要讲话。他指出,这个文件,一要确立以农业为基础,为农业服务的思想。工业支援农业,促进农业现代化,是工业的重大任务。二要引进新的技术和设备,要扩大进出口。要争取多出口一点东西,换点高、精、尖的技术和设备回来,加速工业技术改造,提高劳动生产率。三要加强企业的科学研究工作。四要整顿企业管理秩序。五要抓好产品质量。六要恢复和健全规章制度。七要坚持按劳分配原则,这在社会主义建设中始终是一个很大的问题。国家计委根据邓小平讲话精神,修改了该文件,后来一般将此文件称为《工业二十条》。文件主要内容为:一、学习理论必须促进安定团结,促进生产发展,不能把搞好生产当作"唯生产力论"和"业务挂帅"来批判。二、整顿企业,首先要整顿党的领导,要用一年左右的时间把所有企业的领导班子整顿好,改变"软、懒、散"的领导班子,把坏人篡夺了的权力夺回来,建立

---

[1] 黄昆,曾任中国科学院半导体研究所所长。

[2] 汪德昭,曾任中国科学院声学研究所所长。

[3] 吴仲华,曾任中国科学院力学研究所副所长、工程热物理研究所所长。

[4] 谈镐行,曾任中国科学院力学研究所副所长。

[5] 杨乐,曾任中国科学院数学研究所研究员。

[6] 唐孝威,曾任中国科学院高能物理所研究员。

起一个精干的而不是臃肿的、坚强有力的而不是松散软弱的、能打硬仗的而不是一拖就垮的领导班子。三、整顿企业管理，严格遵守制度。所有企业都要建立以岗位责任制为核心的生产管理制度。要加强组织纪律性，同一切违反政策、制度、计划和纪律的现象作斗争。完不成国家计划的，要追究领导责任。四、要落实党的政策。凡是强加给工人、技术人员、干部的不实之词和错误"帽子"一律要予以摘除。要相信科学技术人员，积极发挥他们的才能和作用，不适当改行的，要加以调整。五、对于"造反"等"文革"中提倡的"革命"行为要进行具体分析。正确的要支持，错误的要批判，反动的要顶住。凡是以"造反"等名义向党伸手要入党、要当官的，一律不给，要坚决同派性作斗争，针锋相对，寸步不让。六、坚持按劳分配的原则。不分劳动轻重、能力强弱、贡献大小，在分配上都一样，不利于发展生产。要关心职工的生活。七、要虚心学习外国一切先进的东西。世界上工业落后的国家要想赶上先进国家，都要靠采用最先进的技术，我们也要这样做。要坚持学习与独创相结合的方针，学习外国一切先进的东西，有计划有重点地引进国外的先进技术，为我所有，以加快国民经济的发展速度。八、实现社会主义现代化需要大批人才，干部、工人、科技人员都要走又红又专的道路。

  从现在的观点来看，邓小平的讲话和国家计委《工业二十条》中所强调的，都是毋庸置疑的道理。但是，"文化大革命"是一个砸烂一切规章制度、无法无天、是非混淆和造反派当家的时代。在工业企业及全社会中，按劳分配，引进先进技术，加强科研，建立规章制度，严格管理，发挥职工、干部和科技人员的积极性等，不但不能提倡，反而统统遭到批判。因此，邓小平关于工业发展的讲话和国家计委的《工业二十条》中所讲的每一点，都有着明确的针对性，都是切中时弊的。要纠正"文革"中的混乱状态，要恢复和发展生产，要实现社会主义现代化，绝不只是嘴上说说、口中喊喊那么轻松的事情。"文革"九年了，对错、是非、人生观、道德观，一切一切全都被人为地扭曲了。不下狠心，不真抓实干，不痛改前非，不"得罪人"，是解决不了问题的。

为了得到广大干部群众的认可和支持，中央决定将这个文件下发征求意见。尽管后来因为邓小平再次受到批判，《工业二十条》没有正式下发，但由于人们对安定团结、发展生产和提高人民生活水平的热烈渴望，在起草和征求意见的过程中，这个文件就得到了各级领导干部和工业界广大群众的普遍欢迎，并对当时的工业整顿，起到了重要的积极的影响。

第二个文件，是中国科学院党组的科学院工作《汇报提纲》——《关于科技工作的几个问题》。这个文件，是根据邓小平的多次指示，在国务院政治研究室负责人胡乔木的协助下，由中央派到科学院工作的胡耀邦主持，从7月份开始起草的。《提纲》主要内容如下：一，科技部门一定要做到既有坚强的政治领导，又有切实具体的业务领导。党政领导干部应当朝又红又专方向努力。二，科学技术也是生产力，科研要走在前面，推动生产向前发展。没有现代化的科学技术，也就不可能有工业、农业、国防的现代化。三，必须充实和加强专业队伍，必须逐步建设一批新的专业科研机构。科学实践也是一种社会实践，生产斗争是不能代替它的。不能不加区别地要求任何科学研究工作都要实现"以工厂，农村为基地"，不宜笼统地提"开门办科研"这样的口号。四，自力更生，又不闭关自守。我们的科学技术同世界先进水平相比，还有不小的差距，为了争取时间，争取速度，有必要从国外引进一些先进的技术和设备。五，在搞好大量的应用研究的同时，要重视和加强理论研究工作。不能把理论研究与"三脱离"等同起来。六，在科技战线要大力加强学术活动，广泛开展学术交流，鼓励学术上不同意见的争鸣和讨论，改变学术空气不浓和简单地以行政方法处理学术问题的状况。并提出要落实政策，把广大知识分子的积极性调动起来。

邓小平十分重视这个《提纲》的起草工作，多次开会讨论，发表了许多讲话，并亲自对《提纲》进行修改。9月26日，在听取胡耀邦代表科学院作工作汇报时，邓小平多次插话，对《提纲》给予了充分的肯定。他指出："科学研究是一件大事，要好好议一下。""如果我们的科学研究工作不走在前面，就要拖整个国家建设的后腿。"他说，现在科技队伍"大大削弱了，接不上了"，"少数人秘密搞，像犯罪一样。陈景润[1]就是秘密搞的"。究竟算红专还是白专？"说什么'白专'，只要对中华人民共和国有好处，比闹派性、拉后腿的人好得多。"他说，老科学家改行教别的，"这种用非所学的人是大量的，应当发挥他们的作用"。"给他配党委书记，配后勤人员。"他指出："归根到底是领导班子问题。""一不懂行，二不热心，三有派性的人，为什么还让他们留在领导班子里？科研人员中有水平有知识的为什么不可以当所长？"他还指出："要后继有人，这是对教育部门提出的问题。大学究竟起什么作用？培养什么人？有些大学只是中等技术学校水平，何必办成大学？"他针锋相对地指出："我们有个危机，可能发生在教育部门，把整个现代化水平拖住了。"在谈到教师地位问题时，他说："只是挨骂，怎么调动他们的积极性？"他认为，这个文件很重要，不但能管科学院，而且对整个科技界、教育界和其他部门也能起作用。在邓小平的明确指示下，《汇报提纲》冲破"文革"中的禁区，鲜明地指出："科学技术也是生产力。"

由于这一《汇报提纲》实在是观点鲜明、态度明确，与"文革"以来所奉行的极左思想大相径庭，大有逆"文革"而行的气势，因而在报呈毛泽东后，一直未能获得他的同意下发。尽管这个《汇报提纲》没能在毛泽东处通过，但它的起草，它的令人耳目一新的精神实质，它的使人振奋的感召力量，已经在整个科学教育界产生了巨大的反响，

---

[1] 陈景润，中国著名数学家。

犹如沉沉黑夜中的一支火炬，点燃了人们心中的希望。

全面整顿的实践，既要有敢于冲破"文革"禁区的胆略，也要有明确的思想指导。在邓小平亲自指示下，由邓力群主持，国务院政治研究室从8月份起，开始起草一个重要文件——《论全党全国各项工作的总纲》。这是第三个文件，简称《总纲》。

《总纲》依据毛泽东提出的"学习无产阶级专政理论"、"还是安定团结为好"和"把国民经济搞上去"的指示精神，提出要以这三项指示为纲，完成实现四化的宏伟战略目标。

"以三项指示为纲"，实际上是改变了"文革"以来唯一的"以阶级斗争为纲"的提法，而把"安定团结"和"把国民经济搞上去"两个任务，放到与"阶级斗争"同等重要的位置上。在当时那样的情况下，这种带有纲领性质的提法，可以说是"文革"九年以来的一大突破。《总纲》鲜明地提出："我们要遵循毛主席的教导，辩证地理解政治和经济的对立统一关系，既要认识政治的统帅作用，又要认识政治工作是完成经济工作的保证，是为经济基础服务的。可是我们一些同志至今还是用形而上学来对待政治和经济、革命和生产的关系，总是把政治和经济互相割裂开来，把革命和生产互相割裂开来，只讲政治，不讲经济，只讲革命，不讲生产，一听到要抓好生产，搞好经济建设，就给人家戴上'唯生产力论'的帽子，说人家搞修正主义。这种观点是根本站不住脚的。"《总纲》指出："在艰苦的革命战争年代，毛主席都这样重视经济建设工作，这样重视增强革命战争的物质基础。现在我们的国家已经成为无产阶级专政的社会主义国家，有了进行和平建设的国内条件，而我们又面临着帝国主义和社会帝国主义颠覆和侵略的威胁，难道我们还不应当争取时间，加倍努力，尽快地把国民经济搞上去，增强社会主义的物质基础吗？"《总纲》用"以其人之道还治其人之身"的语言，尖锐地对"四人帮"进行了抨击。文章说："这些反马克思主义的阶级敌人，继承林彪的衣钵，总是把我们的革命口号接过去，加以歪曲，加以割裂，塞进私货，来混淆黑白，颠倒是非，把我们一些同志、一些群众的思想搞乱，把一些地方、一些单位的党组织搞乱，分裂党，分裂工人阶级，分裂群众队伍。他们打着反修正主义的旗号搞修正主义，打着反复辟的旗号搞复辟，把党的好干部和先进模范人物打下台，篡夺一些地方和一些单位的领导权，在这些地方和单位实行资产阶级专政。"《总纲》指出："列宁说过：'政治教育的成果，只有用经济状况的改善来衡量。'毛主席也说过：'中国一切政党的政策及其实践在中国人民中所表现的作用的好坏、大小，归根到底，看它对于中国人民的生产力是否有帮助及其帮助之大小，看它是束缚生产力的，还是解放生产力的。'区别真马克思主义和假马克思主义，区别正确路线和错误路线，区别真干革命和假干革命，区别真干社会主义和假干社会主义，区别干部所做工作的成绩是坏是好，是大是小，归根结底，只能也只应按照列宁和毛主席所提出的这个标准来衡量。"《总纲》一针见血而又不无讽刺地指出："一个地方、一个单位的生产搞得很坏，而硬说革命搞得很好，那是骗人的鬼话。那种认为抓好革命，生产自然会上去，用不着花气力去抓生产的看法，只有沉醉在点石成金一类童话中的人才会相信。"

如果说，《关于加快工业发展的若干问题》和科学院的《关于科技工作的几个问题》（即《汇报提纲》）两个文件，是从两个部门的角度批判和纠正极左错误的话，《总纲》就是从理论上全面论述整顿的指导思想及其方针政策，斗争矛头直指"四人帮"和极左错误。"文革"以来，张春桥、姚文元等刀笔吏，利用他们手中的笔，利用他们控制的宣传工具，制造了多少混淆视听的谬论，聒噪了多少耸人听闻的言词，封杀了多少正义的声音，诬陷和迫害了多少无辜的正义之士。今天，也就是自"文革"以来九年，第一次有人拿起笔来，和他们公开地全面地进行较量。在邓小平直接领导下，谷牧、胡耀邦、周荣鑫等国务院一些部门的领导和政治研究室的胡乔木等，向恶贯满盈的"四人帮"

展开了全面的反击。以《总纲》为代表的一系列文件，如万马齐喑之中的振聋长鸣，是正义之声，是希望之声，是投向"四人帮"罪恶势力的正义之矛，是与之进行不妥协斗争的宣战书。

第44章
伟大成就

整顿是全面进行的,工作是千头万绪的。九年动乱,国家已遭受重创,积重难返。

1975年的7、8、9三个月,邓小平真忙啊。

在起草三个文件的同时,各个领域的整顿也都在紧锣密鼓地加紧进行。

8月份,教育部召开座谈会,讨论在教育系统进行整顿的问题。9月26日至11月8日,由教育部长周荣鑫主持,根据邓小平关于"教育要整顿"的指示,起草了《教育工作汇报提纲》。在起草过程中,邓小平多次作出指示。他一再强调,实现四个现代化是全党工作的大局,教育关系到整个现代化的水平。邓小平还具体指示:"二十五年发展远景,关键是我们教育部门要培养人。""科学研究工作后继有人的问题,中心是教育部门的问题。现在有个危机——不读书。教师有个地位问题,教育部门也有个调动教师积极性问题。"《教育工作汇报提纲》和《总纲》等三个文件一样,成为全面整顿的纲领性文件之一。这个文件的起草,受到了教育界广大师生的热烈拥护,也受到"四人帮"一伙的极大敌视。

8月份,邓小平提出要全面整顿企业,并在国防工业重点企业会议上作了题为《关于国防工业企业的整顿》的讲话。在讲话中,他还是那样，开宗明义，旗帜鲜明地讲了几条：第一，一定要建立敢字当头的领导班子，要坚决地与派性作斗争，要建立必要的规章制度。第二，一定要坚持质量第一。没有必要的责任制度，质量难以保证。要发挥科技人员的积极性。不是把科技人员叫"老九"[1]吗？毛主席说，"老九不能走。"这就是说，科技人员应当受到重视。第三，一定要关心群众生活。这个问题不是说一句话就可以解决的，要做许多踏踏实实的工作。比如钢铁工人劳动那样重，而蔬菜少、肉类缺，基本条件都保证不了，这样的问题就必须具体地去研究解决。邓小平是一个极其务实的人，在讲话中，他不厌其详地讲述了怎样发展副业，怎样解决职工生活问题。他还谈到要发展养猪业，这样一边可以解决企业职工生活，一边还可以增加农民的经济收入。

7月份，邓小平指示胡乔木，将毛泽东1956年在中央政治局扩大会上的讲话《论十大关系》整理出来。邓小平致信毛泽东，建议将该文章公开发表。邓小平在信中说："这篇东西太重要了，对当前和以后，都会有很大的针对性和理论指导意义。""希望早日定稿，定稿后即予以公开发表，并作为全国学理论的重要文献。"对于邓小平的建议，毛表示同意，但又表示暂时不要公开发表。

8月份，在百忙之中，报经周恩来批准，邓小平等还圈阅批准了国家出版局所报的中外语文词典十年规划。"文革"九年了，九年不要文化，九年没有出书，更何况工具书的出版发行。现在，中央提出要调整文艺政策和知识分子政策，连出版辞书这样的事情也由中央和国务院直接过问了，真是让人闻之心喜。"文革"中惨遭践踏的文化事业，难道真的枯木逢春，苦尽甘来了吗？

9月份，在对工业企业进行整顿的条件下，工会组织也开始着手

---

[1] "老九"，"文化大革命"期间，"四人帮"把知识分子排在地主、富农、反革命、坏分子、右派、叛徒、特务、走资派八大类"被专政对象"之后，诬蔑为"臭老九"。

进行恢复,并准备筹备召开工会第九次全国代表大会。邓小平在对"筹备工会九大报告"的批示中指示,工会对生产和生活福利还是要抓,不能因为批了"唯生产力论"就不敢抓生产了,不能因为批判了"福利工会"以后对职工生活就不管了。邓小平关心和注重的,是生产的恢复,更是广大职工的生活和福利。乱了这么多年,广大职工群众受的苦实在太多了。动乱应该停止,应该让我们的人民大众过上能够吃饱肚子、穿暖衣服的日子了。这不是一个很高的要求,但却是一个极其艰难的任务。

对军队的整顿也在继续。8月30日,经毛泽东和中央批准,中央军委发出通知,调整配备中国人民解放军各大单位主官。一大批在"文革"中受迫害和受到不公正待遇的我军高级将领重新担任了重要领导职务。在军队里,虽然还由张春桥担任着总政治部主任,虽然林彪集团多年把持的余毒还未完全肃清,但是,从总体上来说,我们的军队,又重新回到了党的领导之下,重新由共产党的忠诚将领所掌握。军队领导层的更新和军权的稳固,为在未来激烈尖锐的斗争中取得决定性的胜利,奠定了极其重要的基础。

邓小平需要关心的问题实在太多了。8月份,他召集航空、电子、兵器工业部和空军领导开会,听取汇报,多次强调军工生产一定要质量第一,特别是空军的装备。8月19日,他到机场送外宾时,对民航负责人谈了民航服务工作方面的问题,谈到民航工作人员要熟悉业务,要努力改善服务质量和提高水平,还要加强业务人员的培训。

9月份,邓小平对话剧《万水千山》发表意见,要求文艺工作者要用艺术的手法真实地再现长征的历史。在邓小平等人的关心下,不久之后,冲破江青等人阻挠,《海霞》《长征组歌》等一批优秀作品相继演出。文艺的春天虽然还未来到,但可以说,由江青等人一统天下的局面,终于打破了。

第三届全国运动会9月12日至28日在北京举行。这是一件体育

经过邓小平等人的努力,治理整顿初见成效,1975年上半年经济形势开始好转。

界的盛事,全国各地三十一个代表队共一万多名运动员参加了本次运动会,其间四人一队六次破三项世界纪录,二人二次平世界纪录,还产生了一大批优秀成绩。这是在邓小平复出并主管体育系统工作后,体育界广大干部群众与江青等人插手体育工作进行斗争所取得的成果。人逢喜事精神爽,朱德、叶剑英、邓小平等党和国家领导人,分别出席了本次运动会的开幕式和闭幕式。

1975年,邓小平主持党和国家的日常工作后,坚定而果敢地推进全面整顿。由于得到全党全国广大干部群众的拥护,整顿全面推行,立见成效,国民经济停滞、下降的局面迅速得到有效的扭转,并开始有所回升。全年工农业总产值比上年增长百分之十一点九,其中工农业总产值、粮食、钢、原煤、原油、发电量、基础建设投资、铁路货运量、社会商品零售总额都不同程度地得到增长。全面整顿的成果,是党和人民反对"左"的错误,与"四人帮"坚决斗争所取得的伟大成果,其意义绝不仅仅在于扭转了危急的经济形势。从更深层次上讲,这场艰难而又伟大的斗争,使全党和全国人民看到了整顿的成果,看到了行动的力量,从而唤醒了人民大众心中的希望,坚定了人民大众与"四人帮"邪恶势力做坚决斗争的意志,更增强了人民大众对党和国家前途的信心。

自复出工作后,邓小平等与"四人帮"之间的斗争一直没有停止过。邓小平等大力推动全面整顿,大刀阔斧,坚决果断。"四人帮"加紧抢班夺权,收集材料,网罗罪名。而处于最高地位的毛泽东,则希望双方妥协，进行合作。毛泽东的希望是完全不切实际的。这场斗争是一场关系到国家前途和人民命运的生死决战，根本没有任何余地可以回旋。1975年的7、8、9三个月，全面整顿发展到了高潮，双方的殊死斗争也发展到了高潮。

1975年9月15日至10月19日，国务院召开全国"农业学大寨"会议，参加会议的有国务院有关单位负责人，各地方省、地、县负责人，农业、科技、财贸等许多单位代表，共三千七百多人。召开本次会议的目的是讨论建设大寨式的县、农业机械化和整顿社队等问题。9月15日，会议在山西大寨大队召开。

邓小平在开幕式上讲了话。邓小平指出，这次会议很重要，可以说是1962年七千人大会以后各级领导干部来得最多的一次重要会议。邓小平强调农业现代化的重要性，他说，农业现代化、工业现代化、国防和科学技术的现代化，这四个现代化比较起来，更加费劲的是农业现代化。他说，农业是基础，不管工业发展得怎么快，不管我们科学技术的水平提高到怎么样，要有农业这个基础的发展，才能推动另外三个现代化的前进。如果农业搞得不好，很可能拉了我们国家建设的后腿。他要求全国各地，省委要抓农业，工业越发达的地区越要抓农业，越要把农业放在第一位。他还讲到整顿的问题。他说，我们全国现在存在着各方面的整顿问题。军队要整顿，这是毛主席指示的。毛主席讲，军队要整顿，地方要整顿，地方就是好多方面。工业要整顿，农业要整顿，商业也要整顿，文化教育也要整顿，科学技术队伍也要整顿。文艺，毛主席叫调整，实际上也就是整顿。他说，各方面工作都要整顿。

邓小平的讲话，在广大与会者中引起了强烈的反响和热烈的拥护。对此，"四人帮"一伙自然是心怀不满。江青是最憋不住的。在邓小平讲话的时候，她就在一旁冷言冷语地多次插话，表示不同意见。一次，她更是跳了出来，在接见大寨群众和干部时大放厥词。讨论农业问题

1975年9月邓小平在大寨。他在当时召开的全国"农业学大寨"会议上说,各方面工作都要整顿。

的会议,她不说农业,而是大讲评《水浒》[1]。她说:"不要以为评《水浒》只是一个文艺评论,同志们,不能那么讲。不是,不单纯是文艺评论,也不单纯是对历史,对当代也有现实意义。因为我们党内有十次路线错误。今后还会有的。敌人会改头换面藏在我们党内。"她实有所指地说:"宋江[2]上了梁山,篡夺了领导权。他怎么篡夺的领导权呢?同志们,他是上山以后,马上就把晁盖[3]架空了。怎样架空的呢?他……把一些大官,大的将军、武官、文吏,统统弄到梁山上去,都占据了领导的岗位。这是他的组织路线。"她恶狠狠地叫喊:"我们不仅承认阶级斗争不是熄灭了,而且要看到我们党内有两条路线的激烈的斗争。"江青此番讲话的要害,是说在《水浒》这本书中,新上梁山的宋江架空了梁山农民起义的首领晁盖。江青的用意一看即知,她讲的宋江,就是指的邓小平。讲宋江架空晁盖,就是说邓小平架空毛泽东。江青的这一个恶意挑拨,是讲给与会的干部、群众听的,更是讲给毛泽东听的。在大寨,江青还召集一些文化教育单位开座谈会。会上,她阴险地说:"评《水浒》是有所指的。宋江架空晁盖,现在有没有人架空主席呀?我看是有的。"她还不知羞耻地说:"党内有温和派,有左派,左派领袖就是鄙人。"她造谣说:"最近,有那么一些人,把主席批评我的一封信——江某人向政治局传达的——政治局没有讨论,给传出去了。"她猖狂地叫嚣:"我这个人天天挨骂,修正主义骂我,共产党员还怕骂吗?""在北京我跟他们斗了半年多了。"江青还提出无理要求,要在大会上播放她的讲话录音,还要印发她的讲话稿。

　　一个农业学大寨的会议,实际上变成了邓小平和"四人帮"直接交战的战场。会上各讲各的,政治分歧十分明显。全国近四千各地各

---

[1] 《水浒》,即《水浒传》,明代长篇小说,全书描写了宋江等农民起义者聚义梁山的故事。

[2] 宋江,小说《水浒》中梁山好汉首领,北宋时的农民起义领袖。

[3] 晁盖,小说《水浒》中梁山好汉首领。

级干部，将这一切都看在了眼里。邓小平的务实和坚定，江青的猖狂和丑态，给每一个与会者留下了极其深刻的印象。而在全党全国强烈要求安定团结和把国民经济搞上去的大形势下，人心之向背，已毋庸赘言。

江青无理取闹，要求播放和印发她的讲话，主管农业的副总理华国锋为此向毛泽东请示。得知江青在大寨会上的表现后，毛泽东生气了。他曾一而再再而三苦口婆心地交待、嘱咐和批评，而江青却听而不闻，屡犯不改。毛泽东生气地厉言斥责江青的讲话是"放屁，文不对题"。毛泽东指示："稿子不要发，录音不要放，讲话不要印。"毛泽东的这三个"不要"，又一次地支持了邓小平，又一次地打击了"四人帮"的嚣张气焰。华国锋根据毛泽东的指示，拒绝了江青的无理要求，并指示山西省委书记王谦不要在山西播发江青的讲话。

农业学大寨会议这一场恶斗就这样告一段落。

9月23日至10月21日，中央在北京召开农村工作座谈会，会上讨论了陈永贵[1]的一封信。信中提出要将在农村现行的人民公社以生产队为基本核算单位，在近期内过渡到以大队为核算单位。陈永贵提出的这个建议，实际上是以"均贫富"为名，在农村搞新的平均主义和"穷过渡"。当时农村生产力十分低下，这种提法根本就是不切实际的。因此，在会上，一开始就出现了巨大的分歧。有的人赞成陈永贵的提法，而更多的从事实际工作的人则表示反对。浙江省委第一书记谭启龙、广东省委第一书记赵紫阳等纷纷明确表示了不同意见。由于毛泽东在大寨会议期间批评了江青，减少了阻力，因此总的来说，这一次的会议开得较为顺利。在李先念的主持下，会议决定暂时不改变农村现行的"三级所有,队为基础"的政策。国务院采取了拖延的办法，对"左"的做法进行迂回抵制，使我国农村避免了又一场可能发生的灾难。这

---

[1] 陈永贵，时任中共中央政治局委员、国务院副总理，主管农业工作。

次能够排除"左"的干扰,对于农村工作非常重要,使得农村经济政策的连续性和稳定性得到了有力的保证。

在这次会议上,邓小平于9月27日和10月4日两次讲话。邓小平在讲话中重申:"当前,各方面都存在一个整顿的问题。农业要整顿,工业要整顿,文艺政策要调整,调整其实也是整顿。要通过整顿,解决农村的问题,解决工厂的问题,解决科学技术方面的问题,解决各方面的问题。我在政治局讲了几个方面的整顿,向毛泽东同志报告了,毛泽东同志赞成。"他说:"整顿的核心是党的整顿。只要抓住整党这个中心环节,各个方面的整顿就不难。"在这次讲话中,除了讲整顿,邓小平还特别突出地提到一个问题,就是如何宣传毛泽东思想的问题。他说:"我总觉得现在有一个很大的问题,就是怎样宣传毛泽东思想。林彪把毛泽东思想庸俗化的那套做法,罗荣桓同志首先表示不同意,说学习毛主席著作要学精神实质。当时书记处讨论,赞成罗荣桓同志的这个意见。林彪主张就学'老三篇'[1],是割裂毛泽东思想。毛泽东思想有丰富的内容,是完整的一套,怎么能够只把'老三篇'、'老五篇'[2]叫做毛泽东思想,而把毛泽东同志的其他著作都抛开呢?怎么能够抓住一两句话、一两个观点,就片面地进行宣传呢?割裂毛泽东思想这个问题,现在实际上没有解决。"他说:"恐怕在相当多的领域里,都存在怎样全面学习、宣传、贯彻毛泽东思想的问题。毛泽东思想紧密联系着各个领域的实践,紧密联系着各个方面工作的方针、政策和方法,我们一定要全面地学习、宣传和实行,不能听到风就是雨。"

毛泽东思想是丰富的和完整的,要全面地学习、宣传和贯彻毛泽东思想,不能把宣传毛泽东思想庸俗化、片面化,不能割裂毛泽东思想。

---

[1] 老三篇,指毛泽东的《为人民服务》、《纪念白求恩》、《愚公移山》三篇著作。
[2] 老五篇,指毛泽东的《为人民服务》、《纪念白求恩》、《愚公移山》、《关于纠正党内的错误思想》、《反对自由主义》五篇著作。

这是长时期萦绕在邓小平脑海中的一个重大问题。1960年，他就提出了要正确地宣传毛泽东思想，反对庸俗化这个问题。当时，主要针对的是林彪把毛泽东思想简单化、庸俗化。十五年后的今天，在毛泽东处于绝对权威地位的时候，在党内民主生活已经极不正常的时候，他再次提出了这个问题。应该说，他是冒着极大的风险的。但是，如何评价毛泽东思想，如何理解、学习和宣传毛泽东思想，对于我们的党和国家来说，是一个极其重要的大问题，是一个不能回避的重大原则性问题，也是一个重大的政治问题。这个问题，在邓小平看来，关系到党的生命，关系到国家的前途，关系到民族的命运。掌握得好，处理得正确，会福及子孙万代。如果掌握不好，处理得偏颇，或者为坏人所利用，则会产生不可估量的损失，甚至造成无可挽回的破坏。邓小平明知，在"文革"中，这个问题是一个禁区，是一个充满不测的险区，但他还是触及了。因为他知道，这个问题，不论你愿意与否，早晚都将涉及，这是不以人的意志为转移的。要知道，毛泽东思想这几个字所代表的，不仅仅是一个人的名字和他的一生。它所代表的，是中国历史长卷中的一个篇章，是现代中国的一个时代。对毛泽东思想怎样掌握，对毛泽东个人如何评价，将直接关系到对整个中国现代革命史的评价和定位，也将直接关系到中国、中国人民和中国共产党的前途命运。邓小平明明知道，他所讲的这篇关于如何学习宣传毛泽东思想的话，完全有可能为坏人所歪曲利用，也可能得不到毛泽东本人的认同，但他还是讲了。他必须要讲。经过六年的磨难，他努力争取复出，为的就是要运用这个再次能够工作的机会，申明正义，为党、为国家、为他深爱着的人民，尽一份赤子之心。他早已无所顾忌，早已把个人的身家性命置之度外，早已做好充分的、不计任何后果的精神准备。

第45章
"评《水浒》"与最后的周恩来

1975年,发生了太多的事件。这一年,在新中国历史上,无论从任何意义上来说,都是不容忽视的一年。

这一年,毛泽东因患白内障,双目几近失明,不能看文件,也不能看书。这种状况,等于把毛泽东生活中最重要的内容和乐趣,统统剥夺了。毛泽东这时所经历的无奈、焦虑和痛苦,是可想而知的。

毛泽东处于这种状况,为之操心的是以周恩来为首的中央的同志们。毛泽东的眼疾,能不能进行治疗,但怎样治疗,怎样确保安全地治疗,成为中央政治局关心的一个大问题。1975年7月6日,周恩来不顾自己的病痛,主持召开了有叶剑英、邓小平、张春桥、汪东兴,及王海容、唐闻生等参加的政治局常委扩大会议,研究毛泽东眼病治疗方案。7月20日,周恩来再次主持有叶剑英、邓小平、张春桥、汪东兴等参加的政治局常委扩大会议,商定给毛泽东的眼睛施行手术治疗,并具体研究了手术实施方案。

要治白内障,唯一的办法就是做手术。毛泽东不爱看病,更不喜欢做手术,但是只有做手术才能让他重见光明,他终于同意了政治局的意见,进行手术治疗。7月23日晚,由著名眼科专家唐由之主持,给年近八十二岁的毛泽东施行了白内障治疗手术。周恩来特地从他所住的医院出来,前往毛泽东的住处,一直守候到手术安全顺利施行完毕。

手术后，毛泽东可以戴上眼镜重新看见东西，心中甚是高兴。重获光明，能够重新看书、看文件和批文件，毛泽东的心情自然而然地好了很多。

在毛泽东治眼睛的时候，全面整顿的工作正在更大规模地展开。对于全面整顿和整顿所取得的成效，毛泽东基本上是支持和赞成的，但对一些他认为有疑义的问题，也采取了保留的态度，如科学院草拟的《关于科技工作的几个问题》（即《汇报提纲》），在毛泽东处就没有获得通过。当举国上下为全面整顿的新风所振奋的时候，谁也没想到，不久之后，形势发生了重大转变。

事情的起因是这样的：

毛泽东所患白内障经治疗虽有好转，但眼力仍然不好，所以毛泽东看书时常会请人代读。8月14日，北大中文系女教师芦荻给他读中国古典小说《水浒》，毛泽东一边听，一边随意地谈了对一些古典小说的评价。他先讲了《三国演义》[1]、《红楼梦》[2]等，然后谈到了《水浒》。毛泽东说："《水浒》这部书，好就好在投降。做反面教材，使人民都知道投降派。《水浒》只反贪官，不反皇帝。摒晁盖于一百八人之外。宋江投降，搞修正主义，把晁的聚义厅改为忠义堂，让人招安了。宋江同高俅[3]斗争，是地主阶级内部这一派反对那一派的斗争。宋江投降了，就去打方腊[4]。"他说："这支农民起义队伍的领袖不好，投降。……鲁迅[5]评《水浒》评得好，他说：'一部《水浒》，说得很分明：因为不反对天子，所以大军一到，便受招安，替国家打别的强盗——不"替天行道"的强盗去了。终于是奴才。'"

毛泽东酷爱中国古典文学，对每一部古典名著不但极其熟悉，而

---

[1] 《三国演义》，中国著名长篇历史小说。

[2] 《红楼梦》，中国著名长篇小说。

[3] 高俅，北宋时期官居太尉之职。

[4] 方腊，北宋时期的农民起义领袖。

[5] 鲁迅，中国现代伟大的文学家、思想家和革命家。

且均有独到的见解。在他重读《水浒》的时候,他一边听,一边有感而发,是非常自然的事情。但是事件偏偏就由此产生了。

如果是一个普通的人,发一点议论,发什么样的议论,都无关大局。可这次发议论的却不是普通的人,而是具有绝对权威和无尚崇高地位的毛泽东。在那个年代,毛泽东的指示是"一句顶一万句"的,哪怕是有感而发的随便的一句话,都会变成"最高指示",都是至高无上的。经历过那个时代的人一定都记得,每当有"毛主席最新指示"发表的时候,立刻就会迅速地"传遍祖国上下,大江南北"。不论是白天,还是深夜,只要有"最新指示"发表,人们立即就要拥上街头,拥到天安门广场,去欢呼,去游行。"文革"中的许多"革命进程",都是用这种方式来指导进行的。一个"最新指示"的发表,往往预示着一场新的"运动"或者"斗争"的爆发。更何况,在"文革"中,还有像"四人帮"这样一些"有心人",他们随时随地都在注视着毛泽东的新动向和新言论,一旦他们认为有机可乘,立即会"不失时机"地加以渲染和利用,作为他们的"战斗"武器。

毛泽东谈《水浒》的当日,教师芦荻将毛泽东的谈话整理成文。当天,"四人帮"的大笔杆子姚文元便得知此事。他如获至宝,感觉到时机来了,立即给毛泽东写信。信中说:"这个问题很重要","对于中国共产党人、中国无产阶级、贫下中农和一切革命群众在现在和将来、在本世纪和下世纪坚持马克思主义、反对修正主义,把毛主席的革命路线坚持下去,都有重大的、深刻的意义。应当充分发挥这部'反面教材'的作用"。姚文元提出将毛泽东"评《水浒》"的谈话和他写给毛泽东的信"印发政治局在京同志,增发出版局、人民日报、红旗、光明日报,以及北京大批判组谢静宜同志和上海市委写作组",并"组织或转载评论文章"。毛泽东看到姚文元的信后欣然批示:"同意。"

这样一来,"评《水浒》"就成了一个重大的政治事件。中共中央转发了毛泽东关于《水浒》的谈话。8月28日,在姚文元的策划下,党刊《红旗》杂志发表了题为《重视对〈水浒〉的评论》的短评。8月下旬，江青召集文化部长于会泳等开会，说评《水浒》的要害，是架空晁盖。她居心叵测地说："主席对《水浒》的批示有现实意义。评论《水浒》的要害是架空晁盖，现在政治局有些人要架空主席。"在"四人帮"的精心部署下，8月31日，党报《人民日报》转载了《红旗》杂志8月28日的短评。同一天，《人民日报》还发表了一篇署名文章《评〈水浒〉》。看看这篇文章的小标题吧：一、一条投降主义路线；二、一个投降派的典型；三、一套投降主义哲学。但凡是明眼人，一看这些触目惊心的小标题，便可知道该文蛊惑人心的用意。《人民日报》的文章发表后，由"四人帮"一手制造，在全国范围内掀起了一场"评《水浒》"、"批判投降派"的运动。

9月4日，《人民日报》发表社论《开展对〈水浒〉的评论》，公布了毛泽东评《水浒》的谈话。在"四人帮"的策划下，该社论把评论《水浒》说成是在我国政治思想战线上的又一次重大斗争，一下子造成了开展大批判的气氛，并把批判的矛头直接指向周恩来和邓小平等党和国家领导人。

对于"四人帮"发起这一场新的批判的目的，周恩来和邓小平心里非常明白。9月15日，周恩来在与人谈话时说："他们那些人（指的是"四人帮"）有些事情做得太过分了！最近评《水浒》、批投降派，矛头所指，是很清楚的。"九十月间，邓小平在部分省委书记座谈会上说："评论《水浒》是怎么一回事？主席把七十一回本读了三个月，读了以后，主席发表了这一通言论。有人借这做文章，想搞阴谋。"周恩来和邓小平都知道，他们面临的，又将是一场生死恶战。

从1975年的8月份起，周恩来忍受着与癌症作斗争的巨大痛苦，多次同邓小平、叶剑英、李先念、汪东兴、陈锡联、纪登奎、吴德、乔冠华等谈话，还多次找王海容和唐闻生谈话，甚至找江青等人进行谈话。他知道，他的时间不多了，他是在分秒必争，要用他生命中的每一个时刻，与"四人帮"作最后的斗争。

在这个危难时刻，邓小平的心，与周恩来紧紧连在一起。8月7日，周恩来到手术室做治疗，他的忠诚的战友邓小平在医院守候着。9月17日，周恩来同邓小平谈话。9月19日上午，邓颖超到邓小平的住地，与邓小平谈周恩来的治疗情况。周恩来目前的病况，实在不容乐观。

9月7日，周恩来在医院会见罗马尼亚共产党中央书记。他对客人说："马克思的请帖，我已经收到了。这没有什么，这是不以人的意志为转移的自然法则。"他说，经过半个多世纪毛泽东思想培育起来的中国共产党，是有许多有才干、有能力的领导人的。他说："我现在病中，已经不能再工作了。邓小平同志将接替我主持国务院工作。邓小平同志很有才能，你们可以完全相信，邓小平同志将会继续执行我党的内外方针。""现在，副总理（指邓小平）已经全面负起责任来了。"他还特别有所寓意地说，具有五十五年光荣历史的中国共产党是敢于斗争的。这是周恩来在其光辉的外交生涯中，最后一次会见外宾。

9月20日下午，医生准备给周恩来施行大手术。邓小平、张春桥、李先念、汪东兴和邓颖超等在医院守候。周恩来在进手术室前，要工作人员找来自己于1972年6月23日在中央"批林整风"汇报会上所作的《关于国民党造谣污蔑地登载所谓〈伍豪启事〉问题的报告》的录音记录稿。他用很长的时间仔细地看了一遍，最后，用颤抖的手，郑重地签上自己的名字，并注明："于进入手术室（前），一九七五、九、二十"。"四人帮"一伙曾经阴谋诬陷周恩来是"叛徒"。周恩来自知已进入生命的最后时刻，他知道，"四人帮"对他恨之入骨，即使在他死后，也不会放过他。他要白纸黑字地用铁的事实，证明自己是一个光明磊落、忠诚于党的共产党员，他要使一直妄图置他于死地的"四人帮"的诬陷阴谋破产。周恩来，这样一个把自己的热血和生命毫无保留地献给了党、国家和人民的忠诚战士，在他的生命的最后一刻，竟然要用这样的方式捍卫自己的清白和忠诚，难道不是一件让人不忍回首的可悲可叹之事吗！

　　在完成了这最后的心愿之后，躺在推向手术室的平车上，周恩来向旁边的人询问："小平同志来了没有？"听到呼唤，邓小平马上上前，俯身向周恩来问候。周恩来吃力地抽出手来，紧紧握住了邓小平的手。他用力地大声说道："你这一年干得很好，比我强得多！"在进入手术室前的一刻，周恩来用他生命的全部的力量，大声地说："我是忠于党、忠于人民的！我不是投降派！"听着这悲怆和愤怒的呐喊，所有在场的稍有良知的人，无不为之动容。这次的手术进行了五个小时，周恩来再一次用顽强的生命经受住了考验。但是，不幸的是，在手术的过程中，发现周恩来的癌细胞已扩散到全身，医生认定，已经无法医治了。得知这一情况，邓小平倍感伤心，他指示医疗组，要尽一切努力："减少痛苦，延长生命。"这是邓小平此时能够为他的老战友、他的兄长所做的唯一的事了。十六年之后，1991年的9月29日，在观看电影《周恩来》时，邓小平仍然十分有感触。当年的情景仍然历历在目，他清楚地回忆着当时他和中央政治局常委们在医院守候的情况，清楚地记得周恩来在进手术室时对他大声说的话语。他说："总理讲的是心里话，也是讲给'四人帮'听的。"

　　周恩来在生病的过程中，一共做过六次大手术，八次小手术。9月，他的病情急转直下，全身癌细胞继续扩散。面对难以忍受的癌病的痛苦折磨，他毫无惧色，意志坚强。面对近在眼前的死亡，他神情自若，心怀坦然。他以彻底唯物主义者的大无畏的襟怀，交待了他的后事。他说："人死后为什么要保留骨灰？把它撒在地里可以做肥料，撒在水里可以喂鱼。"他主张人死了以后应该做遗体解剖，他对医务人员说："现在对癌症的治疗还没有好办法，我一旦死去，你们要彻底解剖检查一下，好好研究研究，能为国家的医学发展做出一点贡献，我是很高兴的。"他交待，对于他的后事，丧仪要从简，规格不要超过中央的任何人，一定不要搞特殊化。他早就和他的终身伴侣邓颖超相约，死后把骨灰撒在祖国的大好河山。

在生命的最后时刻,唯一使周恩来感到担忧的,仍然是党的前途,是国家的命运,是"四人帮"的横行猖獗,是真理还没有战胜谬误。看着"四人帮"的猖狂,看着形势的恶化,看着他的战友们面对的险境,他实在是放不下心。10月11日、12日、17日,周恩来先后同前来看望的邓小平、李先念、汪东兴、纪登奎、吴德谈话。11月2日,他同邓小平进行谈话。11月3日,他把王海容、唐闻生找来谈话。没有人前来探望的时候,医务人员常常看到,周恩来一人静静地躺在病床上,他的眼睛向上望着,好像透过了天花板,望着那深不见底的太空。他时而陷入沉默,时而轻轻地摇头叹息……

第46章
恶人先告状

直到1975年的9月，对于邓小平进行的全面整顿，毛泽东还是保持着支持的态度。他心目中，还是把邓小平作为周恩来的接班人及他本人身后主政的人选之一。9月24日，毛泽东在会见越南劳动党第一书记黎笋时，对客人说，现在天下最穷的不是你们，而是我们。我们有八亿人口。我们现在有领导危机。总理身体不好，一年开过四次刀，危险。康生身体不好，叶剑英身体也不好。我八十二岁了，我也有病。毛泽东用手指着陪同会见的邓小平说，只有他算一个壮丁。

从以上言谈可以看出，对于中国现时的国情，毛泽东是有一定认识的。第一，中国现在可以算作"天下最穷的"国家。第二，中国现在有领导危机。第三，邓小平算一个"壮丁"。"壮丁"的意思，就是能干工作的人，或者说是能够接班的人。毛泽东称邓小平为"壮丁"，表明直到此时，他还是对邓小平寄予了相当大的希望。在全面整顿的过程中，邓小平的所作所为虽然并不完全符合毛泽东的想法，但毛泽东选择了顾全大局。因为他对党和国家当时面临的状况和问题是有所了解的，也认识到总得有人来进行一些整顿。只要这个整顿不是太"出格"，他都可以容忍。还有一点，在全面整顿的过程中，毛泽东清楚地看到了邓小平的能力。可以说，对于邓小平的"大胆"，对于邓的魄力和能力，毛泽东是欣赏的和肯定的。在这样的大前提下，在全面整顿的过程中，虽然"四人帮"一伙不断地反对和从中作梗，毛泽东采取的态度一直是：节制"四人帮"，支持邓小平。

但不幸的是，不久，毛泽东的态度开始改变，形势也随即发生了翻天覆地的变化。

事情的起由，是在1975年的8月13日和10月13日，清华大学党委副书记刘冰等人两次上书毛泽东，反映清华大学党委书记迟群和副书记谢静宜在生活作风和违反党的政策等方面的一些问题。在信中，刘冰等对迟群、谢静宜两个"四人帮"的干将专横跋扈、违反党的原则的活动，以及迟群因为没有当上中央委员和政府部长而信口胡说大发牢骚，向毛泽东如实地作了汇报。刘冰等人的这两次上书，是由邓小平转呈毛泽东的。

看了刘冰的上书，毛泽东虽然暂时没予理会，但心里肯定已经不高兴了。因为在他的心目中，小谢和迟群虽有"缺点"，但毕竟是"文革"的功臣。邓小平为刘冰转信，表明邓的立场就是支持刘冰而反对小谢、迟群的。这一点，也令毛泽东心中不悦。这件当时并不起眼的事情，在不久的后来，却成为一个十分重要的事由和导火线。

经历了1971年林彪自爆事件后，毛泽东重病一场，身体一直不好，病情时重时轻。到了1975年，毛泽东已届八十二岁高龄，年老体衰，力不从心。但由于当时实行的是干部领导职务终身制，是集党政军大权于一身的一个人说了算的，所以在那样的时刻，党和国家的前途命运，仍然系于毛泽东这个垂暮之人一人之身。1975年下半年，毛泽东的病情加重，行动说话都已经十分困难。根据他本人的建议，由他的侄子毛远新担任他与中央政治局之间的联络员。毛泽东的这一决定，表明了一个在他心头解不开的情结。这就是，经过林彪事件，毛泽东不再会把权力给予一人之身。在政治大局上，他采用的是让不同的政治势力相制衡的办法；在个人的信任上，他最终选择的，还是他自己的亲人。这种情况，越到毛泽东的晚年，越加严重。

第46章 恶人先告状　379

1975年，在毛泽东的客厅里，看得出，毛泽东的心情很好。那时他认为人事安排已告完成。

毛远新是毛泽东的弟弟毛泽民的儿子。毛泽民在战争年代英勇牺牲，只留下了这么一个后人。毛远新在"文革"爆发时，是哈尔滨军事工程学院的学生，"文革"爆发后成为有名的造反派头头，以后迅速提升成为辽宁省"革命委员会"和沈阳军区的负责人。"文革"以前，他和江青的关系并不亲密。"文革"开始以后，由于双方的相互需要，关系变得十分密切，毛远新随即成为在辽宁省呼风唤雨不可一世的大人物和"四人帮"麾下的一大干将。毛泽东让毛远新当他的联络员，一下子把毛远新提到中央政治权力的核心部位。毛远新以毛泽东侄子的身份，不但成为毛泽东的传话人，而且成为仅有的几个能够见得到毛泽东、可以和毛泽东说得上话的人。

毛远新给毛泽东当联络员,而且和"四人帮",特别是和江青走得很近,邓小平看得十分清楚。对此,他保持了一份应有的警惕。10月31日,他给毛泽东写了一封信。信中,邓小平提出:"我有事需要向主席当面谈谈并取得主席的指示和教诲。明(1)日下午或晚上都可以。如蒙许可,请随时通知。"11月1日晚上,毛泽东即把邓小平找去。在此次见面中,毛泽东批评了邓小平为刘冰等人转信之事。邓小平向毛泽东询问,这一段时期以来中央工作的方针、政策正确与否。毛泽东肯定地说:"对。"

毛泽东让毛远新做联络员,令"四人帮"兴奋不已。毛泽东晚年的时候,绝大多数中央领导人已不容易见到他。就连江青,他的妻子,也很难见得到他。"四人帮"想要向毛泽东"告御状"进谗言,也是相当困难的。而现在,他们的人终于可以跟随在毛泽东的身边,终于变成可以向毛泽东耳旁吹风的重要人物。对于"四人帮"来说,这真是一件连做梦都想不到的大好事儿。机会终于来了,他们在欢欣兴奋的同时,立即策划于密室。这一次,他们要让周恩来和邓小平死无葬身之地。

毛远新自从当了"天子近臣"后,心甘情愿地为"四人帮"充当工具。当然,毛远新也不是"无私"地为"四人帮"效力。他一跃进入中央核心,野心和对权力的期望值都大大提高,他要在政治上有所作为。在毛泽东身后,在江青当了"女皇"之后,他也要在政治权力的中心分一杯羹。毛远新真是"不辱使命",新来乍到,便开始发挥作用了。

11月2日上午,毛远新向毛泽东汇报。他对毛泽东说:"今年以来,在省里工作,感觉到一股风,主要是对'文化大革命'。"一是对"文化大革命"怎么看,是看主流,还是看支流,在评价上是三分不足七分成绩,还是七分错误三分成绩,是肯定,还是否定。其次是对批林批孔运动怎么看,是看主流,还是看支流。现在,只在口头上说两句成绩,但阴暗面却讲了一大堆,不讲批林批孔运动的成绩。第三是要不要继续批判刘少奇、林彪的路线。当前，批刘少奇的路线似乎不大提了。毛远新煞有介事地讲，对"文化大革命"，有一股风，似乎比1972年批极左而否定"文化大革命"时还要凶些。毛远新针对邓小平所提以毛泽东的"三项指示为纲"说，阶级斗争现在不大提了，一讲就是三项指示为纲，我不同意。阶级斗争、路线斗争是纲。现在只剩下一项指示，即生产搞上去了。毛远新否定了工农业、财贸、教育、文艺等方面经过初步整顿所取得的成绩。他向毛泽东建议："当前，一方面要进一步落实党的干部政策，另一方面也还应该对干部进行教育，使干部有正确的态度，干部应该感谢革命群众对自己的帮助教育。"他还向毛泽东表示："担心中央，怕出反复。"

毛远新借机大行挑拨之能事。他对毛泽东说，一些同志到一起总是议论"文化大革命"的阴暗面，发牢骚，有的把"文化大革命"看成一场灾难似的。他说，我很注意小平同志的讲话，我感到一个问题，他很少讲"文化大革命"的成绩，很少提批刘少奇的修正主义路线。今年以来，没有听他讲过怎样学习理论，怎样批《水浒》，怎样批修正主义。当毛泽东把清华大学刘冰等人揭发迟群的信给毛远新看时，毛远新立即抓住机会为迟群辩护。他对毛泽东说，迟群他们在执行主席的教育革命路线上是比较坚决的，十个指头七个还是好的。

毛远新的"汇报"，引起了毛泽东的注意。因为毛远新在"汇报"时，抓住了一个对于毛泽东来说最为要害的问题，那就是如何评价"文化大革命"的问题，就是是不是有人要翻"文化大革命"的案的问题。如果有人敢于对"文化大革命"提出异议，毛泽东是绝对不会坐视不管的。毛泽东表了态，同意毛远新的看法。毛泽东说："有两种态度：一是对文化大革命不满意。二是要算账，算文化大革命的账。"他说："一些同志，主要是老同志思想还停止在资产阶级民主革命阶段，对社会主义革命不理解、有抵触，甚至反对。"毛泽东说："清华所涉及的问题不是孤立的，是当前两条路线斗争的反映。"他针对刘冰的信说："清华大学刘冰等人来信告迟群和小谢。我看信的动机不纯,想打倒迟群和小谢。他们信中的矛头是对着我的。"并说:"小平偏袒刘冰。"

毛泽东是生气了,他生气的是,经过了这么长的时间,经过他苦心地安抚和安排,竟然有那么多的人,还是对"文革"不满,还是要翻"文革"的案。这是他绝对不能容许的。到了这个时候,对于"文化大革命"这一场运动的态度,已经被毛泽东视为是拥护还是反对他的试金石。他要用他全部的力量,来捍卫这一场对于他来说关系重大的"革命"运动。

不过,就是在这种情况下,毛泽东还是保持了一份冷静。谁反对"文革",当然一定就要批判谁。但是,他实在是年事已高,实在是不愿意把他精心安排的"平衡"的政治格局再次打破。说句大实话,他已经没有精力,也没有心力,再进行一场大规模的政治格局的重组了。毛远新他们告状的主要对象是邓小平,对邓小平,毛泽东是要批的,但是,他并不想把邓小平再次打倒。他对毛远新说:"你找邓小平、汪东兴、陈锡联谈一下,说是我让你找他们(还有李先念、纪登奎、华国锋,到我这里来),当面你讲,不要吞吞吐吐,开门见山,把意见全讲出来。我已找小平谈了两次,昨天晚上又讲了。"毛泽东考虑了一下,又说:"先找小平、锡联、东兴同志开个会,你把这些意见全讲,谈完了再来。"毛泽东也真是一番苦心安排,他是想让毛远新找这些人谈谈,特别是要找邓小平谈谈,要毛远新把意见提出来,当面和邓小平等人讲清楚。为了便于邓小平等人能够接受毛远新的意见,他特意没有让"四人帮"那几个人参加。他知道邓小平与"四人帮"之间矛盾太深,他怕"四人帮"一来搅扰,事情将会不可收拾。毛泽东如此细心地进行安排,是希望邓小平和其他的人,能够听进毛远新的意见,能够接受毛远新的意见。如若这个安排成功了,那便是阿弥陀佛,谢天谢地,万事大吉了。

这只是毛泽东一厢情愿的愿望,事态向着完全相反的方向发展了。

道理很简单，因为，从毛远新这一方面来说，他根本就不是真心诚意地"提意见"，而是在"四人帮"的操纵下制造和挑起事端。而邓小平和他的同志们，早已看透了其中不可告人的秘密。况且，对于毛远新所说的这些不实之词和涉及的原则问题，以邓小平耿介的个性，是寸步不会相让的。战斗，就这样地爆发了。

根据毛泽东的指示，11月2日当晚，毛远新以"联络员"的身份，将邓小平、陈锡联、汪东兴等政治局委员找来开会。在会议上，毛远新有恃无恐地将他在毛泽东那里"参"的"本"，按照毛泽东的意思开门见山地把"意见"说了出来。

邓小平抽着烟，坐在会议室里，沉静地听着毛远新说完"意见"。邓小平没有半点儿犹豫，随后即行发言，从容而尖锐地驳斥了毛远新提的"意见"。他直率地针对毛远新的话说："这个问题还可以再想一下，你的描述，中央整个是执行了修正主义路线，而且是在所有领域里都没有执行主席的路线。说毛主席为首的中央搞了个修正主义路线，这个话不好说。"邓小平对自己的主要工作和讲话作了简略的回顾，他说："我是从今年3月九号文件开始抓工作，主持中央工作是7月。九号文件以后是什么路线，我主持中央工作三个多月是什么路线，可以考虑嘛，上我的账，要从九号文件开始算起。从九号文件以后全国的形势是好一点，还是坏一点，这可以想想嘛。对九号文件以后的评价，远新同志的看法是不同的。是好是坏实践可以证明。"最后他明白而又简练地向与会者申明："昨天（1日）晚上，我问了主席，这一段工作的方针政策是怎样？主席说对。"

11月4日，毛远新向毛泽东汇报了2日晚在会上与邓小平"争论"的情况。邓小平不但完全没有接受毛远新的"意见"，而且态度如此之强硬，这令毛泽东大失所望了。听完"汇报"后，毛泽东不高兴地指示毛远新：继续开会，范围扩大一点，让李先念、纪登奎、华国锋、张春桥也参加，八个人先行讨论。毛泽东有些动火了，他要坚持肯定"文化大革命"的立场,他说:"对文化大革命,总的看法:基本正确,有所不足。"他认为是"三七开,七分成绩,三分错误"。毛泽东说:"文化大革命犯了两个错误,1.打倒一切,2.全面内战。"毛泽东是在给评价"文革"定调子。他要求开八人会议时,要抓住当前两条路线斗争,集中讨论"文化大革命"问题,指示要以他的这个结论为基础,对"文革"作个决议。

11月3日,在清华大学党委扩大会上,北京市委第一书记吴德传达了毛泽东在10月下旬的一次谈话。在讲话中,毛泽东说:"清华大学刘冰等人来信告迟群和小谢。我看信的动机不纯,想打倒迟群和小谢。他们信中的矛头是对着我的。"毛泽东还说:"我在北京,写信为什么不直接写给我,还要经小平转。小平偏袒刘冰。清华所涉及的问题不是孤立的,是当前两条路线斗争的反映。"毛泽东表态支持迟群和谢静宜,点名批评刘冰动机不纯,还点名说邓小平偏袒刘冰。这样的表态,具有给事件"定性"的决定意义。清华大学党委于11月12日召开扩大会议,一千七百多人参加学习、讨论毛泽东的指示。18日,清华大学召开全校大会,揭发、批判刘冰,连同教育部长周荣鑫等人也一起受到批判,说他们"否定教育革命,翻文化大革命的案"。会后,清华、北大相继贴出大字报,公开点名批判刘冰和周荣鑫等。北京和其他一些省、市奉命组织干部和群众到清华、北大看大字报。两校大字报的内容迅速传布,全国各地一些学校也相继开展了一轮新的"教育革命大辩论"。这些,都是在"四人帮"一手策划下进行的。但是,批判刘冰、周荣鑫,并不是"四人帮"的最终目的。他们的真实目的,是要打倒邓小平。

按照毛泽东的要求,召开了有邓小平、陈锡联、汪东兴、李先念、纪登奎、华国锋、张春桥和毛远新八人参加的会议。"四人帮"之一张春桥参加了这次会议,会议气氛如何,可想而知。会后,毛远新即向毛泽东汇报了此次八人会议的情况。毛泽东听完后说:"对文化大革命，总的看法：基本正确，有所不足。现在要研究的是在有所不足方面，看法不见得一致。"毛泽东指示召开八人会议的宗旨，还是想通过进行批评和做工作，以达到统一思想认识的目的。毛远新问毛泽东："这次会议争取在对文化大革命这个问题上能初步统一认识，对团结有利。目的是通过讨论，团结起来，搞好工作。是这样吧？"毛泽东肯定地回答："对。"毛泽东还特别对毛远新交待，说："这个不要告诉江青，什么也不讲。"他是怕江青从中生事。可见，到了这个时候，毛泽东还是想通过统一思想，"息事宁人"，维持他安排的这个"安定团结"的结构和局面，不想让江青他们把事情闹大了。不知道是毛泽东把问题想得太简单了，还是他根本没有认识到毛远新早已上了江青"四人帮"的贼船，他竟然会让毛远新不要把事情告诉江青。你想想，毛远新操办的事儿，张春桥参加的会，江青怎么能不知道？也可能，毛泽东是用这样的方式，告诫毛远新不要与江青走得太近。

第47章
艰难时日

1975年10月份的时候,我们又搬了一次家。因为我们在宽街的那个家,地处十字路口,进出十分不方便。父亲在主持中央的工作后,经常在家里开会和找人谈话,而院子里只有一个很小的地方,来客的车子根本停不下。一些要客,如政治局委员的车,时常不得不停在大街上,既不方便,又不安全。在这种情况下,经中办安排,父母亲搬到东交民巷十七号去住了。

东交民巷十七号,过去被称为老八号,是50年代初期盖的一个住地。院子里从南到北,前后四栋楼房。说起来,我们家跟这个房子挺有缘分的。1952年我们家从四川迁居北京后,曾把这个院子里的第三栋楼分配给我们家。在我们还没有搬来之前,有一次,父亲去看罗荣桓元帅。罗帅的身体很不好,看到罗帅住的房子有些潮湿,父亲当时就对罗帅说:"你住在这里不行。中央给我分了一处住房,我让给你去住。"在父亲的亲自安排下,罗帅住进了东交民巷的房子,而我们家则在后来搬进了中南海。"文革"以前,东交民巷这个院子里住着罗荣桓元帅、贺龙元帅、最高人民检察院检察长张鼎丞等四户人家。"文革"开始后,罗帅的遗孀林月琴阿姨带着孩子们被赶了出去。贺龙被揪斗后,先是由周恩来把他们夫妇藏在中南海西花厅自己的住地等处,后来被林彪一伙抓走关押,孩子们都被"扫地出门"赶出了家。"文革"以后,东交民巷十七号这个院子便空了起来,没有人住。后来,周恩来生病,中央把原来贺龙元帅住的那栋楼修缮了一下，准备总理来这里养病，可是总理一直没来住过。偌大一个院子四栋房子便一直空无人住。

这时，正好我们家的住房成了问题，于是父母亲就被安排暂时住到这里。我们住的，就是原来贺龙元帅曾经住过的，后来又为总理修缮的那个楼。一开始，父母亲说是暂时住一住的，没有带家小去。但不久，他们嫌寂寞，就让眠眠和萌萌两个孙儿跟着住过去了。再后来，邓林、邓楠和我，三家人也都搬了过去。没办法，我们家的人就是爱热闹，爱扎堆儿。这个楼本是为总理修缮的，总理家没有孩子，人口少，所以楼内的卧房不多。我们家十几口人都搬了过来，房间一下子就不够住了。于是我们把人家原来准备办公用的房间，都住上了人。我和贺平住在客厅旁边原来准备做书房的房间里面。没有书房了，父亲就在南边的前走廊上放了一把椅子，一个桌子。他说，这里阳光好，空气也好，又可以看着孙子们跑来跑去的，是最好的"办公室"。就这样，从1973年回到北京后，我们先住花园村，再从花园村搬到宽街，然后从宽街搬到东交民巷。两年多搬了三次家，也真够折腾的。

搬到东交民巷后不久，政治气氛便发生了变化，那种搬家的忙碌，很快就被政治风向的突然变幻所掩盖。这时，毛泽东已经让毛远新召集了八人会议。这个会议的召开，预示着一场新的政治风暴的来临。家中的气氛，由平日的吵闹欢乐，一下子沉静了下来。父亲白天主持中央和国务院的工作，十分忙碌。他还要经常接待和会见外宾。仅在10月份，他就连续接待了为日本首相三木武夫传话前来访华的小坂善太郎、南斯拉夫联邦执行委员会主席比耶迪奇、美国国务卿基辛格、德意志联邦共和国总理施密特等重要外国客人。在公开场合看到的他，依然是精神矍铄，谈笑风生。但是，回到家里，我们却常常见到他一个人坐在走廊的椅子上，闭着眼睛，紧紧地皱着眉头。

跟着父亲经历了这么多的政治风浪，仅凭着我们自己的经验，便知道事端既起，就一定会有不可预料的险况。父亲虽然处于政治险境，但在表面上，看不到他有任何情绪上的变化。每日，他依然保持着原有的作息和生活规律，按时起床，按时吃饭，按时看文件，按时上床看书、睡觉。不过，我们作为他的家人，则要随时关注事态的发展。

有一次，父亲陪毛泽东见外宾回来，时间已经很晚了。看着父亲十分疲惫的样子，母亲给他吃了安眠药安排他睡下。父亲睡着后，母亲和我们给父亲整理衣服。十分意外地，在他的衣服口袋里，我们看到一张便笺纸，纸上几个大大的字，这是毛泽东的字！我们知道，毛泽东说话已经有困难，有时会把要说的写下来以表达他的意思，但没想到，我们竟会亲眼看到毛泽东写的字。我们壮着胆子，把那张便笺纸拿了出来。在台灯暗暗的光线下，妈妈、邓楠和我，三个人把那个便笺拿着，极其认真地研究了起来。便笺上面的几个字大大的，每一个字的笔划都是弯弯曲曲的，有的字完全认不出来。因为这些字的意思不是连贯的，可能只是毛泽东在说什么的时候进行的补充，所以我们极力研究了半天，也没猜出这些字代表什么意思。其实，我们并不是对毛泽东的字感兴趣，而是急切地想从中找出关系到父亲政治命运的寓示。父亲一向很严格，我们偷看了他的东西，已经是"犯戒"了。我们不敢声张，看完后，赶紧把那张毛泽东写了字的便笺纸，悄悄地放回了父亲的衣服口袋里。如果不是处在那样的非常时期，我们家里的人绝对不会干这样"出格"的事情。

我们知道父亲正在受到批评，但不会向他问什么，一来是问了他也不会告诉我们，二来还会惹得他心烦。我们这时能做的，只有更加地体贴他，以家庭的温暖尽可能地舒散他心中的不快。我们尽量多地陪在他的身边，让孙儿们在他面前玩耍。但当父亲开始闭目沉思的时候，我们就赶快把闹着玩着的孩子们带走。我们一个个也都低声细语，或静静地陪着他坐在那里，生怕打扰了他或烦着他。平时总是嬉笑热闹的家里，会一下子变得出奇的安静。夜间，在昏暗的走廊上，只点着一盏台灯。父亲一个人，坐在灯下，常常一坐就是很久，很久。

在东交民巷十七号我们的楼里,这时依然是进进出出,人来人往。只不过,来的人不同,来的目的也就不同。

李先念、纪登奎副总理和胡乔木等时常会来,他们是来谈工作的。邓颖超常来,她是来谈总理的病情和治疗事项的。王海容和唐闻生更是常来,她们二人有时是来和父亲本人谈事,有时则来找父亲的秘书王瑞林。因为经常陪外宾,可以见到主席,可以跟主席说得上话,王海容和唐闻生当时处于一个十分重要的位置。毛泽东身体不好,晚年更是不轻易见人,连主持中央工作的高级领导人也轻易见不到他。所以,如有事情想要向毛泽东汇报,有时只有通过王海容和唐闻生。她们二人会在陪外宾见完主席后,利用机会向主席讲上几句。江青就曾经多次把王海容和唐闻生找去,让她们向主席转达她的意见。不过,王海容和唐闻生两个人,从心里讨厌江青,与"四人帮"那伙人格格不入。她们崇敬周恩来,也崇敬邓小平。周恩来和邓小平也信任王、唐。重病之中的周恩来,经常找她们谈事,其中有外事工作方面的,更有与"四人帮"作斗争的重要事宜。基于同样的原因,王海容和唐闻生也是我们家的常客。父亲有事情常找她们二人来,比如有事要向主席报告,或者有事要探询一下主席的意思,也都交待王、唐去办。在那个时候,在与毛泽东保持沟通方面,王海容和唐闻生起了相当积极的作用。当毛远新向毛泽东告状,父亲受到批评后,王海容和唐闻生因受"牵连",已经不像以往那样在主席面前说得上话了,但是,她们仍是常常来我们家,常常和王瑞林一聊就聊上半天。和我们全家一样,对于形势的估计,她们二人也已经感觉到越来越不乐观。在"批邓"开始以后,来我们东交民巷的那个家的最后的客人,就是王海容和唐闻生。

在东交民巷十七号,还来过一个极其特殊的人,那就是毛远新。毛远新向毛泽东告了邓小平的状,毛泽东知道毛远新对邓小平有意见和看法,他让毛远新找邓小平谈谈,把意见直接向邓提出来。毛远新奉毛泽东之命来了。那一天,知道毛远新要来,也知道"来者不善,善者不来",我们在家的人都十分地戒备。毛远新来了,一副新贵的模样,派头十足。父亲则抽着烟,沉静地坐在会客室里等他。来人落座,便开始谈了起来。客厅的隔壁,就是我住的那个原来的书房。这个房间和客厅仅隔着一个木板做的书架,客厅里的声音大一点就会传过来。那天,恰巧我和邓楠在屋里,从偶尔传过来的声音可以听得出,父亲和毛远新这次的谈话并不愉快。毛远新走的时候,父亲没有送客。从客厅走出来时,父亲还是那样的沉默,也还是那样的从容。他不会因为毛远新的"告状"而改变进行全面整顿的大政方针。这个决心,他早就下了,从他回北京的那一刻起就下了,从他复出工作之时起就下了,从他坚定地进行全面整顿的时候起就下了。"四人帮"闹,他没有动摇过;毛远新加进来闹,虽然形势更加艰难,他依然没有动摇。九年以来的风风雨雨,早就练就了他那坚定的信念,早就铸成了他那绝对不会动摇的决心。

11月10日,邓小平找胡乔木谈工作时,邓小平谈起他因转刘冰的信而受到批评。胡乔木对邓小平说,不只是转刘冰的信的问题,可能对于邓小平全面整顿的做法,毛泽东早就有意见。他们二人对于形势的看法,已经越来越清楚。批评邓小平,是基于更深刻的政治原因。这场风波,是不会停息的。

在这个期间,原来由毛泽东以"帮助工作"的名义派到上海的王洪文回到了北京。王洪文走前,是由王洪文主持中央工作。王洪文走后,由邓小平主持中央工作。现在王洪文回来了,邓小平便于11月15日给毛泽东写信。邓小平在信中写道:"现洪文同志已回,按例,从即日起,中央日常工作仍请洪文同志主持。近日召开的十七人会议,亦应请洪文同志主持。"毛泽东看到邓小平的信后,当晚即在邓的信上批示:"暂时仍由小平同志主持,过一会再说。"毛泽东没有借王洪文回京的机会让邓小平去职,表明他还没有下定决心去掉邓。毛泽东没有让王洪文重新主持工作,表明他虽然让王洪文回京,但却不想把权力交给王洪文，或者说交给"四人帮"。毛泽东虽然开始对邓不满意了，但对"四人帮"的不悦，并没有因此而改变。邓小平是否还能主持中央的工作？如果不能了，就要换人。要换人，换谁呢？毛泽东还在观察，还在考虑，还没有想好，因此"暂时仍由小平同志主持"，因此"过一会再说"。毛泽东此时的心态，应该说是复杂的。

不久，形势急转直下。

这期间，除了毛远新的作用外，已经病入膏肓的康生，也趁机向毛泽东进谗言，说邓小平"想翻文化大革命的案"。加上前几次开会的时候，邓小平采用的是一副绝不妥协的态度，这些因素综合到一起，使毛泽东认为，到了这个时候，问题已不只是"统一思想"、"加强团结"这样简单，而变为有人想翻"文革"的案这样严重的程度。毛泽东下定决心，要在他的生前，铁板钉钉地为"文革"作出定论，让那些不满"文革"的人永远不能翻案。

1975年11月20日，政治局召开会议，也就是前面提到的十七人会议，专门讨论对"文化大革命"的评价。毛泽东希望通过这个会议，在如何评价"文化大革命"这一问题上，统一思想认识。会前，毛泽东提出，由邓小平主持，中央作出一个肯定"文化大革命"的"决议"。按照毛泽东的说法，这个"决议"的基调应该是：对于"文革"，总的评价是"七分成绩，三分缺点"。毛泽东让邓小平主持作这个决议，一是，让邓小平这样对"文革"有看法的人来作这个决议，可以堵住对"文革"持异议人的嘴，让人不敢再唱反调。二是，毛泽东再给邓小平一个机会，让邓小平改变观点。毛泽东对邓小平，真应该说是"仁至义尽"了。分析毛泽东的内心，他既真心地赏识邓小平的才干和品格，又恼恨邓小平对"文革"的态度。他对邓小平一再留情，是希望邓小平能够就此妥协，顺从了他这一个最后的心愿。毛泽东实在是太老了，太疲倦了，这一番"安定团结"的政治格局，是他经过很长时间的考虑所进行的选择，不到万不得已，他是不想再变动了。但是，令毛泽东悲哀的恰恰却是，邓小平具有和毛泽东一样的性格，也是一个在原则问题上绝对不会让步的人。在毛泽东这样殷切的期望下，邓小平没有接受毛泽东的这个建议。邓小平明确地说，由我主持写这个决议不适宜，我是桃花源中人，"不知有汉，无论魏晋"。邓小平的意思说得明明白白，九年"文化大革命"，他被打倒了六年，作为一个脱离运动的"世外"之人，对于"文革"，他既没有参与也"不了解"，因此"不适宜"由他来写。其实，最根本的，他不愿意违心地主持写一个肯定"文化大革命"的决议。

邓小平这种完全不让步的态度，使得毛泽东下决心进行"批邓"。在毛泽东政治生命的最后关头，他要坚定不移地捍卫"文化大革命"，他不容许任何人对此存有非议，更不容许任何人翻"文革"的案。这是他所坚持的最后原则。

根据毛泽东的指示，在北京召开了一个名为"打招呼"的会议。会议的目的，是向党政军高级领导层传达毛泽东对刘冰等人的信等有关指示。因为此时，还是由邓小平主持中央工作，所以在召开"打招呼会"的会前，由邓小平将中央草拟的《打招呼的讲话要点》报送毛泽东审定，并将开会的方式向毛泽东作了报告。11月21日，邓小平在给毛泽东的信中写道："遵照主席指示，向一些同志打个招呼，免犯错误。现拟了一个一百三十六人名单，并拟了一个打招呼的谈话要点，都是由政治局会议讨论修改了的，现送上，请审阅批示。打招呼的办法是，把大家召集到一块谈，政治局同志都出席。政治局商量，准备把谈话要点发给各大军区司令员和政委，以及省市委第一书记，也给他们打个招呼，此点也请主席批准。"

对邓小平的报告，毛泽东批示："很好。但不仅只是老同志，要有中年、青年各一人同听同议。如同此次十七人会议那样。即也要对青年人打招呼，否则青年人也会犯错误。请政治局再议一次，或者分两次开，或者先分后合。"在写这封信的次日，可能是经过了一番考虑，毛泽东的想法有所改变，他又给邓小平写信，说："还是你们议的好，先给老同志打招呼。青年问题暂缓。因有的还未结合，有的在打派仗（如七机部），有的貌合神离（如清华），召集不起来。"

1975年11月24日下午，中央召开"打招呼会"。后来称这次会议为"第一次打招呼会"。参加会议的有全体在京的政治局委员、党政军机关一些负责的老同志，共一百三十余人。会议由仍然主持中央工作的邓小平主持。邓小平先讲话。他说："今天开的是打招呼的会议。在北京的政治局委员都到了，还请了一百多人。先念一念毛主席批准的政治局的《打招呼的讲话要点》。"简短的开场白后，邓小平宣读了毛泽东亲自审阅批准的《打招呼的讲话要点》。《要点》内容如下：一、清华大学党委副书记刘冰等诬告迟群、谢静宜，矛头实际上对着毛主席。根据毛主席指示，清华大学党委召开常委扩大会议，就刘冰等同志的信展开了大辩论，并已扩大至全校师生。二、毛主席指出：刘冰等人来信告迟群和小谢，"动机不纯，想打倒迟群和小谢，他们信中的矛头是对着我的"。毛主席的指示非常重要，清华大学出现的问题绝不是孤立的，是当前两个阶级、两条道路、两条路线斗争的反映。这是一股右倾翻案风。有些人总是对文化大革命不满意，总是要算文革的账，总是要翻案。通过辩论，弄清思想，团结同志，是完全必要的。三、毛主席指示，要向一些同志打个招呼，以免这些同志犯新的错误。

念完《要点》后，邓小平讲："下面稍微说明几点。"他所作的"说明"，主要是以下几点：一、"三个正确对待"的问题，也就是毛主席所说的要正确对待文化大革命、正确对待群众、正确对待自己。二、毛主席说要以阶级斗争为纲，这是党的基本路线，有一种提法，说以毛主席"三项指示为纲"，这是不正确的。阶级斗争是纲，其他两项是目。三、要正确对待新生事物，应该支持和肯定，不要指手画脚，教育界和各行各业都要注意这个问题。四、老中青三结合，特别是对青年干部，采取一棍子打死的态度不对。最后,清华这场大辩论很快要扩大到全国,至少扩大到教育、文化领域。

邓小平传达的《要点》和他的讲话,实际上是"奉命"把毛泽东对他的批评向老同志们做个通报。而毛泽东指示召开这次会议,则有两个目的,一是要让邓小平在传达的时候当众作个检查;二是要通过这次传达,切切实实地给老同志们"打个招呼",要大家都知道毛泽东的态度,让老同志们回头转弯,不要再"犯错误"了。

11月26日,中共中央发出通知,将《打招呼的讲话要点》扩大传达到党政军各大单位负责人,并要求进行讨论,将讨论情况上报中央。

在召开这次"打招呼会"和下发中央通知后,开始了一场新的"反击右倾翻案风"的运动。这个运动迅速扩大到全国范围。持续进行了九个月的全面整顿工作,至此中断。"反击右倾翻案风"运动不断地深入和扩大,从不点名地批判邓小平,最后发展到公开点名批判邓小平。

久已梦想的"批邓"终于实现,"四人帮"欣喜若狂。早在10月份,王洪文在上海,就与上海市革命委员会负责人,以及文化部的刘庆棠[1]等人多次密谈。王洪文叮嘱这些"四人帮"党羽:"要密切注意清华、北大动向,那里有大事。"他还让这些人"要讲究策略",要"振奋精神,准备斗争"。后来,王洪文还将"四人帮"在上海的爪牙召到北京打招呼。他嚣张地诬蔑:"邓小平是还乡团[2]的总团长,华国锋、叶剑英、李先念等是还乡团的分团长。"

对于邓小平来说,发起这场运动对他进行批判,是预料之中的事情。他既然下定决心进行全面整顿,既然下定决心坚持不妥协的态度,就早已做好了被再次批判和打倒的精神准备。在全面整顿的过程中,他

---

[1] 刘庆棠,演员,"四人帮"在文化部的爪牙。
[2] 还乡团,原指战争年代国民党的地主武装组织,此处指恢复工作的老干部。

就多次讲过，要做一个"不怕被打倒的人"。他曾说过："老干部要横下一条心，拼老命，'敢'字当头，不怕，无非是第二次被打倒。不要怕第二次被打倒，把工作做好了，打倒了也不要紧，也是个贡献。"在忍受批判的同时，除了继续做好中央和国务院的日常工作以外，邓小平最关心的，是周恩来的病情和治疗。他经常去看望周恩来，他要尽其可能，安排好周恩来的治疗，以及他能为周恩来做的一切事情。10月16日下午，他和其他中央领导在大会堂听取医生汇报周恩来的病况。10月17日上午，他在住地与邓颖超谈周恩来的治疗等项事宜。11月4日上午，他再次在住地约邓颖超谈周恩来的病事。11月11日晚九时半，他与其他中央领导一起听取医疗组汇报周恩来的病情。16日晚十时半，他与王洪文、张春桥、李先念、汪东兴等听取医疗组请示关于周恩来病事有关问题。11月27日下午三时，他与中央其他领导一起听取周总理医疗组的汇报。

"反击右倾翻案风"运动开始了，周恩来十分愤慨，也十分担忧。12月8日，邓小平到医院看望了周恩来。同日，汪东兴、王洪文、李先念、陈永贵及王海容、唐闻生等看望了周恩来。周恩来在与王洪文的谈话中，提醒王洪文要记住毛泽东1974年在长沙谈话时关于"江青有野心"的告诫。周恩来身在病中，这是他能为邓小平所做的唯一的事情。周恩来看到批判的烈火越烧越旺，他为他的老战友担心。他担心邓小平是否能够顶住这一次批判狂潮，特地把邓小平找来，关切而郑重地问邓小平："态度会不会变？"邓小平明确答复周恩来："永远不会！"周恩来听了以后，从内心感到高兴。他说："那我就放心了！"这一次的交谈，是这两位心灵相通的老战友的一次心神的交流，是他们置一切个人荣辱乃至生命于不顾的一次政治盟誓。这一次谈话，实在太重要了。十多年后，邓小平对此依然念念不能忘怀。他曾多次回忆起当时的情景，多次给我们讲述那一壮烈的瞬间。

1975年的12月份，中央政治局连续开会，批判邓小平。会上气氛十会激烈,"四人帮"一伙气焰嚣张,大肆批判邓小平和他所领导的全面整顿。真是怪哉此会,批判邓小平的会议,竟然仍由邓小平自己主持。不过,这种所谓的主持,已经完全流于形式了。父亲后来形容这些会议时说:"我主持会,也就是开始时说声'开会',结束时说一句'散会'。"其他的时候,他只是沉默地坐在会场里,一言不发。

12月20日,邓小平在政治局会议上作"检讨"。在政治局会上作"检讨",他竟然连个正式的文字稿子都没有写,可见对于这次"检讨"的态度。邓小平这次的"检讨",只留下了一个会议记录。在"检讨"的开场白中,他说:"首先感谢主席的教导,感谢同志们的帮助,特别是青年同志的帮助。我自己对这些错误的认识也是逐步的。"接着他说:"先谈谈我的思想状态。"他说,九号文件以前一段时间,看到相当部分工业生产上不去,事故比较多,不少地方派性比较严重,确实很着急。二三月间铁路运输问题很多,影响到各方面的生产,所以我提出首先从铁路着手解决问题。在这个问题上,除了在管理体制上提出强调集中统一以外,特别强调了放手发动群众,批判资产阶级派性,强调了抢时间,企图迅速解决问题。因此,在方法上强调对少数坚持打派仗头头,采取坚决调离的方法。徐州问题的解决,铁路上的面貌很快地改观,我当时觉得,用这种方法的结果,打击面极小,教育面极大,见效也最快。同时我还觉得江苏运用铁路的经验解决了全省其他问题,也得到较快较显著的效果,所以我认为这个方法可以用之于其他方面。紧接着,把这样的方法用之于钢铁,用之于七机部,用之于某些地区、某些省,用之于整顿科学院的工作。在这次会议之前,我还自认为这些方法是对头的,所以,当着有同志对这些方针和方法提出批评的时候,我还觉得有些突然,有些抵触情绪。邓小平在这次"检讨"中,谈了对派性,对工业生产,对文教系统,对老、中、青三结合,对新生事物,特别对"文化大革命"的态度。他谈到,检查原因,最主要、最根本的,是对"文化大革命"的态度问题。他说,"桃花源中人",八年未工作,不是主要原因。主要原因是思想认识问题。

邓小平"检讨"中说的是坦诚的心里话。他是用这个"检讨"说明,他认为全面整顿"这些方法"是正确的,对于对他的批评感到突然,有抵触情绪。他坦率地承认,他"犯错误"的根本原因,不是因为八年被打倒没有工作,而是因为对"文化大革命"的态度问题。这是邓小平的"检讨",更是他对自己整个思想和认识的一个不回避的申诉。

这次会后,邓小平给毛泽东写信,并随信附上了他这次"检讨"的记录。在信中,邓小平写道:"主席:在今(20日)晚的会议上,我对自己的错误作了一个检讨性的发言,现将这个发言送呈主席审阅。当然,这是一个初步的检讨。我希望能够取得主席的当面教诲。当然应该在主席认为必要的时候。"邓小平现在已经见不到毛泽东了,他通过呈送他的"检讨",表达想面见毛泽东的意思。

对邓小平的信和"检讨",毛泽东当时没有作任何批示。但是,对邓小平进行批判和"帮助"的会,还要继续开。

1975年的12月,"文革"中的风云人物康生死了。

在中国共产党内,康生是一个相当独特的人物。他出身于山东的一个豪门世家,早年加入中国共产党。他国学渊博,古籍典史无不熟晓。他在苏联受过马列主义的"正规"教育,可以算得上党内的一个"理论家"。他兴趣广泛,精通古玩,酷爱京戏,为人善于察言观色。在党内,不论职务高低,都称他为"康老"。康生虽然表面随和,但却是一个相当复杂而颇具多面性的人物。他最本质的真相,完全不像平时人们眼中的那样风趣随和,而是一个城府很深的人。这个人熟知党内斗争的各种不光彩的权术和伎俩,平时假装生病,一旦风吹草动,便会凶相毕露。他和江青有着旧交,江青的母亲是康生家的旧仆。他和毛泽东的交情也不一般,毛泽东在国外的两个儿子是由康生带回中国的。延安整风时,康生利用毛泽东的信任整了很多人,是有账的。在这以后,他自知多行不义便明哲保身,假称有病,蛰伏了下来。一直到"文革"爆发,他的机会再次来临,便又重整旗鼓粉墨登场。"文革"中,康生先是作为"中央文革"顾问,继而青云直上升任中央政治局常委乃至于党的副主席。在"文革"中,他的整人的伎俩和狠毒得到了充分发挥,经他点名、为他审查、被他残害的,不知有多少人。他先是与"四人帮"沆瀣一气,后又因为争权夺利而相根成仇。1973年我们回到北京后,父母亲曾带着我去钓鱼台他的住处看他。我们看

阴谋家康生。

到的康生,已经病入膏肓,骨瘦如柴,病卧在床。见到我的父母亲,康生开口便大骂江青、张春桥等人,骂得很凶,也很狠。如果是别人骂"四人帮",自然没什么奇怪,但不知怎的,这骂,一出自康生之口,听起来就让人觉得有些变味儿。听着康生的骂,刚刚回北京的我们竟然不知所云。可见到了那个时候,康生与"四人帮"之间的关系,已表现得如仇如敌。

1975年底,康生已性命垂危,但仍恶性难改。即便是人之将死,还不甘寂寞,还在耍弄两面派。他一方面找王海容和唐闻生谈话,想让她们向毛泽东传话,一是表明自己在历史上没有叛变,二是"告发"张春桥和江青在历史上都是叛徒。康生说,这事他在延安的时候就已经清楚,但一直没有向中央和毛泽东反映。另一方面,他又向毛泽东进谗言,说邓小平要翻"文化大革命"的案,想跟在毛远新后面也立一功。死到临头了,他还用最后一口气,鼓动如簧之舌,竭尽搬弄是非之能事。1975年12月16日康生病死,又一个"文革"风云人物消失了。"文化大革命",真是一个各色人物表演的大舞台,"你方唱罢我

登场"，多少人来来往往，行色匆匆。像康生这样在政治舞台上曾经风光一时的恶人和丑角，给我们的国家、人民和党，带来了多少灾难和祸害，造成了多少无可挽回的损失！

第48章
悲壮的殉难

1975年的冬天,可真冷呀!才进入12月,便朔风劲起。马路上骑自行车的人们,穿着厚厚的棉袄棉裤,戴着大棉帽子,还得把两边的护耳拉下来紧紧地系在下巴下面。一路骑下来,戴着棉手套的双手早已冻得发僵发紫。

这一年的年末,天冷,人的心更冷。

本来,这一年是"文革"九年以来国民经济发展得最好的一年。工农业总产值比上年增长百分之十一点九,其中农业总产值增长百分之四点六,工业总产值增长百分之十五点一,粮食、钢、原煤、原油、电、财政收入比上年都有较大增长。经过全面整顿,生产恢复,秩序重建,派性受到抑制,干部群众信心大增,形势十分喜人。然而,好景不长,一场"反击右倾翻案风"的狂潮平地而起,整顿带来的成果被彻底否定。经历了九个月的整顿被迫停止,经济形势再次跌入低谷。

在这样情况下,最为可悲的,是人心。在全面整顿中刚刚看到成果、刚刚燃起希望的人民大众,再次陷入了不安和迷惘。但是,运动发展到了今天,毕竟已不是"文革"初期狂飙乍起那令人惶惑的年月了,经过九年政治风云的反反复复,中国的人民大众已经开始变得成熟,已不会再轻易盲从。突变的政治形势和新一轮的批判运动,在人们的心中引起的反响,不再是盲目和兴奋,而是一个巨大的问号。

1975年，这个大起大落之年，在一片"批邓"的迷误中悄然过去。1976年的新年，邓小平是被迫写着"检讨"度过的。

对于邓小平的批判，并没有因过年而稍有松懈。新年刚刚过去两天，1月3日，邓小平就被迫在政治局会议上作第二次"检讨"（或称"补充检讨"）。大概因为第一次"检讨"太不正式了吧，所以这一次，邓小平作的是书面"检讨"。其实，邓小平要说的话已经说完，要表明的态度也已经表明，再"检讨"也不过如此了。这次"检讨"的内容与上次大同小异，只是根据"别人"提的"意见"，加上了一条：提出要以"三项指示为纲"这样重大问题，没请示主席，没提到政治局讨论。

作完这次"检讨"后，邓小平再次给毛泽东写信。信中写道："上次在政治局会上作过初步检查之后，又听到远新同志传达主席的一些重要指示。先是六位同志，随后又是两次大的会议上，同志们对我的错误进行了严肃的分析批判和帮助，使我认识到上次检查不足。"邓小平附上了他这次作的"补充检讨"。他在给毛泽东的信中继续写道："对我批判的会议，还要继续开，我除了继续听批判外，还希望能够向主席当面陈述对于自己错误的认识，听取主席的教诲，当然，要在主席认为可以的时候。"邓小平向毛泽东再一次提出"面陈"的要求。

毛泽东没见邓小平。看到邓小平的第二次"检讨"后，1月14日，毛泽东对邓小平于1975年12月20日和1976年1月3日所作的两次"检讨"作出批示："印发政治局讨论。"这个批示的意思已很明显，毛泽东对于邓小平的"检讨"仍不满意，让大家继续进行"讨论"。不言而喻，继续"讨论"就是继续批判。

在连续开会对邓小平进行批判的压抑低沉的政治气氛中，周恩来的生命进入了最后的时刻。他以极大的毅力，忍受着疾病给他带来的剧烈的疼痛。他躺在病床上，听人读报纸，并忧虑地关注着国内的政治斗争局势。每当剧痛袭来，他便紧紧地抓住医护人员的手，但尽量地不表露出身心的痛苦。邓小平、李先念、汪东兴、陈锡联、纪登奎、华国锋、王海容、唐闻生等来看望他，他多么想和大家多谈谈，但是，他的体力已经极度衰弱，只能作一些简短的谈话。12月中下旬，当北京为隆冬所笼罩时，周恩来已经病势危重，时常进入昏睡状态。医生为了减轻他的痛苦，使用了镇静和止痛的药物，他们要竭尽全力，延长周恩来的生命。在最后的时刻，邓小平两次来医院看望他的兄长和老战友。叶剑英、李先念等也都相继来医院看望。周恩来在同叶剑英见面时，向叶剑英作最后的交待。他让叶剑英要注意斗争方法，无论如何不能把权落到"四人帮"手里。在病痛中，他和守候在身边的相濡以沫五十多年的战友和妻子邓颖超轻声同唱《国际歌》，表达着相互的支持和眷恋。

从1974年6月1日住进医院，到1976年1月8日，周恩来共做大小手术十多次。重病之中，除了坚持工作，批阅、处理一些文件外，他同中央负责人谈话一百六十一次，与中央部门及有关方面负责人谈话五十五次，接见外宾六十三批。周恩来在与死神搏斗的同时，履行着他鞠躬尽瘁、死而后已的诺言。

邓小平在接受批判的同时，为他的老战友，为他从青年时期起即敬重相知的周恩来，尽最后的责任和心意。12月20日清晨七时，病情沉重的周恩来要找罗青长[1]谈台湾问题。医务人员电话请示邓小平。邓小平沉痛地说："总理病成这个样，他要找谁就找谁。"12月22日下午一时半，邓小平与其他中央领导听取了周恩来医疗组的紧急汇报。28日午夜，医疗组对周恩来进行抢救，邓小平被从睡梦中叫起，和其他五位中央负责人赶到三〇五医院，陪同邓颖超一起守候在周恩来的病榻边，直到凌晨二时十分，看见周恩来再次从死亡的边缘回转过来，方才离开。

1976年来临了。新年的时针所划过的，是一片浓重得化解不开的

---

[1] 罗青长，曾任国务院副秘书长、全国人大常委会副秘书长。

沉闷悲伤的气氛。

1月5日凌晨，周恩来做了最后的一次手术。邓小平、李先念、汪东兴等守候在旁。当日的下午至夜间，叶剑英及其他在京的政治局成员，接到周恩来病危的通知，分别前往医院探望。1月7日晚十一时，周恩来进入弥留状态。

1976年1月8日上午九时五十七分，伟大的中国人民的儿子，忠诚的共产党员，卓越的党和国家领导人周恩来，与世长辞，终年七十八岁。

周恩来逝世了。这一不幸的消息立时震惊了神州大地。

敬爱的总理去世了！这一悲讯，像一记重击，把人们心中悲伤的闸门冲开。泪水，随着抑制不住的恸切之情，从人们的眼中涌流而出。中国的老百姓们不能够相信，他们的好总理就这样离开他们了。他们不愿意看到，他们的好总理，就这样带着无限的忧伤和悲哀离开了人世。总理是累病的，总理是累死的，总理是被那些罪恶之徒气死的！中国老百姓的心是悲痛的，更是明镜一样雪亮。在举国上下为周恩来的去世悲伤恸哭的时刻，一种带着愤怒之情的民心民气，在中国民众的胸中涌生。

周恩来逝世，批判邓小平的会被"冲"了。邓小平在名义上还主持着中央的日常工作，他忍受着心中巨大的悲痛，要全心安排好周恩来的丧事。

周恩来逝世的当天，邓小平给毛泽东写信报告，说，政治局专门讨论了恩来同志的丧事问题，议定了三个内容，一是向毛主席的请示报告；二是关于周恩来逝世的讣告；三是周恩来治丧委员会名单。邓小平请示：第二、三项"均须于今晚广播，现送请审批，退汪东兴办理"。毛泽东在9日批示："同意。"

9日，邓小平再因周恩来丧事写信请示毛泽东："总理逝世消息发表后，不少国家要求派代表团或代表来参加葬礼。"其中有阿尔巴尼亚

首都各界群众向敬爱的周总理遗体告别。

的谢胡[1]和阿利雅[2],明晨动身;日本的三木武夫[3],明晨动身;斯里兰卡的班达拉奈克夫人[4],今晚动身。邓写道:"政治局对此作了专门讨论,决定仍按主席的批准方案(一律不请)执行。由政治局发一个正式公告,现送上请批示,以便发表。退汪东兴办。"邓提出,由他自己约见阿尔巴尼亚大使,乔冠华约见日本大使,韩念龙[5]约见斯里兰卡大使。毛泽东批准了这一方案。

1月9日,中央宣布成立由毛泽东、王洪文、叶剑英、邓小平、

---

[1] 谢胡,时任阿尔巴尼亚劳动党中央政治局委员、中央书记处书记。
[2] 阿利雅,时任阿尔巴尼亚劳动党中央政治局委员、中央书记处书记。
[3] 三木武夫,时任日本自民党总裁、内阁首相。
[4] 班达拉奈克夫人,时任斯里兰卡总理。
[5] 韩念龙,时任外交部副部长。

朱德等一百零七人组成的周恩来治丧委员会。9日，首都天安门、新华门、劳动人民文化宫、外交部等地，下半旗志哀。在凛冽的寒风中，那血色的五星红旗，缓缓降半，在蓝天白云的映衬下飘扬着。1月10日、11日，党和国家领导人及各界代表一万多人来到北京医院，向周恩来的遗体告别。年迈的朱德元帅，提着沉重的脚步，走到他的老战友身边，郑重地举起右手，向周恩来致以最后的敬礼。叶剑英、邓小平、宋庆龄、李先念等，向周恩来沉痛志哀，作最后的诀别。在北京医院，自发而来的民众拥在门前。人们不断地用手擦拭着长流的热泪，希望能够再看一眼他们的总理，希望表达一下他们对总理的敬意和哀思。

周恩来，一个伟大人格的代名词，一个民族不朽精神的代名词。他生为国家、民族、人民的解放事业和建设事业而奋斗不息，死亦成为民心民气的代表。周恩来用他那悲壮的殉难般的死，掀起了一场波澜壮阔、可歌可泣的人民革命运动。

周恩来逝世，举世悲痛，唯独"四人帮"高兴。在周恩来生前，他们费尽心机也没能将其整倒。而现在，周恩来死了，终于去掉了宿敌，他们怎能不欢欣鼓舞。江青对周恩来的病势毫不关心，1月7日，周恩来弥留之际，她仍猖狂地在政治局会上大肆"批邓"，说邓小平在全国搞右倾翻案、复辟倒退，说邓小平还号召不怕第二次被打倒，拼老命也要干。1月9日，新华社请示周恩来逝世报道等有关事宜，姚文元居然下禁令，不许组织悼念的报道。在"四人帮"的控制下，周恩来逝世后的六天里，只发了两条有关消息。在周恩来的遗体告别仪式上，所有的人都神情悲痛，唯独江青，不但不行脱帽礼，致哀时甚至还左顾右盼、东张西望。江青对周恩来的不敬和她的造作丑态，由电视镜头无情地记录了下来，并极大地激怒了全国亿万民众。在举国哀悼的日子里，"四人帮"下令，不准群众戴黑纱，不准送花圈，不准设灵堂，不准开追悼会，不准挂周恩来遗像。甚至下令各单位严查，不准个人家里挂周恩来的遗像和戴黑纱。更有甚者，"四人帮"的党羽文化部长

百万群众冒着凛冽寒风,自发伫立在长安街两旁,目送灵车运载周恩来遗体,前往八宝山革命公墓火化。

于会泳竟然强迫文艺单位照常演出,还通知公安机关追查群众打来的抗议电话。

"四人帮"的倒行逆施,与人民群众的巨大悲痛,形成了极其鲜明的对照。"四人帮"妄图压制人民的悼念,更是激起了人民的愤怒。不让戴黑纱,人们就把黑纱戴在外衣的里面。不让开追悼会,人们就面向蓝天白云下的半旗默默致哀。协和医院著名妇产科专家林巧稚对周总理无比敬爱,院方派来检查的人强行把她挂在墙上的总理遗像摘了下来。年过七旬的林大夫气愤得老泪横流,检查的人走后,她顽强地再把遗像高高挂上。人民对于周恩来的爱戴,是深深地印刻在心里

的，是抢不走夺不去的。人民对"四人帮"的憎恶，已变成为满腔的仇恨。

1月11日，周恩来总理的遗体将被护送到八宝山革命公墓火化。人民群众知道了，人民群众来了。他们从城里四面八方赶来，他们从远郊几十里地步行赶来，他们从祖国的东南西北汇集而来。在冬日的寒风中，人们默默肃立在长安街两侧。百万民众，绵延不绝，组成了几十里长街为周恩来送灵的壮观场面。中国的人民大众，要为他们的好总理送上这最后的一程。

灵车过来了，灵车缓缓地开过来了，人们热泪涌流，一片呜咽，气氛肃穆。周恩来是心中怀着遗憾和悲痛辞世的,但是,人们相信,看到这悲壮的场面,听到这人民的心声,他的在天之灵,一定会感到欣慰,一定会感到放心,一定会为他的人民感到无比的自豪和骄傲。

1月12日至14日,在劳动人民文化宫,首都各界群众四万多人,为周恩来总理举行隆重的吊唁仪式。吊唁期间,更多的人民群众冲破"四人帮"的禁令,自发地举行各种形式的悼念活动。许多人臂戴黑纱,手持白花,来到矗立着人民英雄纪念碑的天安门广场。数日之内,人民英雄纪念碑周围即放满了花圈。人们含着热泪,把他们亲手扎成的白花缀在天安门广场四面的松墙上。那白花,朵朵复朵朵,层层复层层,有如圣洁的白雪,覆盖了那永远不会凋谢的青松。悼念活动在北京,在上海,在天津,在广州,在武汉,在西安,在南京,在重庆,在全国各大中城市相继开展,并且不断扩大。中国的老百姓,用这种无言的方式,痛悼他们爱戴的周总理,表达着对党和国家前途的忧虑,更表达着他们对"四人帮"的满腔怒火。

为举行周恩来的追悼会,邓小平于1月12日致函请示毛泽东:"悼词是由政治局会议审定的。现送上,请审阅批示。"毛泽东画圈批示"同意"。追悼会定下来了,悼词也定下来了,但是,在追悼会上,由谁来为周恩来致悼词,又成为斗争的焦点。尽管邓小平已经在挨批判,但他还没有被打倒,在名义上还主持中央工作,按常理,按规格,都应该让邓小平为周恩来致悼词。但张春桥却提出,让叶剑英来致悼词。叶帅看透了"四人帮"的阴谋,他们是想通过这次追悼活动,达到剥夺邓小平政治地位的企图。叶剑英坚决地表示,应该由邓小平致悼词,使"四人帮"这一卑劣阴谋未能得逞。没能阻止邓小平致悼词,"四人帮"就在周恩来追悼会的前一天,由姚文元亲自组织《人民日报》在头版头条通栏发表题为《大辩论带来大变化》的文章,企图用"反击右倾翻案风"的报道冲淡人民群众悼念周恩来的悲痛气氛。1月13日一天之内,姚文元三次给新华社下达指示:"不要因为刊登悼念总理的活动把日常抓革命促生产的报道挤掉了"；还指责说："这几天报纸登唁电数量太多，太集中"，并具体指示以后唁电版面往后放。从这时开始，人民群众和"四人帮"之间的一场势不两立的大搏斗，正式摆下战场。

邓小平此时心无旁骛，专心为准备周恩来的丧事活动和完成周恩来的遗愿忙碌着。14日，他致信中央政治局委员。信中写道："东兴同志就总理骨灰撒散地点事与邓大姐商议。据查玉泉山已无水流，他们商定改用安－2型飞机撒到江河山地，邓大姐本人只送到机场，由工作人员上机撒散。以上办法比较于撒在固定一地好，应予同意。东兴同志已按此准备。"十四位政治局委员在此件上画圈表示同意。到此，邓小平已为周恩来的丧事活动安排完毕。他感到安慰的是，这个时候，他还能够做一些具体工作，为周恩来，他的亲密战友，尽最后的一份力量。

1月15日，在人民大会堂，隆重举行周恩来追悼会。追悼会场里庄严肃穆，周恩来的巨幅遗像悬挂在会场的前方。鲜红的中国共产党党旗覆盖着周恩来的骨灰盒。参加追悼会的人们，静默肃立，面容悲戚。中共中央副主席、国务院副总理、中央军委副主席邓小平，代表党中央、国务院和中央军委致悼词。悼词高度评价周恩来光辉的一生，高度评价周恩来在革命和建设事业中做出的丰功伟绩，高度评价周恩来伟大的精神和品格。邓小平说："周恩来同志忠于党，忠于人民，为贯彻执行毛主席的无产阶级革命路线，争取中国人民解放事业和共产主义事业的胜利，英勇斗争，鞠躬尽瘁，无私地贡献了自己毕生的精力。""周恩来同志的一生，是为共产主义事业光辉战斗的一生，是坚持继续革命的一生。他是我们全党全军全国人民学习的榜样。"邓小平为周恩来所作的悼词，代表了周恩来的忠诚战友们的心声，代表了全体中国人民的心声。这篇悼词，是邓小平在相识相知共同战斗半个世纪后，献给周恩来的最后一份心礼，也是他代表全国的人民群众，为伸张正义和真理所发表的庄严宣言。

在周恩来追悼大会上,邓小平代表中共中央致悼词。

邓小平赞颂的,是周恩来光辉的人生,更是周恩来所代表的中华民族的伟大精神品格。追悼会的最后,全体与会者郑重地向周恩来遗像深深三鞠躬。会后,根据周恩来的遗愿,他的骨灰撒向他深深热爱着的祖国的江河大地。

周恩来,这个20世纪的中国伟人,与日月同辉,与祖国同在,将永远活在人民的心中!

第49章
"批邓、反击右倾翻案风"

1976年1月15日邓小平在周恩来追悼会上致悼词，是他被再次打倒前在电视屏幕上的最后一次露面。此后，一场更大规模的"批邓、反击右倾翻案风"运动开始了。

在邓小平于12月20日和1月3日两次"检讨"后，毛泽东指示政治局对邓小平的"检讨"进行"讨论"。因为周恩来的去世和丧事活动，推迟了"讨论"会的召开。周恩来丧事活动刚刚完毕，"批邓"战火立即重燃。中央政治局于1月20日召开会议，由邓小平再次作"检讨发言"，并在会上进行"讨论"。

邓小平自从恢复工作以来，就已经下定了不怕再次被打倒的决心。他知道，毛泽东让继续"讨论"，就表示这场批判还要继续下去，而且一定会越来越严厉。对于这次"批判"，邓小平做了充分的精神准备。当初，毛泽东让毛远新劝说他，他没有妥协；今天，面对被打倒的危险，他仍然没有妥协。

正如邓小平预料到的，政治局会议上，"四人帮"向他发起了猛烈攻击。因为他在前两次致毛泽东的信中提出要求向毛泽东当面作出陈述，"四人帮"便追问，为什么提出要见主席。针对"四人帮"的刁难和责问，邓小平从容地讲，他要向主席当面陈述自己对于错误的认识，同时提出自己的工作问题。他说："我觉得这样的要求是正常的，现在仍有这样的希望。"他心怀坦荡地说,不讲阶级斗争是他的"旧毛病"(换句话说,就是他的一贯思想)。他更直率地说,要说他"犯错误",他是"根本立场错了,具体工作就会错"。难怪"四人帮"不满意,邓小平根本就不是在作"检讨",他是在利用这个机会,直言自己的立场。针对"四人帮"说他曾在他自己的《自述》中作过检讨,是否认账的问题,他说:"我重新看了《我的自述》,仍然认定我检讨的全部内容。"他随即向政治局表示:"我是一个不适应于担任主要负责工作的人。"这实际上是正式向政治局提出了请求解除职务的要求。邓小平明白,"检讨",他已经是一而再再而三地作过了,再作也不会有什么"新"认识。对于他的"检讨",毛泽东不会满意,"四人帮"更不会善罢甘休,再次打倒他,只是时间的问题。既然已经无法继续工作下去,他便坦然地自动提出解除工作。

邓小平讲完后,"四人帮"看到邓小平的态度仍强硬如此,便轮番开始了对邓小平的指责和批判。邓小平是有名的耳朵聋,对那些刺耳的噪音,他听不见,也不想听。他不再说话,只是不时地拿起杯子喝茶水。水喝多了,就走出那乌烟瘴气的会场去上厕所。"四人帮"也是太霸道了,竟然指责邓小平借口上厕所不听批判。

会议结束后的当天晚上,不顾夜已深沉,邓小平拿起笔来,给毛泽东写信。他在信中写道:"主席:我 12 月 20 日和 1 月 3 日两次检讨,主席批示政治局讨论。在上次会上同志们要求我在讨论之先要我讲讲要面见主席说些什么。所以,我在今(20)晚的会议上做了一个简短的发言。现送上请审阅。"邓小平随信附上他在此次会上的发言记录。他在信中继续写道:"我两次要求面见主席,除了讲自己的错误和主席的教导外,实在想说说我的工作问题。批判时提我的工作问题是否妥当我自己十分犹豫。提,怕觉得我受不得批评。不提,也有什么恋权之嫌。再三考虑,还是想当面谈这个问题好些。再不提出会影响中央的工作,增加自己过失。因此,我首先向主席提出解除我担负的主持中央日常工作的责任。请予以批准。我是一个不适应于担负重要工作的人。自己再不提出，实在是于心有愧。至于我自己，一切听从主席和中央的决定。"信的结尾，邓小平郑重地签上自己的名字，日期是"1月20日夜"。

次日，也就是1月21日，毛泽东听取毛远新向他汇报20日政治局会议的情况。毛泽东说："（邓小平）还是人民内部问题，引导得好，可以不走到对抗方面去，如刘少奇、林彪那样。"毛泽东说："邓与刘（少奇）、林（彪）还是有一些区别，邓愿意作自我批评，而刘、林则根本不愿。"毛远新汇报说，邓小平要求向主席当面陈述自己的错误，听取教诲外，还想讲他自己的工作问题。毛泽东说："小平工作问题以后再议。我意可以减少工作，但不脱离工作，即不应一棍子打死。"毛远新试探性地问毛泽东："还是惩前毖后，治病救人？"毛泽东肯定地说："对。"事情发展到这个程度，显而易见，邓小平是不能够再继续主持中央工作了。那么，由谁来代替邓小平主持中央日常工作呢？毛远新请示毛泽东说，华国锋、纪登奎、陈锡联三位副总理提出请主席确定一个主要负责同志牵头处理国务院的工作，他们三个人做具体工作。毛泽东指示："就请华国锋带个头，他自认为是政治水平不高的人，小平专管外事。"

毛泽东批评邓小平，"四人帮"当然是欢欣鼓舞。但是，听了毛泽东的谈话，他们却感到大惑不解。为什么到了这个时候，毛泽东还说邓小平是人民内部矛盾，还说不应一棍子打死，还让邓小平"专管外事"？毛泽东对邓小平这样"手下留情"，究竟是为了什么？按照"文革"惯例，像邓小平这样明显地要翻"文革"案的人，早就会被打倒了。可是，看样子，毛泽东还是没有要把邓小平就此打倒的样子。毛泽东的态度，实在让人琢磨不透啊！还有一件事让"四人帮"也不满意，他们的本意，是打倒邓小平以后，让王洪文重新主持中央日常工作，张春桥主持国务院的工作，没想到，毛泽东竟指定由华国锋"带个头"。这实在太出乎他们的预料了。像江青这样"目空一切"的人，从来没

毛泽东与华国锋。

有把华国锋看在眼睛里过。"四人帮"认为，他们苦心经营得来的"胜利果实"，就这样让华国锋轻而易举地摘走了。毛泽东的决定，实在让"四人帮"太失望了。"四人帮"的目的还远远没有达到，他们决不会就此罢休。他们认定，毛泽东之后，这个江山，这个天下，应该是他们的。

为了实现彻底打倒邓小平的目的，1月24日，王洪文给毛泽东写信揭发邓小平。王洪文给毛泽东送上一份其上海走卒马天水的揭发材料。材料中说邓小平于1975年6月12日与马谈话，告诫马不要与"四人帮"为伍，还点了张春桥的名字。王洪文阴险地揭发道："我觉得小平同志这次谈话，从政治上、组织上都是错误的，不是光明正大，是一次挑拨策反。"

1月31日,中央决定召开"批邓、反击右倾翻案风"的打招呼会议。王洪文还私自起草了一个以中央工作主持人的身份在打招呼会议上的长篇讲话。

2月1日,江青、张春桥亲自布置"四人帮"在文化部的亲信于会泳,要写"与走资派作斗争"的作品,要理解这个任务的重要性,目的是要借文艺作品攻击和诬陷邓小平以及全国各地各部门大大小小的"走资派"。

2月2日,中共中央发出通知,也就是1976年中共中央"一号文件"。通知说:"经伟大领袖毛主席提议,中央政治局一致通过,由华国锋同志任国务院代总理。经伟大领袖毛主席提议,中央政治局一致通过,在叶剑英同志生病期间,由陈锡联同志负责主持中央军委的工作。"

一年以前,1975年的中央"一号文件",任命邓小平为中共中央军委副主席、中国人民解放军总参谋长。仅仅一年之隔,又是一个"一号文件",却是翻天覆地的变化。根据这个"一号文件",不仅邓小平不再主持中央和国务院的工作,连叶剑英也被冠以"生病",不再主持中央军委的工作。这个人事变化,实在不小。这次人事变动所涉及的,不只是邓小平一个人,而是将有可能翻"文革"案的重要人物——叶剑英,一起撤换了下来。明显地,这次的人事变动,是毛泽东下决心保卫"文革"成果的一个重大举动。不过,在这个非常时刻,毛泽东尚保留了极为重要的清醒。他没有把党、政府和军队的大权交给"四人帮"。

对于毛泽东的决定,"四人帮"十分不满。本来,张春桥对此次人事变动寄予很高的期望,但这个"一号文件",让他太失望了。他忍耐不住心头的气恼,情不自禁地写下了一个发泄不满的东西:"又是一个一号文件。去年发了一个一号文件。真是得志更猖狂。来得快,来得凶,垮得也快。"张春桥是在说,邓小平"来得快,垮得也快";同时,他张春桥写下的对中共中央决定充满怨愤的"一九七六年二月三日有感"。

也是在诅咒,华国锋等人"来得快,垮得也快"。张春桥一伙人心里恨的,不再单单是邓小平和叶剑英等人,从现在开始,华国锋也包括在内了。在"四人帮"的内心深处,最不可告人的,是他们还在恨着毛泽东。

从 2 月 2 日"一号文件"下发后,邓小平不再主持中央日常工作,"专管外事"也是形同虚设。他在党内、政府内和军内的职务还没有免除,但实际上已不能工作。政治局会议,叫,就去参加,不叫,则不去。每日在家,与子孙们相聚,比去看"四人帮"猖狂的嘴脸要舒服多了。

到了 1976 年的 2 月,毛泽东的健康状况已经大大恶化。2 月底来中国进行访问的美国总统尼克松,在会见毛泽东后,是这样描述的:"毛的情况严重恶化了,他讲话的声音就像一连串单音节,含混不清。不过他思想仍是敏捷和清晰的。他明白我所说的一切,不过在他要回答时,却说不出字来。如果他认为翻译听不懂他的意思，他就会不耐烦地抓过一张便条，把他的话写出来。他处于这种情形是痛苦的。"在政治形势处于极端危急的时刻，中国的前途和命运，却仍要由毛泽东，这样一个身体极度衰弱，并随时可能发生意外的垂暮之人来掌握和决定。这种状况，对于中国来说，对于中国共产党来说，甚至对于毛泽东本人来说，都是一种不幸。

1976年的3月3日，中共中央将经毛远新请示，毛泽东同意，由毛远新整理的《毛主席重要指示》，以中央文件形式下发，作为"批邓、反击右倾翻案风"的指导文件。

《毛主席重要指示》的主要内容如下：

社会主义社会有没有阶级斗争？什么"三项指示为纲"，安定团结不是不要阶级斗争，阶级斗争是纲，其余都是目。文化大革命是干什么的？是阶级斗争嘛。自己代表资产阶级，却说阶级矛盾看不清楚了。一些同志，主要是老同志思想还停止在资产阶级民主革命阶段，对社会主义革命不理解、有抵触，甚至反对。对文化大革命两种态度，一是不满意，二是要算账，算文化大革命的账。搞社会主义革命，不知道资产阶级在哪里，就在共产党内，党内走资本主义道路的当权派。走资派还在走。对文化大革命，总的看法：基本正确，有所不足。现在要研究的是在有所不足方面。三七开，七分成绩，三分错误，看法不见得一致。文化大革命犯了两个错误，1.打倒一切，2.全面内战。打倒一切其中一部分打对了。如刘（少奇）、林（彪）集团。一部分打错了，如许多老同志，这些人也有错误，批一下也可以。无战争经验已经十多年了，全面内战，抢了枪，大多数是发的，打一下，也是个锻炼。小平……他这个人是不抓阶级斗争的，历来不提这个纲。还是"白猫、黑猫"啊，不管帝国主义还是马克思主义。小平……他还是人民内部问题，引导得好，可以不走到对抗方面去，如刘少奇、林彪那样……批是要批的，但不应一棍子打死。

清华大学的批邓专栏。

　　毛泽东发表这个《重要指示》，最主要要解决的问题，是给他亲自发动的"文化大革命"定调子，作一个结论，作一个让后人不能翻案的政治结论。在他生命的最后岁月，他"批邓"，发起"反击右倾翻案风"运动，就是为了防止有人翻"文革"的案，为了坚决捍卫这个被他视为政治生命"第二件大事"的"文化大革命"。在毛泽东八十多年的人生历程中，有无数的辉煌和胜利，有无数值得称颂的史诗般的伟业和功绩，可惜不幸的是，到了晚年，他却越来越固执，越来越迷误。他置他一生中的无数伟业于不顾，偏偏把"文革"，这个最大的错误，作为评价他的整个政治生涯的两大生命线之一。这个错误，不仅仅是毛泽东个人的人生悲剧，更是中国革命史和中国现代史中的一大政治悲剧。

3月3日,中共中央发出《关于学习〈毛主席重要指示〉的通知》,转发了毛泽东关于"批邓、反击右倾翻案风"的讲话,要求组织县、团以上干部学习。"批邓"运动正式在全党大规模开展进行。

"四人帮"久已盼望的时机终于到来了。2月打招呼会议期间,张春桥多次攻击邓小平是"垄断资产阶级"、"买办资产阶级",是"对内搞修正主义,对外搞投降主义"。3月2日,江青擅自召集十二个省、自治区领导人会议,并发表长篇讲话,用最恶毒的语言说:"邓小平是个谣言公司的总经理",是"反革命老帅","是个大汉奸","是买办资产阶级,代表买办、地主资产阶级,中国有国际资本家的代理人,就是邓小平","要共同对敌,对着邓小平"。她野心毕露地说:"有人写信给林彪说我是武则天[1],有人又说是吕后[2],我也不胜荣幸之至。吕后是没有戴帽子的皇帝,实际上政权掌握在她手里。"她还恬不知耻地说:"诽谤吕后,诽谤我,目的是诽谤主席嘛。"江青这些信口雌黄的胡说八道,引起了毛泽东的不满。毛泽东出面指责道:"江青干涉太多了。"但是,正在得意之时的江青,根本不会在意毛泽东的批评,"四人帮"一伙继续大肆活动,这一次,一定要把邓小平置之死地而后快。"四人帮"授意大造舆论,各大报刊和批判组连篇累牍地发表了一大批"批邓、反击右倾翻案风"的文章。这些文章全盘批判邓小平所进行的全面整顿,批判"以三项指示为纲",批判"唯生产力论",批判文艺界的"黑风",批判教育界的"翻案"和"回潮",批判科技界的"投降主义",批判"阶级斗争熄灭论",要求"集中批判那个不肯改悔的走资派的修正主义路线"。江青更是制造了一个公式,即"老干部就是民主派,民主派就是走资派",妄图重新打倒那些刚刚获得"解放"的老干部。

在这一轮新的"批邓、反击右倾翻案风"运动的冲击下,1975年

---

[1] 武则天,中国唐代女皇。
[2] 吕后,中国汉代皇后。

以来经过全面整顿刚刚出现的稳定和经济上升的局面遭到了破坏，全面整顿中提出并实行的许多正确的政策和措施被取消和批判，在整顿中被撤职和调离的一些造反派头头和武斗分子重新杀回，各地的派性和武斗战火重燃。许多地方社会再次陷入混乱，工业企业完不成任务，工厂停工，甚至连工人的工资都发不出来。一些铁路枢纽重新瘫痪，交通堵塞，货物积压，列车晚点。全国再度陷入大动乱、大批判的局面。

一些坚决执行以邓小平为首的中央领导进行的全面整顿的部门领导人被撤职，重新受到批判。万里、胡耀邦、胡乔木等被罢官和批判。教育部长周荣鑫被逼作检查并每日遭到残酷批斗，4月12日于"追查"会上被斗争迫害致死。

经过全面整顿后刚刚出现的一线曙光，瞬间为狂卷而来的漫天愁云所淹没。经历了近十年"文革"苦难的中国人民啊，什么时候才能走出迷雾，什么时候才能重见晴天！

第50章
伟大的四五运动

正式发动"批邓、反击右倾翻案风"后，虽然毛泽东说邓小平仍属于人民内部问题，但父亲已经做好了形势进一步恶化的精神准备。跟着父亲经历了近十年"文革"运动锻炼，我们全家老小，也都早已成为老"运动员"了，我们明白父亲目前的处境，我们也像父亲一样，做好了父亲再次完全被打倒的准备。

1976年3月，父亲决定从东交民巷十七号，搬回原来我们在宽街的那个家。"文化大革命"中，我们不知搬了多少次的家。从中南海被赶到方壶斋，从北京迁往江西，再从江西回到北京。从花园村，搬到宽街，再到东交民巷。这次，又从东交民巷搬回宽街。在"文革"中，政治挂帅，连搬家都和政治因素紧密相联。十年之中，每一次搬家，不是意味着政治情况恶化，就是意味着好转。搬家，也搬出政治经验来了。这次我们主动搬回宽街，表示我们全家已经预见到，一场政治恶战，就在眼前。

周恩来去世后，开始进行"批邓、反击右倾翻案风"，已经是人心不稳。人心不稳，便会"谣言"四起。那时候，北京的大街小巷，中国的大小城市，传闻不断，议论纷纷。这些被"四人帮"后来一再追查的"谣言"，差不多都是关于江青的。说江青30年代在上海时是个三流电影明星，讲江青与当时她的丈夫唐纳的风流故事，说江青当过叛徒，还有关于江青生活腐化和行为乖张的各色传闻。反正不管是真是假,只要讲的是有关江青的,人们统统都相信。而且你传我,我传他,"流言"与"蜚语"、"奇谈"与"怪论",不胫而走。老百姓议论江青,不是为了猎奇和寻找乐趣。在那种乌云压顶的政治环境中,人们只能用这种方式表达对江青"四人帮"的蔑视和憎恨。

周总理去世的悲痛,仍然萦绕在人们的心中。"批邓"的狂飙,又使人们那已经相当敏感的神经绷紧。

"四人帮"加紧了"批邓"的节奏。2月14日,《人民日报》发表《在批判旧世界中建设新世界》,批判教育界的"右倾翻案风"。同日,上海的《学习与批判》杂志刊登文章批判邓小平整顿派性、起用老干部。2月16日,江青、张春桥指示《人民日报》发表题为《文化大革命铸造的一代新人》的批判文章,跟着,新闻纪录片《坚决同邓小平对着干》投入摄制。2月20日,江青在打招呼会议期间,与上海代表谈话时攻击邓小平,说:"他是一言堂,独立王国,法西斯。"她叫嚣:"要集中火力揭批邓小平,去年他斗了我几个月。我是关在笼子里的人,现在出来了,能讲话了,我要控诉他。"2月23日,张春桥在中央召开的会议上攻击国务院决定进口外国成套设备是"买办资产阶级"。2月24日,《人民日报》社论《抓阶级斗争,促春耕生产》,公布了毛泽东批评"三项指示为纲"的讲话。2月29日,《人民日报》发表姚文元修改过的文章《评"三项指示为纲"》,批判邓小平提出的"以三项指示为纲",说"走资派还在走,我们同走资派的斗争是长期的,反复的"。2月份,王洪文起草在中央军委常委会上的讲话,攻击邓小平提出的"以三项指示为纲"是反对毛主席的以阶级斗争为纲。张春桥在与参加打招呼会的上海人员谈话时说:"邓小平这批人,就是买办资产阶级",说大批老干部是比老资产阶级还厉害的走资派,是"敌人"。迟群、毛远新在北京、辽宁等地大专院校鼓吹要培养"敢于造走资派反的人"。迟群在清华大学说:"资产阶级在党内,走资派还在走。"3月1日,《红旗》杂志发表题为《反修必须批孔》的文章,将1972年周恩来致力于纠"左"

的思想和行动诬蔑为"复辟资本主义"。3月2日,《人民日报》转载由姚文元精心修改的《红旗》杂志的文章《从资产阶级民主派到走资派》,诬蔑邓小平是不肯改悔的走资派,说党内不肯改悔的走资派,就是右倾翻案风的阶级根源和思想根源。江青在一次讲话中说:"老干部百分之七十五都是民主派,民主派发展到走资派是客观的必然规律。"3月4日,《人民日报》转载《红旗》杂志文章《坚持文艺革命,反击右倾翻案风》。3月6日,《光明日报》发表《"克己复礼"再批判》,此文在"批邓"的同时,还影射攻击了华国锋。3月7日,姚文元诬蔑邓小平制造毛泽东讲过"老九不能走"的"谣言",为在"文革"中被称为"臭老九"的知识分子翻案。3月10日,《人民日报》发表姚文元审改的社论《翻案不得人心》。3月14日,《学习与批判》杂志刊登张春桥授意撰写的文章《由赵七爷的辫子想到阿Q小D的小辫子兼论党内不肯改悔的走资派的大辫子》。3月16日至23日,文化部于会泳贯彻张春桥、江青的指示要写同"走资派"作斗争的文艺作品。

按江青的说法,自邓小平复出工作以来,"四人帮"一直被关在笼子里,而现在,他们总算出来了,总算能讲话了。他们要复仇,要出一出这憋了一肚子的恶气。"四人帮"活像一群在舞台上表演的丑角,他们的狂暴言行和丑恶嘴脸,毕现无遗地暴露在光天化日之下,暴露在全中国人民的眼前。

总理去世,人民已经悲痛万分。"四人帮""批邓"的暴虐,更使人民心中的仇恨燃烧。这愤怒的火焰,就要升腾,瞬间就会变成万丈之势,燃遍整个中华大地。

从2月开始,星星之火,已在神州四处燃起。

2月23日,福建刘宗利贴出大字报《"阿斗"的呼声》,历数"四人帮"的罪状。2月26日,福州大学教师厉海清贴出词作《天仙子·葬志》,表达了对林彪、"四人帮"的痛恨。3月2日,武汉街头出现"继承总理志,实现四个化"等大字标语。3月9日,贵州省贵阳市七名青年工人贴出《对目前形势和新的任务的几点看法》的大字报，愤怒鞭挞江青、张春桥等人，并自费运到郑州、长沙等地散发、张贴。3月11日，福建省三明市赵大中贴出《批判党内走资本主义道路的当权派张春桥》的大字报。3月20日，广东省顺德县工人杨振汉写信给毛泽东，批判张春桥的谬论。3月25日，武汉市出现题为《绝对不对资产阶级野心家卑躬屈膝》的油印传单。3月26日，武汉锅炉厂二百余人集会，公开指名批判江青、张春桥。其他一些地方，也相继出现反对"四人帮"的大字报、大标语和传单。

人民大众，用他们的实际行动，以英勇的气概和胆量，开始和"四人帮"进行针锋相对的伟大斗争。

3月5日，上海《文汇报》在刊登新华社一篇纪念和学习雷锋的新闻稿时，将原稿中周恩来为雷锋的题词全部删去。25日，该报发表题为《走资派还在走我们就要同他斗》的文章，用"党内那个走资派要把被打倒的至今不肯改悔的走资派扶上台"这样恶毒的语言批判周恩来和邓小平。这些恶行，恰如投向水中的乱石，顿时激起了千层巨浪。人民愤怒了，数日之内，从全国各地发向《文汇报》的抗议信件和电报达四百二十一件，打去的抗议质问电话达一千多次。人们义正词严地纷纷抗议："反周总理不得人心！"并质问"《文汇报》成了谁家的报纸？"强烈要求《文汇报》"向全国人民交待事件的真相！"

人民的悲痛已化作力量，人民的怒火已变成行动。

清明节，是中国的传统节日。在清明节，人们会沐浴更衣，清扫墓地，祭奠逝者，追念亡灵。1976年的清明节就要来临了，在这一年的清明节，中国人民要追念和祭奠的，是他们的好总理——周恩来。

总理逝世的时候，"四人帮"不让群众悼念总理。但人们把对于总理的敬爱和追念，深深地蕴藏在心里。清明节还没到来，人们早早地便开始了他们的祭奠行动。

3月19日，北京市朝阳区牛坊小学的学生们，在天安门广场的人

1976年3月下旬,南京市学生、市民自发举行集会,悼念周恩来。

民英雄纪念碑前,为人民的好总理献上了第一个悼念的花圈。从这第一个由孩子们送上的花圈开始,掀起了一场永载史册的、无比壮烈的、与"四人帮"进行决战的伟大的人民斗争运动。

3月24日,南京群众抬着花圈,走到雨花台,率先举行悼念周恩来、反对"四人帮"的隆重的悼念活动。28日,南京的大学生,抬着周恩来巨幅遗像和大花圈,举行了反对"四人帮"的大规模游行、集会和示威活动。29日,反对"四人帮"的大标语一下子贴遍了南京市的大街小巷,贴在了从南京驶向全国各地的火车车厢上。愤怒的南京学生们用油漆和柏油写下了擦不掉、抹不去的大字标语:"揪出《文汇报》的黑后台!""谁反对周总理就打倒谁!"31日,南京汽车厂的职工

1976年3月下旬,南京市学生、市民自发举行集会,悼念周恩来。

在南京中山东路贴出醒目的大标语:"打倒大野心家、大阴谋家——张春桥!"

3月30日,恼怒的王洪文说:"南京事件的性质是对着中央的。"说:"那些贴大字报的是为反革命复辟制造舆论。"4月1日,中央政治局开会讨论南京和各地出现的悼念活动。当日,中央发出"电话通知"说:"最近几天,南京出现了矛头指向中央领导同志的大字报、大标语,这是分裂以毛主席为首的党中央,转移批邓大方向的政治事件。"要求立即采取有效措施全部覆盖,还要彻底追查这次政治事件的"幕后策划人"和"谣言制造者"。

"四人帮"的压制和威胁,没有吓住悼念的群众。悼念活动不但没有停止,反而范围越来越广,声势越来越大。3月底至4月初,杭州、郑州、西安、太原、福州等城市的人民群众,冲破"四人帮"的禁令,走上街头,相继举行了悼念周恩来的活动。

在北京,从3月19日那个小学生的花圈开始,首都人民自发地汇集到天安门广场,汇集到人民英雄纪念碑周围。人们把花圈抬来了,把花篮送来了,把朵朵雪一样纯白的纸花扎在广场周围的松柏枝上。悼念周恩来的人群一日多于一日。送花圈的队伍长长地排列在东西长安街上,排列在前门两边,排列在天安门前。那扎在松枝上的白花,层层复层层,覆盖在小松墙上,覆盖在柏树枝上,好似那圣洁的白雪。这莹莹夺目的白雪,不是那代表冤屈的老天降下的"六月雪"[1],而是

---

[1] 六月雪,元代著名剧作家关汉卿所著名剧《窦娥冤》中,天公因窦娥所受不白之冤降下暑天六月雪。

北京市民前往天安门广场深切悼念周恩来。

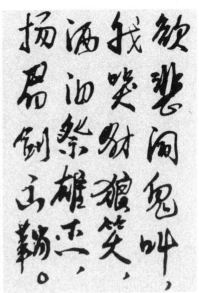
四五运动中著名的诗句。

由人民大众愤怒之气所结成的"清明之雪"。看那些花圈吧,越做越大,越放越多,越堆越高。这些人民群众用双手扎起的花圈,紧紧地簇拥在一起,像团团的怒云,把人民英雄纪念碑高高地托起在云端。

3月30日,北京市总工会工人理论组二十九位职工,在人民英雄纪念碑南侧,贴出了第一张悼念周恩来、声讨"四人帮"的悼词。从此,数不清的悼词、标语、大字报、小字报、诗词,一张接一张地张贴在纪念碑和天安门广场上。"敬爱的总理,您回来吧,我们日夜想念您!""一生奋斗为中华新颜,灰撒江河换大地常春!""誓与党内外的资产阶级血战到底!"一首慷慨激愤的五言诗句震撼着人们的心:"欲悲闻鬼叫,我哭豺狼笑,洒泪祭雄杰,扬眉剑出鞘。"天安门前,纪念碑下,送花圈的人、写悼词的人、抄写悼词和诗句的人,越来越多,越来越多。在这人流涌动的海洋中,人民群众肩并着肩,用赤诚的心祭奠着周恩来,把战斗的矛头愤怒地指向"四人帮"。

当人民群众在天安门广场和纪念碑前举行自发的悼念活动和抗议

活动的时候，那些广场上的悼词和诗句，迅速而广泛地为人民大众传诵着，成为北京大街小巷、机关学校、工厂车间的热点话题。与此同时，在人民群众中还传播着"总理遗嘱"、"总理给主席的诗词"等表达着人民愿望的传闻。悲痛、愤慨、激昂、兴奋……人们感情洪流的尽情奔涌，和那些畅快淋漓的讥讽怒骂，使整个的北京城，变成了一个不眠之都。

人民群众大规模的悼念活动和对"四人帮"发出的战斗檄文，使"四人帮"一伙惊恐万状。"四人帮"知道事态已经十分严重，于是千方百计地进行压制。4月2日，"四人帮"以中央名义要北京各单位传达4月1日的通知，并派出民兵、警察干预制止人民的悼念活动，派出便衣跟踪、逮捕参加悼念活动的人。同时，传达姚文元"指示"，说"清明节是鬼节"、"送花圈是四旧"，不让群众去天安门广场举行悼念活动。但是，人民群众的抗议活动已如爆发了的火山，任凭何人，任凭何种力量，都已无法阻止。看看那些高高张贴在天安门广场的诗词吧，那就是人民的心声。

谁说清明是四旧？谁说清明习惯臭？

年年祭奠我先烈，今发禁令何理由！

莫道《文汇》亮鬼火，自我人民写春秋。

寄言魑魅慢猖狂，勿学林贼把命丧！

中科院一百零九名职工在人民英雄纪念碑上竖起四块巨型诗碑，上面慷慨激昂地写道：

红心已结胜利果，碧血再开革命花。

倘若魔怪喷毒火，自有擒妖打鬼人！

这场声势浩大的自发的人民运动，从悼念周恩来开始，一直发展到声讨"四人帮"罪恶势力。它的意义，已不仅仅是对着一人一事，而是鲜明地把斗争的矛头，直接指向"文化大革命"——这一场人间浩劫。

天安门广场那声势越来越大的悼念活动，和在全国范围内矛头直

第50章 伟大的四五运动　429

1976年清明节前夕，北京市有近百万群众连续数日到天安门广场献花圈、诵诗词，悼念周恩来，声讨"四人帮"。

人民英雄纪念碑前的横幅——若有妖魔兴风浪，人民愤起灭豺狼。

指"四人帮"的抗议活动，激动和震撼着每一个人的心，也激动和震撼着父亲和我们一家人的心。人民群众悼念周恩来，抒发着我们全家人的悲痛。人民群众声讨"四人帮"，表达着我们同声的呐喊。人民群众在天安门广场周围的松树上挂了许许多多的小瓶子，他们是在用这种典型的中国式的隐喻，呼唤着"小平"。在那些震撼人心的日子里，

北京几乎所有能去的人都到天安门广场去了。他们去送花圈,去写诗词,去抄诗词,甚至仅仅去感受这悲壮而令人震撼的场面。唯独我们——邓小平的家人们,不能去天安门广场,不能亲赴现场去参加这一伟大的人民运动。"四人帮"正在"揪后台",他们正在说邓小平是这场群众运动的"大后台"。如果在天安门广场现场抓到邓小平的家人,那就会立刻成为他们栽赃的"证据"。父亲命令我们全家人,在这个时刻,不许去天安门广场,不能给"四人帮"以任何借口。我们家的人,都服从大局,遵从父亲的命令。我们不能去天安门广场,最多只能骑着自行车从长安街路过,在远处一睹那激动人心的壮观场面。

其实,每一个人都知道,这场人民群众的伟大抗议活动,虽然不是邓小平直接指挥的,但是,无论从任何意义上讲,邓小平都是当之无愧的"总后台"。是邓小平复出后大刀阔斧进行的全面整顿,是全面整顿取得的显著成果,是他与"四人帮"针锋相对的战斗锐气,使全国人民看到了前途,给全国人民带来了希望,增添了全体中国人民与"四人帮"罪恶势力进行斗争的勇气。邓小平深知,经过这场运动,他会再次被打倒。但是,他深信,他的所作所为和他的个人的牺牲,将会作为一剂最好的催化剂,把中国人民的觉醒,带到一个新的起点。他深信,不管他个人的政治命运如何,正义和真理,必将取得最后胜利。从天安门前那涌动的人群,从人民大众所发出的愤怒的呼喊,他清清楚楚地看到了中国的前途和希望。

作为邓小平的家人,我们向往着天安门广场上的悲壮场面,向往着亲身去感受那令人热血沸腾的激动。但是,我们必须服从大局。我们知道,政治局势已经发展到了危急的时刻。我们知道,父亲被再次打倒已近在眼前。不过,经过了近十年的"文化大革命",经过了大落大起的风风雨雨,随着父亲,我们已经学会了如何面对政治的风云变幻。特别是经历了回北京后三年的变迁,我们为父亲作为一个政治家所具有的胆略和作为而折服,我们为父亲不惧艰险的坚强意志而骄傲,我们为父亲一心为国为民的品格而自豪。父亲选择了一条不妥协不计个人得失的道路,我们也心甘情愿地与他同行。我们虽然没有去天安门广场,但是,每一天,每一个传来的消息,每一首激动人心的诗歌,都会让我们激动不已。邓小平一家人的心,和天安门广场的人民群众的心,用同一个节奏跳动着。

第50章 伟大的四五运动 433

人民英雄纪念碑前花山人潮。

4月4日,是中国农历丙辰年——也就是龙年的清明节。首都群众悼念周恩来的活动达到高潮。汇集到天安门广场的人数,达到二百万之多。天安门广场群情激昂,声势空前。明明知道广场上有"四人帮"派出的便衣进行监视、盯梢和拍照,人们却毫不惧怕,继续送着花圈,继续在松树上绑着白花,继续把写好的诗词贴上。在抗议的人群中,有的展开用鲜血写成的悼词,有的为邓小平公开辩护,有的直接点出江青的名字进行批判,有的激愤地唱起雄壮的《国际歌》,有的则爬到广场的灯柱上,声泪俱下地高声诵读着对"四人帮"的抗议之声。四周的人群,此起彼伏地高喊着抗议的口号。天安门前二百万之众的人民运动,和全国人民在各地举行的悼念抗议活动,写就了一首壮怀激烈、气势磅礴的正气歌。

第51章
"两个决议"和邓小平的再次被打倒

天安门广场和人民英雄纪念碑前的悼念活动和抗议活动，引起了"四人帮"的极大恐慌。对于这样声势浩大的直接指向他们的人民斗争，他们不会坐视不见，不会不感到心惊肉跳，不会不跳出来进行镇压。

4月2日，由"四人帮"一手布置，在天安门广场东南角的一个三层小灰楼内，成立了一个由首都民兵、警察、卫成区部队组成的"联合指挥部"，抽调民兵和警察三千人及部分部队，做好了随时出动的准备。当日下午，"指挥部"拟定了《对天安门广场出现各种问题的处理办法》，提出具体对群众进行镇压的措施。

4月3日凌晨四时四十分，具有制造武斗"专长"的王洪文亲自到天安门广场查看。他们怕被群众发现，用手电筒照着，鬼鬼祟祟地在黑影之中扫视了纪念碑周围的部分花圈和悼词。看到那如山如海的花圈和怒冲云霄的诗词挽联，气急败坏的王洪文电话训斥了他们在公安部的亲信，指示公安部马上派人去拍摄那些"反动诗词"，以做日后"破案"的证据。姚文元按捺不住气恼，打电话给《人民日报》说："天安门人民英雄纪念碑的活动是反革命性质的。"根据王洪文的"指示"，公安部门派出便衣在广场到处拍照取证，并且开始抓人。至当晚十时，天安门广场被抓的群众已达二十六人。镇压拉开了序幕。

4月4日晚，华国锋主持召开中央政治局会议。叶剑英、李先念

"因病"没有参加。在江青等人左右下,会议把天安门广场悼念活动的性质定为"反革命搞的事件","是邓小平搞了很长时间的准备形成的"。会后,毛远新把政治局会议讨论的情况和会议决定,书面报告了毛泽东。报告中说:"这次是反革命性质的反扑","是有计划有组织的"。"去年邓小平说批林批孔就是反总理",今年"就抬出总理做文章,攻击反击右倾翻案风是反总理,利用死人压活人"。毛泽东圈阅了。

4月5日,大规模镇压开始了。5日凌晨一至二时,广场上的花圈被践踏和搬走。广场上的花圈,一个连着一个,一层覆盖着一层,如山如海,实在是太多了,足足用了二百辆卡车才被全部装运走。在撤走花圈的过程中,五十七名在场群众遭到审查,七人被捕。早晨五时,王洪文到"指挥部"小楼亲自督阵并进行镇压的具体布置。

天亮了。随着太阳越升越高,来到广场的群众越来越多。看到花圈被践踏和搬走,人们愤怒了。群众不顾禁令和危险,继续把花圈送到天安门广场。通往广场的路口已经有人把守,还设立了所谓的"劝阻站"。面对危险,人们全无畏惧,他们冲破封锁线,把一个又一个花圈顽强地送到人民英雄纪念碑前。这时,一边是蛮横地强行拦截,一边是奋不顾身地抬花圈和送花圈,整个天安门广场,开始变成一个冲突的大战场。群众越来越多,人群也越来越拥挤。一个混在人群中的便衣被群众认了出来,在一片怒吼声中,他狼狈逃窜,跑向人民大会堂方向。看见便衣跑了,群众高喊着追了上去,人民大会堂的东门外面,一下子拥集了几十万群众。这几十万人,不是一般的围观者,而是燃烧着满腔怒火情绪激昂的人民大众。

"四人帮"的"指挥部"开始往人民大会堂增调人员。八时,一辆由"指挥部"派出的广播车在广场上用高音喇叭喊叫:"清明节已过,悼念活动已结束,请革命同志们离开天安门广场,要警惕一小撮阶级敌人的破坏活动。"这刺耳的噪音,激怒了广场的群众。人们冲了上去,气愤地推翻了车子,砸扁了那个给"四人帮"做传声筒的高音喇叭。

在人民大会堂门口，几十万人同声高喊："还我花圈！还我战友！"愤怒之气直冲云霄。一些群众和"指挥部"派出阻拦的人员发生了冲突。

中午，群众包围了设有"指挥部"的那个小灰楼，并派出代表交涉，要求还回花圈，要求释放被捕群众，要求保障群众悼念周恩来的权利。"指挥部"人员恶劣地拒绝了群众的正义要求，愤怒的群众烧着了指挥部头头乘坐的小轿车。下午三时许，群众再次焚烧了指挥部的几辆汽车。随着火苗的上升，四周的群众欢声雷动。五时过后，部分群众冲进"指挥部"的小灰楼内，点起火来要烧掉这个罪恶的"指挥中心"。"指挥部"紧急研究"反击"部署，决定在中山公园内成立新的指挥点，并下令晚上"要准备武器，可以带棒子、铐子"。"四人帮"及其党羽已经做好了进行大规模镇压的最后准备。

4月5日晚六时三十分，天安门广场高音喇叭开足了音量，北京市委第一书记吴德奉命发表广播讲话，宣布天安门事件为"反革命事件"，要求在场的群众立即离开广场。九时三十分，一万名民兵和三千名警察进入天安门广场，包围了滞留在广场的群众，并挥舞起棍棒殴打群众。当晚，无数群众受到残暴的殴打，三十八人被逮捕并被投入监狱。

1976年的4月5日，共和国历史上一个悲壮的日子。那漆黑恐怖的漫漫长夜，掩盖不住"四人帮"的血腥罪行。

4月6日凌晨，中央政治局部分委员听取了关于"天安门事件"的情况汇报，会议将"天安门事件"定为"地地道道的反革命事件"。当日凌晨三时，毛远新向毛泽东报告了政治局会议情况。毛泽东于上午十一时批示："士气大振，好，好，好。"

刚刚经历过血与火战斗的天安门广场，一片萧条、凄凉和空寂。人民英雄纪念碑前血迹斑斑，森严恐怖的高压气氛笼罩在广场之上。但是，就在当日上午的九时许，当太阳高高升起的时候，一列由几十名工人组成的队伍，抬着他们亲手制成的花圈，毅然走进了天安门广场。

在偌大一个空旷的广场上，这一队送花圈的队伍格外醒目。工人们满怀悲愤，把花圈极其郑重地安放在了人民英雄纪念碑的北侧。当晚六时，数十辆卡车载着民兵开进天安门广场。暮色中的广场空旷而沉寂，百余群众仍徘徊在纪念碑前，人们不言不语却不肯离去。纪念碑旁那个唯一的花圈，在早春的寒风中，不屈地昂然挺立着。晚七时，天安门广场全部戒严，最后滞留的群众被赶了出去。

4月7日上午八时零五分，毛远新根据姚文元亲手组织炮制的"天安门事件现场报道"，向毛泽东汇报了"天安门事件"的进展情况和处理意见。"现场报道"诬蔑人民群众悼念周恩来是"反革命活动"，诬蔑天安门事件是"反革命政治事件"，说天安门事件"公开打出拥护邓小平的旗号，丧心病狂地把矛头指向伟大领袖毛主席，分裂以毛主席为首的党中央，妄图扭转当前批邓和反击右倾翻案风的大方向"。听完毛远新长达一个多小时的汇报后，身体已经极度衰弱的毛泽东，作了以下指示："据此开除邓的一切职务，保留党籍，以观后效。""这次，一、首都，二、天安门，三、烧、打这三件好。性质变了，据此，赶出去！""华国锋任总理"，提议华国锋任党的第一副主席。同意公开发表这篇"现场报道"。

7日中午，"四人帮"在人民大会堂喝酒欢宴，庆祝"胜利"。江青洋洋得意地说："我们胜利了！祝贺你们！"张春桥乘着酒兴狠狠地说："这帮家伙写那些反动诗，就是要推出邓小平当匈牙利反革命事件的头子纳吉[1]！"

下午，在人民大会堂江西厅内，召开中央政治局会议，讨论毛泽东关于"天安门事件"的最新指示。

在会上，"四人帮"叫嚣着，一口咬定邓小平就是天安门事件的总后台，并说邓小平曾坐着汽车到天安门广场亲自进行指挥。江青和

---

[1] 纳吉，曾任匈牙利国家领导人，1956年匈牙利政变事件领导者。

张春桥说，要做好思想准备，可能有"群众"要去冲击邓小平，把邓小平抓起来。华国锋主持会议，对于"四人帮"说邓小平坐车到天安门广场直接指挥一事，他说，应该去向邓小平本人问一下，以便核实。对华国锋的意见，"四人帮"根本不想理睬。但是，现在，华国锋是由毛泽东指定主持中央工作的，听吧，心不甘情不愿；不听吧，也不行。于是讨论要派一个人去向邓小平进行"查问"。没人愿意去干这一"公差"，江青自己当然更不会去了，她说："让汪东兴去吧。"

自从江青和张春桥在会上说可能有人会去冲击邓小平，汪东兴就留了一份神。"文革"初期，由江青控制的"中央文革"就曾经组织了一次"群众"抓彭真和斗争彭真。这一次，"四人帮"是不是又要故伎重施，用"群众"之名去抓邓小平？汪东兴认为此事事关重大需请示主席。他从人民大会堂出来，并没有直接去找邓小平谈话，而是车子一拐，进了近在咫尺的中南海。

见到毛泽东后，汪东兴向毛泽东汇报，政治局正在紧急开会讨论"天安门事件"和邓小平的问题。毛泽东说，是刘冰的信惹了祸，矛头是对着我的，现在不行了。汪东兴向毛泽东汇报可能有人会去冲击邓小平。毛泽东说，不能再冲击，不能抓走，并问汪东兴有没有办法。汪东兴建议，把邓小平转移个地方，可以转移到东交民巷那个房子去。毛泽东说，可以。

毛泽东指示不能让人冲击邓小平，汪东兴立即布置，让中办警卫局马上准备东交民巷的房子。汪东兴把警卫局参谋滕和松叫来，说可能有人要冲击邓小平，要把邓小平转移到东交民巷，并交待滕和松立即做出一个警卫方案。交待完后，汪东兴让人通知邓小平的秘书王瑞林，说要找邓小平谈话。同时，汪东兴通知警卫局的处长东方，让东方找个不太显眼的车子，去宽街把邓小平接到东交民巷。一切布置好后，汪东兴赶往东交民巷，等待和邓小平谈话。

"天安门事件"发展到如今，父亲和我们全家人都明白，最终决定父亲命运的时刻就要到来了。我们早就做好了最坏的思想准备，心中无所畏惧。7日下午三时，父亲的秘书王瑞林接到电话，通知说汪东兴要找邓小平谈话，警卫局来人来车接，不让带秘书，也不让带警卫员。接到通知就知道时刻已经来临，我们全家人不但没有惊慌，反而表现得异常镇定。

三点多钟，中办警卫局的东方来了。我们全家老老少少近十口人，年轻的扶着老的，大人抱着孩子，一起给父亲送行。邓楠灵机一动，在最后的一刻，想起往父亲的中山服口袋里放进了一副扑克牌。我们全家人，送父亲走出客厅，走过院子，一直走到大门口。看着父亲沉着而从容地上了汽车，看着汽车开出大门，看着灰色的大门紧紧关上，泪水涌上了我们的眼睛。也许，这就是和父亲的永诀啊。刚才那种同仇敌忾的坚强气氛，顿时被一阵抑制不住的悲伤所代替。邓林按捺不住心中的悲痛哭了起来。我对邓林说："哭什么！越在这个时候越不能哭！"

父亲被带走后，中办即派人来我们家查抄文件。那个负责查抄的人到父亲的办公室，左看右看，看看实在没有什么可拿的，就把电话线剪断，一手一个，抱着两个保密电话机走了。大概，这就算是抄家吧。与"文革"刚开始的时候相比，这种"抄家"实在也太"小儿科"了。

父亲走后，大约五点多钟，中办警卫局派人来接母亲。父亲一人被带走时，由于既不知道他被带到何处，也不知道他的情况，我们曾万分忧虑。现在母亲能去父亲那里，对于父亲来说无疑是件好事。这样，父母亲至少可以两个人在一起，相依相伴，共渡危难。不过，此番一去，毕竟是凶多吉少，前景难测。我们含着眼泪为母亲收拾行装。我们把父母亲的东西尽量多装一些，好让二老即使在环境恶劣的地方，也不至于受冻受苦。

母亲走后，我们心中倍感凄凉，也许，今日一去，即成永别。父母亲离开我们后，我们想念他们，更为他们的处境担忧。我们全家人在一起商量，认为应该有一个人跟随父母亲前去，帮助他们料理生活，同时使他们不太孤寂。我们每一个人都愿意去，但是邓林和邓楠有孩子要带，我就自告奋勇要求去。我和贺平商量好，如果能获准到父母那里去，对父母亲来说当然是一件好事，但是，如果形势进一步恶化，也许连我在内，都有可能再也回不来了。在贺平的支持下，我下定了决心，要争取到父母亲身边去，就是刀山火海，也要和他们在一起。我给汪东兴写了一封信，提出要求到父母亲身边照顾他们的强烈愿望。信送走以后，我们盼呀盼呀，盼着能够早日获得批准。后来，接到上面通知，不准我去。这个答复不但令我们十分失望，而且使我们更加为父母亲的处境担心。父母亲现在到底在哪里？他们的处境怎么样？有没有挨批斗？担忧之情，笼罩在我们全家每一个人的身上。

天边，夕阳快要落下。那沉沉的黑暗，马上就要笼罩大地。那是一个黑得连星星都看不见的黑夜。

在东交民巷，邓小平见到了汪东兴。汪东兴将有关情况告诉了邓小平，问了他是否曾坐车到天安门进行"指挥"。邓小平说，他只有一次坐车去北京饭店理发，根本不是什么"指挥"。汪东兴叫人再去把卓琳接来。等卓琳到后，汪东兴对邓小平说，可能有人要冲击你，不要出去，散步就在院子里。与邓小平夫妇谈完后，汪东兴离开东交民巷，又回到中南海，向毛泽东作了汇报。

当汪东兴按毛泽东的意图办完这些事后赶回到人民大会堂时，已经是晚上了。在这期间，中央政治局通过了"两个决议"，向毛泽东报告并得到了毛泽东的批准。这时，开会的人已吃完了晚饭，会议移至江苏厅继续开。江青等人问汪东兴，和邓小平谈得如何？邓小平是不是坐车到天安门直接进行了指挥？汪东兴照实回答，邓小平只是去北京饭店理发。张春桥不满意，他让汪东兴写个谈话记录。汪东兴火了，说："让你们去，你们都不去。记录我不写，以后也别让我去了，下次你们自己去问吧。"汪东兴按照毛泽东的指示精神，没有把将邓小平转移到东交民巷的事情告诉任何人。后来,江青曾经几次在政治局会上说过,不知道邓小平到哪里去了,有人到他住的那里看了,没有找到人。看样子,后来"四人帮"确实企图派人去"冲击"邓小平。

4月7日晚八时,中央人民广播电台向全国广播了由中共中央政治局通过的两个决议。第一个决议的内容是:"根据伟大领袖毛主席的提议,中共中央政治局一致通过,华国锋同志任中国共产党中央委员会第一副主席,中华人民共和国国务院总理。"第二个决议的内容是:"中共中央政治局讨论了发生在天安门广场的反革命事件和邓小平最近的表现,认为邓小平问题的性质已经变为对抗性的矛盾。根据伟大领袖毛主席提议,政治局一致通过,撤销邓小平党内外一切职务,保留党籍,以观后效。"

4月8日,《人民日报》和全国主要报纸都在第一版刊登了中共中央决议及《天安门广场的反革命政治事件》全文。

在中华人民共和国首都北京天安门广场发生的这场可歌可泣的人民运动,被镇压下去了。遍及全国的大规模的对周恩来的悼念活动被镇压下去了。邓小平,这个曾经给中国人民带来新希望的人,和与他共同战斗的战友们,被再次打倒了。"四人帮"及其走卒肆虐横行,举国上下一片白色恐怖。虽然悼念和抗议的活动被镇压了,但是,在这风雨飘摇的岁月中,人们心中那已经燃烧起来的正义的烈火,却绝不会因之而熄灭。4月7日,"两个决议"刚刚播完,中央广播事业局一位干部就挥笔写了两条大标语:"要反周总理的江、张、姚(恶狼)决没有好下场,不得好死!""打倒江青、姚文元、张春桥!"北京部队一位副营长在营区附近十字路口一棵白杨树上张贴小字报,斥责江青、张春桥等人是假马列,赞扬"邓副主席是我们的贴心人",号召人们"向天安门广场的英雄们学习!"北京第二外国语学院贴出大标语:"谁反对周总理就和他拼!""打倒张、江、姚反动的三家村!"全国主要报纸刊登"两个决议"后,8日清晨,在上海,一位青年工人就将一面缝着周恩来遗像和悼念之词的白色绸旗高高地升到了人民广场中心旗杆的顶端。广州一青年工人寄出一封致《人民日报》和《红旗》杂志的信，信中高呼："支持邓小平！打倒张春桥！打倒姚文元！打倒江青！敬爱的周总理永远活在我们革命人民的心中！"从8日起，《人民日报》便不断地接到电话和信件，抗议假"报道"歪曲"天安门事件"的真相。人们在信中继续悼念周恩来，继续痛斥"四人帮"，继续表达对邓小平的极大支持。

"天安门事件"后，表面上是"四人帮"及其党羽获得了"胜利"，人民群众的抗争被镇压了下去。但是，一时的得意并不代表最后的胜利。就连得意忘形的"四人帮"一伙，在冷静下来细想之后，也发现了许多隐藏在更深层次上的问题。

邓小平再次被打倒后，"四人帮"要求各地举行批邓活动。

第一,"天安门事件"的结果,是毛泽东在经过千思百虑之后,正式确立华国锋作为他的接班人。"四人帮"一伙里里外外忙了一大阵子,结果成了"为他人作嫁衣裳"。毛泽东的决定,令"四人帮"十分不满。第二,邓小平,这个政治大"宿敌"虽然终于被打倒,但是,不可思议的是,到了这个时候,毛泽东还要保留邓小平的党籍,还要"以观后效",还在"手下留情"。毛泽东的这一决定,无疑给"四人帮"再添"心病"。第三,天安门广场大规模的群众运动表面上镇压下去了,但是,事态却并没有因此平息,全国各地各类"事件"还在频繁发生,真是令他们感到惶惶不可终日。对于"四人帮"来说,要言胜利,实在为时过早。眼见得毛泽东已经走近了生命的最后阶段,时不我待呀。"四人帮"明明白白地知道,一定要抓紧时间,要加紧继续"批邓",要加紧继续镇压,而更重要的,就是要加紧夺权的步伐。只要一朝大权在手,那么,什么邓小平,什么华国锋,什么反抗活动,将统统不在话下。

"天安门事件"之后,"四人帮"加紧了进行最终夺权的行动。首先,他们继续在全国范围内掀起更大规模的"批邓"运动。他们在报纸上连篇累牍地发表"批邓"文章,在北京召开万人大会,在全国范围内强迫群众继续"批邓"。其次,他们大肆追查"天安门事件"的指挥者和参与者,追查"造谣"、"传谣"者,追查各种类型的"反革命"案件。各地的机关、学校、工厂、农村都在进行"追查"。一时之间,个个被追查,人人做交待,举国上下一片白色恐怖。与此同时,他们继续捕捉主要参加者,进行大规模的镇压活动。至6月17日,"四人帮"在北京市公安局的亲信共收缴诗词、悼文原件五百八十三件,强迫群众交出的诗词、悼文照片和现场照片十万八千多件。"四人帮"从中选取重点六百余件编成所谓的《天安门广场反革命事件罪证集》,加上其他"重点线索",总计立案追查一千九百八十四件,连同"天安门事件"当时在内,共拘捕群众三百八十八人。至于以隔离、办班、谈话等方式进行审查的,则不计其数。仅在北京市,被触及的群众就数以万计。

在"四人帮"大批判大镇压的政治高压下,觉醒了的人民大众并没有屈服,他们以力所能及的方式,继续悼念周恩来,抵制"批邓",抵制"追查",抗议"四人帮"的暴行。在白色恐怖笼罩的神州大地上,不屈地燃烧着反抗的烈焰。

第52章
波澜不惊

在北京东交民巷十七号内,父亲和母亲再次被禁锢起来。这次禁锢,既带有保护性质,也是政治性的处理措施。

4月7日中共中央"两个决议"广播。8日,父亲即给汪东兴写信。在信中,他向党中央和毛泽东表示:第一,拥护华国锋担任党的第一副主席和国务院总理。第二,对继续保留他的党籍表示感谢。

在发生了这样一场惊心动魄的政治风波后,毛泽东确立了华国锋的接班人地位,没有把党政军大权交给"四人帮"。对于毛泽东这个关系到中国前途命运的重要决定,父亲真心诚意地拥护。设想一下,如果在"天安门事件"后毛泽东将权力交给"四人帮",我们的党和国家将面临不堪设想的险境,我们的人民大众将陷入更加深重的灾难。毛泽东在病体垂危之际,能保留这样一份冷静,不能不说是不幸之中的万幸。

"文革"中第一次打倒邓小平时,毛泽东保留了邓小平的党籍。在这第二次打倒时,毛泽东仍保留了邓小平的党籍。毛泽东对于邓小平的态度,的确十分复杂。毛泽东在"文革"前确定邓小平为接班人之一,在"文革"中再次把复出的邓小平置于接班人的安排之中。可以认为,毛泽东认为邓小平政治思想强、人才难得、会打仗,赏识并寄予了很高的期望。但是,偏偏邓小平与毛泽东对"文化大革命"的看法背道而驰，这不能不让毛泽东大失所望。这种失望，是气恼的，是痛切的，也是悲哀的。邓小平复出后进行全面整顿，是在用行动否定"文化大革命"。为此，毛泽东批判了邓小平，但没有想再次打倒邓小平。毛泽东总是保持着一个想法，认为邓小平是"承认错误"的，是会回心转意的。没有想到，邓小平这次的态度，与"文革"初期相比，竟然这样的不同。正当此时，发生了"天安门事件"这场惊心动魄的政治风波，在这样一种情况下，毛泽东作出了再次打倒邓小平的决定。在决定打倒邓小平的同时，他再一次把邓小平保护了起来，免遭"四人帮"的毒手，并决定再一次保留邓小平的党籍。也许，毛泽东自知，他的"大限"已经不远，他是在最后的时刻，用一种特殊的方式刻意地保留下了邓小平。以毛泽东八十多年的人生阅历和半个多世纪的政治经验，他完全知道，他身后的中国，非但不会是一个"太平盛世"，还必有大的政治恶斗。他也应该料想得到，那场斗争，将在华国锋等人和"四人帮"之间进行。这些斗争将会如何结局，实在是世事难料。也许，只是一个也许，只是一个不可知的也许，只是一个毛泽东所看不见了的也许，但是，仅凭着这个也许，毛泽东作出了保留邓小平党籍的决定。在未来不可预知的岁月中，邓小平，以他极其独特的品格和极强的政治生命力，绝不会就此沉沦，也许，在某个时刻，在某种特定的条件下，历史还会赋予他以机会，重燃他那不会熄灭的政治生命之火……毛泽东保留邓小平党籍的这一决定，对于邓小平今后再次复出所起的作用，虽然不是决定性的，却是不可忽视的。

对于父亲来说，毛泽东在决定打倒他的同时再次保留了他的党籍，可能有些出乎他的预料。"文革"复出后，他的举动实在太大了，他的态度也太不妥协了。在"天安门事件"之后，他本已做好了最坏的思想准备，没想到，在最后的关头，毛泽东竟然保留了他的党籍。对毛泽东，父亲是太了解了。在起用他—支持他—批判他—直到再次打倒他的这一个全过程中，无不体现着毛泽东百转回肠的一番苦心，和他那无可奈何的千般失望。父亲完全知道，这次复出后，但凡他的作为能够"随和"一点儿，毛泽东都会尽量保住他的。但是，在国难当头的时刻，他怎么能够为了保全自己而丧失力挽狂澜的机会，怎么能够为了一己之安危而放弃正义和原则。他毫不犹豫地选择了一条充满风险的不归之路。现在，虽然被再次打倒了，虽然每天在被大肆批判，但是，他的心是镇定的，是坦然的。他做了他所应该做的一切，他得到了全国人民的支持和肯定，他可以问心无愧于今生了。

在东交民巷十七号这个并不陌生的环境里，在与家人子女音讯隔绝的状态下，父亲和母亲两人相依为命，开始了他们又一次的禁锢生活。一开始，他们自己打扫卫生和洗衣做饭，负责警卫工作的滕和松帮助买些粮菜。几天后，滕和松经过请示，找来原来在我们家做过厨师的李师傅。此后，李师傅每日来东交民巷，帮助做午晚两餐。父母亲不用自己做饭，生活负担便轻松了许多。再后来，在父母亲的要求下，警卫局又让在我们家帮助带小孩的一个亲戚邓志清来到东交民巷，帮助父母亲做一些清扫洗涤工作。志清来后，不仅有人可以帮助劳作，更使东交民巷十七号的楼里多了一些人气。警卫人员一共四个。滕和松是警卫局的老人，以前跟随父亲出过差，对我们家很熟，对父亲本人也很有感情。他是这里的负责人，除了警卫安全工作以外，还负责照顾邓夫妇的生活。买菜，拿药，看病，以及为邓转信，在那个期间做了不少的事。因为原来就熟悉，所以父母亲对滕和松也十分相信，生活中的事情请他帮忙自不必说，连给中央送信这样政治上的事情，也都让滕和松帮忙。

在东交民巷，虽然身处逆境，但父亲尽量保持每日起居规律，用心灵上的镇定，对待枯燥的禁锢生活。"批邓"的浪潮一天高过一天，翻开报纸打开收音机，统统都是"批邓"的叫嚣。对于这些不断升级的"批判"聒噪，父亲以坦荡之心对之，完全不予理会。

"两个决议"公布后，在宽街的我们这一大家人接到通知，院内所有的人均不准自行外出（连上班上学也不许去），在住地集中办"学习班"。中办秘书局派了两个人来宽街，组织我们办"学习班"。在我们的院子里面，除了我们这一家人以外，还有秘书王瑞林、警卫员张宝忠、司机程云久、老公务员吴洪俊等原来的工作人员。让我们集体进行"学习批判"，我们就每天按规定时间集中在一起。办"学习班"的第一项内容，就是让我们揭发父亲，并让我们每一个人说清楚，"天安门事件"时有没有去天安门广场。这种追查的目的是显而易见的，就是要查一查，邓小平这个"天安门事件"的"总后台"，有没有通过他的子女去天安门进行"指挥"。面对追查，我们坚决抵制，所有的人，不管去过天安门与否，统统都说没去。我们说，不但我们自己没去，父亲还曾明令我们全家人都不去。参加"学习班"的全体人员，不管是家属还是工作人员，态度都很坚决，我们深知事关重大，绝不能给人一点儿可乘之机。每个人都检查完后，再没有继续追查的内容了，剩下的就是每天例行的"学习批判"。"文革"十年，就是搞阶级斗争，就是搞学习批判，天天学，年年学，天天批，年年批，我们每个人都成了久经考验的老"运动员"，早就把"学习"和"批判"的语言技术掌握得炉火纯青。要说呀，"文化大革命"也真是挺"锻炼"人的，成年累月"批判"来"批判"去的，一个个都批成精了。父亲这次被打倒，我们有足够的精神准备，早就抱着"豁出去了"的态度，因此，让"批判"就"批判"，让发言就发言，每一个人都是一副十足的应付态度。开会的时候，这个人说要上厕所，那个人说孩子哭了要去带孩子，还有的说时间到了要去做饭，每个人都总是找着辙子出去溜一溜。可想而知，那个"批判学习"的场面，一点儿也不认真。在那么严肃的"学习批判"中，还有可乐的事呢。有一次，轮到警卫员张宝忠发言。他摆出一副极其认真的样子，先是喝几口水，咳嗽两声清清嗓子，然后开"批"。他话说得多，水也喝得多，话还没说完，水却喝完了。他一边继续侃侃而谈地发着言，一边走到屋子中间去倒开水。贺平坐在他的旁边，看见他裤子外边露出了一截儿里面穿的毛裤的毛线。趁老张走去倒开水的时候，贺平就悄悄拉那个毛线的线头儿，一点一点轻轻地拉。老张越走越远，那根毛线就越拉越长。一根长长的毛线拖在身后，活像长了一个长长的尾巴。在场所有的人都看见了，唯独老张自个儿浑然不知，还在那儿一边倒水一边滔滔不绝地侃。本来大家绷着劲儿挺严肃的，这样一来，全体忍俊不住哄堂大笑了起来。这一笑，什么"学习"，什么"批判"，统统扔到九霄云外去了。我们大伙儿笑呀笑呀，笑得前仰后合，笑得肚子都痛了。我们痛痛快快地笑了一个够，在那种高压的政治气氛之下，也还真是难得有这样一个机会，让人畅快无比地开怀大笑一番。这种抵制的态度，充分体现了我们全体对"批邓"的蔑视。这个专门为邓小平家人和工作人员办的"学习班"，大约办了十来天，便不了了之地散了。

在办"学习班"的时候，不准我们外出，一般的粮食蔬菜，找人帮我们代买，大家吃饱肚子是没有问题的。可是像鸡蛋之类的东西，当时是限量供应的，平常就不容易买到，更何况这个时候。家里面有四岁的眠眠和两岁的萌萌两个孩子，没有鸡蛋吃，怎么办？一天，王瑞林悄悄地叫我们到他的秘书办公室去。他把一个纸鞋盒子递给我们。接过盒子，只感到里面沉甸甸的。回到我们住的屋里打开一看，满满一盒子鸡蛋。原来王瑞林看着两个孩子没有鸡蛋吃，就把他们原来在工作时发的当作夜餐的鸡蛋，全部找出来给了我们。

在这个家里，两个孙儿是父母亲和全家人最心疼的。父亲被打倒，我们这些大人倒没什么，反正跟着父亲，我们个人的命运早已不算什么。但是，家里还有两个孩子，万一我们这些大人再有个三长两短，两个孩子可怎么办？时常地，我们看着这两个不谙人事、活蹦乱跳的孩子，心里一阵阵酸楚难忍。邓林和邓楠有时会说："我们在这样的家庭里，根本不该生孩子！"姐姐们商议着，如果情况进一步恶化，一定要想办法，把孩子们送到乡下或亲戚那里去。大人怎么样都无所谓，但无论如何也要保住孩子的性命。要知道,在那个风声鹤唳的时期,我们,邓小平的子女们,随时都有可能被抓起来。

父亲被打倒了,根据"文革"以来一贯的经验,我们知道,很快我们就会被赶出宽街的家。在办"学习班"时,我们就已开始抽空收拾东西。果然,没过多久,中办来了一个负责人到我们的"学习班",通知我们立即搬出宽街去。我们问他:"搬出去我们住哪儿?"来人态度恶劣地说:"住单位去,住学校去。我们不管!"有了"文革"以来"千锤百炼"的经验,我们的心定定的,一点儿也不惧怕。他们凶,我们比他们还凶。他们狠,我们比他们还狠。我们高声地对他们说:"我们还有孩子,我们还有奶奶,我们单位没给我们分房子。要让我们搬家,没那么容易。得给我们找个住的地方,得是一个院子,还得住得下我们一家的人!不给我们找地方住,我们决不搬家。不信你们就试试看,看你们能不能把我们全家人都绑着走!"回想1967年赶我们出中南海的时候,我们才两三个人,才是十几岁的学生,都没让他们随随便便地把我们赶出去。今天,我们有十来口人,一个个身强力壮,且都极富"运动"经验,要把我们赶出去,想得也太容易了!"文革"中间,我们这一家人,曾经像秋风中的落叶一样,被狂风吹得飘零四散,受尽了人间凄苦,而今天,我们又要被人驱赶,想起这些,悲伤和仇恨一起涌上心头。我们和中办的来人吵,从屋里一直吵到屋外,从后院一直吵到前院。在紧临大街的前院里,邓林、邓楠和我三个人,一边流着眼泪,一边大声地和他们抗争。看见我们激愤的样子,在门口站岗的解放军战士都同情地看着我们。中办来人看看没有办法,只好悻悻而去。

斗争虽然暂告胜利,但是,我们知道,这个家早晚是要搬的。当晚,我们便开始着手收东西,做准备。果然,"学习班"刚刚结束,我们便接到通知,中办让总参管理局在美术馆后面的育群胡同给我们找了一个小院子,命令我们三天之内必须搬走。三天的限期,没什么大不了的，不是曾经有过两小时内必须"滚出去"的经验吗。三天，足够了。我们太有搬家的经验了，大家一起动手，收拾得快极了。大人们都忙着收东西，两个小家伙怎么办呢？其时，正好我们的表弟小胖子来北京住在我们家里养病，我们就把带两个小家伙的任务交给了他。

小胖子是二姑姑的小儿子，学名叫张海江。起的学名虽然挺有气魄的，但那时他还只是一个十六岁的大孩子。一个大孩子带着两个小孩子，整天坐在院子里的藤椅子上。大孩子讲故事，小孩子听故事。也是真人不露相，那个平时憨憨厚厚不爱讲话的小胖子，竟然有那么多的故事可讲，每天从一大早起，一直讲到天黑，好像永远也讲不完似的。我们几个姐姐夸奖小胖子能干，小胖子说："没办法呀，我全是乱编的，他们两人还挺爱听的。"爱听就行，反正我们都忙得脚朝天，有个小劳动力能把孩子带得这么好，也是天助我也。我们这次搬家，比以前的几次可麻烦多了。你想，父母亲虽不在，但我们老老少少结了婚生了孩儿，还有十来口人。而且这次，我们要把能搬走的都搬走，什么也不留下。我们要求让我们带一些最基本的家具走，可上面不同意。你不同意我们也不示弱，便再跟他们一争再争。最后，总算让我们带了几个木板床和几件我们家50年代的旧家具。搬家的期限就要到了，我们饭也顾不上吃，觉也顾不上睡，一个劲儿地忙着收拾。夜深了，才想起那两个交给小胖子的孩子。到院子里一看，小胖子还在那儿给他们讲故事，四岁的眠眠眼皮已经抬不起来了，两岁的萌萌早已在藤椅上坐着睡着了。把他们抱进屋里，才发现，在院子里一整天了，两个小家伙浑身上下黑黢黢的，脏得活像两个小煤球儿。

搬家的那一天，我们利利索索地把东西家当全部搬上卡车运走。搬完东西以后，我们站在院子里最后地看一眼。回想一下，我们在这里已经住了两年了，刚来的时候，院子里面光秃秃的，而现在，满院都是青草绿树和鲜花。两年前我们种下的月季花现在开得正盛，花繁叶茂，五彩缤纷。我们不约而同地说："这么好看的花，我们带走。"

于是立即动手挖起来。我们找来一个运煤用的小铁手推车，挖一棵，装一棵。装满一车就推着走，从宽街推到我们的新家。我们挖了几棵月季花，几棵玉簪花，几棵芍药花，一趟一趟也不嫌烦，全都推着运到了育群胡同。

总参管理局在育群胡同给我们找的是一个小小的前院儿，后院住着老红军谭冠三。说是小前院儿，还正经有北房三间和东厢房三间呢。比起1967年从中南海赶出去后在方壶斋住的那两间小房，气派多了。我们把家具放好，把床铺铺好，再把厨房的灶具和锅碗瓢勺全都放好。这个新家，按北京话说，"就全齐啦"。还有那些不辞辛苦从宽街运来的花儿呢。飞飞又拿出在农村插队时那副壮劳力的样子，抡起大锄头，把小小的院子中间一块生土地，一会儿就挖整成了一块颇为像样的花圃。飞飞一边挥舞着锄头，抛洒着汗水，一边口中念念有词地说着："谁发家谁光荣，谁受穷谁狗熊！"这句话，是当时被批判的一个电影中的一句台词，竟然在这儿让飞飞当作劳动号子给用上啦。在育群胡同那个巴掌大的小院子里，五彩缤纷的月季花和洁白如玉的玉簪花怒放着，让人看着就感到那么的提气。

"文革"中间，我们搬的地方实在太多了。回想起来，我们住过的地方，就像流浪者漫漫旅途中那一个又一个的驿站。而育群胡同的这个小前院儿，成为我们那看不到尽头的政治旅程中新的一站。当我们在这个新居安顿下来后，夜阑人静之时，全家的人都在想着：爸爸、妈妈，你们现在在哪儿呀？

搬完家后，我们回到各自的工作单位、学校，上班上学。此时，全国上下都在加紧进行"批邓"和对"天安门事件"的追查。我们所在的单位和学校，工作学习全都停止，每天只做一件事，就是"批判"和追查。北京是"天安门事件"的发生地，各单位追查的气氛尤其森严，简直是层层审查，人人过关。虽然天安门广场的人民抗议活动被镇压下去了，但是，对于"批邓"和"追查"，群众采取了明显的抵触态度。

不仅群众情绪抵触，许多单位的负责人也都是敷衍行事，常常是"批判"的时候三言两语，追查的时候走个过场，交差了事。当我们回到单位接触到广大干部群众时，我们异常高兴地发现，绝大多数人对我们非常好，连一些平时不熟悉的人，也热情地专门来和我们打招呼。作为邓小平的子女，我们自然是被"追查"的重点。单位里面的领导和群众，就自发地保护我们，主动替我们打掩护。有的时候，当我们到单位的时候，会发现在桌子上有一张纸条，上面写着支持安慰我们的话语。看到人民群众在政治高压面前这样立场鲜明，我们十分感动。我们为我们的人民感到无比的骄傲。

贺平一直住在我们家里。作为女婿，他和我们全家人一起经历着这特殊而又艰难的岁月。自从"天安门事件"发生以来，他和我们全家人厮守在一起，很久没有回他父母家了。他惦记着他的父母亲，在允许我们从宽街的家外出后，他便骑着自行车赶紧回家去看父母。

我的公公贺彪和婆婆陈凯，1972年从江西卫生部干校回北京后，一直住在和平里一个国务院分配的宿舍楼里。我的公公是被打成"走资派"的原中央卫生部的副部长，虽然回到北京，但一直没有分配工作。我的婆婆也是红军时期的老干部，从江西干校回京后也没有分配工作。我的公公是原红二方面军的老红军、老卫生战士，人虽不善言谈，但却性情耿介。"文革"中因和造反派斗争，几乎被打断了腰。像许多老干部一样，他被打倒，被批斗，下干校，被迫劳改，最后回到北京。在经历了这么多风雨磨难后，性格依然刚直如旧。"天安门事件"以来，我的公婆一直关注着时局的发展，一直十分担心。他们不是为他们的儿子担心，而是为他们的亲家——邓小平和邓家一家人担心。"两个决议"发表后，他们不知道邓家人的消息，心忧如焚，连觉都睡不着。这一天，突然看见儿子回来了，他们抓着儿子，详详细细地问清了邓家的情况。听到邓夫妇又被带走，而且至今音讯全无，老两口不禁潸然泪下。我的公公对贺平说："你不要在我们这里多停留，赶快回去把飞飞带来。"贺平遵嘱回来，把我和飞飞一起叫上，骑自行车到和平里。

自从嫁到贺家以后，我和公公婆婆之间的感情一直特别好。这次劫后重见，我看见二老焦急关切的神情，看见婆婆满头的苍苍白发，心中不禁一阵酸楚。我强忍住泪水，尽量做出一副笑容。我知道，二老已经十分忧心了，不能再给他们增添愁烦。

看见飞飞，我的公公十分郑重地说："平平、毛毛、飞飞，你们听我说。我有三个儿子，平平和毛毛结婚，就等于我把这个儿子交给邓家了。现在邓家有难，从今天开始，平平就算是邓家的儿子了。平平，你不要担心我们，就随邓家去。生，和邓家在一起；死，也和邓家在一起。"说着说着，我的公公的眼中流下了泪水。他继续说："你们家现在非常危险，'四人帮'那些坏人什么都做得出来，甚至会害你们的。邓家只有两个儿子，一个已经被整得残废了，现在只剩下飞飞这么一个完整的儿子了。我要把飞飞送到我在湖北洪湖的老家藏起来。我们要把邓家这个儿子保护下来。"听到这里，婆婆和我都已泣不成声。飞飞完全明白我的公公的好意。但是，在这艰难的时刻，他怎么能够为了保全自己而离开全家人？飞飞对我的公公说："贺伯伯，谢谢你了。我不走，我要和我们全家人在一起。"我的公公说得恳切，飞飞也回答得坚决。在离开和平里时，我们骑着自行车，慢慢地往回走。当我们回头望时，老远老远地，看见我的公婆两位老人，还站在楼前的台阶上，无限眷恋地望着我们。在落日余晖的照射下，他们那苍苍的白发，显得格外地醒目。

第53章
天怒人怨

在东交民巷十七号，父母亲二老相依相伴，寂寞之中，倍感思念家人。转眼快到4月底了，二老想起来，4月30日是小孙子萌萌的两周岁生日。二老清楚地记得，两年前，小萌萌早产出生，才三斤四两，那么一点点大，全凭精心照料才逐渐长大，因此让人格外心疼。现在，萌萌就要两岁了，真想他呀！二老商量，要给孙子送点东西，算是爷爷奶奶一片心意。妈妈试着问滕和松，能不能托他给家里的孙子捎点生日礼物。滕和松说可以。二老很高兴，让人帮助买了一点东西，妈妈写了一张纸条，请滕和松给家里送去。

我们正在因没有父母亲的消息而发愁，突然收到从他们那里送来的东西，着实地令我们激动了半天。我们打开妈妈亲笔写的字条，上面写着：“小萌子明天的生日，给他点水果及两个罐头，二个小瓶子玩，还有糖一大块。不要跳（调）皮，和眠眠姐姐两个人分。给小胖子一个大苹果。奶奶。”看着字条，看着妈妈那熟悉的字迹，好像抚摸到妈妈那温暖的手。我们几个人一边看，一边热泪长流。总算有了父母亲的消息。这些送来的东西和字条证明，父母亲虽然被关着，但还能够买得到东西。能够买得到东西，就证明他们生活上没有问题，没有受到虐待。他们能给我们送来东西，也说明他们虽然没有行动自由，但禁闭得尚不算森严。我们拿着字条和东西，兴奋得饭也吃不下，觉也奶奶给眠眠、萌萌的字条。

睡不着，尽情地享受着这难得的喜悦。萌萌的两岁生日，应该是他最值得珍视的一天。爷爷奶奶送来的生日礼物，代表的是最可珍贵的人间亲情，这是拿多少金钱也买不来的最伟大的爱。孩子们还小，他们拿着奶奶给他们的当作玩具玩的小药瓶子跑来跑去，无忧无虑地玩耍嬉戏。他们不知道，没有人身自由的爷爷奶奶，在怎样地想念着他们、爱着他们。

父母亲在东交民巷相依为命的状况没有持续很久，妈妈的眼病复发了。妈妈的眼病，是一次看烟花时被落下的灰烬烫伤角膜所致。她本以为是老毛病了，拿点儿药自己治治就能好，便请滕和松帮助拿点药。

滕和松按常规，到三〇一医院小药房去为邓小平夫妇拿药。不想，小药房的人说，邓小平被打倒了，不能在这里拿药。滕和松将此事报告了汪东兴。汪东兴找了当时主管军队工作的陈锡联，陈锡联亲自向三〇一医院的浦副院长做了交待。经过这一番复杂过程，才允许继续在小药房拿邓小平夫妇的药。

药拿来了，妈妈按照以前的方法给自己治疗，但她的眼病不但没好，反而越来越厉害了。由滕和松安排，妈妈到三〇一医院检查，医生告诉她，这次患的是病毒性角膜炎，必须住院进行治疗。如果住院，就意味着妈妈要和父亲分开，就意味着父亲将要一个人独自住在东交民巷。妈妈不愿意去住院，她放心不下，也不愿和父亲分开。可是，医生说，如果不及时治疗，她的眼睛可能会瞎。在这种情况下，5月11日，妈妈住进了三〇一医院的外科病房，进行治疗。

妈妈住院了，东交民巷只剩下父亲一人。对于父亲来说，政治上的大风大浪不算什么，最难以忍受的，就是孤独。特别是习惯了我们这种热闹而又温暖的大家庭生活，孤独就显得更加难耐。看报纸，满篇都是继续"批邓"，无非说什么"走资派还在走"，说"邓小平是天安门事件总后台"。听广播，内容也是一样。不看报纸，不听广播，又没有书看，除了一个人在屋子里散步走路外，总不能一天就这么呆着吧。实在没事可做，父亲就拿出扑克牌，一个人在桌子上摆牌开牌。开牌，成了父亲在那段艰难时光中唯一能做的事情。幸亏邓楠在父亲临走时的最后一刻，想起给父亲口袋里塞了一副扑克牌。在东交民巷，父亲一人孤独度日，全靠着这副扑克牌以为消遣。这副本来全新的扑克牌，到了最后，已被父亲用得很旧很旧，牌角都磨白了。

"天安门事件"的爆发及其结局，给本已病重的毛泽东带来的，绝对不会是欢快和喜悦。事态发展到这样一种程度，使得压在毛泽东心头的忧虑变得更加沉重。4月30日晚，在陪同毛泽东会见新西兰总理马尔登后，华国锋留下来，向毛泽东汇报全国形势。毛泽东用不听使唤的手，颤抖着，亲笔为华国锋写下了三句话。第一句是："慢慢来，不要招（着）急"；第二句是："照过去方针办"；第三句是："你办事，我放心"。毛泽东虽然已重病沉疴，但他非常明白地知道，他确立华国锋为接班人，"四人帮"必然不会满意，更不会就此善罢甘休，在他的身后，"四人帮"会闹事的。毛泽东为华国锋写下三句话，是在用他最后的一点气力，白纸黑字地写下他的嘱托。他要把中国，这个已经满目疮痍的家当，托付给华国锋。邓小平被打倒了，"四人帮"又不可信任，只有华国锋了。毛泽东认为，华国锋是一个厚道人，是从湖南毛泽东家乡任职出身的人，也是最后一个可以托付的人。毛泽东对华国锋的这一嘱托，由华国锋在政治局会上进行了传达。

5月12日，毛泽东会见新加坡总理李光耀。17日，毛泽东会见巴基斯坦总理布托。从电视中，人们可以看到，镜头中的毛泽东，面容憔悴，行动不便，面部缺乏表情。在这两次会见外宾后，中国政府发布对外公告，宣布毛泽东今后不再在外交场合露面。应该说，从这个时候起，毛泽东病体垂危，已进入了生命的倒计时阶段。

母亲住在三〇一医院外科病房，给她看病的是三〇一医院眼科的尹素云主任和唐佐怡医生。母亲的眼睛不好，经常看病，因此和这两位女医生的关系一直很好。以前，医生们对母亲好，不足为奇。难能可贵的是，在目前这种政治高压的状况下，她们依然对母亲非常好。她们不但给母亲精心治疗，而且还把她们听到的各种各样的消息告诉母亲。她们的态度，表达了对"批邓"的不满，表达了对"四人帮"的憎恨，也表达了对国家前途的忧虑。在医院，母亲虽然住在普通病房，却是一个人住单间，平时不能出自己的病房。但有尹主任和唐医生的照顾和关心，她并不觉得寂寞。一天，唐医生来看她，悄悄告诉她，毛主席病危，中央发了通知了。母亲知道后，十分着急，她想到父亲一个人在东交民巷，一定什么也不知道。用什么办法能够把这个消息告诉父亲呢？正好在这个时候，滕和松派一个警卫人员来看她。她立即写了一个纸条，上面写道："千万不要离开你现在住的地方，不管什么人让你出去都不要离开，我争取尽快出院。"母亲知道，看到这个字条，父亲虽然不会知道究竟发生了什么事情，但一定会提高警惕。

父亲看到了母亲的字条。他意识到一定是母亲在医院听到风声，可能有事情发生。母亲让他千万不要离开这里，但他想到的却是不能继续一个人再呆在这里，他要争取和家人团聚。只有和家人在一起，才是最安全的。6月10日，父亲给汪东兴写信报转毛泽东并中央。他在信中提出，卓琳因病住院，这里太孤单，要求与家人住在一起。滕和松将这封信送交汪东兴。汪东兴看后对滕和松说:"让邓小平把信写得具体点。要写上要求回原来的住处。这样主席批了我才好办。"滕和松把汪东兴的交待转达给了父亲。父亲将信改好,由滕和松再送汪东兴。汪东兴将此信呈报了毛泽东。这封信报到毛泽东处了,但迟迟没有回音。父亲不知道,在这个期间,毛泽东病重了两次。一直等到毛泽东身体状况略为好转的时候,才对邓小平的来信给予口头批示:"可以同意。"在这封邓小平的信上,政治局的每一个人都画了圈。

母亲住院五十天后,眼病基本好转。她一分钟也不能再在医院住下去了。根据她的要求,6月30日,医生同意她出院。母亲心情急切地回到东交民巷,看到父亲一切照旧,甚感安慰。这时,父母亲接到通知,经毛泽东批准,他们可以搬回宽街和家人团聚。二老非常高兴,恨不得立即回到家里。

这时,在育群胡同的我们,也接到通知,说父母亲要回宽街,我们也可以搬回去住。真没想到,搬到育群胡同才一个多月便要"打道回府"。最让人兴奋的是父母亲将要回来,我们那悬在空中的心,终于放了下来。不管什么"打倒邓小平"、"批判邓小平",只要全家人能在一起,就是胜利。我们用最快的速度收拾东西,往宽街搬家。在离开育群胡同的时候,突然之间,我们感到一丝不舍之情。虽然在这里才住了一个多月,但毕竟,这是最困难时我们的一个栖身之处呀。我们把几间屋子里里外外收拾得干干净净,把那盛开着的美艳无比的月季花留在了小小的院子里。关好门窗之后,我们离开了育群胡同。

回到宽街,本来挺高兴的。但是一看,一个多月不见,这里真是有点面目全非了。邓小平现在被打倒了,不能"享受"原来的待遇,原来屋子里铺的所有的地毯全都给撤走了,客厅里的沙发和其他很多家具也都搬走了,办公桌、椅,甚至台灯都拿走了,整个家里空空荡荡的。还有,看到那块被我们挖得乱七八糟的月季花坛,我们也不禁唉声叹气。真是的,早知如此,何必当初呢。没有地毯,于居住走路毫无影响，打扫起来还方便许多。没有家具，也没什么了不起，几个木板床一搭能睡觉就行，反正被子褥子我们有的是。我们把落满了灰尘的屋子打扫干净，把窗户玻璃擦得明明亮亮，再把院子弄得整整齐齐。可喜的是我们居然还找到一个沙发椅，准是搬家具时"漏网"的。我们在空旷的客厅里把这个沙发摆好，还搬了一个小桌子放在旁边当茶几，就算是给父亲的专座。想到父母亲很快就要回来，我们就像过节一样的快乐。不想，当我们把一切收拾停当后，父母亲的归期一下子又没有了消息。我们不知道发生了什么事情，焦急地在家里等待，心中忐忑不安地想：难道情况又有变化？

就在父母亲准备从东交民巷搬回宽街时，7月6日，中华人民共和国开国元勋朱德元帅不幸逝世，享年九十岁。1976年，真是一个多难的年代呀。这一年的年初，周恩来逝世；而现在，朱德元帅又不幸病逝。这些为人民解放事业和建设事业贡献了一生的共和国伟人们，一个接着一个地与世长辞了。人们不无忧虑地想到，未来的中国，将交付何人？

因为朱德元帅的去世，父母亲迁回宽街拖延了一段时间。直到7月19日，他们才实现了回家的愿望。宽街是一个热闹的十字路口，为了不引人注目，中央警卫局特别安排在晚上十一点街上行人稀少的时候，让父母亲乘车离开东交民巷，回到了宽街。

回家啦！我们全家人又再次团聚了。这不是梦，而是活生生的事实。父母亲不但重新得见子女，更让他们高兴的是能够见到可爱的孙儿们。可是，那个小萌萌，不知怎么的摔了一跤，鼻梁正当间儿磕了一个口子，在小脸儿的眉心上贴了一个大白纱布，看上去活像京戏里的白鼻子小丑。父亲母亲是又好笑又心痛。

搬回宽街，并不代表解除禁锢。父亲整日软禁在家没事可做，就想找点体力活儿干干。可是，家里就这么一个院子，能干什么呢？看见院子里面草地的草长得太高太乱，父亲就找了一把大剪刀去剪草。

父亲已是七十一岁的人，要剪草，却蹲不下去，于是母亲就给他搬了一把小凳子，坐下来剪草。大热的夏天，毒毒的日头下面，父亲穿着一件破了好几个洞的老头衫，一剪刀一剪刀认真地剪草。汗水从他的额头流下，湿透了他的衣衫。父亲是在以这样的方式锻炼身体。

回到家来，对于父亲来说，还有一大好处，就是有书可以看。可是，到了晚上，家里没有台灯，仅靠屋顶的灯光没法看书呀。我们几个子女一合计，下决心自己做一个。我们不但要做台灯，还要给父亲做一个立灯。大姐夫吴建常平时就喜欢做点木工手艺活儿，这下子可是英雄大有用武之地了。他正经八百地又画又设计，一番冥思苦想之后做出了一个"最终设计方案"。具体实施的人是吴建常和我。我们找来几块大木板，细心地锯出由大到小三个圆形，并把这三个圆板用胶牢牢粘在一起，做成立灯的底座。底座上面，照吴建常的设计图纸，由我用木头精心地打磨了一个带着优美弧线的十厘米高的托子。我们把底座和木托儿的中间都钻好孔，再粘在一起，然后反复刷了好几遍白油漆。我们找来一根长长的铁水管子，插在底座的孔里，一个灯具便已初具规模了。我们用铁丝做了一个大大的灯罩框子，邓林找来妈妈一件旧裙子，"量体"剪裁，还打上皱褶镶上花边，缝在框子上面，做成一个美丽的灯罩。我们穿上电线，装上灯泡，安好灯罩，开关一开，灯就亮了。凝结着全家人智慧和劳动的"豪华"立灯，终于自制成功，一眼看去，相当专业，相当漂亮。夜幕降临，在立灯光亮的照射下，父亲坐在沙发椅上适意地看着书，孙儿孙女绕膝嬉戏。这就是家，一个温暖幸福的家，一个惊涛骇浪之中的心灵之家。

父亲被软禁在家，头发长了，就由贺平给他理发。贺平理发的手艺是在上大学时学的，虽然不像理发师那样高级，却也相当不错。他能在这个时候尽点儿孝心，心中甚是得意。他一边拿着理发推子，一边说："你们想想，有几个人给老爷子理过发？那得是特级理发师！"不是自夸手艺高吗？正好，索性把妈妈和奶奶的头发也交给贺平一并

"处理"了。反正不出去见人,理成什么样子也没人在乎。父亲的脚趾甲有嵌顿的毛病,经常需要找修脚师傅修脚。1975年底父亲受到批判后,我留了一个心眼儿,想到如果父亲被打倒,没有人给他修脚怎么办?于是每次修脚师傅来时,我就向他学习两招儿,还向他要了一套非常专业的修脚刀具。现在,这门"手艺"真派上了用场。我拿着专业的刀具,像模像样的,自我感觉十分良好。不过,修脚可是一个十足的技术活儿,学好干好绝非一日之功。我的技术实在太差了,修脚刀子又非常锋利,一不留神,就会把父亲的脚割个口子,鲜血直流。好在,念在女儿一片孝心的份上,父亲从不"骂"我。倒是贺平经常为此埋怨我。我承认,我的技术不好,你怨我,我就拿你来进行练习。于是乎,贺平的那双脚,也就无怨无悔地被我时不时地割破那么一下子。

全家人劫后重聚,自是一种难得的幸福。但是,我们这个在宽街的家,并不是什么"世外桃源"。"四人帮"发起一浪高过一浪的"批邓、反击右倾翻案风",并仍在大肆追查"天安门事件"的总后台和参与者。"四人帮"的暴行虽然受到广大干部群众的抵制,但有的部门却为"四人帮"的追随者所控制,那些单位的高压气氛特别恐怖。邓楠所在的半导体研究所归科学院管。"四人帮"在科学院的走卒们在批判胡耀邦的同时,把黑手伸向了半导体所。他们要从邓小平的女儿身上找突破口,妄图证明邓小平是"天安门事件"的"总后台"。在半导体所,批判进行得特别厉害,追查也进行得特别森严。所里的群众同情邓楠,虽然不敢公开和她接触,但在没人看见的时候就会向她表示慰问,有时还给她传条子通消息。随着"追查"进一步深入,半导体所成了"四人帮"突破的重点。"四人帮"的追随者在批判会上公开说:"现在,有人还躲在阴暗的角落里。"指的就是邓楠。"四人帮"还专门成立了一个由公安部、科学院等部门联合组成的八九个人的工作组进驻半导体所。进所不久,他们就抓了一个与邓楠同办公室的人,意在通过此人追查邓楠。所里已经传出风声,说下一个就要抓邓楠了。在恐怖的高压气氛中，邓楠的心情可想而知。她白天在单位里随时准备被抓，晚上回家，就尽量在父亲身边，多陪陪老人。她向我们交待，如果她被抓了，一定要替她把眠眠照顾好。

老人们常说：福无双至，祸不单行。真不愿意相信这句话，但非常不幸，老话往往是灵验的。"四人帮"猖狂肆虐，已是人祸横行，一场巨大的天灾，又接踵降临了。1976年7月28日，中国河北省唐山地区发生了强烈地震。

7月27日晚上，我到前门火车站送贺平去东北辽阳出差。回家收拾一番，过了午夜方才躺下睡觉。刚刚睡着，突然，一阵强烈的震动和巨大的轰响声把我从梦中惊醒。我从床上坐起来，定了一下神儿，立刻想到，是地震！

28日凌晨三时四十二分，河北唐山地区发生了七点八级强烈地震。

我跑到走廊里大叫："地震啦！地震啦！"这时，只听见我身后轰隆一声巨响，转身一看，走廊的屋顶竟然垮下了一大片。我想到了奶奶，赶紧跑到她的屋里。我看见整个房屋、整个大地都在摇晃着，奶奶扶着桌子，站都站不稳，根本不能走动。我赶紧把奶奶扶着走到室外。这时，邓林、邓楠也都跑了出来。我们相对一看，一起大叫起来："爸爸、妈妈！"平时为了安全，父母亲在睡觉时门是紧锁着的。这下子可糟了，我们从外面根本打不开。我们找了一根棍子，七手八脚硬是把门给撬开了，进去一看，由于吃了安眠药，父母亲还熟睡未醒呢。我们赶快把他们叫醒，扶着他们，跌跌撞撞地跑出屋外。这时，天在摇，地在动，从深深的地底下发出沉闷而又巨大的轰鸣，让人感到格外恐怖。我们扶着三个老人，刚刚在院子里站稳，邓林突然大叫："还有孩子们呢！"突遇危急，我们满脑子想的只有爸爸和妈妈，却把两个孩子给忘得一干二净。我们返身冲进晃动着的房子里，一把抱起还在熟睡的孩子，跑了出来。这下子，全家老少三代十来口人，全都在院子里了。真悬哪，如果房子塌了，孩子们就完了！

余震还在继续。我们的房子是四合院的老房子，墙的外面看着好好的，里面却全是碎砖头，一点儿也不结实，第一次震动就塌了一个房角。屋子里绝对不能呆了，我们搬了一些椅子让老人和孩子们坐在院子里。这时，天边露出了曙光。强烈地震之后，在一片混乱和惊恐万状之中，北京，这座古城，迎来了新的一天。

天亮了，但看不见北京那特有的光芒四射的太阳，厚厚的乌云笼罩在城市上空。在这巨大的人间灾难之后，天与人心一样地阴沉。为防余震，人们不敢进屋。我们大家动手，在种丝瓜的竹竿架子上搭了几块塑料布，让老人和孩子坐在下面。不久，天上下起了雨。而这雨，越下越大，就好像从天上注下了倾盆之水。塑料布一兜水，那个极不结实的竹竿架子一下子就塌了。我们只好回到屋里，全家人坐在靠近门口的走廊里，以便一遇大震就往外跑。

忙乱之后，我想起了贺平家。他们家有两个老人和两个三四岁的孙儿，这一地震可怎么办呀？我带着两个弟弟——飞飞和小胖子两个劳动力，骑着自行车赶往和平里。

出了家门，一眼望去，北京城的大街小巷，老百姓全都出来了。人们有的穿着裤衩，有的光着膀子，大人叫，小孩哭，一片拥挤混乱，整个北京城陷入极度的恐惧慌乱之中。北京市内大部分是四合院老房子，许多破旧的老房子在地震中受到损坏。为防余震，人们只有呆在室外。满街满胡同的老百姓，各家各户，都在忙乱地从屋子里往外面搬椅子、抬床、占地方、支棚子。人们眼睛中流露出来的，不是镇定和信心，而是慌乱和不知所措。"天安门事件"、"批邓"、"追查"，早已闹得鸡犬不宁，老天爷还要雪上加霜地来闹地震，让咱们老百姓可怎么活啊！

从沿街混乱的人群穿过，到了和平里。和平里是一个楼房区，大震之后，没人敢在楼里呆着，家家户户都在楼外寻找安全地方以求栖身。偌大一个楼房区里，凡是空地上，都挤满了人。像市区的老百姓一样，

第53章 天怒人怨   465

地震后的唐山，一片瓦砾和废墟。

人们也在慌着忙着往楼外搬东西，一片混乱。一到贺家住的那栋楼前，就看见我的婆婆抱着小孙女、小孙子，孤零零地坐在楼外。我的心里一阵酸楚，眼泪潸然而下。我和弟弟们帮着在两棵树中间搭了一个临时棚子，再在棚子下面安了一张床，让我婆婆和两个小孩子有个休息的地方。在来和平里的路上，我听说昨天晚上地震时经过唐山的两列火车翻了，死了好多人，我们担心极了。贺平坐的那列火车正是在那个时候经过唐山呀。现在是一片混乱，电话电报全断了，听来的消息什么样的都有，真让人心烦。联系不上，只能听天由命地等待。直到三天后，电路通了，接到贺平从辽阳发来的电报，一颗悬在半空中的心才终于放了下来。

　　消息慢慢清楚了，而且令人极其震惊和痛心。这次地震的震中在河北省唐山地区，震级七点八。强烈的大地震，使拥有百万人口的城市唐山夷为平地，震情波及天津、北京两个重要城市，使这两大城市受到不同程度的损失。在地震中，震区人民的生命财产遭受巨大的损失，二十四万人死于震灾，伤者不计其数。对于经受着旷日持久的"文化大革命"，特别是刚刚经历了"天安门事件"的中国人民来说，这场大地震，无异于苦中加难。神州大地之上，本来已是人祸横行，如今再加上天灾肆虐，难道真的是天怒人怨，国祚危难了吗？

地震发生的当天，以华国锋为首，党中央、国务院和中国人民解放军，立即组织人员，从四面八方组成抢救队、医疗队、建筑队等火速赶往灾区，并组织大批救灾物资迅速运往受灾地区。劫难中幸存的灾区人民，强忍着失去亲人和家园被毁的巨大悲痛，从瓦砾和废墟中站起来，英勇地投入到抗震救灾、重建家园的战斗中去。灾区人民大无畏的英勇气概，在中华大地上树立起了一座高耸入云的英雄丰碑。

唐山地震，牵动着千千万万中国人的心。但是，就在全国人民为唐山地震悲痛焦虑忙碌的时刻，"四人帮"一伙却视巨大的灾情于不顾，视处在困境之中的灾区人民于不顾，丧尽天良地胡说"抹掉个唐山算得了什么"，并攻击中央和国务院抓抗震救灾是"以救灾压批邓"。江青蛮横无理地指责中央和河北省地方领导是"走资派惊慌失措"。在"四人帮"的干扰下，中国拒绝了一切愿意提供的国际援助。8月11日，姚文元授意《人民日报》发表了题为《深入批邓，抗震救灾》的社论，胡说"党内的机会主义路线的头子总是妄图利用自然灾害造成的暂时困难，扭转革命方向，复辟资本主义"，把矛头对准正在指挥抗震救灾工作的华国锋等中央领导人。在举国上下关注抗震救灾的时候，江青等擅自印发"批邓"材料，说邓小平主持工作时主持起草的《论全党全国各项工作的总纲》、《关于加快工业发展的若干问题》和《关于科技工作的几个问题》三个文件是"三株大毒草"，要求在全国范围内展开大"批判"。在全国人民同仇敌忾奋勇救灾的时候，"四人帮"一伙表现出来的狰狞面目和丑恶嘴脸，激怒了全国人民。对"四人帮"要求进行的"批判"，全国的干部群众进行了广泛的抵制。

　　天灾人祸，天怒人怨。历史的结局，从来不是天注定的。历史，最终要由人民书写。

第54章
一代伟人毛泽东的逝世

唐山大地震时的毛泽东，他身边的工作人员是这样记述的："7月28日唐山发生大地震。那天凌晨三点多，地震波及北京。主席在6月因心肌梗塞已经抢救了一次，到了7月，病情才稍稍平稳了些。他的卧室太小，医疗器材放不下，医护人员连转身的地方也没有，只好将主席的大床搬进书房里，也就是人们常看见主席会见客人的地方。地震发生后，主席的神志还很清楚，也知道发生了地震，但是他说不出话，只用手摆摆，大概想说不用惊慌。我们正在睡觉，震醒后，起身就往书房跑，当我们来到书房，看见主席躺在床上，就用了一个大被单，几个人拉住四角，罩在主席床铺的上面，防止掉东西下来砸着。天亮后，经医生同意，我们又将主席搬到旁边防震的房子里。很快，唐山地震灾情开始登在新华社的内参和各大报上，主席躺在床上一个字一个字地看。重病之后，他的耳朵也听不见了。以前先是眼睛看不见，我们念文件给他听，1975年夏天一只眼睛动了手术，戴上眼镜能看见字迹了，可是听力又减弱了。是主席看了报告后亲自圈阅并同意华国锋去灾区查看灾情，慰问灾民的。"

8月份，中央三次特急电报，向有关领导通告毛泽东病危。8月28日，毛泽东的女儿李敏经中央常委同意，到病榻前看望她的父亲。毛泽东微睁双眼，看清了是自己的女儿，便紧握住李敏的手，闭目不语。

到了9月2日，毛泽东病情更加沉重。9月8日，毛泽东进入弥留状态。

从毛泽东病危到处于弥留状态这些情况，我们这一家人完全不知道。我们像全城的北京市民一样，每天忙于安排震后的居食问题。

地震的当天，天降豪雨，我们搭的塑料布棚子塌了。白天，人还可以呆在走廊里，可到了晚上，全家十几口人都不能进屋，住在哪里啊？我们全体开动脑筋想办法。经过一番设计，我们在客厅里竖着摆了三排三屉桌，用三排桌子当间隔，上面搭上木床板。在床板下的木地板上，铺上褥子，再在褥子上面放上被子和枕头。嘿，这个地铺看上去还真不错，不但外观很好，而且完全符合抗震力学原理，十分安全。就是再有余震，掉下根房梁也砸不坏。我们接上电源，在地铺边上放了一个台灯，这样既可以照明又可以看书。我们还安排每天晚上轮流值班守夜，万一再有大震，可以及时报警。

一个有组织有计划有安排的抗震生活，便正式开始了。到了晚上，全家人从院子回到屋里。大人小孩一个一个钻到桌板下面。最高兴的是孩子们，简直就像"过家家"一样，又叫又笑，兴奋之极。我们这些大人也都觉得不错，全家人一起睡在床板之下的地铺上，舒舒服服热热闹闹。但是，"智者千虑必有一失"，我们安全、舒服、照明都考虑到了，却没有想到三屉桌太矮了，我们年轻人一钻就进去，毫无问题，但对于父亲母亲奶奶这样的老人，要进去可就困难了。特别是父亲，快七十二岁了，腰腿都不方便，钻进去和钻出来都挺费劲的。一时我们也想不出别的抗震的办法，先这么凑合着吧。晚上，夜深了，一家人都钻进了"抗震棚"，好不容易安静了下来。可能是白天干活儿干得太累，大家很快就都睡着了，有的还打起了呼噜。在一盏小台灯下，守夜的人一边听着外面的响动，一边看书。夜深沉寂，万籁无声。慌慌张张地忙乱了一天，没有想到，天摇地动之后，还会有这样的宁静。

在地铺上住了三天，我们发现不行了。问题还是出在父亲身上。父亲患有老年性前列腺肥大，每晚都要上几次厕所。每次上厕所，从床板下出来，他都要低着头，弯下腰，屈着腿，十分费力。费点劲儿还好说，有时还会磕碰着头。我们看着父亲这样真是心疼，可是，谁也代替不了他呀。不行，还得再想办法。还是得住到屋子外面去。一开始，我们抬了几个木板床，简单地用支蚊帐的竹竿支着塑料布搭了个棚子。但这个塑料棚子实在是弱不禁风，一阵风来，就会吹飞塑料布或吹开个大口子，害得我们每天忙于修修补补。正好在这个时候，中办送来了两块搭盖大卡车用的军用苫布，这可派上了大用场。大家集思广益，主意越来越多，方法也越来越先进。经我们不断改造，一个新的抗震棚子搭好了。要说这个新棚子，还真挺不错的。几个木板床并排放着连成一片，四边都支上了木头桩子。中间立上一根粗粗的长木头，高高地支撑起帆布大苫布，当做顶棚。为了防雨，我们把塑料布在棚子四周一块块接好，严严实实地从顶挂到地，很有点风雨不侵、严阵以待的味道。我们再在床上挂上蚊帐，这下子连蚊蝇都不怕了。我们也是有点儿得寸进尺，最后不但把电灯支到了棚子里，还把电视机都搬了进来。到了晚上，全家人挤到这个大大的棚子里。父亲在灯下看书，妈妈和奶奶钻在蚊帐里扇着扇子聊天儿，眠眠和萌萌打打闹闹，而我们呢，有人看电视，有人则把麻将和扑克牌都拿了出来，摆在床上打。全家人住在这个大棚子下，不像在抗震，倒像在过儿童"夏令营"。当年"一代天骄"成吉思汗指挥千军万马的营帐，大概也不过如此，起码，他总没有电视看。后来，中办又送来了一个军用帐篷，我们虽把帐篷支好，却没人进去住。大热的三伏天，太阳一晒，帐篷里足有四十度，又热又闷，比我们那又透风又热闹的大抗震棚子差多了。

8月22日，是父亲七十二岁大寿。按照现在又是被打倒又是地震的情况，应该是没心思过生日了。但我们想，父亲是属龙的，今年是龙年，是父亲的本命年，本命年的大寿是一定要过的。越是有难的时候，我们越要为父亲祝寿。这个大寿，不但要过，而且要过得高兴过得好。为了显示"文化大革命"的锻炼成果，我们不让奶奶这个专家动手，而由我们三个姐妹主厨。按照现有的条件，我们先是正经八百地拟了一个菜单，大家传阅，没有意见后，我们便系上围裙，开始在厨房生火做饭。掌勺炒菜的是我，打下手切菜的是邓楠，做凉菜的是邓林。七手八脚地忙活了整整一个上午，终于饭也做熟了，菜也炒好了，汤也煮热了，我们非常得意地把大圆餐桌摆得满满的。父亲表扬了我们："不错。"母亲说："女儿们的孝心嘛。"奶奶则不以为然地说："晓得味道好不好？"我们全家十几口人，欢欢喜喜地给父亲庆祝了七十二岁大寿。什么"批判"也好，"打倒"也好，地震也好，我们都能从容应付。乐观主义，困境中的乐观主义，永远的乐观主义——这就是我们一家人最显著也最自豪的特点。

我们在宽街的家有个院子，度过地震后的日子从容多了。但大多数北京市民们，可就没那么容易了。只要一出家门，就可以看到那满街满巷的人啊。每家每户都把床铺搬出了屋子，搬到了大街上。可是，大街上也挤呀，每家能用的地方实在有限。要抗震，又要防暑，老百姓们没有别的办法，只能在木床上支个塑料棚子。白天，原本就是酷暑难当，塑料棚子里就更热了。晚上，一张床上得睡好几个人，要不就是有人睡着有人坐着，轮着休息。副食供应平时就很紧张，一闹地震，东西就更难买了。最苦的是那些孩子们，别说牛奶鸡蛋了，想都别想。大人小孩儿，凑合着吃饱肚子就不错了。睡得不安，吃得不好，中暑生病的大有人在，可在那个时候，看病也不容易。我们家有两个孩子，买不着鸡蛋，全家人就急着到处去找。我们的朋友王兴和张九九听说我们家的孩子没有鸡蛋吃，特地到乡下找人买了几斤鸡蛋叫我们去拿。我和贺平对王兴和九九说："真太谢谢你们啦！"他们说："当年在江西，老爷子还给我们找烧火用的木炭呢！"从王兴家取了鸡蛋后，我们高兴得飞也似的骑着自行车回到宽街。看着这些鸡蛋，全家人乐得喜笑颜开。

再说说我公公的家里。以我婆婆为主，一家老小住在楼外地震棚里，苦没少受，却也安全。可是我那个公公，为人耿直，也特别地倔强。他是任凭天崩地裂，"我自岿然不动"，绝对不肯搬到屋子外面住。你们搬你们的，他一个人还是住在二层楼上他的房间里面。他们家的老大贺斗是个医生，随医疗队到唐山救灾去了。老二贺争在东北齐齐哈尔工作。我的婆婆急得要命，让我和贺平说服老爷子。可是，任我们说破了嘴皮子，也没能搬动他老人家。万幸的是以后没有发生大的余震。其实，在北京，像我公公那样不怕死的大有人在。大难临头之时，有的是惊惶失措，有的是临危不惧，有的是争地盘抢位置，有的是舍己救人互相帮助，什么样表现的人都有。那个1976年大地震后的夏天，实在让老百姓们遭大罪，受大苦啦。只有一件事算是"因祸得福"，就是大家都忙着抗震抗灾，机关、学校、工厂里面的什么"学习"，什么"批邓"，全都给扔到后脑勺儿去了。

那个惊心动魄的地震，那个不堪回首的夏天，一天一天地过去了。到了9月，天渐渐凉快，地也没再震，人们的心情舒缓了许多。白天，人们都回到了屋子里面，只有到了晚上，还是为了保险地住在外面。

9月9日那一天，从中午开始，广播电台便反复播放："下午四时有重要广播。"我们的消息太不灵通了，而且"文革"中的"重要消息"也实在太多了，对这个广播我们完全没有留意。下午四时左右，孩子们有的还在睡觉，父亲坐在客厅里看书，家里静静的。我当时正在院子外面，突然听见远远地，空中传来一阵阵奏乐的声音。仔细一听，是哀乐！一定发生了什么事情。我赶紧跑到屋里，告诉父母亲。我们一起打开收音机，骤然间，听到了毛泽东逝世的消息。

中国共产党中央委员会主席、中华人民共和国的缔造者和领导者毛泽东，于1976年9月9日零时十分，永远闭上了双眼，与世长辞。

毛泽东逝世，人们首先的反应是惊愕。毛泽东去世了，中国怎么办？中国人民在毛泽东的领导下取得了革命战争的胜利，在毛泽东的领导下建设社会主义，在毛泽东的领导下继续革命，没有了毛泽东，中国怎么办？中国人民高喊着"毛主席万岁"二十六年了，人民热爱他，崇拜他，无限地信仰他，一下子没有了毛主席，中国怎么办？有毛泽东在，是好是歹、是对是错我们都能依靠他。而如今，毛泽东不在了，我们能依靠谁呢？周恩来去世了，朱德去世了，邓小平被打倒了，华国锋才刚刚当上接班人，还有，"四人帮"一伙正在不可一世地嚣张肆虐。未来的中国，怎么办啊？这国家、党和军队的大权，交给谁呀？在这样一个纷繁复杂的政治舞台上，华国锋能撑得住台吗？"四人帮"能把权力拱手相让吗？

毛泽东去世了，一连串的问题和疑虑立时袭上心头。人们的忧虑之心，远远地大于悲痛之情。

哀乐在天空回旋着，降下一半的国旗在低低地飘动着。城市、农村，举国上下，每个地方，每个单位，都在进行追悼活动，都在缅怀着毛泽东，这位20世纪中国的一代伟人。

毛泽东去世了，他生前安排的政治格局立即出现了巨大的裂痕。

在毛泽东生命垂危之时，"四人帮"便开始加紧进行夺权的阴谋活动。他们与全国各省市的亲信进行联络，布置"批判"所谓的党政军内的"新老走资派"，并扬言要揪出"走资派"的层层代理人。七八月间，王洪文到了上海，提出要"警惕中央出修正主义，要准备上山打游击"，让上海尽速用库存的枪支弹药进一步装备"第二武装"。8月，七万枝枪，三百门炮，一千万发各种弹药很快发到上海基层民兵组织。毛泽东告病危后，"四人帮"更加紧了在毛泽东身后立即夺权的准备。江青布置人赶快搞一个材料，说明汉高祖刘邦[1]死后，"吕后是怎样把各个诸侯王一个一个搞掉的"。江青已经迫不及待了，她要在毛泽东死后当上中国的"女皇"。毛泽东病危，她不尽妻子的责任照看守候在旁，而是忙着四处活动。她一会儿到新华印刷厂，一会儿到清华大学，一会儿

---

[1] 刘邦，公元前3世纪中国汉朝的开国皇帝。

到北京大学，还让报纸发表她"代表"毛主席看望首都人民的消息。8月28日，江青到天津小靳庄大放厥词，谩骂邓小平是"造谣公司总经理"；还信口雌黄地大讲"母系社会"，胡说"男的要让位，女的来管理"，说"在氏族社会，是女的当家。随着生产力的发展，将来管理国家的还是女同志"。她还恬不知耻地说："女人也能当皇帝，到了共产主义也有女皇。"8月30日，她一副丑态地来到一个部队进行"视察"。瞧她那副打扮：身着半新不旧的军装，肩膀上斜背着个军用挎包，挎包上还扎了一条白毛巾。她一摇三摆地在部队里走着，大言不惭地说："主席不在了，我就成了寡人了"，直接给自己用上了皇帝的称谓。9月2日和3日，毛泽东病情恶化。江青竟然不顾毛泽东的反对，闹着去了山西的大寨，在那里继续大讲那套"母系社会女人掌权，到了共产主义社会还有女皇，也要女人掌权"的论调。作为妻子，她对毛泽东已无丝毫感情可言。直到9月5日晚，在中央急电催促之下，江青才返回北京。临走之前，她还没完没了地找人打扑克牌。回到北京，江青也不守候在毛泽东身边，又窜到新华印刷厂，在那里讲："秦始皇[1]出游，遇到一个献玉的，上刻有'今年祖龙死'。"江青想当女皇想疯了，她简直是在盼着毛泽东早点死。回到毛泽东身边，她也不闲着，不顾医生劝阻，不停地让给毛泽东擦背和活动四肢。9月8日，毛泽东进入弥留状态后，江青又窜到新华印刷厂大讲"文官夺权"。毛泽东去世之前，江青不听医生的，硬要给毛泽东翻身，还到处搜找，看毛泽东有没有留下遗嘱。

9月16日，在毛泽东追悼会前，"四人帮"指示《人民日报》、《红旗》杂志、《解放军报》发表了一篇题为《毛主席永远活在我们的心中》的社论，伪造毛泽东的"临终遗嘱"："按既定方针办。"其实，毛泽东在4月30日对华国锋交待的三句话：一是"不要招(着)急，慢慢来"；

---

[1] 秦始皇，公元前3世纪中国秦朝开国皇帝。

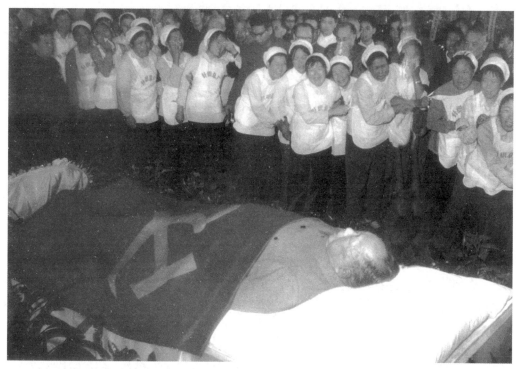

毛泽东主席逝世，全国人民悲痛万分。

二是"照过去的方针办"；三是"你办事，我放心"。"四人帮"篡改毛泽东原话，伪造"遗嘱"，是要把自己打扮成毛泽东指定的"正统"接班人。

9月18日，在庄严而隆重的毛泽东追悼会上，江青身着黑衣，头披黑纱，一副未亡人的打扮，但却面无恸色。张春桥、姚文元阴险地沉着脸，王洪文则伸长脖子，一直盯着正在沉痛致悼词的华国锋。在进行现场直播的拍摄镜头前，八亿中国人民，清楚而憎恨地看到了"四人帮"的丑恶嘴脸。

追悼会后，"四人帮"更加紧了阴谋活动。追悼会的第二天，"四人帮"要求召开中央紧急常委会，会上，江青蛮横地要求把毛泽东的文件书籍交给她和毛远新保管清理。在这次会上，江青足足闹了四五个小时，实际上是在向华国锋发难。在"四人帮"的部署下，上海的民兵指挥部进行了"战备演习",为发动武装叛乱做具体准备。9月21日,张春桥在北京听取了上海突击发枪的情况汇报,交待其走卒"要注意阶级斗争的动向"。9月23日,王洪文在与上海的亲信通电话时说:"斗争并未结束,党内资产阶级他们是不会甘心失败的,总有人会抬出邓小平的。"9月27日,张春桥指示他们在上海的亲信:"要警惕中央出修正主义。"28日,张春桥送口信给上海,"上海有大考验,要打仗!"29日,"四人帮"从深夜到凌晨大闹政治局会议几个小时。为了让已经结束了"联络员"任务的毛远新留在北京不回辽宁,江青更是又哭又闹。10月1日,江青到清华大学讲话,说还会有人要为邓小平翻案,指的是以华国锋为代表的中央,还嚷嚷着要"开除邓小平党籍"。10月2日,王洪文拍摄"标准像",准备上台后在全国悬挂。10月3日,王洪文到北京平谷县讲话,恶毒地说:"中央出了修正主义你们怎么办?打倒!"把矛头公开指向华国锋。当日,"四人帮"阴谋策划准备随时指挥坦克开进北京城。王洪文擅自在中南海另设"值班室",盗用中央办公厅名义通知各地,凡有重大问题要及时向他们请示报告。"四人帮"布置清华、北大、新华社等单位的人给江青写"效忠信"和"劝进信",其中一些信公然提出要江青担任中共中央主席和军委主席。江青让天津市为她特制了"登基"用的礼服。社会上也在散布着"四人帮"放出的传闻:10月8、9、10日,将有"特大喜讯"。

毛泽东刚刚去世不到一个月,他生前苦心安排的政治格局已经土崩瓦解。"四人帮"一伙认为他们渴望已久的夺取政权的最后时刻来到了。

第55章
彻底粉碎"四人帮"

对于"四人帮"一伙的夺权野心,特别是江青的丑恶表演,华国锋和其他中央领导人看得很清楚。他们心知肚明,毛泽东去世后,他们即会和"四人帮"进行一场殊死较量。

一些老同志也深知,在毛泽东去世后,党和国家将面临危险而严峻的重大斗争。看着局势的发展,陈云、邓颖超、徐向前、聂荣臻、王震等老一辈革命家们感到十分焦虑。他们虽然身处逆境,但仍通过各种渠道进行联络,互通消息,并分别找叶剑英交谈。

叶剑英,是"八一"南昌起义[1]时期就立过大功的身经百战的共和国元帅,是中国人民解放军的创建人之一。林彪倒台后,毛泽东把主持军委日常工作的大权信任地交付给他。由于叶剑英的辛勤经略,一大批德高望重的军队领导人回到各级领导岗位,使军队重新置于党的领导下。这一重大贡献,为在危难之中取得国家稳定,起到了至关重要的作用。邓小平复出后,叶剑英提名邓小平任军委副主席,并义无返顾地大力支持邓小平进行全面整顿。邓小平再次受到"批判"后,叶剑英也被宣布"生病",停止他主持军委日常工作。此时,虽然在表

---

[1] 八一南昌起义,1927年8月1日由周恩来、朱德等领导在江西南昌举行武装起义,是中国共产党独立领导武装革命的开始。8月1日被定为中国人民解放军建军节。

面上叶剑英已被"闲置",但主持军委工作的陈锡联对叶剑英非常尊重。军队的实际大权仍由叶剑英有力地控制着。况且,叶剑英还是中共中央副主席、中央政治局常委、中央军事委员会副主席和国防部长,还参加政治局会议和政治局常委会。毛泽东去世后,叶剑英所处的地位和作用,变得更加举足轻重。所以,当老同志们为国担忧的时候,人们想到的,就是找叶剑英商量。陈云上西山找叶剑英深谈。聂荣臻找叶剑英深谈。王震找叶剑英深谈。军队很多高级将领找叶帅深谈。叶剑

身经百战的叶剑英元帅在1976年。

英完全明白当前的危险程度,他也完全知道,不经过生死搏斗,不可能取得与"四人帮"斗争的最后胜利。叶剑英要争取的,是现任领导华国锋的支持。历史的重大责任落在了叶剑英的身上,"天将降大任于斯人",叶剑英感到责无旁贷。他找华国锋谈话,单刀直入地告诫华国锋:"现在,他们不服气,迫不及待地要抢班夺权。主席不在了,你就要站出来,和他们斗!"叶帅推心置腹的谈话,打动着华国锋的心。华国锋在考虑着。他知道,形势已万分急迫,他必须要考虑了。"四人帮"两次大闹中央政治局会议,取而代之的野心毕露无遗。在与叶剑英谈话时,华国锋没有马上表态。虽然在内心已决定与"四人帮"进行斗争,但他毕竟刚刚上任不久,没有像叶剑英那样的政治经验和必胜的信心,他还要进行考虑。

华国锋的态度固然重要,但要战胜"四人帮",还有一个人的作用

也举足轻重。这就是中央政治局委员、中央办公厅主任汪东兴。汪东兴是一名经过长征的老红军,掌管着中央警卫局,他忠于毛泽东,并对"四人帮"的劣行不满。叶剑英亲自来到中南海找汪东兴恳谈。汪东兴当场表示:"我听华总理和叶副主席的。"并向叶剑英建议,事关重大,范围不要大,要绝对保密。9月21日,华国锋找李先念谈话,明确表态说:"看来,我们同他们之间的一场斗争已经不可避免。"华国锋请李先念去叶剑英处,代他转告叶帅,务必请他想个办法解决。

华国锋正式表了态,现在叶剑英需要全力考虑的,是使用什么方式的问题。用合法的方式,来不及了。用武力解决,也不可取。叶剑英、华国锋、汪东兴商议后,最后确定以坚决的方式进行"智取"。具体方案是,以讨论《毛泽东选集》第五卷为题召开中央常委会,吸收姚文元参加,会上即对王洪文、张春桥和姚文元三人采取行动,江青另行处置。行动时间定于10月6日。这是一场你死我活的战斗。为了提高警惕,避开王洪文的监视,行动之前,叶帅随时变换着住处,让"四人帮"摸不着他的行踪。同时,叶帅对军队作了相应的部署。

10月6日这一天到来了。会议定在晚八时开,叶帅和华国锋二人提前一小时到达怀仁堂,做具体部署工作的汪东兴已带着警卫人员在大厅守候。会议室内,叶帅和华国锋坐在沙发上沉着静候。时钟滴答滴答地鸣响,时间一分钟一分钟地过去。快八点了,"四人帮"中第一个来到的是王洪文。进入怀仁堂后,一见情况有变,王洪文便拿出当年在上海进行武斗的架势,拳打脚踢,拼命反抗。不过,他那点儿武斗本领根本不顶事,几下子就被警卫人员制伏。王洪文被带到会议室后,看见坐在那里的叶剑英和华国锋,便像野兽一样想扑上去。警卫人员见势一把将其推倒在地。华国锋向王洪文宣布决定后,王洪文还不服气地嘟囔:"没想到有这样快!"第二个到来的是张春桥。进入怀仁堂后,在现场警卫不许随身警卫员跟进时,张春桥才发现异常。他不停地问:"怎么回事?"张春桥进入会议室后,只听见华国锋严肃地向他宣布:"张春桥你听着,你伙同江青、王洪文等反党、反社会主义,犯下了不可饶恕的罪行!"接着华国锋郑重宣布对其进行"隔离审查",立即执行!一听此言,张春桥往日那副"军师"、"智囊"的威风一下子全然不见,两腿不住地打起颤来,继而被监护人员拉着带走了。姗姗来迟的是姚文元,解决这个"文弱书生"是"杀鸡焉用牛刀"。在休息室里,仅由中央警卫局一位副局长向他宣布了决定。听完后,姚文元,这个"四人帮"中的"文痞"和"刀笔吏"便一下子瘫倒在地,最后还是让人扶着才走了出去。需要单独解决的是江青。在中南海二〇一住地,江青正穿着丝绸睡衣,一边看着进口录像片,一边看"文件"。中央警卫局行动组人员进来后,她尚且没有明白,对来人厉声地喝斥:"你们来干什么?"当来人向她宣布决定时,江青慌了,站起来连声问道:"为什么?为什么?""你去了就知道了。"听到来人的回答,江青明白了,便提出要方便一下。她在厕所里赖了一刻钟,最后不得不在两名女警卫的"护送"下,悻悻离去。这次行动最后一个要解决的是毛远新。毛远新是参与"四人帮"夺权的中坚人物。奉命去解决他的,是毛泽东的老卫士李连庆。在毛远新临时住的中南海颐年堂后院,李连庆向他宣布了中央的决定。这个神气活现以"太子"自居的"联络员",在被搜出了一把手枪后,没有反抗便被带走了。

从1966年5月正式发动"文化大革命"起到1976年10月,横行了整整十年之久的江青集团,就这样在一小时之内,不费一枪一弹,干净利落地被彻底解决了。这次行动之后,华国锋和叶剑英派军队接管了长期被"四人帮"控制的中央人民广播电台、新华社等新闻舆论单位,并立即紧急召集在京政治局委员到西山叶剑英住地开会。10月6日晚十时,华国锋和叶剑英手挽着手,面带笑容地和与会人员见面。华国锋庄严宣布了粉碎"四人帮"的经过。会场沸腾了,讲话被一阵阵的掌声打断。在一片欢欣兴奋的气氛中,会议开了整整一个通宵。中央政治局紧急会议决定:华国锋任中共中央主席和中央军委主席,并决定，为通报粉碎"四人帮"一事，从10月7日起，全国范围内由上而下地召开"打招呼"会议。

正式的传达是一级一级的，但消息的传播，却远比传达快得多。"四人帮"被抓啦！特大喜讯不胫而走，在这美好的金秋时节，整个神州大地振奋了。

我们在宽街的这一家人，由于基本上处于半封闭状态，消息相当闭塞。在中央进行粉碎"四人帮"的筹划和行动时，我们的心中还在为"四人帮"越加明显的夺权企图而忧心忡忡。如果"四人帮"真的攫取了政权，那将是中国历史上的弥天大祸。到那个时候，父亲和我们这一家人的命运自不必说，整个中国将不知道会有多少人头落地。父亲挨"批判"时，我们没有这样担忧过。"天安门事件"后父亲被再次打倒，我们也没有这样担忧过。而在毛泽东逝世后，眼见得局势陷入新的危难，我们心中的忧虑便随着时间的推移，日复一日不断增加。父亲更加沉默。从不语之中，看得出他那蕴藏在心中的万千思虑。毛泽东去世了，政治格局出现了巨大的裂口，斗争只会愈演愈烈。祸兮福兮，心中全然无数。面对党和国家可能面临的最坏的局势，作为一个被"打倒"的人，父亲没有行动自由，完全无能为力。他唯一能做的，只有静等事态的发展。

中央粉碎"四人帮"的消息迅速传了出来。10月7日，也就是中央一举粉碎"四人帮"的第二天，贺平父亲的一位在军队工作的老战友赶到贺家，告诉了他们这一惊人喜讯。贺平的父母亲赶紧把贺平从工作单位叫回家，让他立即回宽街，把消息告诉我们全家。贺平骑着自行车，飞也似的回到宽街。他一进屋，就连声说："快来！快来！"全家人一看他满头大汗兴奋不已的样子，就知道一定有大事发生。在那个时候，我们怕家中装有窃听器，因此凡有重要的事情，都会用一些防窃听的方式悄悄地说。我们大家——父亲、母亲和当时在家的邓林、邓楠，还有我——一起走到厕所里面，关上门，再大大地开开洗澡盆的水龙头。在哗哗的流水声中，我们围着贺平，听他讲中央粉碎"四人帮"的经过。父亲耳朵不好,流水声音又太大,经常因为没听清而再问一句。"四人帮"被粉碎啦!这是真的吗?我们简直不敢相信这是事实。听到精彩的场面,我们三个姑娘兴奋得跳起来了!我们的心怦怦地剧烈地跳动着,跳得连我们自己的耳朵都能听得见。震惊,疑惑,紧张,狂喜,一时之间,喜怒哀乐之情全都涌上心头。父亲十分地激动,他手中拿着的烟头轻微地颤动着。我们全家人,就在这间厕所里面,在哗哗作响的流水声中,问着,说着,议论着,轻声地欢呼着,解气地怒骂着,好像用什么样的方式都无法表达心中的振奋和喜悦。

10月10日,当消息再经证实后,父亲郑重地拿起笔来,致信汪东兴并转华国锋和中央,表示坚决拥护中央一举粉碎"四人帮"的果敢行动。信的最后,父亲用他从来没有使用过的词语写道:"我同全国人民一样,对这个伟大斗争的胜利,由衷地感到万分的喜悦,情不自禁地高呼万岁、万岁、万万岁!"

万岁!万岁!万万岁!

中国和中国人民获得了新生。

这是党的胜利。这是人民的胜利。

万岁!万岁!万万岁!

10月16日,中共中央正式公开宣布粉碎"四人帮"的消息。

10月21日,北京市一百五十万人民群众,抑制不住心中的激动和兴奋,自发地从家中走出来,从机关走出来,从学校走出来,从工厂走出来,从农村走出来,汇集到天安门广场和长安街上,举行了声势浩大、场面壮观、喜悦欢腾的盛大游行。那一天,我们都去了。在秋日骄阳光芒万丈地照耀下,走在人民群众的队伍里,我们笑呀,唱呀,高呼口号。"砰"的一声,有人放了一个鞭炮,游行队伍中立刻一片欢呼。那锣声,那鼓声,那一响响的爆竹声,那一声声的欢呼声,代表着人民大众获得自由、获得解放的心声。贺平个子高,他们单位就让他放鞭炮。他背着两个大大的军用挎包,里面放满了响声最大的"二

第55章 彻底粉碎"四人帮" 483

首都人民群众举行盛大游行庆祝粉碎"四人帮"伟大胜利。

踢脚"。在队伍里,他把炮仗举得高高的,不停地放,一天放下来,虽然戴着劳动布的厚手套,但整个手都崩肿了,身上的火药味儿一连几天都没下去。

粉碎"四人帮",是全体中国人民的盛大节日。全国二十九个省区市纷纷举行盛大游行集会,欢庆粉碎"四人帮"的伟大胜利。中国大地万众欢腾,一派喜气洋洋。被"文革"政治高压气氛压抑了十年的人民大众,无拘无束地尽情释放着欢愉的情感,许多城市里的好酒都被抢购一空。金秋10月,正是蟹肥菊花黄的时候,著名画家黄永玉挥笔画了一幅《捉蟹图》送给立下了丰功伟绩的叶剑英元帅。于是乎,捉蟹吃蟹便立即成为风尚。凡是买得到螃蟹的人,都去买蟹佐酒,而且都是指明要买"三公一母",以泄对"四人帮"之满腔怒气。

1976年，真是风云激变、大起大落、大悲大喜的一年。一年之中，发生了多少惊心动魄和令人回肠荡气的事件。1月，周恩来逝世。2月，中央传达毛泽东指示发起"批邓、反击右倾翻案风"运动。3月，全国掀起悼念周恩来的浪潮。4月清明节，震惊中外的"天安门事件"爆发并遭到镇压；中央发出华国锋任中共中央第一副主席和国务院总理，及撤销邓小平党内外一切职务的"两个决议"，此后掀起更大规模的"批邓"运动。7月，开国元勋朱德元帅逝世；唐山地区发生伤亡惨重的特大地震。9月，一代伟人毛泽东逝世；"四人帮"加紧篡党夺权的阴谋活动。10月，中央英明果断一举粉碎"四人帮"。1976年的10月，是光辉的10月、幸福的10月。1976年，是新中国历史上最千回百转、最跌宕起伏、最值得大书特书的一年。那丙辰龙年啊，现在回想起来，仍能令人扼腕长叹，悲喜交加，不能忘怀！

"四人帮"被粉碎了，这是全体中国人民经过艰苦卓绝的英勇斗争所取得的光辉胜利。以粉碎"四人帮"为标志，持续了十年之久的"文化大革命"终告结束。十年"文革"，是一场自上而下发动的全国范围内的大动乱和大灾难。"文革"浩劫，对我们的国家、我们的党，造成了不可估量的巨大损失。"文革"中间，政治动荡，社会混乱，生产破坏，人民生活困难，经济已近崩溃的边缘。在"文革"中，从上到下大批干部被打倒被迫害，全国各地各界难以数计的人受到各种名目的牵连和迫害。自"文革"开始至1966年10月，在不到半年的时间里，被指为"牛鬼蛇神"从城市赶到农村的人数达三十九万七千多人。从1966年8月下旬到9月底四十多天的时间，仅北京就有八万五千多人被"轰回"原籍，一千七百七十二人被打死，三万三千多户被抄家。从1967年到1971年四年中，北京市郊监狱关押高级领导干部五百人以上，其中被折磨致死的三十四人，伤残二十多人，迫害成精神病的六十余人。"文革"中，政治、经济、科学、文化、教育等各项事业均受到巨大破坏。迫害、诬陷、批判、斗争大行其道，建国后树立起来的优良精神风尚遭到严重破坏。整个社会思想禁锢，政治气氛高压，在以"革命"的名义下进行的无休止的"阶级斗争"中，人民群众身心受到极大的摧残扭曲。历史证明，"文化大革命"这场人为发动和人为推动进行的运动，是中国历史上的一场巨大浩劫，无论在理论上还是在实践上，都是彻头彻尾极端错误的。"文化大革命"以漫长的十年的时间，以其一误再误、一错再错的实践，从反面教育了中国人民，唤醒了中国人民，并为它自己造就了掘墓人。经历了十年痛苦与灾难的中国人民，用他们的正义和勇气，最终战胜了谬误，开始探索迈向真理和希望的光明大道。

第56章
光辉的复出

"四人帮"被粉碎了,"文化大革命"这场人类浩劫结束了。但是,中国和中国人民,要想从旷日持久的灾难中重新站立起来,还需要克服很多困难;要想从思想的禁锢和经济的困难中走出,也绝不是一朝一夕可达目标;要摆脱羁绊走上真理之路,更要经过许许多多艰难的探索。

"四人帮"被粉碎了,但是,父亲个人的政治命运,一时之间还无转机。粉碎"四人帮"后,中央还在重申"批邓",仍不肯为"天安门事件"平反,并且提出了"两个凡是",也就是:"凡是毛主席作出的决策,我们都坚决维护。凡是毛主席的指示,我们都始终不渝地遵循。"虽然"四人帮"已被粉碎,"文革"也已结束,但是,长期以来形成的"左"的影响绝不会一夜之间烟消云散。毛泽东毕竟是一代伟人,毕竟是建国以来新时代的代表,毕竟是已经被神化了的个人崇拜的偶像,是否忠于毛泽东,在那个时候,仍然是一部分人衡量事物的唯一标准。这种思想方式,并不是哪一个人个人决定的,而是在长时期的特殊的历史条件下形成的。在这样一种思想气氛下,要为"天安门事件"平反,要让邓小平复出,仍然需要有一个过程。这个过程,是一个必然的历史过程,也是一个不能逾越的历史过程。

在这个时候,我们全家还住在宽街。在继续"批邓"的政治大前提下，父亲仍处于被软禁的状态。到了10月，因为天气转冷，我们把院子里的地震棚拆了。余震虽然一直没有发生，但大地震给人们心中留下的恐惧不会轻易消失。人们住进了屋里，但还在采用各种办法预防再震。像许多北京老百姓一样，我们也在屋里的床上面搭了木板顶棚，算是有备无患吧。粉碎"四人帮"的热烈情绪仍然在人们心中燃烧着，但是，继续"批邓"的声音却让人们感到不协调和不耐烦。在社会上，关注邓小平的命运，希望邓小平再次复出，已变成人们街谈巷议的热点话题。但是，在继续坚持"两个凡是"和"批邓"的大前提下，邓小平的再次复出，仍将是"路漫漫其修远兮"。

12月4日，父亲患前列腺炎，严重尿潴留。三〇一医院派医生到我们的住地进行诊视，并做了临时性的导尿处理。医生走时，给我们留下一些药品，还嘱咐要给父亲打针。我是学医的，会打针。邓楠为了尽孝心，也要学打针，可是，总不能在父亲身上学呀。邓林就说："我不怕痛，在我身上练习吧。"我们给父亲打针换药，只能进行一些临时性的护理。看着父亲的病一日重于一日，大家十分着急。12月9日，父亲的病情加重。在我们的要求下，10日晚上十一时后，父亲被送进三〇一医院住院治疗。

为了邓小平住院，三〇一医院进行了精心准备。当时南楼五层一整层准备作为外科病房，刚刚装配完毕还未启用。因邓小平尚处于政治隔离状态，住院也不能和外界接触，所以正好让邓住进南楼五层。邓住进去之后，走廊的一边有人看守，另一边则将楼梯的门锁上，以防消息"走漏"。那时候，南楼还是新的，而且整个一层楼都归我们住，真是太"奢侈"了。一开始，是妈妈、邓楠带着小眠眠跟随着去陪住，后来看到医院的领导、医生和护士对我们都挺热情，索性我们也都跟着住了进去。反正是整一层楼，有那么多空着的房间，就是我们全家人都搬进去也够住的。医院对我们好，我们也就"放肆"了起来，不但连家带口地住在里面，还带上电炉子生火做饭，好像要把整个家都搬进去在那儿过日子似的。12月的12、13日，医院两次请中国泌尿科专家吴阶平为父亲进行会诊，并决定进行手术治疗。

这时，粉碎"四人帮"已经两个多月了，社会上要求邓小平复出的呼声也越来越高，许多老同志都在四处活动，争取让邓小平早日出来。叶剑英等人也在努力做工作，以实现邓小平的再次复出。邓小平再次复出，已是众望所归，势不可挡，剩下的只是时机和方式问题。12月14日，中央作出决定，恢复邓小平看文件。第一批文件是送到医院的，内容是中央下发的《王、张、江、姚罪行材料之一》。在病房里，父亲看完这些材料后，把文件一放，郑重地讲："这就够了。不需要之二、之三了。可以定罪了。"其实，不只父亲一人这样认为，"四人帮"实在是罪大恶极，单凭《材料之一》中揭发出来的问题，就足以将其定罪。全国人民都盼望着早日将这些历史的罪人送上人民的审判台。

12月16日，华国锋、汪东兴批示，同意医院给邓小平进行手术治疗。12月24日，父亲在三〇一医院施行前列腺部分摘除手术。手术进行得十分顺利，手术后父亲康复得也很快。

邓小平住医院，虽说要保密，但是，这个"密"是保不住的。南楼五层那通明的灯火，引起了很多人的猜测：到底是谁，这样神秘地住在那里？不久，风声渐渐地传了出去。邓小平住院的消息便不胫而走。平时，南楼五层有人看守，而且走廊的大门是关着锁着的。很多人想来看望邓小平，却进不去。后来，有的人摸清了规律，每当医护人员出去吃饭时，走廊的门就会开锁，趁着这个机会，就可以进去。第一个来"闯"关的，是余秋里。记得那天，老将军余秋里，甩着在战争中仅剩的一只胳膊，大声地喊着："谁说不让看，我就是来看的！"说着便跨着大步径直地走进门来。在病房里，父亲见到余秋里十分高兴。我们大家坐在一起，痛痛快快地聊天，大讲抓"四人帮"那令人兴奋的故事。因为原来就挺熟的，我们也没顾忌，口无遮拦地说："余叔叔，人家都说，开会传达粉碎'四人帮'时，所有的人都热烈鼓掌，只有一个人没鼓掌,那就是你。是吗?"余叔叔哈哈大笑着说:"他们这些人,尽拿我开心!我一只胳膊,鼓不成掌啊。不过我有办法,我用一只手敲桌子!"说得我们大家也跟着欢声大笑。余叔叔走的时候对父亲说:"小平同志,我们都盼着你出来啊!"余秋里来后,消息封锁不成了,隔离也就自动地解除了。此后,徐向前和聂荣臻两位德高望重的老帅,分别亲自到医院看望他们的老战友邓小平,表达了希望邓小平早日出来工作的强烈愿望。

病治好了,本该早日出院,但是,我们宽街那个房子在地震中损坏得太厉害,已不能继续住下去了,父亲就在医院多住了一些时间。在这段时间内,许多住在医院的军队干部都来看望邓小平。消息传开后,更多的人从外面来医院,专门看望邓小平。三〇一医院的南楼五层,简直成了一个人来人往、热热闹闹的会客之地。

1977年的新年,我们全家是在三〇一医院过的。2月3日,在住院五十五天后,父亲康复出院。

出院后,在叶帅亲自安排下,父亲住进京郊西山军委一个住处的二十五号楼。这个楼,原来是王洪文住过的。我们进去一看,感觉很不一样。房子不错且不用说,里面竟有一个专门看电影的大厅,到底是"文革"新贵,还真是挺会享受的。我们住的这个二十五号楼,是在山的最上面,从车道转下去,就是叶帅住的十五号楼。有一天晚上,我们全家正在吃饭,叶帅的小儿子头头来了。他悄悄地告诉我们,他是奉命来接我们家的"老爷子",去见他们家的"老爷子"。父亲听后立即起身。

头头的车子停在大门外面,父亲上车,是坐在汽车的后座上,我和头头坐在前面。头头开着车,神不知鬼不觉地把父亲接到了叶帅住的十五号楼。父亲下车,快步走进大门。刚一进门,远远地就看见叶帅由人搀扶着,从里屋走出来。叶帅是专程出来迎接邓小平的。父亲高声喊道:"老兄!"赶紧趋步向前。父亲和叶帅两人走到一起,热烈而紧紧地握着手，长时间不放。然后，他们相互搀扶着，走进里屋。门紧紧地关着，他们谈了很长、很长的时间。

4月10日，父亲提笔给中央写了一封信。信中，父亲明确地批评了"两个凡是"的观点。信中说，我们必须世世代代地用准确的完整的毛泽东思想来指导我们全党、全军和全国人民，把党和社会主义的事业，把国际共产主义运动的事业，胜利地推向前进。在这封信中，父亲鲜明地提出要准确地和完整地理解毛泽东思想的问题。5月3日，中央转发了邓小平的信，肯定了他的意见是正确的。5月24日，邓小平在同两位中央同志谈话时，明确指出"两个凡是"不符合马克思主义。他说："把毛泽东同志在这个问题上讲的移到另外的问题上，在这个地点讲的移到另外的地点，在这个时间讲的移到另外的时间，在这个条件下讲的移到另外的条件下，这样做，不行嘛。"他指出："这是个重要的理论问题，是个是否坚持历史唯物主义的问题。""马克思、恩格斯没有说过'凡是'，列宁、斯大林没有说过'凡是'，毛泽东同志自己也没有说过'凡是'。"他强调："毛泽东思想是个思想体系。""我们要高举旗帜，就是要学习和运用这个思想体系。"在那段时间里，中央有些人曾要求他写一个检讨，并承认"天安门事件"是"反革命事件"。父亲坚决回绝，表示不再写检讨。对于"天安门事件"，他说："我不出来没关系，但天安门事件是革命行动！"

在叶剑英、陈云、李先念、王震等老同志的推动下，在全国人民的强烈呼吁下，在粉碎"四人帮"九个月之后，1977年7月，邓小平终于再次复出。

这个复出，是民望所归的复出，是对中国的前途命运至关重要的复出，是一个光辉的复出。

1977年7月31日,邓小平在中国人民解放军建军五十周年庆祝大会上。

第57章
结束语

十年"文革"早已结束了。这场20世纪在中国大地上发生的政治大劫难,早已化为一个遥远的记忆,沉淀在了人们的回忆里。不过,虽然"文革"结束已有二十多年,但是,每一个曾经经历过那个年代的人,都会留下刻骨铭心的记忆。岁月渐渐流逝,光阴一去不复返,但那铭刻在人们心中的情感的烙印,却永远不会消失。

十年"文革",在中国的历史上,是极其特殊的一页,也是足以让千秋万世去研究去回味的一个年代。十年"文革",是发展到极端的错误的爆发性的大宣泄,是一个跌宕起伏而又极其复杂的历史过程,也是一个不可更改的历史的客观发展阶段。"文革"所留下来的,不只是沉痛和创伤,更有可以思考可以以兹为戒为鉴的重要历史教训。虽然在"文革"十年中,国家之损失、党之损失、人民之损失巨大而惨痛,但是,它的谬误给人们留下的教训和警示,却是极其重要的。可以认为,如果没有"文革"这个惨痛的教训,那么,我们的国家和人民,特别是我们的党,可能还不会轻易地从迷雾中走出,可能还不会痛下改革的决心,可能还要在另一种形式的探索中走更加漫长的道路。

人们都说,"文革"结束后,邓小平开创了改革开放的新的历史进程。而邓小平之所以开创这一全新的历程,与国家、人民和党在"文革"中所取得的教训密切相关,与他个人在"文革"中的经历和思考密切相关。正是在"文革"中，邓小平和广大干部群众，真切地看到了真理与谬误的鲜明对照，真切地看到了以前所没有看清楚的许多问题，开始认识到必须解除禁锢、彻底解放思想，开始思考如何去开创一条全新的社会主义道路。在"文革"中，邓小平在思考，每一个中国的有识之士都在思考。正是有了这样痛切的经历，正是有了这样深刻的思考，中国和中国人民才能够走上全新的建设社会主义的道路。

人们习惯于把在江西时那条由邓小平在红沙石地上踏出的小路，称为"邓小平小道"，并作为邓小平进行思索的象征。其实，邓小平对历史、对现实和对未来的思索，贯穿着他的整个一生。这种思索，毕其七十多年的政治生涯，始终不辍。

在"文革"以前和以后的实践中，特别是在"文革"的实践中，邓小平的确可以说思索得很多很多。通过这些实践和思索，他终于找到了一个明确的目标，找到了一条正确的道路。在他再次复出后，他和他的战友们，带领全体中国人民，进行了新的探索。这个探索，不是轻松容易的，但却是成功的。

如果说，邓小平通过对"文革"的实践和思索得到了什么的话，我想，重要的有以下几点。

第一，总结"文革"教训，不能只论个人的功过是非，而是要从历史唯物主义角度出发，分清是非，总结教训，目的是要继续前进。"文革"之后，在必须要对历史作出结论的时候，邓小平的着眼点，放在了大的历史坐标点上，放在了承前启后的历史定位上。最重要的，是要对毛泽东——这个在晚年犯了重大错误的历史伟人——做出一个负责的、全面的历史评价。在当时，有两种思潮同时并起，一种是受多年传统思想影响，坚持维护毛泽东被人为地神化了的地位。另一种是虽能打破旧有的精神束缚，但却否定一切。在这两大思潮的交汇处，邓小平没有去算历史旧账，也没有去计较个人恩怨，而是把握住了大局的分寸，把握住了政治的分寸，把握住了历史唯物主义的分寸。一个国家、一个民族的历史，从来都是一脉相承，尽管其中有波澜起伏，有对错荣辱。历史不是任何人可以随意改变的，也不是任何人可以随意割断的。总结历史，评价历史人物，是为了现在，更是为了未来。在邓小平亲自主持下，我们的党作出了《关于建国以来党的若干历史问题的决议》，全面、客观、准确地总结了历史，总结了教训，使人们放下了沉重的历史包袱，解脱了旧有的思想束缚，为全党全国人民以焕然一新的精神面貌踏上新的历史征程，奠定了基本的思想基础。

第二，"文革"之前，特别在"文革"中，暴露了我国当时实行的政治体制的诸多弊病。中国是一个具有两千多年封建帝王专制历史的国家，虽然1911年由孙中山领导进行了资产阶级民主主义革命，但这个革命以失败结局，并为军阀混战和个人独裁所迅速替代。直到中华人民共和国成立之前，中国从来没有实行过真正意义上的现代民主主义。在这一客观历史条件下，新中国建立后，虽然中国迈进了一个全新的历史时期，但党和国家的民主化、制度化和法律化的进程却一直没能得到完善和发展，在国际国内诸多不利因素的影响下，错误开始产生和不断加重，直至党内民主日益削弱，个人专断和个人崇拜发展到极端，并因此导致发生一系列更加严重的错误。"文革"结束后，邓小平和他的同志们，在进行经济体制方面改革的同时，高度重视党和国家政治体制改革，并在极其复杂的环境下，进行了一系列重大的政治体制改革，其中包括废除领导干部职务终身制，建立健全党内民主集中制度，完善和健全人民代表大会制度，建立健全从宪法、基本法到各项法律法规在内的国家法律体系，把国家纳入法律化和制度化的正常轨道。可以说，到了这个时候，中国才在真正意义上迈进了现代化的历史进程，建立了一个符合现代社会发展的、并符合中国国情的社会主义民主政治体制。

第三，在进行思想准备和政治准备的同时，大胆而坚决地开始进行经济体制的改革。毛泽东是一个永远的革命者，他追求的是不断革命的精神境界。在追求理想的同时,他逐渐地脱离了实际和客观规律的轨道。在处理生产力和生产关系的问题上,把绝大部分注意力集中到不断改造和调整生产关系方面,而极大地忽视了生产力的发展。一方面,把在战争年代运用的阶级观点和阶级斗争方式错误地延续到解放后的建设时期,使生产关系发生严重扭曲。另一方面不正确地认识和解释生产力,极大地限制和阻碍了生产力的发展。"文革"结束后进行的经济体制改革,是在生产力和生产关系两个方面同时进行的。在不断理顺和调整生产关系的同时,对发展生产力进行了重新认识,并最终把经济建设确定为整个社会主义初级阶段的中心任务。进行经济体制改革的大前提,就是要清醒地认识到,中国尚处于社会主义初级阶段这个客观历史条件。在生产力水平低下,科技发展滞后,人民生活困顿的情况下和旧有经济体制的束缚下,这个改革必须是大胆的,又是循序渐进的;是大刀阔斧的,又是极其慎重的;是不失时机的,又是摸索前进的;是不断深入的,又是敢于开风气之先的。经过二十年的经济体制改革的实践,中国终于找到了自己在历史中应有的发展道路,找到了在当今这个飞速发展的世界上的应有的地位。

我没有能力尽述"文革"以后,特别是改革开放以来中国的发展和变化。我要说的是,邓小平以他从青年时代起即追求真理的终生不渝的精神,以他对党的忠诚和信念,以他几十年革命历程的经验,以他"文革"中所进行的思考和实践,奠定了在新时期,为他深爱着的祖国和人民做出杰出贡献的坚实的基础。在他的一生中,在他所进行的革命和建设事业的实践中,他孜孜不倦所追求的,就是要让中国尽快强大起来,人民尽快富裕起来。纵有千般事物万种思虑,在邓小平的心中,国家和人民高于一切。他把一生的目光和心血,全部放在了国家和人民身上,并最终提出,把是否有利于发展社会主义社会的生产力,是否有利于增强社会主义国家的综合国力,是否有利于提高人民的生活水平,作为判断各方面工作是非得失的标准。而他的这种以国以民为本的根本思想，获得了中国人民的认可和拥护。有许多的人在探讨中国改革开放成功的原因。其实，这个原因，说复杂也很复杂，说简单也非常简单。那就是，改革开放的愿望深入民心，改革开放的措施符合国情，改革开放得到了广大人民群众的拥护和支持。没有人民的支持，任何人都不可能将改革开放的航船推向前进。

本来，时逢父亲九十五周年诞辰，只是想写一篇父亲在"文革"中的经历以兹纪念。不想，一写就写了这么长。"文革"是一个太过复杂的历史过程，父亲又是一个太重要的历史人物，实在不是三言两语可以写得清楚。我所写的，是父亲在"文革"中的经历，也是我们全家人在"文革"中的经历。在写作的过程中，全家人给了我极大的帮助。我把写好的每个章节都一一地送给他们看。家中所有的人都帮我核对事实，帮我回忆细节，帮我补遗纠误，帮我校对文稿。特别是我的妈妈，八十三岁高龄了，还认真逐字逐句地细读细改。如果说，我所写的，能够反映父亲及我们这一家人"文革"经历之一斑的话，那完全要感谢我的妈妈和我的兄弟姐妹们——邓林、邓朴方、邓楠、邓质方，还有我的丈夫——贺平。没有他们的帮助，单靠我一人之力，是无法完成这一工作的。

回想起来，简直不敢相信，父亲离我们而去已经三年。真是岁月流逝，光阴如箭。在书写"文革"历史的这段时间里，父亲的音容笑貌，时常浮现在我的眼前。就是在睡梦中，我的神思，也常常会随着父亲的足迹浮游。在我的心里，清清楚楚地感觉到，父亲并没有离我们而去。他还在我们的身边，和我们全家人围坐在一起，听我们说，看我们笑，依旧是那样的不言不语，享受着这人世间最温暖的亲情与欢乐。

爸爸，我们想念你。

2000 年 6 月 于北京

鸣 谢

　　为撰写本书，曾参考了大量的文献资料和有关书籍，曾采访过许多当事人并得到他们的大力帮助。中央文献研究室的力平同志审定了全书并给予重要指导。中央文献研究室邓小平研究组的同志们，特别是周立平同志曾给予提供资料和指导等诸多帮助。在此，谨向所有指导、帮助过我的同志表示诚挚的感谢。

作 者